유아과학교육 3판

| 권영례 저 |

SCIENCE EDUCATION FOR
YOUNG CHILDREN

학지사

3판을 내면서

    정부가 2012년 누리과정을 개발함으로써 모든 유아에게 적용하게 되었다. 이에 따라 현장 교사뿐만 아니라 예비 교사들도 새로운 교육과정으로 교육활동을 수행할 수 있는 준비가 이루어져야 하기에 이 책을 개정해야겠다는 필요성을 인식하게 되었다. 한편, 미국에서는 2012년 새로운 과학교육 기준 Framework를 설정하였고, 이를 시행하기에 앞서 과학교육을 이끄는 26개 주의 전문가와 이 기준을 검토하여 2013년 Next Generation Science Standards를 발표하기에 이르렀다. 1900년대 후반에 개발되어 2000년대 초반까지 발표한 영국의 과학교육 기준은 2판에서 소개하였으나, 우리 교육현장에 많은 영향을 미치는 미국의 새로운 교육기준은 소개하지 못하여 이를 포함한 3판을 내기로 하였다. 또한 3판에서는 과학의 변하지 않는 본질과 새로운 사회적 환경에서의 과학교육의 방향을 제시해 주는 교육과정을 적용할 수 있도록 내용을 수정·보완하였다.

    과학은 시대를 창조해 내고 인간은 과학이 창조해 낸 시대를 살아간다. 그만큼 과학은 중요하기 때문에 배워야 한다고들 말한다. 그러나 정작 과학을 배워야 할 아동 자신은 왜 배워야 하는지 도무지 이해하지 못한다. '이것을 왜 배울까?' '과학은 왜 학습할 필요가 있는 것일까?' 부모, 주변의 성인들, 심지어 친구들까지도 '과학을 하는 과정이 필요하고, 과학은 인생을 살아가는 데 필요한 좋은 기회를 줄 것'이라며 과학을 배울 것을 강요한다. 아동은 교사가 준비해 준 자료를 가지고 열심히 과학활동을 한 다음, '내가 해냈어.'라는 기쁨의 함성과 함께 교사에게 성공으로부터 얻은 행복감의 신호를 보낸다. 교사는 "이 모든 것이 과학이란다."라고 조용히 말하며, "지금 어떤 느낌이 드니? 무엇을 배웠니?"라고 물으면서 아동의 긍정적인 감정을 확인하고, 발견과 성취의 경험에 대해 그들과 공감한다.

이처럼 학습에 대해 교사와 아동이 갖는 공통의 감정은 아동에게 매우 중요하다. 교사는 과학적 발견을 한 아동에게 말한다. "우리가 한 활동에 대해 생각하고 이 문제에 답을 해 보자. '과학은 무엇일까?'" 이제 우리는 그 답을 알고 있다. 과학을 하는 과정 속에 과학이 있는 것이다!

아동에게는 과학적 이론에 입각해서 물체의 특성을 설명하도록 한다거나 우주의 원리를 이해하도록 하기보다는, 스스로의 탐구를 통해 과학적 사고력을 증진하고 개념을 획득하도록 지지해 주는 일이 훨씬 더 중요하다. 교사는 유아교육 현장에서 과학적 합의를 도출해 내고, 아동이 협동을 통해 문제를 해결하며, 과학을 하는 과정에서 창의성을 발휘할 수 있도록 도와야 한다. 또한 시간과 공간, 내용 등을 이유로 아동을 억압하지 않아야 한다.

이 책이 교육활동 운영과정에서 교육과정 전체 영역과의 통합 및 과학과 사회, 기술의 통합을 통해 변화하는 사회에 적응하면서도 이론의 본질을 훼손하지 않는 과학이 되도록 하려는 교사들에게 힘이 되는 역할을 할 수 있기 바란다.

2015년 4월
권영례

차 례

제2부 유아과학교육의 교수−학습

04 유아과학교육의 내용　　　104

05 유아과학교육을 위한 교수-학습 방법　　134

제3부 유아과학교육의 영역

08 생명체 254

제1부

유아과학교육의 기초

01 유아과학교육

● 이 장 소개하기

'왜 과학을 배워야 하는가, 과학은 왜 학습할 필요가 있는가?'에 대한 답을 찾는 일이 유아과학교육의 기본이다. 교사는 아동으로 하여금 '교육적 경험'을 할 수 있도록 자료를 준비해 주고, 과학을 하는 과정에서 '좀 더 즐길 수 있도록' 배려하면서 간단한 과학과정, 즉 관찰하기, 예측하기, 실험하기, 분류하기 등을 해 보도록 격려한다. 아동은 자료나 놀잇감을 가지고 놀이하고 조작하는 동안 예측해 보고, 각자가 한 예측을 시행착오를 겪으면서 검증해낸다. 그런 다음 또 도전을 하고, 그리고는 나름대로의 탐구 방법을 찾아낸다. 이는 아동으로 하여금 과학에 대해 긍정적인 감정을 갖도록 하고, 발견과 성취를 경험할 수 있는 기회를 준다. 과학 현장에서 즐기고 탐색하고 발견해 내는 과정을 목적으로 하는 활동을 유아과학이라고 할 수 있다.

이 장에서는 유아의 특성과 관련지어 유아과학교육의 개념을 정의해 보고 오늘날의 과학교육이 되기까지의 역사적 변천과정을 살펴봄으로써 미래 준비를 위한 과학교육의 방향을 설정해 본다. 또한 유치원 교육과정과 국가기준에 비추어 유아과학교육의 목적을 제시한다.

● 유아과학교육에 대한 탐구를 통해 다음의 질문에 답할 수 있다.

1. 아동은 왜 과학을 학습해야 하는가? 과학적 소양은 무엇을 의미하는가?
2. 과학의 본질은 무엇이며, 아동이 경험해야 할 과학은 어떤 것인가?
3. 탐문으로서의 과학은 왜 중요한가?
4. 기술공학의 본질은 무엇이고 현대 사회에 대한 그 영향은 어떠한가?
5. 과학에 대한 태도는 어떻게 특징지을 수 있는가?
6. 오늘날 아동을 위한 과학교육의 목적은 어떻게 설정해야 하는가?

I. 아동과 과학

과학교육의 새로운 전망은 학습자들이 지지적인 공동체에서 자연세계에 대해 생각 (아이디어)과 설명을 탐구하고 구성하기 위하여 탐문으로서의 과학을 하는 기회를 갖 도록 하는 것이다(Carin & Bass, 2001). 아동을 위한 이러한 전망의 실현은 교사가 어떤 교수활동 내용과 교수방법을 선정하는가와 학습환경을 어떻게 구성하는가에 달려 있 다. 교사들에게는 견고한 과학적 지식이 필요하나 반드시 과학 전공자만이 과학을 효 율적으로 가르치는 것은 아니다. 교사에게 필요한 것은 전염성이 강한 호기심, 아동과 같이 탐색하고자 하는 의지, 개인적 우수성과 계속적인 학습을 위한 수행 의지다. 교 사의 과학지식은 아동을 가르치면서 성장하게 된다.

1. 아동은 왜 과학을 학습해야 하는가

아동은 본능적으로 자연세계에서의 발견에 흥미가 있다. 아동은 많은 것을 궁금해 한다. 강아지는 비가 오면 어디로 갈까? 물고기는 어떻게 숨을 쉴까? 물고기들은 잠을 잘까? 별은 무엇일까? 이들은 어릴 적부터 경이롭고 복합적인 세계를 탐색하는 기회 를 가져야 하고 이해하기 시작해야 한다.

과학이 다른 교과 영역과 결합될 때, 아동과 교사를 위한 전체 교육과정은 풍요롭게 된다. 과학은 아동들에게 언어능력과 수학적 기능을 개발시키는 많은 기회를 제공한 다. 읽기와 쓰기는 과학하기를 위한 필수 도구다. 아동은 흥미로운 과학 정보를 획득 하기 위해, 세상에 대한 개념과 아이디어를 이해하기 위해 읽어야 한다. 아동은 과학 활동을 하는 동안 보고 생각한 것에 대해 쓰면서 쓰기기능을 연습할 뿐만 아니라 과학 학습을 증진시킨다. 더구나 과학을 통해 아동은 자신의 수학적 기능—측정하기, 수 세기, 어림하기, 양적 자료를 그래프나 표로 만들기—을 적용하고 연습해 볼 수 있다.

과학은 또한 교육과정에서 사회생활, 예술 그리고 다른 교과목과 밀접한 관계를 형 성할 수 있다. 그러므로 아동이 흥미로운 방법으로 과학을 즐기도록 하여 다른 교과 영역과 연계해서 활용할 뿐만 아니라 유용한 과학적 지식의 기초를 갖도록 한다.

교사는 아동이 변화무쌍한 세상에 대한 준비를 하도록 도와주어야 한다. 과학과 기 술의 진보는 우주에 대한 이해를 극적으로 변화시킨다. 거의 매일 발명되고 발견되는 새로운 생산품과 과정은 인간에게 중요한 이익을 약속하지만 한편으로 사회에 새로운 요구를 한다. 건강과 노령화, 바이오 기술, 에너지 사용, 자연자원의 보호, 환경의 질, 인구의 역동성, 컴퓨터 기술, 교통, 통신 등의 이익에 접근하는 데 있어서의 기회 균등과 같은, 사람들에게 영향을 미치는 문제와 이슈는 혁신적 사고와 배려하는 태도에 대한 요구를 증가시키고 있다.

21세기의 세상은 과학, 건강보호, 기술 측면에서 사람들에게 전문적인 훈련을 더욱 요구할 것이고 우리의 아이들 중 일부는 과학, 기술 또는 건강 관련 전문직에서 일할 수 있다. 이에 따라 모든 아동은 문제를 인식하고, 해결을 위해 공헌하며, 지역과 국가 그리고 전 세계적 이슈에 관한 지식에 근거해 의사결정을 하는 데 능동적 역할을 할 수 있는 과학적 소양을 갖출 것을 요구받게 된 것이다.

과학적 소양은 사람들에게 자연세계와 인간이 만든 세계에 대한 지속적인 관심과 과학에 대한 개념적 이해를 가질 것을 요구하고, 어떻게 과학 지식을 생성해 내고 검증하고 사용하는지 알 것을 요구한다. 아울러 과학이 어떻게 사회에 영향을 미치는지에 대해서는 지속적인 관심을 가지는 것이 필수적이다. NRC(National Research Council, 1966)에 따르면, "평생의 과학적 소양은 인생 초기에 형성된 이해, 태도, 가치에서 시작된다"(p. 114).

2. 과학의 본질은 무엇인가

과학자와 과학교사는 모두 과학은 자연세계를 설명하는 방법이라는 데 동의한다. 일반 용어로 말하면, 과학은 일련의 지식이자 역사적 축적 둘 다이다. 과학교육의 핵심 부분 중 하나는 과학이라는 학문 분야에 기초가 되는 과학을 학습하고 경험을 설계하는 개념적 지식을 개발하는 일이다. 더 나아가, 아동은 전체로서의 과학이 하는 일에 대한 이해—경이로움, 탐구, 질문, 자료의 수집과 분석—를 개발시켜야 한다. '다음 세대 과학기준(Next Generation Science Standards, NGSS)'은 우리 모두가 동의해 온 과학의 본질과의 연계성 설립 요구의 수용으로 아동이 어떻게 과학의 본질을 학습할 수 있는가에 대한 설명을 하고 있다(NGSS II, 부록, 2013).

NGSS는 과학의 본질적 교수-학습을 위한 무대에 과학의 통합, 경험의 설계, 학문적 핵심 아이디어, 융합개념을 올려놓았다. 즉, 과학의 본질에 대한 학습은 능동적이고 실행적인 탐구에의 참여 그 이상을 요구한다는 것이다. 과학의 본질 매트릭스(NOS

Matrix)에 구체적인 내용이 제시되었다. 과학의 본질에 대한 기본 이해는 다음과 같다.

- 과학적 탐구들은 다양한 방법을 사용한다.
- 과학적 지식은 실험적 증거에 기반을 둔다.
- 과학적 지식은 새로운 증거에 비추어 수정되도록 열려 있다.
- 과학적 모델들, 법칙들, 메커니즘들 그리고 이론들이 자연현상을 설명한다.
- 과학은 아는 방법(길)이다.
- 과학적 지식은 자연계의 질서와 일관성을 짐작하게 한다.
- 과학은 인간의 노력이다.
- 과학은 자연세계와 물질세계에 관한 질문을 만들어 낸다.

위 항목의 처음 4개 항은 경험과 밀접하게 연관되어 있고, 그다음 4개 항은 융합적 개념과 관련되어 있다. 유치원~초등학교 2학년까지의 수준에서 과학의 본질에 대한 구체적 내용을 표로 제시하면 〈표 1-1〉과 같다.

표 1-1 과학의 본질

과학의 본질에 대한 이해: 경험	
범주	**수행 기대**
과학적 탐구들은 다양한 방법을 사용한다.	• 과학적 탐구들은 하나의 질문에서 시작된다. • 과학자들은 세상을 연구하는 데 다른 방법들을 사용한다.
과학적 지식은 실험적 증거에 기반을 둔다.	• 과학자들은 세상을 관찰할 때 패턴과 질서를 찾는다.
과학적 지식은 새로운 증거에 비추어 수정되도록 열려 있다.	• 과학적 지식은 새로운 정보가 발견될 때는 변할 수 있다.
과학적 모델들, 법칙들, 메커니즘들 그리고 이론들이 자연현상을 설명한다.	• 과학자들은 아이디어를 소통하는 방법으로 그림들, 스케치들, 모델들을 사용한다. • 과학자들은 자연세계의 사건을 설명하기 위해 원인/결과 관계를 찾는다.
과학의 본질에 대한 이해: 융합적 개념	
과학은 아는 방법(길)이다.	• 과학적 지식은 세상에 대해 알려 준다.
과학적 지식은 자연계의 질서와 일관성을 짐작하게 한다.	• 과학은 오늘날 일어난 자연 세계의 사건을 과거의 일에 비추어 짐작한다. • 많은 사건이 반복된다.
과학은 인간의 노력이다.	• 사람들은 오랜 시간 과학을 경험해 왔다. • 다양한 배경을 가진 남녀가 과학자와 기술자들이다.
과학은 자연세계와 물질세계에 대한 질문을 만들어 낸다.	• 과학자들은 자연세계와 물질세계를 연구한다.

3. 왜 총체적 과학이어야 하는가

인간의 경험은 그들의 호기심(혹은 태도)을 자극하고, 새로운 과정기능의 개발을 위해 동기화한다. 이러한 과정기능들은 과학의 결과를 만들어 내기 위해 사용된다. 성공적인 학습은 경험을 풍부하게 하고 더 나은 탐구를 자극한다. 우리는 아동들이 과학의 모든 부분에 깊이 몰입되도록 **총체적 과학 경험**을 제공해 주어야 한다. 과학 사이클, 이른바 총체적 과학은 그 자체의 원동력을 계속 형성해 나간다. 다시 말해서, 총체적 과학은 **태도의 개발, 과정기능**(process skills)**의 개발** 그리고 유용한 아이디어의 구성, 즉 **과학 지식**의 세 가지 요소로 구성된다(Martin, Sexton, Wagner, & Gerlovich, 2005).

이와 같이 과학은 다양한 측면에서 정의될 수 있는 다면적 활동이다. 그러므로 과학에 대한 근래의 개념 정의에 대해 비판적 재평가가 이루어지도록 과학교육의 목적에 변화가 있어야 한다. 예를 들어, 아동은 자신의 주변 세계를 탐색하고, 자료를 수집하고, 가설을 제안하고, 자신들의 가설을 새로운 상황에서 시험해 보는 기회를 많이 가질 필요가 있다. 이러한 활동에 참여하는 동안 이들은 의미 있는 과학적 지식을 보다 잘 구성하게 된다(Carin & Bass, 2001).

본질적인 과학경험으로부터 일어난 공동 작용은 독립된 부분의 합보다 더 큰 총체를 생산한다. 다른 것은 간과하며 어떤 한 부분만을 강조하는 것은 부정확하고 불완전한 과학 개념을 가지고 아동에게 학습하도록 격려하는 것과 같다. 아동들은 과학이

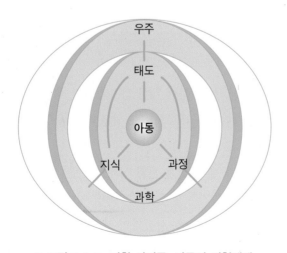

■ 그림 1-1 ■ 과학 사이클, 아동의 경험세계

출처: Martin et al(2005)., p. 7.

시험적이고 확실하지 않으며, 증거 지향적이고 추론적이며 창조적인 것이라고 배웠다. 이런 과학에 대한 이해는 수집된 사실과 용어의 암기를 통해서 배우는 것이 아니라 깊은 생각과 적절한 경험을 통해서 총체적으로 배울 때 가능해진다.

과학적 절차는 매우 명확하게 나타날 수 있을지라도 과학적인 발견의 의미는 완전함과는 거리가 멀다. 새로운 가설이나 탐구, 반영한 과정의 상당 부분은 과학자들의 생각을 바꾸는 원인이 될 수 있다. 또한 우리는 과학이 인간의 욕망, 감정에 의해 영향을 받을 수 있다는 것을 기억해야만 한다. 예를 들면, 20세기의 가장 과학적이고 기술적으로 진보된 발명품은 아마도 우주선일 것이다. 그러나 인간 최대의 과학적 욕망의 결과인 우주선은 수많은 실패와 참사를 겪었다. 인간의 인내심은 슬픔과 절망으로부터 나왔고 공학도, 과학자, 기술자들은 모든 어려운 문제를 해결해 냈다. 호기심, 인내심 그리고 크나큰 발견과 성취를 향한 기술들이 총체적 과학의 모든 것이다.

4. 과학을 이루는 기본 구성요소는 무엇인가

과학은 구별 가능하면서 동시에 상호 관련된 세 요소로 구성되어 있다. 그것은 총체적 과학을 구성하는 요소인 태도, 과정, 지식이다. 과학은 인간의 노력이며 인간적 특성과 욕구에 영향을 받는다. 태도는 인간으로 하여금 과학을 하는 과정과 아이디어를 구성하고 발견을 위해 필요한 사고와 문제해결 기술에 몰두하도록 동기화한다. 총체적 과학의 구성요소인 태도, 과정, 지식에 대해 구체적으로 살펴보기로 한다.

1) 과학적 태도(scientific attitudes)

(1) 태도란 무엇인가

태도는 사람, 사물, 대상, 사건 등에 대한 정신적 성향, 즉 가치, 신념, 견해를 말한다(Carin & Bass, 2001). 과학에서 태도의 중요성은 다음의 세 가지 요인에서 찾을 수 있다(Martin et al., 2005).

첫째, 아동의 태도는 아동을 정신적 준비 상태로 이끈다. 아동은 과학적 대상, 주제, 활동, 사람을 긍정적으로 지각할 수 있다. 어떤 이유로든 준비되어 있지 않거나 주저하는 아동은 과학과 관련된 사람, 사물과의 상호작용에서 의지가 약하다.

둘째, 태도는 선천적이거나 타고난 것은 아니다. 현대 심리학자들의 말을 빌리면, 태도는 아동이 성장함에 따라 학습되고 경험을 통해 조직된다. 아동의 태도는 경험을 통해 변화될 수 있다. 교사와 부모는 과학적 태도에 가장 큰 영향을 미친다.

셋째, 태도는 아동이 새로운 경험세계에 들어갔을 때 직접적인 요인으로 작용하는 경험의 역동적인 결과들이다. 그래서 태도는 정서적, 지적 경향을 띠게 되며, 의사결정과 평가로 이끌어 아동이 우선순위를 정하고 선호도를 다르게 유지하도록 해 준다. 태도는 과학의 문을 더 크게 열어 주고, 아동이 변화를 기꺼이 받아들이고, 판단을 유보하고, 개방적인 마음을 가지며, 실패에 긍정적으로 접근하도록 해 준다(Carin & Bass, 2001).

(2) 태도에는 어떤 유형이 있는가

- 정서적 태도: 아동의 태도는 지적이기보다 정서적이다. 호기심은 무엇보다도 자연스럽게 시작된다. 인내, 실패에 대한 긍정적인 접근(자신의 방법이 아닌 다른 아동의 방법 수용), 새로운 경험에 대한 개방성, 다른 사람의 관점에 대한 이해 등의 태도는 특별한 과학적 태도를 형성하는 데 유용하다. 이러한 정서적 태도는 성공을 위해서 필요하고, 과학 사이클의 연속성을 위해서 더욱 요구된다.
- 지적 태도: 지적 · 합리적 사고에 근거한 태도는 과학과정 기능의 발달과 유용한 아이디어의 발견 또는 구성과 동시에 개발된다. 교사의 지침, 조작할 수 있는 학습자료, 상호작용적 교수방법은 지적 태도의 형성을 돕는다.

마틴 등(Martin et al., 2005)은 과학에서의 태도를 〈표 1-2〉와 같이 정서적 태도와 지적 태도로 분류하였다.

표 1-2 과학적 태도

정서적 태도	지적 태도
학습과 새로운 경험 획득을 위한 자연스러운 호기심을 통해 아동들이 정서적 태도를 더 개발하도록 격려할 수 있다. • 더 많은 호기심 갖기 • 인내심 • 실패에의 긍정적 접근 • 개방성(열린 마음) • 다른 사람과의 협동	긍정적인 학습경험을 통해 아동들이 지적 태도를 더 개발하도록 격려할 수 있다. • 믿을 만한 정보의 출처에 대한 요구 • 입증된 견해를 보여 주고 그에 대한 대안을 가지려는 욕구(의구심) • 증거가 제한적일 때는 광범위한 일반화를 피하기 • 다른 사람의 주장, 설명, 견해에 대한 관용 • 모든 증거 또는 정보가 발견되고 조사될 때까지 판단을 유보하려는 의지 • 미신에 대한 믿음이나 입증되지 않은 주장의 수용을 거부하기 • 변화에의 증거가 주어졌을 때 마음을 바꾸는 개방성과 자신의 아이디어에 대한 의구심

(3) 태도는 왜 중요한가

아동은 대체로 과학에 대해 긍정적인 태도를 가지고 있는데, 이는 탐색하고 또래 친구와 상호작용할 때 나타난다. 그러나 이러한 초기 긍정적 태도는 시간이 지남에 따라 감소하게 된다.

아동은 일상생활에서 과학의 역할에 대한 가치를 개발시킬 수 있고, 태도와 실제적인 가치가 교수목적이 될 때 과학의 유용성을 깨닫게 된다. 또한 과학이 우리가 먹는 음식, 입는 옷, 여가 시간의 사용과 우리가 즐기는 오락의 형태에 영향을 미친다는 것을 알게 되고, 과학기술이 생활의 질을 향상시킨다는 것을 인식하게 된다. 지적 태도가 강조될 때 과학에 대한 가치 부여, 그 가치에 대한 인식이 축적된다. 아동은 과학과정 기능, 과학하기와 과학학습의 방법들을 통해 지적 태도를 자극하고 개발하도록 안내받을 수 있다. 구체적으로 태도가 과학학습에 미치는 영향을 다음과 같이 요약할 수 있다.

① 알려고 하고 이해하려고 하는 열망
② 모든 사물에 대한 의구심
③ 자료와 그 의미의 탐색
④ 입증하려는 욕구
⑤ 논리 존중
⑥ 가정과 인과관계에 대한 고려

2) 과학과정(processes of science)

(1) 과학과정이란 무엇인가

과학과정은 정보를 모으고, 다양한 방법으로 정보를 조직하고, 현상을 설명하고, 문제를 해결하기 위해 정보를 사용하는 정신적·신체적 기능이다(Carin & Bass, 2001). 예를 들어, 과학자들은 과학적 지식을 산출하고 자연세계에 대한 주장을 타당화할 때 관찰하고, 측정하고, 분류하고, 추론하고, 예측하고, 가정하고, 탐구하고, 자료를 해석하고, 의사소통한다. 실제로 과학을 하는 방법은 ① 비판적이고 창조적인 생각, ② 문제를 해결할 때 따르는 과정의 두 가지 요인을 가지고 있다.

그런데 이러한 과학과정은 과학자들만이 사용하는 것이 아니다. 모든 사람은 일상생활에서 많은 관심거리에 대해 과학적으로 사고하는 연습을 할 수 있다(Rutherford & Ahlgren, 1990). 그들에게 과학과정 기술의 발달이 중요한 이유는 과학과정이 학습방법을 배우는 과정이기 때문이다. 아동은 비판적으로 사고하고 정보를 창조적으로 사용함으로써 학습하는 방법을 배운다. 또한 계속해서 어떻게 배울 것인가를 배운다. 관찰 결과를 변별할 때, 사실과 개념을 조직하고 분석할 때, 어떤 결과에 대한 기대를 얻기 위해서 추론을 할 때, 실험 결과를 평가하고 해석할 때, 공정한 결론을 이끌어 낼 때 그리고 자연 속에서 현상의 조건이 변화될 때 어떤 일이 일어날 수 있는지를 예측할 수 있게 된다. 그리하여 과학과정은 곧 학습방법 배우기다.

(2) 과학과정의 유형 살펴보기

과학에서 사고하고 측정하고 문제를 해결하는 방법 그리고 이러한 생각들을 사용하는 모든 행동을 과학과정이라고 일컫는다. 여기서 과정은 획득된 사고와 추론의 유형을 말한다. 마틴 등(Martin et al., 2005)은 이러한 과학과정을 수준에 따라 〈표 1-3〉과 같이 기본 기능과 통합 기능의 두 가지로 분류하고, 유아 단계에서는 기본 기능을 사용할 것을 제안하고 있다.

표 1-3 과학과정

기본 기능	관찰하기	사물이나 사건에 대한 정보를 얻기 위해 감각 사용하기
	분류하기	크기, 모양, 색깔, 용도 등의 속성에 따라 나누고 모으기
	의사소통하기	언어적 · 비언어적 전달방법을 통해 정확한 정보를 다른 사람에게 이해시키기
	측정하기	관찰자에 의해 이루어지는 양적 기술로 관찰을 통해 직접적으로 또는 측정 단위를 사용하여 간접적으로 알아보기
	어림하기	적절한 양이나 가치 판단하기
	예측하기	관찰과 사전 지식에 기초하여 타당한 추측과 추정 만들기
	추론하기	관찰에 기초하거나 직접 관찰할 수 있는 상태 이상의 의미 제안하기
통합 기능	변인 변별하기	결과에 영향을 미치는 요인 알기
	변인 통제하기	독립적인 변인 조작하기
	조작적으로 정의하기	사건이나 사물을 서술하기 위해 관찰이나 정보 사용하기
	가설 설정하기	예상되는 결과에 대한 최선의 예측을 위해 정보 사용하기
	실험하기	과학적 검증을 고안하고 실행하기 위해 다양한 사고기술 사용하기
	그래프	측정값들 간 관계를 보여 주기 위해 자료들을 도표/그림으로 변환하기
	자료 해석하기	자료를 조직적인 방법으로 모아서 결론 도출하기
	모델 형성하기	사물이나 사건의 추상적인 또는 구체적인 예시 만들기
	탐구 · 조사하기	문제 해결을 위해 관찰, 자료 수집, 자료 분석을 사용하고 결론의 도출을 요하는 복합적인 과정 기술하기

(3) 과학과정은 왜 중요한가

기본적인 과학과정은 경험을 통해 아동의 학습을 확장시킨다. 단순한 아이디어에서 시작하여, 새로운 아이디어들과 혼합하고 새롭게 만들어서 보다 복합적인 아이디어를 형성한다. 모든 아이디어는 아동이 보다 나은 의사결정자, 소비자, 시민, 문제해결자가 되는 데 도움을 주는 잠재력을 가지고 있기 때문에 가치가 있다. 과학과정 기능은 과학 교실의 안팎에서 아동이 자신의 이해를 구성함으로써 의미 있는 정보를 발견하고 지식을 축적할 수 있도록 돕는다.

과학경험은 아동으로 하여금 지적 능력을 개발하도록 돕고 조기에 기본적인 읽기와 사고 기술의 개발을 시작하도록 돕는다. 아동은 언어 발달, 어휘 변별력 및 이해력 발달에서 과학 경험과 자연적인 모방을 통해 동기화될 수 있다.

(4) 탐문(scientific inquiry)으로서의 과학이어야 한다

실제 상황에서 과학적 지식과 이해는 탐문과 분리될 수 없도록 연결되어 있다. 과학 알기와 과학의 이해는 과학 개념, 원리, 이론을 회상하고 사용하는 능력을 포함한다. 그러나 그 과정은 증거를 어떻게 모으고, 그것을 설명 및 기존 지식과 어떻게 관련짓는가를 아는 것 또한 포함한다. 상호 연관된 지식과 실제 이해의 구성은 탐문을 통해서 가능하다. 참고로 '탐문'은 미국의 국가과학교육기준(National Science Education Standards: NSES)의 핵심 강조사항이다(NRC, 2000). 이 기준에 따르면 아동들은 자연세계에 대해 탐문할 때 다음을 필요로 한다.

- 자연세계에 대해 간단한 질문하기
- 탐구 계획하기와 관련 자료 모으기
- 수집된 자료를 조직하고 분석하기
- 증거와 설명 간의 관계에 대해 비판적이고 논리적으로 사고하기
- 대안적 설명을 구성하고 평가하기 위해 관찰한 증거와 현재의 과학적 지식 사용하기
- 다른 사람에게 탐구한 바를 전달하고 설명하기

이러한 탐문 순환과정(inquiry cycle)을 그림으로 표현하면 [그림 1-2]와 같다.

NSES에 의하면, 교사는 과학적 지식과 이해 그리고 능력을 개발하기 위해 다양한

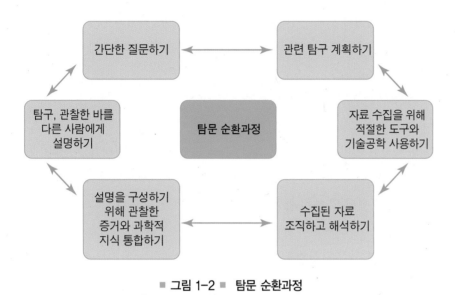

■ 그림 1-2 ■ 탐문 순환과정

출처: Carin & Bass(2001), p. 26.

종류의 전략을 사용해야 한다. 예를 들어, 읽기는 탐문과 양립하지 않는 것이 아니다. 교육지도자들은 과학에서 읽기가 동기화를 높여 주기 때문에 읽기자료는 아동이 기존 지식과 경험을 통해 배운 새로운 지식을 연계시키도록 돕는 데 효과적이라고 밝히고 있다. 그러나 강의, 교과서, 비디오, 멀티미디어 등의 자료만을 사용하는 것은 좋지 않다.

3) 과학적 지식(scientific knowledge)

(1) 과학적 지식은 왜 중요한가

과학은 세상을 알아 가는 방법인 동시에 세상에 관한 거대한 지식체다(Carin & Bass, 2001). 아동이 세상을 탐구하고 설명하는 것과 더불어, 과학적 지식을 획득하는 것도 중요하다. 아동은 과학과정을 사용하여 중요한 아이디어를 구성하고 스스로 더 많은 것을 발견한다. 또한 정보를 축적하고 처리함으로써 지식을 얻고, 자연세계에 대한 개념을 형성하며, 인간을 위해 자연자원을 사용하고, 이러한 자원이 사회에 미치는 영향에 대한 개념을 형성함으로써 지식을 획득한다. 동시에 그들은 지식이 힘을 제공하고, 적절한 사용을 위해서는 책임이 수반된다는 것을 발견한다. 가장 중요한 것은 아동 자신이 과학의 많은 부분은 잠정적이라는 사실을 이해할 수 있어야 한다는 것이다. 즉, 아동은 그것이 시간이 지남에 따라 변화하고 또 변화에 의존하게 된다는 사실을 이해해야 한다. 이러한 변화는 불가피하다. 과학의 내용은 절대적인 것이 아니며, 사용자들의 가치와 경험에 의존하고 사람마다 다르게 해석될 것이다 (Marin et al., 2005).

(2) 과학적 지식의 유형 알아보기

과학적 지식은 일반적으로 사실, 개념, 원리, 모델, 이론의 형태를 가진다(Carin & Bass, 2001). 과학에서 사실은 탐구 및 연구 활동의 산물(결과)이다. 그리고 개념, 원리, 모델, 이론은 설명 및 해석 활동을 통해 개발된다.

① 사실: 과학적 사실은 실제로 존재하거나 실제 발생하는 사건들에 대한 기술로서 객관적으로 확인할 수 있다. 아동들이 유아과학교육을 통해 세상에 대한 새로운 사실을 배울 수 있는 많은 활동에 참여하도록 해야 한다. 사실은 관찰과 측정을 통해 획득한 구체적이고 입증된 정보의 조각들이다. 그렇지만 사실은 설명적 틀 안에 놓여야만 비로소 의미를 가지기 시작한다.

② 개념: 개념은 사실 또는 특정한 관련 경험으로부터 일반화된 추상적인 아이디어 다. 개념은 좀 더 복잡한 아이디어를 형성하기 위해 연결될 수 있는 단일 아이디 어다.

③ 원리: 원리는 몇몇 관련 개념에 기초한 복잡한 아이디어다. 예를 들어, 재생은 창조, 낭비 그리고 재활용에 기초한 원리다. 특별히 기초가 튼튼하고 광범위하게 수용되는 과학적 원리는 뉴턴의 만유인력의 법칙처럼 과학적 법칙으로 불린다. 법칙은 일반적으로 엄격한 검증을 받고 영원한 것으로 간주된다. 그러나 여전히 다듬어지고 변화되고 있다.

④ 모델: 모델은 어떤 사물이나 사건을 적당한 방법으로 실물처럼 나타낸 표상이다. 사람들은 모델을 가지고 실험하면서 실물에 대해 더 잘 배운다. 예를 들어, 아동 은 종이비행기를 만지작거리면서 실제 비행기가 어떻게 나는지에 대한 기본적인 아이디어를 얻을 수 있다. 그래서 모델링은 과학자들의 강력한 도구다. 모델은 복잡하고 추상적인 사물과 사건을 익숙하고 관찰 가능하게 해 준다.

⑤ 이론: 과학적 이론은 어떤 현상에 대한 설명을 제공하는 관련 원리들로 구성되어 있다. 좋은 이론은 아동으로 하여금 자신이 관찰한 것을 의미 있게 만들도록 돕 는다. 그 목적은 증거에 입각하여 최선의 설명을 제공하는 것이다. 이론은 설명

하고 관련짓고 예측하는 데 사용된다.

(3) 과학적 지식은 잠정적이다

과학의 귀납적 본질과 인과관계 때문에 과학자들은 현재의 과학적 지식이 잠정적이고, 새로운 사실이 발견되면 변화하게 되어 있다는 것을 깨닫는다. 사실, 과학의 궁극적인 목적은 실제 달성되는 것이 아니고 접근해 갈 수 있는 것이다. 바로 이 점이 과학의 추진력인 목적에 대한 끝없는 질문이다. 과학자들에게 과학은 이러한 의문 속에서 인간 상상력이 차이를 만들어 내는 것이다.

II. 아동과 과학교육

1. 아동은 어떤 과학적 특성을 가지고 있는가

허버트 짐(Herbert Zim)은 "아동은 어느 누구보다도 위대한 과학자다."라고 말했다. 이는 아동이 과학경험을 위해 적합한 여러 가지 특성(attributes)을 지니고 있다(Holt, 1989)는 것으로 볼 수 있다. 이에 따라 여기에서는 과학과 관련지어 아동의 특성을 살펴본다.

확대경을 사용하여 눈으로 관찰하기, 손으로 무게 재 보기, 동물 관찰하기

1) 아동은 선천적으로 과학적 재능의 소유자다

아동은 풍부한 호기심을 가지고 있으며, 탐구하고 발견하고 새로운 것을 창조하는 데 열정적이다. 이들의 이런 활동적인 신체적 능력은 경험으로 촉진된다. 또한 이들

은 운동에 민첩하고, 변화에 민감하고, 다양하고 새로운 것에 흥미를 갖는다. 즉각적인 환경에서 무엇이 계속되는지 예민하게 인식한다. 만일 활동 상황에서 아동이 민감한 반응을 보이지 않는다면 교사가 제대로 이끌지 못했다고 판단할 수 있다.

2) 아동은 개인차가 있다

각 아동이 가지고 있는 개인차는 존중받아야 한다. 각 아동은 학습활동 전에 이미 자신의 관심사가 개발되어 있고, 몇 가지 사항에 초점을 두고 탐색하고 발견하고자 한다. 이들은 확실한 경험을 찾고 그렇지 않은 것은 무시해 버린다. 또한 무엇을 찾고자 할 때(seeking) 독특한 저마다의 방법을 사용한다. 어떤 아동은 가장 빠른 방법으로 추진하며, 어떤 아동은 다른 아동이 실행한 후에 그 결과를 관찰한 후 시도한다. 처음 반응에서도 어떤 아동은 만지고, 어떤 아동은 맛보고, 어떤 아동은 냄새를 맡는다. 어떤 아동은 교사가 좋아하는 유형으로 학습한다. 각 아동은 자신의 이전 경험을 통해 배운다. 그리고 경험을 통한 학습에서도 저마다 고유한 방법을 가지고 있다.

3) 아동은 학습자다

각 개인에게 정확하면서도 사고를 조장하는 학습경험을 제공하고자 할 때는 기본적으로 아동 자신이 관심을 갖고 흥미를 보인다는 가정하에 시작해야 한다. 아동이 어떤 관계 속에서 경험을 한다는 것은 그 자체가 스스로를 위한 것이다. 즉, 3세의 현철이가 '따뜻함'을 배웠다면 그 대상이 현철이의 몸보다 더 따뜻했다는 것을 의미한다. 현철이의 목욕물이 따뜻하고, 8월 햇볕이 현철이의 뺨을 뜨겁게 만들고, 개의 털이 몸을 따뜻하게 만드는 것 등이 그러한 경우다. 온도를 측정하기 이전에 현철이의 경험은 현철이가 느낀 순수한 경험이다.

아동의 학습방법에 대한 이해를 돕기 위한 많은 연구 결과를 보면 다음과 같다. 첫째, 학습자들은 자신이 이해한 것을 구성한다. 학습자들은 완전한 정보가 없을 때라도 환경에서 의미를 찾고 세상에 존재하는 질서나 규칙을 찾으려고 노력한다.

둘째, 학습자가 무엇인가를 이해한다는 것은 관계를 아는 것이다. 인간의 지식은 덩어리로 저장되어 있고, 익숙한 상황을 해석하고 새로운 것에 대해 추리하는 도식을 만들어 간다. 이러한 구조로부터 고립된 정보의 단위(bits)는 잊혀지거나 기억하기 어렵게 된다.

셋째, 모든 학습은 사전 지식(prior knowledge)에 의존한다. 학습자들은 설정된 도식(schemata) 속에서 새로운 자료를 해석하기 위해 이미 알고 있는 정보와 새로운 정보를 연결하려고 시도한다. 따라서 과거 경험과 조직되거나 연관되지 않는 경험은 무의미하다(Harlan & Rivkin, 2000; Resnick, 1983). 초기 학습경험의 가장 소중한 자원은 그것을 밀접하게 연결시키는 것인데, 이는 아동 자신이 만든 것이나 아동의 자아와 직접 관련된 것과 근접해야 한다. 밀접하게 관련된 생각은 아동 자신의 자아, 즉각적인 경험, 발달적 수준에 따라 학습경험이 점차적으로 확대되도록 한다.

넷째, 아동은 실제 활동을 통해서 더 잘 배운다. 주변의 사물에 대해 단지 주의 깊게 관찰함으로써 배울 수도 있지만 실제로 해 보고, 발생한 상황을 알아차림으로써 더 잘 배울 수 있다. 사물은 어떤 방법으로는 변화하고, 어떤 방법으로는 언제나 똑같은 상태로 있다.

4) 아동은 능동적 활동가다

개별 학습을 격려하기 위한 또 다른 방법은 각 활동에서 아동이 관심을 보이는 것에 직접 개입하도록 하는 것이다. 어떤 아동이 무엇을 잘할 수 있는지는 겉으로 드러난다. 아동이 자료와 (직접적인) 신체적 접촉을 하는 것이 중요한 열쇠다. 특히 아동은 직접 참여를 통해 배우며, 참여를 통해 취하게 된 것은 기억한다.

과학적 현상은 소극적이고 위축되고 불행감에 빠져 있는 아동들에게 힘을 북돋아 준다.

와서먼(Wasserman, 1988)과 로스(Roth, 1991)는 과학교수(teaching science)와 과학하기(sciencing) 간에 차이가 있다고 지적하였다. '과학교수'는 배워야 할 알려진 정보를 아동들에게 제시하는 일이다. 반면, '과학하기'는 과학 교수-학습에서 무엇이 중요한가에 대한 태도에서 시작된다. 과학하기는 행동 자체다. 즉, 생성과정 자체이며 탐구와 탐색, 실험의 기초다. 따라서 아동으로 하여금 과학하기를 할 수 있도록 해야 한다.

5) 아동은 민감한 감각능력의 소유자다

아동은 시각, 청각, 촉각, 미각, 후각 등 감각을 통해서 경험한다. 아동의 경험으로부터 생긴 감정에는 배고픔, 갈증, 아픔이나 통증, 자세, 균형, 환경적 기온 및 밤과 낮의 시간적 흐름의 감지 같은 감각이 포함된다.

인간은 오래전에 지각의 중요성을 발견했다. 감각훈련은 유아교육에서 몇백 년 동안 하나의 신념이 되어 왔다. 감각훈련은 과학과 관련하여 이중적인 의미를 갖는데, 그 이유는 아동들이 그들의 감각을 통해서 세상을 발견하기 때문이다. 덧붙여 아동 자신의 감각 기제를 이해하고, 깨달음과 기민함을 위해 감각능력을 확대시키는 일은 과학교육의 한 부분이다.

4세의 민우가 라디오를 청취하고 있다면 민우는 아마도 냉장고의 소음보다 더 큰 소리를 들었을 것이다. 그러나 그 소리는 밖에서 나는 철로 위를 달리는 디젤 기관차 소리보다는 부드럽다. 민우는 하나의 메시지를 들을 수도 있고, 음악에 이끌릴 수도 있고, 고요함으로 인해 괴로울 수도 있다. 결국은 들음으로써 소리에 대해 배우게 된다. 아름이 역시 청취에 대해 배울 수 있다. 아름이가 자신의 귀에 손을 대고 라디오 소리를 듣는다면 어떨까? 손바닥으로 귀를 살며시 두드리면 어떨까? 귀를 막는다면 어떤 일이 일어날까? 또 아름이가 몸을 돌려 등 뒤에서 라디오를 듣는다면 어떤 일이 일어날까? 아름이는 몸의 다른 부분과 귀가 어떤 관계를 갖고 작용하는지에 대한 실험을 하고 있는 것이다. 또한 자신이 소리를 어떻게 변화시키는지 학습하고 있다. 종이컵이나 유리컵을 귀에 대고 어떻게 소리가 변하는지 들어 본다. 혹은 종이타월 봉이나 긴 관을 통해서도 들어 본다. 바다 소리같이 들리지만 실제 바다가 아니라는 신비함을 경험한다. 물론 듣기능력의 향상을 위해 교사에게 전자공학적인 능력이 필요한 것은 아니다.

6) 아동은 기존 지식과의 지적 갈등을 통해 배운다

아동은 학습과정에서 자신이 이미 알고 있는 사실로는 해결할 수 없는 지적 갈등 상황이 발생하면 순간적으로 자신의 신념이나 가정이 붕괴된다. 이것이 문제의 실상을 지각하는 아동의 과학적 사고 양상이다(Kuhn, Amsel, & O'Loughlim, 1988; Roth, 1993). 이때 교사는 아동으로 하여금 자신의 모순을 확인하고 해결방법을 찾도록 증거를 제시하고 검증하게 할 수 있다.

개방적 질문은 문제의 인식과 사고발달에 도움이 된다. 왜냐하면 개방적 질문은 지적 갈등의 원인을 제공하기 때문이다.

우리는 착오를 통해서 배운다. 아동들도 마찬가지다. 쿤 등(Kuhn et al., 1988)과 로스(Roth, 1993)는 아동의 실수가 발달적으로 가치 있는 것임을 확인하였다. "착오는 학습에서 본론적인 것이라고 이해해야 한다. 아동은 새로운 지식을 확실히 하기 위해서 기존 지식과 **협응한다**." 아동이 실수를 했을 때, 교사들은 아동에게 "우리 함께 나중에 다시 이야기해 보자."라는 말을 건네며 실수를 다룰 수 있는 기회를 준다. 아동의 착오 상황은 특히 과학적 문제 해결을 요구하는 상황 속에서 많이 일어난다.

7) 아동은 놀이를 통한 창조자다

많은 교육자가 수년 동안 **탐구와 놀이**에 대해 관심을 갖고 연구해 왔다. 놀이는 특히 초기에 풍부하고 개방적인 과학적 경험을 창조한다. 아동의 발달은 개방적이고 놀이가 풍부하며 추론이 가능할 때 이루어진다. 아동은 이러한 활동들이 격려될 때 성장하고 발달한다(Brewer, 2006; Harlen, 2006; Harlan & Rivkin, 2000).

아동의 과학 경험은 성인세계의 그것과는 다르다. 아동과 함께하는 과학은 놀이가 풍부해야 하고 또 그러한 방향으로 나아가야 바람직하다. 그러나 과학이 놀이 자체가 되어서는 안 된다. 과학은 항상 실제적이고, 사실의 입증이고, 우주의 법칙을 따른다.

2. 아동은 어떻게 과학을 배우는가

아동이 자기 마음속에 있는 정보들을 구성하는 방법은 개인적 경험, 기질, 성격, 문화 등 다양한 요인에 의해 결정된다. 아동은 이런 요소들을 결합시켜 세상을 알고, 세상이 어떻게 돌아가는지에 대한 독특하고 지속적인 이론을 발달시킨다.

1) 과학을 이해한다는 것은 단순히 사실을 아는 것 이상이다

과학을 이해하는 것은 단순히 과학적 개념과 과학적 정보를 아는 것만을 의미하지 않는다. 아동은 탐구하는 능력을 개발해야 하고, 과학적 사고를 위한 전략을 배워야 한다. 문제 해결을 시도하기 전에 문제가 무엇인지 기술하고, 현재 정보로 문제를 분석할 수 있는지 결정해야 하며, 문제를 설명하고 해석하기 위해 어떤 절차를 사용할 수 있는지 결정해야 한다(Glaser, 1992). 과학적 탐구를 통해 아동은 자신의 생각을 변화시킬 수 있는 새로운 자료를 얻거나 중요한 과학적 원리에 대한 이해를 깊게 할 수 있다. 또한 추론, 주의 깊은 관찰, 논리적 분석과 같은 중요한 능력도 발전시킬 수 있다(Rosebery, Warren, & Conant, 1992).

2) 아동은 자기가 이미 알고 있고 믿고 있는 것을 바탕으로 새롭게 이해하고 지식을 축적한다

아동은 어떤 현상에 대한 자신의 개념을 가지고 있는데, 이러한 개념들은 학습에 영향을 미친다. 그것이 과학적 공동체에 의해 획득된 것과 일치할 때, 이전의 비형식적 지식들은 좀 더 강한 기초를 형성할 수 있게 되고 좀 더 깊은 이해가 가능하게 된다. 그러나 이전 개념은 새롭게 수용한 것과 상충될 수도 있다. 아동들은 이전에 가지고 있던 개념을 계속 고수하면서 변화시키려 하지 않을 수도 있는데, 특히 전통적 교수전략에서 더 그런 경향이 있다(Novak, 1995).

3) 아동은 자신의 현 개념을 수정하고 재정의함으로써 또 새로운 개념을 이미 알고 있는 것에 더함으로써 새로운 지식을 형성한다

아동은 자신이 가지고 있는 생각에 대해 불만족스러울 때, 즉 현재의 생각으로 사건이나 관찰 결과를 충분히 설명하거나 기술할 수 없을 때 자신의 생각을 바꾸게 된다. 또한 좀 더 그럴듯해 보이고 유용해 보이는 대안을 발견했을 때 자신의 생각을 바꾸게 된다(Driver, Squires, Duck, & Woodrobinson, 1994).

4) 학습은 학습자가 상호작용하는 사회적 환경에 의해 중재된다

학습자는 자신의 생각을 다른 사람에게 밝히고 다른 사람의 의견에 도전하면서 자신의 생각들을 재구성할 수 있다(Rosebery et al., 1992).

5) 효과적인 학습을 위해 아동은 자신의 학습을 통제할 수 있어야 한다

학습자는 자신의 생각을 표현하고, 다른 사람의 생각과 비교하고 대조하며, 왜 다른지, 왜 그 관점을 받아들였는지를 제시할 수 있다. 효율적인 학습자는 상위 인지적이어야 한다. 즉, 자신의 생각과 지식을 감시하고 규제할 수 있어야 한다(American Psychology Association, 1993).

6) 지식을 새로운 상황에 적용하는 것, 즉 지식의 전이는 얼마나 이해하면서 학습했는지에 영향을 받는다

학습자는 지식의 최초 출발점을 성취하여야 하고, 다양한 맥락에서 지식을 사용하여 실행하여야 하며, 얼마나 잘했는지 피드백을 받아야 한다. 자신이 학습한 것을 미래에 사용하기 위해 사람들은 학습하는 동안 특정 정보와 씨름하고, 내재된 개념을 탐구하며, 그들이 이미 알고 있는 것과 연결하는 시간을 가져야 한다. 학습자에게는 도전적이지만 좌절시키지 않는 과제가 필요하며, 그들이 학습한 것의 유용성과 타인에게 미칠 영향력을 들여다볼 사회적 기회가 필요하다. 자신의 학습경험으로부터 내재된 주제와 원칙들을 이끌어 내도록 배웠다면 자신이 알고 있는 것을 새로운 상황에 잘 적용하게 될 것이다(Bransford, Brown, & Cocking, 1999; Brynes, 1996).

III. 유아과학교육

1. 유아과학교육의 정의

과학은 인간의 구성물이며 인간 활동이다. 특히 아동은 본질적으로 호기심이 강하다. 아동의 호기심은 주변 세계의 신비를 푸는 데 강력한 열쇠가 될 새로운 방법을 찾아내는 데 필요한 동기를 준다. 그러나 과학이 무엇인지를 생각해 보고 아동들에게 무엇을, 어떻게 학습하게 할 것인지를 결정할 때는 과학의 다음 세 가지 측면을 고려해야 한다.

① 과학은 인간으로 하여금 긍정적인 태도와 강력한 호기심을 개발하도록 격려한다.
② 과학은 인간으로 하여금 새로운 탐구방법을 구성해 내고 정보를 활용하기 위해 호기심을 사용할 것을 요구한다.
③ 과학은 일상생활에 필요한 정보와 수단으로 구성되어 있다(Charlesworth & Lind, 2002).

1) 태도 형성으로서의 과학교육

브루너(Bruner, 1993)는 "대개의 경우 과학적 적성은 분명히 다른 어떤 지적인 재능보다도 조기에 확인될 수 있다."라고 하였다. 이러한 관점에서 바람직한 과학교육이란 어린 시절부터 과학적 태도를 길러 주고 과학에 흥미를 가지도록 돕는 것이라고 할 수 있다. 그런데 과학적 태도, 과학을 하는 마음은 지적 호기심을 충족시키려는 탐구 태도와 자료나 교구를 가지고 놀이하고 조작해 보는 감각 운동적 경험을 통하여 이루어지는데, 이러한 과학적인 태도와 과학에 대한 흥미가 유아기에 정착되면 과학 교육의 기초학습에 도움이 되고 탐구학습 과정을 수행할 수 있게 된다.

우선 아동은 생득적으로 지적 호기심을 가지고 있다. 그렇기에 아동과 과학은 매우 밀접한 관계가 있다고 하겠다. 다른 말로 표현한다면, 유아기의 과학활동은 아동에게 있어 자연스럽다는 것이다. 이러한 아동의 흥미와 호기심은 실물을 다루고 활동하면서 자극된다. 자료가 올바른 방법으로 제시되었을 때, 많은 아동은 과학에 흥미를 갖고 지적 호기심을 충족시키려고 노력하게 된다. 아동의 이런 지적 호기심은 그들에게 지적인 도전을 하도록 하는데, 이는 질문으로 연결된다. 아동의 질문과 교사의 적절한 반응은 아동의 과학적인 사고능력을 키워 주고, 과학적 태도를 길러 주며, 과학에 대한 흥미를 갖게 해 준다. 아동기의 과학활동은 이와 같이 아동의 특성과 관련지어 볼 때 아동이 다양한 경험을 통해 환경을 탐색할 수 있도록 하는 방향으로 배려되어야 한다.

유아과학교육은 지식 암기가 아닌 과학적 사고력의 발달이 선행되어야 하는데, 기본 개념인 보존성의 형성이 그것이다. 피아제(Piaget, 1972)에 의하면, 유아기 말에 이러한 기본적이고 객관적인 사고가 싹트기 시작한다. 또한 과학의 기초 개념은 어려서부터 발달하며, 유아기의 사고와 과학교육의 관계는 탐구 태도를 갖게 하는 데 관련이 있다.

2) 과정활동으로서의 과학교육

과학교육의 가장 초기 단계에서는 관찰하기, 설명하기, 분류하기, 추론하기, 개념적인 모델 만들기 등의 방법을 학습할 필요가 있다. 이 모든 것은 과학적 능력이라고 정의할 수 있다. 그런데 과학의 과정을 가르치는 것은 과학활동에서뿐만 아니라 생활 전반에서 아동에게 사고기술을 제공하는 것이다.

이와 같이 과학의 과정을 중요시하는 이유는 다음과 같다. 첫째, 과학교육은 과학에서 선정한 지식을 수동적으로 학습자에게 전달하고 암기시키는 것보다는 학습자가 적극적이고 능동적인 활동을 통해 그 지식에 접근하고 발견하게 하는 적절한 과정이 강조되어야 하기 때문이다. 예를 들어, 공기의 성질과 같은 추상적인 지식도 구체적인 활동을 통해 체험할 수 있는 형태로 제시하면 아동들도 그 지식체계에 접근할 수 있다. 둘째, 아동의 지식 형성은 실제적인 체험, 즉 보고, 듣고, 느끼고, 맛보고, 냄새 맡는 구체적이고 감각적인 체험을 통해 이루어진다. 이들의 지식은 능동적으로 탐색하고 발견하는 과정에서 의미 깊게 형성된다. 셋째, 문제 해결 과정을 스스로 체험하는 일이 아동 각자의 문제 해결력을 높여 주며, 문제 해결 과정이 아동의 지적 발달을 촉진시켜 준다는 사실은 인지발달이론에서 잘 설명해 주고 있다.

이와 같이 유아기의 과학활동은 환경에 대한 적극적인 탐색으로 문제를 해결해 나가는 과정이라고 보아야 할 것이다. 그러한 의미에서 과학의 과정을 강조하는 교육과정이 만들어지기도 하였으며 탐문중심 교수방식이 특히 강조되는 것이다. 결국 유아과학교육은 아동으로 하여금 능동적으로 과학활동에 참여하도록 하는 일이며, 과학교사로서 성취해야 할 기본적인 목적은 '동사'로서의 과학을 가르치는 일이다(Gallagher & Gallagher, 1994).

2. 과학교육의 목적과 목표 설정의 문제

학습에서는 교사가 중요하고, 아동이 중요하고, 과학이 중요하다. 아동을 위한 과학은 전통적으로 실물을 통한 경험과 정원을 가꾸는 경험을 포함하고 있다. 더불어 동물과 그들의 습성, 인간 성장, 바위, 흙, 날씨, 계절, 공기, 물, 식품 화학, 색깔현상, 거울, 자석, 간단한 전기 회로, 기계 등이 포함된다. 우리는 자신에 대한 기본 과학 지식과 주변 세계가 사고 발달과 합리적인 인간 존재의 발달에 크게 기여한다고 생각한다. 이런 학습은 우리를 생생하게 살아 있도록 돕는다. 생존은 가장 확실한 성장의 기본 조건이다. 홀트(Holt, 1989)는 과학교육이 아동의 발달에 도움이 된다고 하였다.

1) 유아의 총체적 발달을 위한 목적

(1) 자아개념 발달

건강한 자아개념 발달은 인생의 모든 면에서 강력한 지원체계가 된다. 칭찬받고 축복받는 생활을 하는 아동은 자신이 우수하다고 생각하지 않아도 자신이 가치 있는 존재라는 강한 느낌을 가지게 된다. 과학은 우리 자신의 존재 본성, 그 안의 우리 자신의 부분, 자연적인 변화의 이해를 위한 탐구에서 가장 우선적이며, 그것은 각 아동의 성장을 포함한다.

(2) 인지발달

인지발달은 지식, 이해, 지식을 사용하는 능력, 과학의 과정, 탐구기능과 관련된 목적이다(Carin & Bass, 2001). 과학의 과정—탐구하기, 발견하기, 실험하기, 관찰하기, 정의하기, 비교하기, 관련짓기, 추론하기, 분류하기, 의사소통하기—은 사고(mind)의 성숙에 기여한다. 과학의 산물은 이미 알고 있는 것과 알아 가고 있는 것이다. 또 알고 있지 못한 것도 인지의 요소가 된다. 카린과 베이스(Carin & Bass, 2001)는 "과학학습의 광의의 목적은 정신적 탐구와 문제에 대해 과학적으로 접근하는 활동의 발달이다."라고 하였다.

(3) 의사소통 기술 발달

언어는 과학을 이해하면서 확장된다. 새로운 단어 학습하기, 과제 설명하기, 기록하기, 요점 적기 등은 과학학습을 위해 필요하다. 기억하기, 분류하기와 같은 과정의 중요한 측면은 아동에 관한 기록이 아동의 개념 발달 증거를 제공할 때 표현되기 때문이다.

사회적 구성주의자들에 의하면, 아동들이 발달함에 따라 과학활동을 수행할 때 문제 해결 과정에 점점 더 많은 언어적 표상과 의사소통이 포함된다.

(4) 정서 안정의 강화

태도, 가치, 사고 습관과 관련된 목적이다(Carin & Bass, 2001). 특정한 두려움은 그 대상에 대한 주의 깊고 통제된 탐구로 완화될 수 있다. 아동들은 때로 어떤 종류의 동물과 자연현상, 밤 등을 두려워한다. 익숙하지 않은 기계에 의해 놀라기도 한다. 아동의 상태에 따라 점차적으로 도와주고, 지지해 주고, 정보를 주고, 노출이나 탐사 등의 과학활동 기회를 주는 것을 계획하여 환경에 대처하도록 도와줄 수 있다. 과학이 두려움을 완화시키기도 하지만 경계심 또한 가르쳐야 한다. 교사들은 어떤 대상이 위험하다는 것에 대한 주의 깊은 감정을 실제로 지지해야 한다. 주의는 지식과 경험을 기초로 하는데, 이는 안전을 위한 중요한 교수기능이 된다. 타당한 주의는 건강, 안전, 생존을 위해 필수적이다.

(5) 사회적 기능 발달

상호작용을 하고 다른 사람들과 어울리는 기능과 관련된 목적이다(Carin & Bass,

2001). 대체로 일상생활에서 이루어지는 활동은 최소한 두 사람 이상이 관여된다. 아동들은 때때로 서로의 도움이 필요하다는 사실을 발견한다. 발견을 공유하는 것은 그것을 더욱 신나게 만든다. 또래와 발견한 것을 토의하는 것은 아동의 과학적 생활로부터의 과학적 기능이다. 또한 과학 주제는 사회적 성장을 돕는 독특한 방법을 제공한다. 균형, 조화, 협동과 상호 의존의 개념은 자연스러운 탐구에서도 발견될 수 있다.

(6) 생활의 방법으로서의 과학

과학의 성과는 우리 생활의 모든 면에 영향을 준다. 오늘날 우리 사회와 세계는 기술공학적 변화 때문에 과거와는 아주 달라졌다. 문제 해결 능력은 과학의 기본이다. 기술공학에 대처하는 것은 많은 문제 해결을 요구한다. 사람이 더 잘 살기 위해 기술을 이해하려 한다고 가정하는 것은 보편적인 과학교육의 기본이다.

2) 누리과정의 목표

누리과정에 제시된 목적과 목표에 근거하여 실제 현장에서 교육과정 계획을 세우고 활동목표를 설정하게 된다. 유치원 교육과정의 탐구생활 영역과 어린이집의 자연탐구 영역에서는 과학과 수학 영역을 통합하여 목표를 설정하였다. 탐구생활 영역과 자연탐구 영역에서는 '호기심을 가지고 주변 세계를 탐구하며, 일상생활에서 수학적·과학적으로 생각하는 능력과 태도를 기른다.'라는 목적을 설정하고, 그 달성을 위해 다음과 같은 구체적인 과학 영역의 목표를 설정하였다.

(1) 주변의 사물과 자연 세계에 대해 알고자 하는 호기심을 가지고 탐구하는 태도를 기른다

탐구는 순간적인 호기심에 그치지 않고 호기심을 지속하고 확장하여, 관심을 둔 사항에 대해 곰곰이 생각하며 의문을 제기하고 이를 해결해 가는 과정이다. 탐구 과정은 지식을 얻는 방법이며, 유아는 궁금한 것에 대한 탐구를 함으로써 사물에 대한 새로운 인식을 하게 되고 스스로 생각하는 힘을 가지게 된다. 유아기부터 주변 세계를 주의 깊게 탐구하는 태도를 형성함으로써 지적 자율성을 신장할 수 있다. 따라서 유아가 궁금한 점을 알고 싶어 하는 마음을 가지고 의문을 풀기 위해 지속적으로 필요한 것을 조사하여 찾아내거나 얻어 내는 탐구 과정을 즐기는 태도를 기르도록 한다. 또한 관찰, 분류, 측정, 예측, 추론 등의 탐구 기술을 활용하는 능력을 기르도록 한다.

(2) 주변의 관심 있는 사물과 생명체 및 자연현상을 탐구하기 위한 기초 능력을 기른다

유아는 생활 속에서 여러 가지 사물이나 자연물, 생명체 및 자연현상과 접하면서 이에 대해 관심을 갖게 되고 알아 가고자 한다. 특히 과학과 기술 공학의 발전으로 인해 유아의 생활 속에 과학과 공학이 차지하는 비중이 급속히 증가하면서 그 관심의 폭은 더욱 넓어지고 있다. 유아는 주변의 사물과 자연현상을 지속적으로 탐구하는 과정을 통하여 자연 세계를 알아 가고 발전된 과학 기술을 생활 속에서 활용할 수 있음은 물론 자연과 인간이 더불어 살아가는 것이 중요함을 경험하게 된다. 따라서 유아기 동안 주변 세계의 다양한 물체와 물질을 탐색하고, 생명체와 자연환경과 자연현상을 알아보며, 간단한 도구와 기계를 활용하는 능력을 기르도록 한다.

3) 프로젝트 2061에서 제안하는 과학교육의 목적

AAAS(American Association for the Advancement of Science, 1993)는 과학교육의 개선을 위한 종합적 방향을 제시하기 위해 프로젝트 2061을 주도했다. 프로젝트 2061은 효율적인 과학교수 방법을 위한 열 가지 주요 원칙을 추천하면서 효율적 과학교수 방법을 위한 새로운 목적에 이 원칙들이 포함되어야 한다고 제안하고 있다. 구체적으로 그 원칙은 다음과 같다.

① 아동이 알아야 할 과학이 무엇인지 명확하게 구별되어야 한다.
② 아동에게 다양성을 고무시키고, 보편적 핵심 지식과 경험을 가지고 모든 아동의 요구와 흥미를 만족시킨다.
③ 과학 주제의 목록보다는 과학개념을 학습해야 한다.
④ 학습성취는 아동의 흥미에 맞는 질문과 현상 탐구를 시초로 한 적절한 교수를 통해 달성되어야 하고, 탐구방법을 찾도록 도와주는 방향으로 전개되어야 한다.
⑤ 과학교육과정은 선택적이고 관련성이 있어야 하며 과학의 모든 범위를 다 다루려고 해서는 안 된다.
⑥ 과학교육은 다른 영역(예: 수학, 언어 등)과 통합적으로 운영되어야 한다.
⑦ 과학학습의 목적은 과학교육과정에 대한 구체적인 기준을 제시하는 것이기보다 좀 더 포괄적이고 일반적인 것이어야 한다.
⑧ 아동은 과학이 절대적인 것이 아니며 잠정적·증거 지향적·추론적·창의적이라는 것을 배워야 한다.

⑨ 과학교육과정에는 사회적 이슈와 기술을 취급하는 내용이 포함되어야 한다.

⑩ 교육기관에서 가르치는 과학은 명백하게 기술된 교육적 준거에 기초해야 한다.

4) NSES와 연구를 바탕으로 한 과학교육의 목적

NRC는 1996년 학교 과학교육을 위한 국가 기준을 공동 개발하였다. 전문가 조직, 주정부 그리고 다른 나라로부터 150개 이상의 문서화된 교육 기준을 검토하여 여기서 정리한 아이디어를 국가과학교육기준(NSES)에 적용시켰다.

현대 과학교육의 목적은 과학의 세 가지 구성요소 이해의 단순성을 넘어선다. 기본 목적은 과학적 소양을 갖출 수 있도록 돕는 경험을 제공하는 것이다. 여기서 소양이란 아이디어 목록을 소유하고 선정된 기능을 표현하는 것 이상을 말한다. 과학적 소양의 현대적 견해는 기술공학뿐만 아니라 수학을 포함하고, 자연과학뿐만 아니라 사회과학을 포함한다.

NSES와 연구를 바탕으로 한 개혁안에는 아동이 전문적 지식을 개발하고 실행하도록 하기 위한 목적으로 다음의 항목들이 포함되었다.

① 과학적 아이디어, 기능, 태도를 이해하고 사용하는 데 중점을 둠으로써 의미 있는 내용을 탐구하고, 내용에 참여하며, 경험을 통해 의미를 구성해 가도록 학습자를 안내한다.

② 학습한 결과에 대한 책임을 아동들과 공유한다.

③ (여러 날 또는 몇 주간에 걸친 학습 단원에) 교육과정을 적용하고, 시간을 예정하고, 탐문을 실현한다.

④ 학습자가 아는 것과 할 수 있는 것을 구별하는 다양한 방법을 사용하여 진보를 평가한다.

⑤ 필수 자료와 교구를 제공하고 안전한 환경을 유지한다.

⑥ 지적 탐구를 조장하고, 동기화하고, 지탱하도록 질문한다.

⑦ 개별 아동의 흥미, 강점, 요구를 이해하고 그에 반응함으로써 모든 아동을 위한 과학학습을 지원한다(Martin et al., 2005).

5) 다음 세대를 위한 과학기준(NGSS)에 제시된 교육목적

과학교육의 목적은 구체적으로 다음과 같은 학습경험과 융합적 개념을 실천하는 과학교육 프로그램을 통해 달성될 수 있다(NGSS, 2013).

- 개인적·사회적으로 아동과 관련된 학습경험
- 광범위한 지식, 방법, 접근을 포함하는 학습경험. 이로써 아동은 개인적·사회적 이슈를 비판적으로 분석할 수 있다.
- 과학이 아동의 생활, 사회, 세계에 미치는 영향에 관한 이해를 반영하는 방식에 따라 생각하고 행동하도록 격려하는 학습경험
- 아동으로 하여금 과학의 가치를 인식하도록 격려하는 학습경험
- 아동이 자연세계의 아름다움과 질서에 대한 인식을 발달시키도록 하는 학습경험

결론적으로 유아과학교육의 기본 목적은 과학적 지식의 본질을 이해할 수 있는 과학적 소양을 갖춘 사람을 길러 내는 일이다.

❶ 유아과학은 태도, 과정, 지식이 혼합된 총체적 과학을 의미한다. 태도(attitudes)는 아동을 과학을 수용하기 위한 준비 상태로 이끈다는 점에서, 과정(process)은 아동의 지식이 능동적으로 탐색하고 발견하는 과정에서 의미 깊게 형성된다는 점에서 그리고 과학에서 지식(products)은 절대적이 아니라는 것을 깨닫게 해 준다는 점에서 중요하다. 이러한 태도, 과정, 지식은 서로 유기적으로 연결되어 있기 때문에 하나씩 분리해서 독립적으로 가르치기보다 아동이 과학의 모든 부분에 깊이 몰입되도록 태도, 과정 그리고 지식을 고려한 총체적 경험을 제공해 주어야 한다.

❷ 아동은 과학학습에 적합한 여러 가지 특성을 지니고 있다. 이러한 특성으로는 새로운 것에 대한 호기심과 같은 선천성, 경험을 통한 학습에서 나타나는 개인차, 사전 지식을 바탕으로 실제 활동에서 자신이 이해한 것을 구성하고자 하는 능력, 직접 참여를 통해 스스로 발견하고자 하는 능동적 활동, 주변 세계를 이해하기 위한 수단으로서의 민감성과 감각, 자신의 기존 지식으로 이해할 수 없는 문제 상황을 해결하고자 하는 지적 갈등과 과학적 사고, 풍부하고 개방적인 과학적 경험을 가능하게 해주는 놀이를 통한 창조 등이 있다.

❸ 유아과학교육의 목적을 설정하는 것은 유아과학의 내용 선정과 교수–학습 방법, 평가의 방향에 지침을 제공한다는 점에서 매우 중요하다. 우리나라의 누리과정, NSES, 그리고 NGSS에 제시된 과학교육의 목적을 종합해 보면, 생활과 자연 속에서 과학적 탐구를 통한 문제 해결력을 증진시키고, 과학적 지식뿐만 아니라 과학의 과정을 중시하여 과학적 지식을 형성하는 사고과정에 중점을 두며, 과학의 본질과 역사적 · 사회 문화적 맥락을 이해하도록 하는 것이다.

02 유아과학교육의 역사적 조망

● 이 장 소개하기

역사를 조망하는 일은 미래를 예측하는 근거가 된다. 그렇기 때문에 과학교육의 역사적 변천과정을 이해한다는 것은 미래를 준비하기 위한 과학교육의 방향 설정에 기초가 된다. 과학교육이 학교교육에 도입되기 시작하면서부터 현재에 이르기까지 영국 과학교육의 변천과정은 민간이 주도하는 개혁운동에서부터 정부에서 주도하는 미래지향적 교육과정에 이르기까지 많은 변화를 거쳤다. 한편, 1800년대 이후 현대 과학교육의 혁명에 이르기까지 미국 과학교육은 실물교육의 중요성 인식에서부터 1, 2차에 걸친 개혁운동으로 다양한 프로그램의 개발과 교수방법의 변화를 가지게 되었다. 특히 최근에는 국가가 과학교육을 위한 기준을 제정하여 시행할 것을 강력히 제안하고 있다. 이와 더불어 일본의 과학교육은 교육과정의 제정과 개정을 통해 유아과학교육의 방향을 제시하고 있다. 끝으로 우리나라 유아과학교육 역시 유치원 교육과정의 제정에서부터 2012년 개정 누리과정에서 발달 영역을 중심으로 과학교육 내용을 제안하다가, 다시 생활 영역별로 구분하여 유아과학교육의 내용과 방법을 제시하고 있다.

이 장에서는 우리나라의 유아과학교육에 영향을 미친 국가들의 과학교육 변천과정을 조망해 보기로 한다. 먼저 영국과 미국의 과학교육 변천사를 통해 서구의 과학교육을 역사적으로 조명해 본다. 그리고 우리나라에 영향을 미친 일본의 과학교육을 교육과정의 제정과 개정을 중심으로 살펴본다. 끝으로 1969년 유치원 교육과정의 제정에서부터 2012년 누리과정까지 유아과학교육과 관련된 부분을 요약 · 정리한다.

● 유아과학교육의 시대별 동향을 살펴봄으로써 다음의 물음에 답할 수 있다.

1. 유아과학교육의 어제는 어디에 있었는가?
2. 유아과학교육의 현재는 어디에 있는가?
3. 유아과학교육은 어디로 가야 하는가?
4. 어떻게 하면 유아과학교육이 가야 할 길로 제대로 갈 수 있는가?

I. 서구 과학교육의 변천과정

먼저 영국과 미국의 과학교육 변천과정을 유아단계를 포함하는 수준을 중심으로 살펴보고자 한다. 우리나라의 경우 서구의 교육적 동향을 참고로 교육의 방향을 설정하고 있기 때문이다. 특히 과학교육의 경우는 현대문명이 먼저 발달했다고 인정되는 서구 교육의 영향을 받지 않을 수 없었다.

1. 영국 과학교육의 역사적 변천과정

1) 과학교육이 학교교육과정에 정착되다

영국에서는 19세기 중반을 지나면서 공립 초등학교에서부터 시작하여 사립학교에 이르기까지 상류층을 대상으로 한 교양과목으로 과학교육이 정착되었다. 이후 헉슬리(Huxley), 암스트롱(Amstrong) 같은 과학자들의 공헌으로 과학의 교육적 가치에 관심을 가지게 되었고, 탐구학습을 대중적으로 보급하려고 노력하였다. 모슬리(Mosley), 메이오(Mayo) 등의 교육자들은 하류층 아동의 교육에 관심을 갖고 일상생활에서 사물을 통한 과학교육에 힘쓰게 되었다. 이에 발맞춰 지역 교육청에서는 시골에 이동 순회 과학차를 운영하고 과학상자를 보급하기에 이르렀다. 더불어 과학에 적합한 교수방법과 학습 교재를 개발하고 실천하는 데 힘썼다(김시중, 박승재, 김창식, 정병훈, 이화국, 1996).

2) 민간이 주도하는 과학교육 개혁운동이 일어나다

20세기 초 모든 아동을 위한 과학(science for all), 과학적 소양(scientific literacy) 같은 용어가 교육 현장에 등장하게 되었다. 당시 국가는 빈민층을 위한 교육에 집중하였으며, 과학과 기술이 과학기술 발전과 국제적 산업 경쟁력, 대중적 교양을 위해 대단히 중요하다는 인식하에 과학교과를 위해 재정적·행정적 지원을 강화하는 등 교육에 대한 최소한의 역할만 담당하였다.

이 시기에 너필드(Nuffield) 재단이 설립되어 과학교육과정 개발을 위한 역할을 담당하게 되었다. 처음에는 과학적 소양보다 학문 중심 탐구과정에 관심을 가졌다. 그러나 사회적 통계로 봤을 때, 과학교육과정이 여학생들에게 불리하게 구성된 교육과정이라는 비판에서 과학교육의 평등을 요구하게 되었고, 민주사회를 지향하고 시민의 과학적 소양을 추구하게 되었다.

3) 과학교육이 정부의 국가교육과정에 도입되다

미국에 비해 서유럽 국가들의 과학교사들은 자질이 우수하며, 일부 교사 협의회는 훌륭한 과학교육 연구·개발 기능을 가지고 있다. 그중 1만 6,000명 이상의 각급 학교 과학 교원과 과학교육 관계자로 구성된 영국의 과학교육협의회(Association for Science Education: ASE)는 영국 과학교육의 연구와 실제에서 탁월한 업적을 쌓아 왔다.

세계적으로 널리 알려진 너필드(Nuffield) 재단의 설립도 ASE의 전신인 SMA(Science Masters' Association)가 1957년도에 제출한 'Science and Education a Policy Statement'라는 정책 보고서로부터 시작되었다.

ASE(1979)는 7인의 소위원회를 구성하여 영국의 과학교육과정을 개선하기 위한 단기·중기 및 장기 모형을 작성하고 1979년에 'Alternative for Science Education'이라는 보고서를 발표하였다. ASE의 보고서는 영국 과학교육의 방향을 결정하는 데 크게 작용하였다. 따라서 ASE가 제시한 과학교육 개혁을 위한 교육과정 모형을 아는 것이 중요하다(박승재, 이화국, 1987).

우선 미래 과학교육과정의 바탕이 될 다음의 일반 목표들이 설정되었다.

① 체계적 학습과 과학적 지식에 연관된 경험을 통한 과학적 지식, 원리, 법칙 등을 습득·이해시킨다.
② 실험실과 실습 현장의 과학적 활동과 과정에의 반복적 참여를 통한 일련의 인지 및 신체 운동적 기능과 과정을 습득시킨다.
③ 과학학습 분야에서 자율적 기능을 수행할 수 있는 능력을 기르기 위하여 과학적 지식과 과정을 새로운 지식과 심오한 이해의 추구에 활용하게 한다. 이 능력에는 정보교환 능력도 포함된다.
④ 지식과 탐구의 방법과 관점에 관한 과학적 세계관을 습득시킨다. 과학적 세계관은 기타의 세계관과 상보적 또는 대조적일 수 있으며, 이러한 세계관의 습득 없이는 균형 잡힌 교양교육이 불가능하다.

이상의 개인 중심적 목표 이외에도 과학의 집단학습과 과학철학 및 과학사회학 등의 학습을 통하여 다음과 같은 사회적 목표 달성을 추구한다.

① 젊은이들로 하여금 개인적인 자율성과 함께 사회성과 주체성의 감각을 얻도록 한다.
② 고등 기술사회의 본질, 과학과 사회 사이의 복잡한 상호작용 및 문화유산을 위한 과학의 기여를 설명하고 이해할 수 있게 한다.

이와 같이 과학교육의 개인 중심적 및 사회적 목표는 과학적 지식을 전개시킬 상황의 다양성을 고려함으로써 더 분명하게 탐구될 수 있다. 과학교육에서 과학은 과학 자체, 문화적 활동, 시민권(citizenship), 직업, 여가 및 생존(survival) 등과 관련하여 학습시킬 수 있다(박승재, 이화국, 1987).

제시된 목표와 과학의 여러 양상을 고려하여, ASE의 소위원회는 단기·중기 및 장기 과학교육과정 모형을 제시하였는데, 그중에서 중·장기 모형만을 간단하게 살펴보자.

미래 지향적인 영국 과학교육의 교과과정으로 제시된 이 모형에서는 과학교육을 아동의 연령에 따라 3단계로 나누어 실시한다. 이 단계들은 발달이론 등에 근거를 두지는 않고 1단계는 5~11세, 2단계는 11~16세, 3단계는 16~18세로 연령별로 구분되어 있다.

제1단계의 과학교육은 '다른 교과들과 통합된 형태의 기초과학'을 가르친다. 이 단계에서의 과학교육은 형식적 지식의 습득과 기존 과학 내용의 이해보다는 과학활동(scientific work)에 대한 올바른 태도의 함양이 강조된다. 이 단계의 과학 지식이나 경험은 아동들에게 개성적·개별적이어야 하고, 학습 과제는 주위에서 쉽게 찾을 수 있는 것이어야 하며, 학습환경이 학생들의 자발적인 관심에 의해 주의 깊게 조정되도록 지도되어야 한다. 따라서 개인 및 집단 작업을 통해서 학생들이 자유롭게 사색하고 토의할 수 있도록 지도하고, 아울러 현대의 각종 시청각 기자재들을 학습환경을 확대시킨다는 의미로 이용하도록 한다.

단기 및 중기 과학교육과정 모형에는 1, 2, 3단계로 구분된 과학교육과정이 제시되어 있으나, 장기 모형에는 2단계와 3단계를 합한 형태의 교육과정이 제시되어 있다. 이 장기 모형에는 2단계의 11세부터 3단계의 18세까지를 연차별로 나누어 다음과 같은 교과들을 가르칠 것이 제안되어 있다.

- 1~2년차 환경과학(주당 8시간씩)
- 3년차 실험과학(주당 8시간씩)
- 4년차 응용과학(주당 8시간씩)
- 5년차 과학과 사회(주당 8시간씩)
- 6~7년차 개별 연구(주당 16시간씩)

영국의 주당 수업 시간은 40시간이므로 1~5년차에는 전체 수업 시간의 20%, 6~7년차에는 40%를 과학 수업에 할당하도록 되어 있다. 6~7년차는 'Sixth Form'이라고 하는 대학 준비과정으로 보통 3~4과목 정도를 학습한다.

ASE의 장기 교육과정 모형에서 제시된 과목들은 과학적 이해를 위한 5단계와 관련이 있으며, 이들 각 과목의 특성은 다음과 같다.

① 환경과학(environmental science): 기본적인 과학 개념의 이해와 자료 수집 및 조직 기능의 개발을 위해 학교 주변에 대한 경험 중심의 학습을 한다.
② 실험과학(experimental science): 경험 및 실험과학으로서의 과학에 대한 체계적 접근과 이해의 개발을 위해 설계된 실험·실습을 수행하도록 한다. 환경과학에서 유도된 주제들이 이 단계 학습의 시발점을 제공할 것이다.
③ 응용과학(applied science): 위의 두 단계에서 얻어진 과학적 아이디어들(ideas)을 실생활 문제나 논쟁에 적용시킬 수 있도록 실험·실습 활동을 한다.
④ 과학과 사회(science and society): 과학과 사회의 관계를 앞 단계들에서 개발된 주제나 프로젝트와 연관시켜 체계적으로 분석한다. 이 단계에서는 앞 단계에서 제시되었던 지식, 개념, 과정 및 응용문제들을 역사, 사회 및 개인적 상황의 학습으로 전개시켜, 학생들이 개발한 과학적 아이디어들의 사회적 논쟁점에 대한 적절성과 그들의 가치체계를 평가할 수 있도록 한다.
⑤ 개별 연구(independent studies): 개별적 또는 소집단별로 2년간에 걸쳐 수행할 상세한 연구 주제를 학생 스스로 설정하도록 한다. 이 단계에서 학생들은 지금까지의 과학학습을 바탕으로 자신들이 구성한 과학적 실체(reality)를 제기하고 이를 합리화·정당화하는 이른바 과학자들의 행동을 보여야 한다.

4) 과학교육의 문제점을 인식하다

영국 정부는 1985년 과학교육의 문제점을 인식하기에 이르렀다. 너필드 재단과 여기서 개발되는 과학교육 프로그램들이 기대만큼 과학교육의 질을 향상시키지 못했는데, 이는 한정된 기간에만 외부의 지원이 이루어졌기 때문이다. 또한 유아와 초등 저학년 교사들의 과학적 소양이 부족한 데 그 원인이 있었다.

5) 유아에 초점을 둔 과학교육은 어떤가

(1) 유아교육에 과학교육 영역이 인식되다

1700년대 루소, 프뢰벨에 이어 1960년대에 들어 듀이, 피아제, 비고츠키, 에릭슨 등의 이론적 영향과 맥밀란 자매의 현장 교육에서의 공헌 등에 따라 유아교육 전반에 발전이 이루어져 왔다. 1967년 DES의 National Committee on Primary Education 의 의장이었던 플라우든(B. D. Plowden)은 역사적인 보고서인 일명 '플라우든 보고서'를 통해 아동중심 접근방법을 대변했고, 유아교육에서 부모의 파트너십과 '학습 준비도'에 대한 아이디어의 중요성을 인식시켰다. 그러면 과학교육 영역은 어떤가? 이 물음에 정확하게 답하기는 너무 어렵다. 왜냐하면 과학은 대단히 광범위한 과목이고, 수없이 다양한 방향에서 지각될 수 있기 때문이다.

영국에서 과학교육에 대한 이해는 수년에 걸쳐 기능중심(skills-based)과 아동중심(child-centred) 접근에서 지식기반(knowledge-based)과 교육과정중심(curriculum-centred) 접근으로 변천되어 왔다. 10년 전만 해도 영국의 유아교사들은 과학이라고 하면 주로 과학적 과정(scientific processess), 즉 '실험하기' '탐구하기'와 '발견하기' '해석하기'로 표현했다(Johnston et al., 1998).

(2) 유아과학에 무엇이 포함된다고 생각했는가

최근 들어 교육과정에서는 구체화된 지식과 이 지식을 설명해야 한다는 점을 강조하고 있다(Johnston & Ahtee, 2005). 과학에 대한 주된 생각은 교육과정 내에서 교수전략의 실행과 학교 과학 경험에 초점을 둔 의의 있는 경험이라는 것이다.

또한 과학은 일반적으로 생물학, 물리학, 화학, 지구과학, 우주과학, 심리학, ICT 등과 같이 구체화된 학문을 통합하는 '지식의 조직체' 또는 '사실의 조직체'로 표현된다. 과학에 대한 이 표현에 의거했을 때는 과학적 지식은 확고하고 변하지 않는다는 가정이다. 실제로 우리는 지식에 대해 물론 확신할 수는 없고 지식의 잠정적 본질을 인정해야 한다. 새로운 발견들은 우주에 대한 이해를 넓혔고, 세상에 대해 생각하는 방법과 세상을 보는 방법을 변화시켰다. 이렇게 보면, 과학은 '이론의 조직체'라고 이야기하는 것이 더 나은 표현일 수 있다. 그런데 현재의 이론은 본질적으로 우리의 이해가 깊어지면 새롭고 더 나은 이론으로 대치되는 잠정적 이론이다. 잠정적 지식인 과학은 광범위한 학문들의 통합체인 일반적인 관념이나 개념에 포함되어 있다.

영국과 웨일즈 교육은 과학을 통합된 어떤 개념과 지식을 동일한 것으로 간주했다 (DfEE, 1999). 〈표 2-1〉을 보면, 식물의 성장 개념은 생물 또는 '성취목표2'(과학2)인 '생명과정과 살아 있는 것'에 포함될 수 있다. 유아들에게 적절한 개념 내에서의 지식은 식물의 성장을 위해 필요한 것(빛과 물), 꽃이 피는 식물의 각 부분(잎, 꽃, 줄기, 뿌리), 꽃이 피는 식물은 씨로부터 자란다는 개념이 포함될 것이다. 힘의 개념은 물리학 또는 '성취목표4'(과학4)인 '물리적 과정'에 포함되고, 익숙한 물체의 운동과 여러 종류의 힘과 힘의 영향과 원인(밀기, 끌기, 이동하기, 천천히 움직이기, 빨리 움직이기, 방향 바꾸기)에 대한 지식을 포함한다. 아동이 신체적, 지적으로 발달함에 따라 과학적 지식에 대한 이해와 그들이 가지고 있는 지식은 더 심화되고 폭넓어진다. 5세 이하의 어린 유아를 위한 구체적인 지식은 교육과정에 명시되어 있지 않았으나(QCA, 2000), 이들은 주변환경을 탐색하고 일상생활에서 마주치는 과학적 현상을 통해 지식과 이해를 발달시켜 나간다.

표 2-1 국가 교육과정 2000 핵심단계1에서의 과학

과학영역	목표
Sc1	**과학적 탐문** 과학에서 아이디어와 증거 탐구기능 • 계획하기 • 증거를 획득하고 제시하기 • 증거를 고려하고 평가하기
Sc2	**생명과정과 살아 있는 것** 생명과정 인간과 동물 녹색식물 변이와 분류 환경 내에 살고 있는 생명체들

Sc3	**물체와 물체의 성질** 물체 집합화하기 물체의 변화
Sc4	**물리적 과정** 전기 힘과 운동 빛과 소리
연구의 폭	다음과 같은 방법을 통한 교수와 학습 • 친숙하고 흥미 있는 맥락 • 발달에 대한 과학의 역할 분석 • ICT를 포함한 일정 범위의 정보와 데이터 소스 • 1, 2차 데이터와 실습(탐구를 포함하여) 의사소통 건강과 안전

출처: DfEE(1999). www.nc.uk.net

(3) 유아과학교육의 방향은 어디로 가나

하나의 교과목으로서 과학교육의 이해는 분명 교육자들의 원시적 조망의 결과다 (Johnston & Ahtee, 2005). 5세 이하 아동 관련 업무에 참여하는 교육자들은 'Foundation Stage Curriculum' (QCA, 2000)의 세상에 대한 지식과 이해의 핵심영역 (key area) 내에서 과학발달을 고려하게 될 것이다. 교육심리학자들은 과학발달을 아래의 세 가지 영역 내에서 고려할 것을 제안했다.

• 인지발달(지식과 이해)
• 능동적(conative) 발달(기능)
• 정의적 발달(태도)

국가 교육과정의 핵심단계1(key stage 1)과 연계해서 업무를 수행하는 교육자들은 과학성취 목표를 고려하게 된다(⟨표 2-1⟩ 참조). 모든 경우에 발달의 범주화(아동의 발달)는 같다.

유아들이 발달시키는 과학적 개념, 지식, 기능, 태도는 그들의 일상생활과 그들 주변의 세상과 관련되어 있다. 과학은 실험실, 시험관, 가스버너에서 오는 것이 아니고 실생활에서 비롯된다. 이것이 바로 실제 과학(real science), 적절한 과학(relevant science)이다. 비록 대부분의 경우 단순하고, 미개발 또는 명백히 말하면 과학이 아니다(묵시적 과학). 아동은 과학적 개념, 지식, 기능 그리고 태도를 동등하게 발달시켜야 한다. 그들이 미래의 개념적 이해를 위해 건전한 기초를 형성하고 대안적 개념이나 오개념을 발달시키지 않는 것은 중요하다. 그러나 미래의 삶, 학교 안팎에서 일반적으로 사용할 기능과 긍정적인 과학적 태도를 발달시키는 것 또한 똑같이 중요하다. 긍정적인 태도 없는 개념과 기능발달은 불완전하고, 과학적 기능 없는 미래를 위한 개념발달과 과학적 소양(일상생활에 과학 적용)은 둘 다 손상된 불완전 산물이 된다 (Johnston & Ahtee, 2005).

2. 미국 과학교육의 역사적 변천과정

과학교육의 중요한 역사적 움직임에 관한 탐구는 오늘날 과학교육에서 나타나는 개혁에 관한 전반적인 배경을 시사해 준다.

1) 과학교육이 시작(1860~1920년)되다

1800년대 초기에는 학교에서 과학에 대한 인식이 극히 미미했다. 3R을 강조하고 기계적 암기가 이루어진 이 시기에는 거대 과학(big science) 시대가 아득히 먼 미래의 일로 생각되었다. 과학 자체는 잘 설정되어 있지만 기금이 조성되지 못했고, 자료 수집이 제대로 되어 있지도 못한 실정이었다. 또한 학교 교과에서 과학을 포함시키는 데 약간의 압력도 따랐다.

최초의 교실에서의 실물교육(object teaching)은 스위스 교육자인 페스탈로치 (Pestalozzi)에 의해 자극되었다. 실물교육은 관찰이나 연구를 위하여 실제 사물을 가져오도록 하는 데 주안점을 두기 때문에 이전의 설교적이고 언어적인 교수와는 다르게 진행되었다. 사물을 세심하게 관찰하도록 강조하고 질문을 통해 추론을 하도록 한다. 비록 아동들이 실험을 위해 관심을 적게 기울이더라도 단순 기억보다는 감각이나 생각이 이루어지도록 격려되었다. 따라서 실물교수에는 미국의 과학교육과정에서 현재에도 강조되는, 과학교육의 기초인 고등 사고기술(higher-order thinking skill)이 실제로 포함되었다. 그러나 역사적으로 실물을 통한 학습은 현대적 의미의 과학교육에 결정적인 영향을 주지는 못했다.

19세기 후반, 농경사회에서 산업사회로의 전환으로 인해 농촌에서 도시로의 대이동이 시작되었다. 코넬 대학교의 생물학 교수인 하이드 베일리(Hyde Bailey)는 그러한 현상으로 아동들이 자연을 접촉하지 못한 채 성장하여 자연환경에 관한 관심이 부족하게 되었다는 데 관심을 가졌다. 그리하여 Cornell School Leaflets를 만들어 자연-연구 운동(nature-study movement)을 옹호하고 학교 정원화(school gardening) 프로그램을 확대하였으며, 교사를 위한 재교육 프로그램에 자연지향 프로그램을 포함시켰다. 1890년대에서 1910년까지 고전적인 자연 연구는 전국적으로 많은 초등학교에서 기초과학 프로그램이 되었다(Kraus, 1994).

2) 실용주의/교과서 시대(1920~1957년)가 도래하다

이 시기는 전쟁으로 인한 정치·경제적 격동의 시기로 기술이 급속하게 발달하였다. 초등학교의 과학교과과정은 상품화된 교과서를 사용한 '과학책 읽기(read about science)' 프로그램이었다. 이 프로그램은 제럴드 크레이그(Gerald Craig)가 컬럼비아 대학교의 Horace Mann Laboratory School에서 제작하였다. 크레이그가 개발한 scope-and-sequence curriculum은 이해하기 쉽고 단순한 것에서부터 복잡한 조직 내의 과학적 지식까지 중요한 모든 학문(disciplines)의 적용 범위를 제공하기 위해 설계되었다(Kraus, 1994). 그러나 산업사회가 요구하는 능력을 얻기 위해 과학 정보 읽기가 활기를 띠었고, 가장 효력 있는 수단은 조직화된 과학 정보를 적용하는 것이었다. 즉, 직접학습(hands-on learning)을 통한 발견은 무시되고, 산업생산 모델이 과대평가되고 실용성이 강조되었다.

전 학년에 걸쳐 교과는 전형화되었으며, 제2차 세계 대전 초기까지 기술이 교과서에 깊이 뿌리내리게 되었다. 이에 따라 새로운 과학발달의 내용이나 결과는 10~15년 동안 교과서에 포함되지 못했다. 이런 이유로 과학자들은 학교의 과학이 현실적이지 못하고 과학자들이 알고 있는 것과 행한 것들을 효과적으로 반영하지 못하는 것에 불만을 표시하기 시작하였다. 그리하여 1950년대 이후 계속적으로 미국 과학교육의 질에 대한 국가적 관심을 불러일으켰다. 최초로 이런 관심을 촉발한 것은 1957년 구소련의 인공위성 스푸트니크호의 발사였다. 이는 미국 과학교육에 충격을 주었다. '세계 최고'라고 여긴 미국의 과학에 대한 자기만족이 다른 나라가 지구 궤도를 도는 인공위성을 먼저 발사했다는 사실에 흔들리기 시작한 것이다. 결과적으로 모든 비난은 공교육으로 향했다.

이에 부응하기 위한 새로운 과학교육을 위해 전문 과학자와 수학자들이 과학전문가 모임을 조직하고 과학교재와 교수 실제를 조사하기 위한 위원회를 조직하였다. 콜레트와 치아피타(Collette & Chiappetta, 1989)에 따르면, 1957년 이전의 교과서는 "독단적으로 가르쳤으며, 내용 지향적(content-oriented)이었고, 개념적 통합성(conceptual unity)이 부족했으며, 시대에 뒤떨어졌고(out dated), 과학 학문 분야에서 어떤 일이 일어나고 있는지에 대한 연계조차 거의 없었다." 따라서 연방정부는 시범적인 과학 프로그램 개발을 위해 더 많은 자금을 지원하기 시작하였다.

3) 과학교육에서 1차 개혁운동(1957~1978년)이 일어나다

거대한 개혁운동이 빠르게 전개되어 교육 현장이 이전과는 달라졌다. 국립과학재단(National Science Foundation: NSF)이 과학교육학회를 설립하고 10년 동안 교육과정 개발과 교사훈련에 수백만 달러를 집중적으로 투자하였다. 그러나 혁신적인 교육과정에 대한 자료들이 개발되기는 했지만 학교 안에서는 그에 부응하는 바람직한 개선이 이루어지지 않았다. 잘 훈련된 교사들은 새로운 NSF 프로그램을 잘 수행했지만 대부분의 교사는 과학교육의 접근이나 기본 철학을 변질시켰다(Kyle, 1985). NSF 교육과정은 그 계획에서 과학의 본질을 반영하는 데 초점을 두었고, 실용과학자들과 마찬가지로 탐구·발견학습을 강조하였다. '순수(pure)' 과학은 과학이 수행하는 기본 원리와 이론을 포함하였으며, '응용(applied)' 과학에서 기술과 공학은 실용제품을 창안하기 위해 과학 원리들을 이용하였다. 질문에 의한 학습은 학생들에게 관찰·측정·실험, 직접적인 자료 분석, 실험 상황 등을 행하도록 하였고, 발견학습은 자발적으로 자료를 수집하고 과학적 원리를 일반화하도록 허용하였다. 이 시기에 NSF의 후원을 받은 모든 프로그램은 교사의 강의·시범을 통한 학습에서 책에 의존하는 과학교육이 덜 강조되었고, 책과 읽기가 없는 프로그램을 통해 과학을 활용할 수 있도록 하였다.

이러한 개혁운동은 고전적인 '교사-사실(teacher and facts)' 중심 접근 과학교육에서 새로운 학교 과학으로 전환하게 된 중요한 계기라고 할 수 있다.

(1) 국립과학재단(NSF)의 설립

National Science Fund를 설립하고 이로부터 지원받는 과학교육 관련 단체들은 새로운 교육과정을 제안하게 되었다. 이 시기의 교육과정에서 중점을 둔 내용을 다음과 같이 요약할 수 있다.

- 과학의 본질을 반영하는 데 초점
- 탐구: 실험실 상황에서 관찰 · 측정 · 실험, 직접적인 자료 분석
- 발견: 스스로 자료를 수집하고 과학적 원리의 자발적 일반화
- 순수과학: 과학이 수행하는 기본 원리와 이론을 포함(응용과학은 실용제품의 창안을 위해 과학 원리를 기술적 · 공학적으로 사용)
- 책에 의존하는 과학교육이 강조되지 않음
- 1980년대 이전까지 널리 이용된 초등학교 주요 프로그램: ESS, SCIS, SAPA

(2) '알파벳 수프(Alphabet Soup)' 프로그램들의 개발

새롭게 개발된 대부분의 과학 프로그램은 단어의 머리글자의 합성어로 널리 알려졌다(Carin & Bass, 2001). 초등과학 수준에서 연방정부의 자금지원으로 개발된 가장 성공적인 프로그램은 SAPA(Science-A Process Approach), SCIS(Science Curriculum Improvement Study)와 ESS(Elementary Science Study)다. 1960년대 초에 개발된 이들 프로그램은 과학교육에 세 가지 아주 다른 접근법을 제시한다. SAPA는 과학하기에 몰입된 과정, SCIS는 과학적 아이디어를 조직하기 위한 광범위한 개념, 그리고 ESS는 과학 지식을 발달시키는 방법으로서의 탐구에 초점을 두었다.

여러 '알파벳 수프' 프로그램은 오늘날까지도 미국 전역에서 적용되고 있다. 이들 프로그램 자체가 학교에 중대한 영향을 미쳐 왔기는 하지만 1960년대, 1970년대 그리고 1980년대 과학교육에 가장 영향을 미친 이들 NSF 지원 프로그램들의 중요한 주제는 직접활동 정신이었다. 실제로 모든 연방기금 지원의 과학 프로그램에서 아동들은 과학에 대해 읽지 않고 과학을 행하였다. 과학은 명사 이상이다. 과학은 동사, 즉 과학하기(scienceing)다.

① ESS 프로그램

- 물리 · 생명 · 지구과학을 아이들이 자유롭게 탐색하도록 (또는 느슨하게 지도해 줌) 하는 56개의 독립된 단원으로 구성되어 있다.
- 각 단원들의 계열성(sequence)을 고려하여 학교에서 취사선택하도록 한다.
- 학생들이 질문자와 탐구자의 역할을 하며, 교사는 안내자의 역할을 한다.

- 예비교사 프로그램이나 현직교사 연수 프로그램에서 최상의 모델을 제공한다.
- 고도로 구조화된 위계 형식의 행동목표하에 조직되어 각각이 과학과정의 개발에 적합하도록 되어 있다.
- 교사를 위한 지침서에는 행동목표들과 과학활동을 지지하는 방법들이 도표로 제시되어 있다.
- 복잡하고, 교사가 연수받기 어렵다.

② SAPA 프로그램

- 과학과정, 즉 관찰, 측정, 실험설계, 추론, 자료 해석 등을 조직하고 과학 개념을 소개하였다.
- 행동목표를 고도로 구조화한 위계 형식으로 하였으며 과학과정들의 개발에 적합하도록 하였다.
- 교사를 위한 지침서에는 행동목표들과 과학활동을 지지하는 방법들이 도표로 제시되었다.
- 새로운 초등학교 과학 프로그램으로 복잡하고 교사들이 연수받기에 가장 어려우며, 많은 학습도구와 특수화를 요구한다.

③ SCIS 프로그램

- SAPA의 엄격한 위계와 ESS의 자유로운 개방성 간에 균형을 맞추는 역할을 한다.
- 과학적 소양(scientific literacy)을 개발하기 위해 중요한 과학적 개념의 이해나 과학자의 사고와 실험 기술을 포함한다.
- 물리과학과 생활과학의 두 단원으로 이루어져 있다.
- 학생의 발견학습과 교사의 안내자 역할을 강조한다.
- 탐구(exploration), 발명(invention), 응용(applicaion)의 세 부분으로 구성된 학습순환과정(learning cycle)을 기초로 단원이 구성되어 있다.

(3) 환경교육운동으로 프로그램의 개발

① 1960년대 후반 환경교육의 필요성이 과학 수업의 영역에서 명확해졌다.

② 1972년 United Nations Conference on the Human Environment에서 스톡홀름 선언과 행동강령을 발표하여 환경교육을 위한 프로그램 개발을 요구하였고,

지구의 날(Earth Day)을 제정하였다.

③ 환경교육으로 대체 에너지 보전, 인구 팽창, 오염, 지역사회의 개입과 같은 주제를 강조하였다.

④ 환경 프로그램으로 Project Learning Tree, Project WILD, The CLASS Project, Project WET가 있다.

(4) 1차 과학교육 개혁의 영향

고전적인 교사-사실 중심접근 과학교육에서 새로운 과학으로의 전환이 이루어진 중요한 출발점이 되었다.

표 2-2 과학교육의 1차 개혁 이전과 이후의 비교

이전	이후
정보의 권위적 원천으로서의 교과서	일차적 지식 원천으로서의 실험자료
일상생활 기술의 과학적 제시	'순수' 과학 강조
많은 과학 주제에 대한 간단한 연구	보다 적은 주제에 대한 깊이 있는 연구
교과서에서 개념을 증명하기 위해 실험활동 활용	개념을 이끌어 내는 자료를 모으기 위해 실험활동 사용
정답에 도달하기 위해 연역적 사고 강조	합리적 · 실험적 답에 이르기 위해 귀납적 사고 강조
기계적이고 반복적인 학습	발견과 탐구학습

4) 과학교육에서 2차 개혁운동(1978~1990년)이 전개되다

제2혁명의 목적은 깊게 뿌리박힌 고전주의 교육, 사실의 기계적인 기억, 설교적인 교수법, 구시대적이고 부적절한 과학교과를 고치려는 데 있었다. 이 운동으로 과학 내의 표준화된 교수전략에 대한 탐구 및 과학 관련 직업의 선택이 증가되었다.

(1) 새로운 커리큘럼에서의 문제점 발견

새로운 교육과정이 개발되고 교사교육이 이루어졌지만 이 역시 여러 가지 문제점이 있었다.

① 교사들이 과학과정을 교육하는 데 어려움이 있었다. 대집단(large classes) 수업

시 준비시간 부족, 부적절한 자료, 기타 문제 등 개선을 위해 설계된 것들이 오히려 교육과정을 개선하려는 교사를 방해하게 되었다.

② 교육과정이 지나치게 학문 중심(discipline-centered)이었다.

③ 이론과 순수과학에 대한 관심이 집중되고 실제 세계에 대한 적용에는 배타적이었다.

④ 과학의 사회적·역사적·인간적 차원에서 '적절성'이 부족한 것으로 인식되었다.

⑤ 탐구와 발견이 과학교사들에게 생소하게 생각되었다. 교사들은 이 과정의 경우 너무 많은 시간이 소요되고 보통 학생들에게는 어렵다고 생각하였다.

⑥ 표준화된 검사는 새로운 프로그램의 기초가 되지 못하였다. 그러한 검사들은 고전적인 과학적 사실에 초점을 두었기 때문에 교과과정을 위한 검사나 교과과정의 탐구 영역이 배제되었다.

(2) 과정과 내용의 통합을 가져오다

1980년대까지 내용 지식과 내용을 아는 방법의 통합이 모든 학문 영역에 보급되었다. 내용과 과정은 협동적 영역으로 알려졌다. 과정에서 '직접활동(hand-on), 정신활동(mind-on)'이라는 문구는 새로운 과학 지식과 과학적 이해의 구성에서 발견, 사전 지식 그리고 정신과정의 상호작용 본질을 강조하기 위해 만들어졌다.

학습에 대한 새로운 조망에도 불구하고 카네기 인스티튜트(Carnegie Institute)는 미국 아동들이 특히 과학과 수학에서 일본을 비롯한 다른 나라의 아동들에게 뒤져 있다고 보고하였다. 카네기 보고서와 다른 국제적 비교에는 분명 결함이 있으나 미국 과학교육에 있어서 모두 옳지 않은 것은 아니라는 증거가 있었다. 그리하여 1980년대 후반에는 과학과 다른 교과목의 기준 설정을 위한 국가 차원의 움직임이 일어났다.

5) 국가과학교육기준이 개발(1990년~)되다

(1) 프로젝트 2061

과학에서 국가 기준을 설정하기 전에 AAAS는 21세기 과학에서 모든 미국 아동이 알아야 하고 또 할 수 있는 것에 대한 의견 일치에 도달하기 위한 시작으로서 1989년 '프로젝트 2061'을 설립하였다. 2061년은 태양계에서 혜성이 우리 영역으로 되돌아오는 해다. 프로젝트 명칭에 먼 시기까지 포함하면서 AAAS는 새로운 세계에 이르기까지 아동들이 알아야 할 필요가 있는 것이 무엇이고 과학적인 소양은 무엇인가를 결정하는 데 아주 오랜 견해를 취하고자 하는 의도를 보인다.

프로젝트 2061은 국가과학교육기준(NSES) 개발의 기초를 제공하는 두 가지 핵심적인 문헌인 『*Science for All Americans*』(Rutherford & Ahlgren, 1990)와 『*Benchmarks for Science Literacy*』(AAAS, 1993)를 출간하였다. 이 두 문헌은 지도적인 과학자, 과학교사, 과학교육자, 과학사학자와 과학철학자 그리고 다른 관심 있는 시민들에 의해 제시된 과학과 과학교수의 본질과 중요성에 대한 아이디어를 효율적으로 표현하고 명백히 하였다.

이상의 배경 설명을 통해 이해할 수 있는 것처럼 프로젝트 2061은 과학적 능력의 개념에 기초한 독특한 교육과정 개혁 프로젝트다. 이 프로젝트의 기본 철학은 다음과 같이 요약할 수 있다.

- 자연세계와 친해지고 세계의 다양성과 단일성(독특성) 인정
- 과학의 주요 개념과 원리 이해
- 과학, 수학, 기술이 서로 의존하는 중요한 방식 인식
- 과학, 수학, 기술이 인간의 기업(enterprise)임을 알고 그들의 힘과 한계에 대해 인식
- 과학 마인드 개발
- 개인적 · 사회적 목적을 위해 과학적 지식과 생각하는 방식 사용

프로젝트 2061은 3단계로 구성되어 있다. 1단계는 모든 과학 프로그램을 위한 목표 (target)로서 지식, 기능, 태도를 정확하게 사용하기 위한 시도다. 2단계는 여러 교육구 내에서 사용되는 다양한 다른 교과 모델을 개발하기 위해 교사와 과학자 팀을 개입시키는 것이다. 3단계는 방대한 협력적 노력을 통한 수년 동안의 초기 단계의 결과가 국가적으로 과학교육 개혁의 개선에 활용되도록 하는 것이다.

(2) STS 운동

1980년대 후기에 NSTA(National Science Teachers Association)에 의해 일어난 또 다른 개혁운동으로는 Project on Scope, Sequnce and Coordination(SS&C)이 있다.

이 프로젝트는 미국 학교에서 많은 아동이 과학, 수학, 기술로부터 얻는 기본적 이익에 대한 관심으로 발전되었다(Aldridge, 1992). 이 프로젝트의 초기 교육목표는 학

교·교사·부모 자신의 전통 속에서의 교육, 마비된 정신 경험을 영속시키도록 추진하기 위한, 사실에 입각한 교육으로 구성하는 일을 완수하는 데 있었다(NSTA, 1992).

이 프로젝트는 실제 "Less is more"라는 철학을 가지고 아동들이 적은 주제를 깊이 연구한다면 훨씬 더 깊이 알고 과학을 더 유용하게 이용할 것이라고 여겼다. 또 이 프로젝트는 연계와 통합을 촉진하고, 아동들로 하여금 과학의 상호 의존성을 인식하게 하며, 인간 경험의 전체 맥락에서 그들의 위치를 알도록 한다.

(3) NSES 발간

NRC에 의해 선발되어 통합·조정된 훌륭하고 유능한 위원회는 1990년대 초 내내 과학교육 기준을 위한 작업을 하였다. 그리하여 1996년에는 국가과학교육기준(NSES)이 출간되었다. NSES는 6개 범주 내에 28개 개별 기준을 포함하고 있다. 이 기준은 미국 대중에게 과학적인 소양이 무엇을 의미하는지에 대한 일치된 시각을 제공하였다. 문서에서는 커리큘럼을 규정하지는 않는다. 그것은 주나 지방 교육청의 책임이다. 대신에 모든 아동이 누적된 학습 경험의 결과로 과학에서 무엇을 이해해야 되고 무엇을 할 수 있게 되는지를 기술하였다. "과학교육 기준을 통해 모든 아동에게 과학학습을

NSES

NSES는 미국 과학교육의 여섯 가지 유형의 기준 또는 기대를 제공한다.

- '과학교수 기준'은 모든 학년의 과학교사가 무엇을 알아야 하고 또 할 수 있어야 하는가를 기술한다.
- '전문성 개발 기준'은 교사들 간 전문적 지식과 기능의 개발에 대한 시각을 제시한다.
- '평가 기준'은 평가의 질을 판단하는 범주를 제공한다.
- '과학 내용 기준'은 아동들이 무엇을 알아야 하는지, 이해해야 하는지, 자연과학에서 할 수 있게 되는지의 윤곽이다.
- '과학교육 프로그램 기준'은 질적 학교 과학 프로그램에 대한 필수 조건을 기술한다.
- '과학교육 체계 기준'은 전반적인 과학교육 체계의 수행을 판단하는 준거로 구성된다.

위한 증진된 기회를 제공할 수 있도록 하는 과학 프로그램의 판단, 교수 접근방법, 과학평가, 교사들의 전문성 개발, 행정정책과 주도성에 대한 준거를 제공한다."

NSES가 전달하는 중심 메시지는 아동들이 기본적으로 과학자들이 사용하는 절차와 과학하기에서 그들이 보이는 태도가 평형을 이루는 '탐문중심 접근방법'에 참여하여야 한다는 것이다. 탐문에서는 아동들이 자신들의 세계를 협동적으로 탐구하고 이해하는 데 초점을 두고 있다. 동시에 탐문 절차 학습하기, 과학적인 사고 습관, 과학 내용의 의미 있는 지식에 있다(NRC, 1996, p. 113).

(4) 탐문으로서의 과학교육 강조

탐구와 의사소통을 강조하는 탐문으로서의 과학교육은 NSTA의 과학교육 기준에서 제시되고 있다. 최근 들어 과학교육에서 동료 간, 아동과 교사 간 의사소통을 통한 교수–학습의 중요성이 강조되고 있다(Carin et al., 2001).

(5) 협동학습을 통한 과학교실 운영

과학교육에서 문제점으로 인식되는 경향 중의 하나는 학교의 특성인 경쟁적이고 개

4개 소집단의 협동에 의한 무당벌레 알기

인주의적인 학습 조직에서 벗어나는 것이다. 최근의 연구들은 비고츠키(Vygotsky)의 사회적 구성주의이론에 따라 아동들이 협동적인 방법으로 서로 배우고 가르침으로써 얻는 효과를 제시한다(Vygotsky, 1976).

또한 가드너(Gardner)의 이론에 따른 지능의 다중적 특성을 활용하는 방법으로서 문제해결을 위해 이질적 소집단 구성원들의 능력을 활용할 수 있다. 집단 구성원 간 상호작용에 의해 효율적 문제 해결 방법을 모색할 수 있는 것이다(Gardner, 1983).

6) 오늘날의 과학교육은 어떠한가

NRC(2012)가 "A framework for K-12 science education: practices, crosscutting concepts, and core ideas"를 출간한 후, NGSS(Next Generation Science Standards, 2013)는 26개 lead States에 의해 2년간 교육기관의 틀을 재검토하고 평가하였다. 유치원부터 고등학교 3학년까지의 과학교육을 위한 이 새로운 틀은 내용 측면에서 실천, 융합개념 그리고 핵심 아이디어로 구성되어 있다. 또한 경제적 계층, 성, 능력, 다민족, 장애아를 모두 배려하는 "All Standards, All Students"가 교육기준 개발의 관심의 초점이 되었다.

국가 수준의 새로운 교육기준의 개발 요구를 수용해야 하는 역사적 시점에 와 있다. 우선, 실태적인 인구 통계의 급속한 변화에 따라 과학뿐만 아니라 다른 학문 분야에서도 학급 내에서 학습 성취의 차이가 꾸준히 증가하였다. 다른 한편으로는, 언어와 기본 소양 그리고 수학에 대한 보편적 핵심 국가 기준(Common Core State Standards)뿐만 아니라 다음 세대를 위한 과학 기준에 대한 요구가 고조되기에 이르렀다. 이들 새로운 기준들이 인지적 측면에서 요구됨에 따라, 교사들은 모든 아동이 대학 입학과 경력을 준비할 수 있도록 새로운 교수전략으로의 획기적 전환을 해야 한다.

(1) 비주류 아동 집단의 학습기회와 요구

새로운 과학교육기준은 K-12학년에 걸쳐 학문적 핵심개념과 융합개념으로 과학과 기술 공학의 통합에 의한 과학기준(NRC, 2012)에 더해 언어와 기초 소양 그리고 수학을 핵심개념 과학기준(CCSS)에 연계하였다. 전통적으로 과학교육을 충분히 제공받지 못하는 비주류 아동집단을 위해 학습기회와 도전 둘 다를 제공하고 있다. 이 학습기회와 도전의 7가지 요소는 경제적으로 불이익을 받는 아동, 소수민족 아동, 장애 아동, 영어 사용 학습자, 여아, 대안 교육을 받는 아동 그리고 영재아동으로 대별된다.

(2) 영어와 수학과의 연계

융합개념의 이해 패턴은 과학 학문 내 개념 간 연계뿐만 아니라 다른 교과목 영역들, 즉 영어, 수학, 사회생활과의 연계다. 또한 원인/결과의 융합개념은 문학에서 캐릭터와 플롯(plot) 전개 방법과 과학적 현상을 탐구하고 설명하는 데 사용된다.

(3) 실행에 중점두기

아동이 과학을 표현하는 방법은 시간에 따라 "hands-on" "minds-on"과 같은 전통적인 용어로 발전되어 왔다. 그런데 National Science Education Standards(NRC, 1996, 2000)는 과학자가 자연세계를 연구하는 방법처럼 아동들 역시 지식의 발달과 과학적인 아이디어의 이해를 통한 핵심적인 과학 교수-학습인 "과학적 탐문"을 강조하였다. NGSS(2013)에서는 "탐문중심과학(Inquiry-based Science)"은 과학적 이해와 언어 사용을 포함하는 '실천'으로 다듬어지고 심화된다.

(4) 융합개념

융합개념은 전체 과학학문에 걸쳐 나타나는 무엇보다도 중요한 과학 주제다. 이 주제들은 새로운 학문적 핵심 아이디어에 맥락을 제공하고, 아동들로 하여금 "과학과 기술공학의 이해력의 축적과 일관성 그리고 유용성을 개발"하도록 해 준다(NRC, 2012, p. 83). 그러므로 융합개념은 기술공학, 물리과학, 생명과학, 지구/우주과학 간에 다리를 놓고, 전 학년의 과학 학문에 걸쳐 생동감을 증가시킨다.

(5) 비주류 아동을 위한 효율적인 학급 운영

경제적으로 어려운 아동, 다민족 아동, 장애 아동, 영어 숙련도가 제한적인 아동, 여아, 대안 교육 프로그램을 받는 아동, 영재 아동 등 비주류 아동을 고려하는 교수-학습 전략을 효율적으로 사용한다.

① 가정, 지역사회와 학교과학 연계

비주류 아동집단의 성공적 학습을 위한 가정-학교 연계의 중요성은 오래 전부터 인식되어 왔으나 실제로 효율적인 방법으로 시행된 예는 드물었다. 부모, 가족으로서 자녀들이 주류 학교 문화에 온전하게 참여하면서 자신들의 문화적·언어적 유산을 유지하기를 바란다. 이를 위해 학교과학에 부모 참여, 지역사회 맥락에서 학교과학에 아동 참여, 비형식적 환경에서 과학 학습의 요소를 고려한다.

② 과학 교수를 위한 학교 자원

일반적으로 아동의 학습을 지원하는 학교 자원은 세 가지 범주로 대별된다. 즉, 교수(teaching), 전문성 발달, 교사들 간 협조를 포함하는 물질적 자원, 개인적 지식, 기능, 전문적 기술을 포함하는 인적 자원, 집단이나 조직 내 개인 간 관계와 관련된 사회적 자본이다(Penuel, Riel, Kraus, & Frank, 2009). 학교 자원은 비주류 아동집단의 학습기회에 더 큰 영향을 미치는 것으로 나타나 새로운 과학교육 기준에서는 이들에게 학교 자원의 배분과 활용에 재집중하는 기회와 도전을 제시한다(NGSS, 2013).

II. 일본 과학교육의 변천과정

여기에서는 일본 과학교육의 역사적 변천과정을 유아기를 포함하는 교육과정의 개정과정을 통해 알아본다. 그리고 일본 과학교육이 우리나라 유아과학교육에 어떻게 영향을 미쳤는지 유치원 교육과정의 제정과 개정을 중심으로 요약해 본다.

1. 1947~1954년의 이과

① 생활 중심적 문제 해결 학습
② 미국의 과학교육 모형이 일본 교육에 도입됨
③ 목표: 능력, 지식, 태도를 체득하여 모든 사람이 합리적인 생활을 영위하고 더 나은 생활이 될 수 있게 함. 지적 성취와 정의적 성취를 망라함
④ 얻은 지식과 내용이 학문적인 체계를 이루지 못하여 능력 저하를 초래함

2. 1955~1965년의 이과

① 지적인 내용구조를 배경으로 한 계통적인 학습
② 한국동란으로 인해 경제적으로 크게 부흥하고 공업의 발전에 따라 공업 기술자 우대로 급변함

- 기초에 관한 수업은 각 학년 학생들의 발전에 따라 하며 다른 과목들과 관련지음
- 관찰과 실험의 지도와 학생들의 과학적 사고 발전에 보다 많은 중요성을 부여함
- 저학년은 자연의 관찰이 강조되어 자연에 관한 흥미와 자연을 보호하는 태도를 함께 기름
- 고학년은 학생들의 발전 정도에 따라 자연현상의 기초를 가르쳐 과학적인 태도와 능력과 기초를 발전시킴
③ 구소련의 스푸트니크호 발사 이후 과학기술 및 기초과학 교육의 진흥을 위하여 1955년에 이과교육진흥법이 제정되어 각 학교에 관찰, 실험용 기구를 공급하는 제도를 수립함. 교사의 자질을 향상시키기 위하여 각지에 이과 교육센터를 설립함

3. 1965~1975년의 이과

① 세계적인 추세인 과학교육의 현대화 운동에 영향을 받아 수준 높은 내용이 도입됨
② 1968년 3차 개정의 이과목표: 자연에 접근하고 자연의 사물현상을 관찰, 실험 등에 의해서 논리적 · 객관적으로 파악하여 자연의 인식을 깊게 함과 더불어 과학적인 능력과 태도를 육성함
③ 공업화에 따른 경제성 우선의 결과로 공해 등의 역기능이 나타나 인간생활에 많은 악영향을 초래하게 되어 인간성 과학교육의 방향으로 전환함

4. 1975~1985년의 이과

1977년 4차 개정의 이과목표는 관찰, 실험 등을 통해서 자연을 탐구하는 능력과 태도를 육성하며 자연의 사물과 현상에 대한 이해를 지도하고 자연을 사랑하는 풍부한 심성을 배양하는 것이다.

5. 유아과학교육의 현재

1) 학습목표

① 문제 해결 능력을 자력으로 육성

② 과학적으로 보는 방법과 사고력 육성

③ 직접 경험의 강조: 자연에 접근하고 관찰·실험 실시 강조

④ 정보 활용 강조: 유효적절한 정보 수집과 전달로 정보 사회에서 살아갈 수 있는 힘 강조

2) 학습 영역: 물질과 에너지, 생물과 환경, 지구와 우주

Ⅲ. 우리나라 유아과학교육의 변천과정

우리나라 유아과학교육의 동향을 교육과정의 변천과정을 통해 살펴보기로 한다. 우리나라는 1969년 초등학교 교육과정과는 별도로 유치원 교육과정이 공포되기 이전까지 유아과학교육에 관한 분야를 독립적으로 연구하지 못했다. 유치원 교육과정 제정 이전의 유아과학교육은 1911년에 조선교육령의 '이수과' 라는 과목에 자연이 산수와 함께 포함되었으며, 1946년에는 교육심의회에 의한 교육과정에 '사회생활' 이라는 과목에 포함되었다. 1955년에는 자연과 교육의 목표를 '일상생활에서 나타나는 자연 사물과 현상을 과학적으로 관찰하며 처리하는 능력을 기른다.' 라고 명시하기에 이르렀다. 우리나라는 1960년대 미국의 과학교육 개혁운동의 영향을 받아 교육과정에 대한 연구가 활발해져서 1969년 2월 10일자 문교부령 제207호로 고시된 별도의 유치원 교육과정이 제정되었다.

1. 유치원 교육과정의 제정

1969년에 제정된 유치원 교육과정에서는 튼튼한 몸과 마음, 기초적인 생활습관, 올바른 사회적 태도와 도덕성, 자연 및 사회의 여러 가지 현상에 관심 가지기, 과학적인 민주적 사고력, 심미적 태도, 창조적인 표현능력 기르기 등을 구체적 목표로 제시

했다. 또한 교육과정 내용을 건강, 사회, 자연, 언어, 예능으로 나누어 조직하였다. 자연의 목표는 '동식물을 사랑하고 보호하며, 자연에 흥미와 관심을 갖게 하여 스스로 보고 생각하고 활용하는 능력과 태도를 기르고, 일상생활에 필요한 간단한 기능을 익혀 생활에 적응할 수 있도록 한다.'라는 것이다.

2. 제2차 유치원 교육과정

1979년 3월 1일 문교부 고시 제424호로 개정된 제2차 유치원 교육과정은 국민적 자질의 함양, 인간교육의 강조, 지식·기술 교육의 쇄신을 기본 방침으로 하였으며, 자아실현 및 국가의식의 고양과 민주적 가치를 강조하는 일반 목표를 설정하였다. 또 제1차 교육과정이 5개 생활 영역별로 편성되었던 것과는 달리 교육과정의 영역을 사회·정서발달 영역, 인지발달 영역, 언어발달 영역, 신체발달 및 건강 영역으로 나누어 전인적 발달을 강조하였다. 4개 영역 중 특히 인지발달 영역과 정서발달 영역을 강조했는데, 이는 1970년대 우리나라 교육계에 Bruner와 Piaget의 인지발달 이론의 영향이 크게 미친 데 기인했다고 본다. 인지발달 영역에는 자연과 사회 현상, 수학교육의 내용이 포함되었다.

3. 제3차 유치원 교육과정

1981년도에 개정된 제3차 유치원 교육과정은 신체발달, 언어발달, 인지발달, 사회성 발달, 정서발달 등 제2차 교육과정의 4개 영역을 5개 영역으로 재구성하였다. 이 중 인지발달 영역에서 과학적 기본 개념 배양과 사회적 기본 개념 배양을 목표로 하였다. 학습 내용은 자연 현상에 관한 개념, 사회 현상에 관한 개념이었다.

4. 제4차 유치원 교육과정

1987년 6월 3일에 고시한 제4차 유치원 교육과정은 '건강과 안전에 대한 올바른 생활습관과 신체의 조화로운 발달을 도모하고, 다른 사람의 말을 이해하고 자기 생각을 말로 표현할 수 있게 하며, 주변 현상에 관심을 갖고 알아보고 자부심을 가지고, 주변 현상에 대한 느낌을 표현할 수 있으며, 가족과 이웃을 사랑할 줄 아는 전인으로서의 유아교육'을 강조했다. 제4차 교육과정은 신체발달, 언어발달, 인지발달, 정서발달, 사회성 발달 영역으로 구분했다. 특히 전인발달을 더욱 강조하기 위해 내용 영역은 없이 목표 수준만 제시하여 각 일반 목표와 하위 목표를 바로 연결함으로써 일반 목표와 하위 목표의 관계를 명확히 하였다. 또한 교육목표를 지침으로 유치원 교사들이 자율적으로 교육내용을 선정할 수 있게 해서 유아교육을 전인교육으로 전환시키는 데 크게 공헌하였다. 그러나 유치원 교사들의 교육적 배경이나 경험의 차이로 교육내용 선정 시 큰 차이를 보여 구체적인 내용 수준을 제시할 필요가 있었다.

5. 제5차 유치원 교육과정

1992년 개정되어 1995년부터 시행한 제5차 유치원 교육과정은 생활 영역을 바탕으로 건강생활, 사회생활, 표현생활, 언어생활, 탐구생활의 5개 영역으로 새롭게 편성했다. 탐구생활 영역은 과학적 사고, 논리·수학적 사고, 창의적 사고의 세 영역으로 구성되었으며, 과학적 사고내용 영역은 물체, 물질, 우리 몸, 생물, 자연현상, 자연환경 등 아동이 관심을 가지고 직접 경험할 수 있는 내용으로 구성되었다. 과학교육과 관련된 탐구생활 영역의 목표를 살펴보면 다음과 같다(교육부, 1993).

- 주변 환경과 자연현상에 대해 과학적으로 사고할 수 있는 기초 능력과 태도를 기른다.
- 다양한 조작활동을 통하여 논리·수학적 사고를 바탕으로 창의적으로 문제를 해결하는 능력과 태도를 기른다.
- 과학적, 논리·수학적 사고를 바탕으로 창의적으로 문제를 해결하는 능력과 태도를 기른다.

6. 제6차 유치원 교육과정

1997년에 개정되고 2000년부터 실시된 제6차 유치원 교육과정은 과학적 사고 및 창의적 사고로 구분한 구체적인 영역을 탐구를 중심으로 하는 과학적 탐구와 창의적 탐구로 나누어 제시하였다. 과학교육과 관련된 탐구생활 영역의 목표는 '주위의 여러 가지 사물과 자연현상에 대하여 호기심과 관심을 가지고 탐구하는 데 필요한 기초 능력과 태도를 기르는 것'에 두고 내용을 구성하였다. 또한 아동이 탐구하고 경험하는 주변 세계 중 사회적 관계에 의한 환경변인을 제외하고, 구체적인 사물과 직접적으로 경험할 수 있는 자연현상 및 자연환경 변인을 중심으로 내용을 선정하였다.

① 건강생활, 사회생활, 표현생활, 언어생활, 탐구생활 중 탐구생활에 과학 포함
② 과학적 탐구, 수학적 탐구, 창의적 탐구로 구분하여 목표 및 내용 제시
③ 개정 내용:
- 아동으로 하여금 관심과 호기심을 가지고 탐구과정에 능동적으로 참여하는 것의 중요성을 부각시키기 위해 기존의 '사고' 중심 내용체계를 보다 활동 중심의 목표와 내용을 갖춘 '탐구' 중심 내용체계로 전환함
- 논리 · 수학적 사고와 과학의 하위 내용에 따라 다소 산만하고 상세하게 구분되었던 내용을 수학과 과학의 학문체계에 따라 간결하게 통합함
- 유아 수학교육 및 과학교육의 최근 동향을 반영하여 패턴과 같은 내용이 강조되어 사물과 사물 간 관계에 대한 이해를 더욱 중요시하고, 생태계 및 기계와 도구에 대한 관심을 반영하여 그에 대한 이해를 도울 수 있는 내용을 첨가함
- 유아들이 구체적인 조작과 직접적인 경험, 창의적인 생각과 방법으로 자연현상과 주위 사물에 관심을 가지고 탐구하는 것을 생활화할 수 있도록 관찰해 보고 경험해 보고 탐색해 보는 등의 태도를 기르는 데 중점을 둠

7. 2007년 개정 유치원 교육과정

2007년 개정하여 2009년부터 시행한 2007 개정 유치원 교육과정은 제6차 유치원 교육과정을 최소한으로 수정 · 보완하였으며, 건강생활, 사회생활, 표현생활, 언어생활, 탐구생활 영역으로 명시하였다. 탐구생활 영역은 탐구하는 태도 기르기, 과학적 기초 능력 기르기, 수학적 기초 능력 기르기로 구분하여 수준별 내용을 제시하였다. 성격 진술에서는 창의성을 총론 및 전 영역에서 강조하였으며, 목표 진술에서는 자연에 대한 존중과 최근 과학교육의 동향을 반영하였고, 내용 진술에서는 탐구 태도와 탐구과정을 강조하고 생명체와 환경의 관련성을 부각시켰다.

8. 누리과정과 표준보육과정

1) 누리과정의 제정

2011년 5월 2일 만 5세 교육 · 보육에 대한 국가의 책임을 강화하는 「만 5세 공통과정」 시행을 발표하고, 교육은 교육과학기술부, 보육은 보건복지부의 관리하에 2012년 3월부터 실현하게 되었다.

2012년 3월에 도입한 "5세 누리과정"에 이어 2013년에는 만 3~4세까지 누리과정을 확대하였다.

2) 누리과정과 표준보육과정

유치원 누리과정은 만 3~5세 유아를 위한 교육과정으로 5개 영역을 Ⅰ수준과 Ⅱ수준, 공통수준으로 구성하며, 이 중 '탐구생활' 영역에서 과학 활동을 수행하고 있다.

어린이집 누리과정은 만 0~5세 영유아를 위한 표준보육과정의 6개 영역에서 유치원과 동일한 연령대인 만 3~5세 유아를 위한 내용은 3세, 4세, 5세 수준으로 구성하며 이 중 '자연탐구' 영역에서 과학 활동을 수행하고 있다. 또한 하위 연령대인 0~2세 아동을 위한 표준보육과정과의 연계를 고려한 내용을 체계화하여 연계성을 강화하고 있다.

이상으로 1969년에 최초로 유치원 교육과정이 제정되면서부터 현재에 이르기까지 우리나라 유아과학교육의 변천과정을 살펴보았다. 과학교육이 포함된 교육과정 영역과 주요 내용을 정리하면 〈표 2-3〉과 같다.

표 2-3 유치원 교육과정의 변천

시행 연도	교육과정 영역	과학교육 내용
1969년 제1차 교육과정	자연생활 영역	자연현상 관찰/과학적 사고력
1979년 제2차 교육과정	인지발달 영역	자연현상에 대해 흥미를 갖고 표현하기/ 탐구력, 적응력
1981년 제3차 교육과정	인지발달 영역	자연현상에 대한 기초력/문제해결 능력
1987년 제4차 교육과정	인지발달 영역	자연현상에 관한 기본 개념/ 놀이를 통한 상상력, 창의력, 문제해결 능력
1995년 제5차 교육과정	탐구생활 영역	과학적이고 창의적인 사고
2000년 제6차 교육과정	탐구생활 영역	과학적 · 창의적 탐구
2007년 개정 유치원 교육과정	탐구생활 영역	탐구 태도/과학적 · 수학적 탐구
누리과정과 표준보육과정	탐구생활 영역 자연탐구	탐구 태도/과학적 · 창의적 탐구

요약

summary

❶ 영국의 과학교육과정은 19세기 중반을 지나면서 비로소 학교교육과정에 정착하게 되었고, 1957년에는 과학교육의 평등과 시민의 과학적 소양을 표방한 민간 주도의 과학교육 개혁운동이 일어났으며, 1980년대에 국가교육과정에 과학과목이 핵심교과로 도입되어 탐구중심의 통합적 과학교육이 추구되었다.

❷ 미국의 과학교육과정은 초기 과학교육 시대로부터 실용주의/교과서 시대(1920∼1957년)를 거쳐, 1957년 구소련의 스푸트니크호 발사를 계기로 순수과학의 발견과 탐구학습을 강조하는 과학교육의 제1혁명기(1957∼1978년)를 맞이하였고, 이에 대한 반동으로 다시 일상생활에서 과학의 실제 적용과 과학의 사회적·역사적·인간적 적절성에 중점을 둔 제2혁명기(1978년∼현재)에 이르렀다.

❸ 일본의 유아과학교육은 1940년대 후반 미국교육과정이 일본에 도입된 이후 다섯 차례에 걸쳐 개정을 하면서 생활중심에서 문제해결 능력과 과학적 사고력의 배양, 정보의 활용을 강조하게 되었다.

❹ 우리나라 과학교육은 1969년 초등학교 교육과정과 별도로 유치원 교육과정이 제정 공포되기 전까지는 유아과학교육에 관한 분야가 독립적으로 연구되지 못했다. 제1차 유치원 교육과정 이전의 유아과학교육의 경우 1911년 조선교육령에서는 '이수과'라는 과목에 과학이 산수와 함께 포함되었고, 1946년 교육심의회가 정한 교육과정에는 '사회생활'이라는 과목에 포함된 이래 여덟 차례에 걸쳐 제정과 개정을 하였다. 1969년 자연 영역으로 시작하여 2차, 3차, 4차 교육과정에서는 인지발달 영역에 과학 내용을 포함시켰다. 1995년 제5차 교육과정부터 탐구생활 영역에 과학교육을 포함시키기 시작하여 2007년 개정 유치원 교육과정에 이르기까지 탐구생활 영역에서 다루어졌다. 현재는 유치원과 어린이집을 위한 누리과정이 운영되고 있다.

03 유아과학교육의 이론 탐색

● 이 장 소개하기

　효율적인 과학학습을 위해서는 '아동이 어떻게 과학을 학습하는가?' '아동은 무엇을 학습해야 하는가?' '아동이 왜 과학을 학습해야 하는가?'에 관한 이론적 근거를 알아야 한다. 이러한 지식은 적합한 교육 내용, 교수－학습 방법을 결정하는 데 필수적이다. 아동이 어떻게 배우고 생각하는지에 관한 인지적 요인과 무엇을 필요로 하고 느끼며 무엇에 가치를 두는지에 관한 적절한 견해가 교육과정에서 고려되어야 한다. 이를 위해 아동의 과학학습에 대해 설명할 수 있는 강력한 발달심리학적·교육철학적 근거를 제공하는 이론들을 살펴보기로 한다. 이 장에서는 인지발달이론, 사회적 구성학습이론, 탐구－발견학습이론, 다중지능이론을 설명하고, 도덕적 사고 발달과 유아과학교육을 연결지어 조명해 보고자 한다.

● 교수-학습 과정, 즉 교수, 평가, 수정 과정에서 다음의 질문에 정확하게
  답할 수 있다.

1. 아동의 정신발달 측면에서 고려해야 할 기본적 기능은 무엇인가?
2. 어떻게 이 기능들을 발달적 순서에 맞게 효율적으로 소개할 수 있는가?
3. 과학적 지식 및 능력에 대해 과소 또는 과대 평가하지는 않는가?
4. 교수-학습은 과학적 능력 발달을 촉진 또는 저해하는가?
5. 평가가 아동의 상태 이해와 과학적 성공에 적합한가?

I. 피아제의 인지발달이론

1. 인지활동의 본질은 무엇인가

피아제(1896~1980)

피아제(Jean Piaget, 1962)는 아동의 사고 발달과정을 이해하기 쉽게 기술했다. 그는 『지능의 근원(*Origins of Intelligence*)』에서 사고발달은 현저하게 다른 여러 단계를 거친다고 하였다. 그에 의하면 모든 사람이 같은 시기에 일정하게 한 단계에서 다음 단계로 넘어가는 것이 아니며, 각각의 아동은 고정된 순서에 의한 단계를 거친다는 것이다. 그러나 이런 인지발달 단계는 피아제의 이론에 의한 하나의 산물일 뿐이다. 사실 이 발달단계는 필요에 따라 여러 단계로 더 나누기도 한다. 또 어떤 단계에 대해서는 다른 단계와 구별하여 그 단계의 독특한 개념 설정이 어려운 경우도 있다. 따라서 여기에서는 피아제의 인지발달 단계 자체보다는 그의 이론의 본질에 대해서 중점적으로 다루고자 한다.

피아제에 의하면 한 가지 사실을 놓고도 개인에 따라 논리의 전개방식은 다르다. 그런데 이러한 사고방식의 차이가 왜 나타나며 사고방식은 어떻게 변화하는가에 대한 설명을 그의 이론이 제시해 준다고 볼 수 있다. 특히 피아제의 이론이 과학교육에 의미 있는 것은 그가 주로 관심을 가지고 연구한 인간의 사고방식이 과학의 구조와 탐구과정을 이해하는 데 필요한 기초 논리에 관한 것이기 때문이다.

피아제는 인간의 인지활동, 다시 말하여 '안다'는 행위(knowing)는 주위 환경

■ 그림 3-1 ■ 액체 보존

(content)과 인간의 인지구조(cognitive structure 또는 scheme) 간의 상호작용(function)이라고 본다(박승재, 이화국, 1987 재인용). 여기서 주위 환경이란 인간이 이해하고자 하는 모든 외적인 자극을 의미한다. 흐르는 물에서부터 정체된 모든 환경에 이르기까지가 해당된다. 그리고 인지구조란 보존 논리, 비례 논리 등을 의미한다. 이 환경과 인지구조의 상호작용이라는 기능이 피아제 이론의 핵심이라고 볼 수 있는 동화와 조절이다.

동화(assimilation)란 외부로부터 오는 정보가 지적인 구조에 의해서 흡수(이해)되는 현상을 의미하며, 조절(accommodation)이란 외부로부터 오는 정보에 기존의 지적 구조를 적응(adjusting)시키는 것을 말한다. 이 두 기능은 사실상 두 가지의 다른 기능이 아니라 한 기능의 양쪽 측면이라고 보는 것이 바람직하다. 비유하자면, 우리가 음식을 소화한다고 할 때 음식의 어떤 성분은 우리가 학습해야 할 구체적 내용으로, 그 성분을 소화할 수 있는 소화 효소와 그것을 분비하는 작용을 이해하는 행위로 볼 수 있다. 음식이 소화되는 일(동화)과 음식을 소화하는 일(조절)은 두 가지 작용이 아니다. 그렇기에 우리는 동화와 조절이 동시적(simultaneous)이라고 한다. 이러한 관계를 도식화하면 [그림 3-2]와 같다.

■ 그림 3-2 ■ 인지작용 방식

2. 인지구조는 어떻게 변화하는가

피아제는 동화와 조절 작용이 아무 무리 없이 진행되는 상태를 인지적 평형 상태(cognitive equilibrium)라고 말한다. 이는 주어진 문제를 충분히 이해할 수 있을 뿐만 아니라 어떤 문제에도 자기의 인지구조를 효과적으로 적응 또는 조절시킬 수 있다는 것을 뜻한다. 한 예로, 시소의 평형은 무게에만 관계된다고 알고 있는 사람은 양쪽의 길이가 같은 시소의 경우에 나타나는 제반 현상에 자기의 인지구조를 잘 적응시켜서 주어진 정보를 무리 없이 동화시키게 된다. 이 경우에 이 학습자는 지적 평형 상태에 있다고 할 수 있다. 그러나 어떤 기회에 양쪽의 길이가 다른 시소를 사용하게 될 경우 기존의 인지구조로는 주어진 문제를 동화시킬 수 없게 된다. 즉, 자기의 인지구조를 외부 조건에 조절시킬 수 없게 되는데, 이러한 상태를 인지적 비평형 상태(cognitive disequilibrium)라고 한다.

이 비평형 상태는 어떤 방법으로든지 해소되어야 한다. 이런 상태가 해소되기 위해서는 인지구조에 변화를 가져오지 않으면 안 된다(기존 인지구조로는 외부로부터 오는 정보를 동화시킬 수 없기 때문이다). 이러한 인지구조의 변화가 바로 인지적 발달(cognitive development)인 것이다. 지적 성장과정을 나타내면 다음의 [그림 3-3]과 같다.

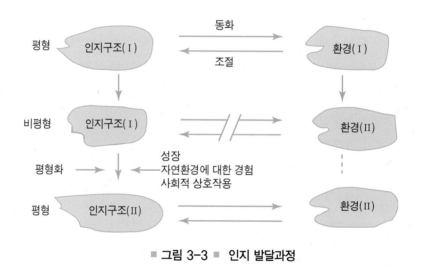

■ 그림 3-3 ■ 인지 발달과정

피아제는 인지발달에 관계되는 요인으로 자연적인 성장(maturation), 자연환경에 대한 경험(physical experience), 사회적 상호작용(social interaction), 평형작용(equilibration) 등을 들고 있다.

① 성장: 신체적인 성장과 더불어 환경에 반응하는 '가능성의 도전', 즉 환경으로부터 얻은 새로운 정보를 동화하고 구조화하는 잠재력의 성장을 말한다.
② 경험: 물체에 어떤 작용을 가하고 그 반응을 관찰하는 등의 행위(action)를 통하여 얻은 경험을 말한다. 피아제는 경험을 물리적 경험과 논리-수학적 경험으로 나눈다. 인간은 어떤 물체에 대한 자신의 행위에 관한 지식(밀었다, 떨어뜨렸다

등)과 그 행위의 결과(굴러간다, 튀어 오른다 등)까지도 추론해 낼 수 있다. 전자는 물리적 경험, 후자는 논리–수학적 경험이라고 할 수 있다.

③ 사회적 상호작용: 환경과의 상호작용에 촉매 역할을 하는 또래 및 성인과의 상호작용을 말한다. 예를 들어, 교사의 적절한 질문은 자연환경에 대한 경험을 촉진시킨다.

3. 피아제의 이론이 유아과학교육에 주는 시사점

지금까지 피아제의 인지발달이론을 간략하게 개관해 보았다. 피아제가 말하는 인지구조는 자연현상의 탐구에 있어서 매우 핵심적인 논리들이기에 그의 이론이 과학교육에 주는 시사점은 크다고 할 수 있다.

1) 학습자료의 제시를 위한 아이디어를 얻는다

각각의 인지구조가 인간의 성장에 따라 어떻게 발달하는가를 밝힘으로써 교육기관 수준별 또는 학습자 연령별로 어떻게 학습자료를 제시할 것인가에 대한 아이디어를 얻을 수 있다.

2) 탐구활동의 중요성을 인식한다

지적인 성장을 위해서는 자연현상과의 지적인 접촉이 필요하며, 따라서 주위 환경에 작용해 보는 일(실험, 탐구활동)이 과학교육에서 중요함을 알 수 있다.

3) 인간이 지적인 성장을 하게 되는 가장 중요한 이유는 평형작용 때문이다

어떠한 인지구조가 외부 환경과 상호작용(동화와 조절)을 하게 되고, 이러한 상호작용의 누적으로 지적인 성장을 하게 된다. 이런 지적인 성장에서는 낮은 차원의 지적 평형 상태에서 높은 차원의 지적 평형 상태로 전환하는 과정에서 반드시 지적 비평형 상태가 있어야 한다. 이 지적 비평형 상태는 지적인 발전을 위해서 절대적으로 필요하다. 이 비평형 상태로의 유도는 과학교육에서 매우 의미 있는 일인데, 학습자 스스로 이에 도달할 수도 있지만 안내자(교사)의 적절한 질문으로 도달할 수 있다.

4) 아동으로 하여금 연관성을 알도록 하고 시각을 변화시키도록 도와준다

아동이 단순히 비어 있는 그릇이 아니라는 것은 곧 정보로 가득 채워져야 한다는 것을 의미한다. 진정한 의미의 학습은 더 많은 정보를 축적하는 것을 말한다. 학습에서 가장 중요한 것은 생각하는 방법의 변화나 문제를 해결하려는 노력, 즉 의미 있는 학습이다. 의미 있는 학습은 정보 축적 이상의 의미를 가지며, 정보의 **동화**와 **통합**을 포함한다. 가장 의미 있는 학습은 아동으로 하여금 기존의 지식과 교수 간의 관련성, 기존에 가지고 있는 지식들 간의 관련성을 알도록 도와준다.

5) 아동의 자기 발견적 과학을 격려하고 강화한다

인지이론은 학습이 그 자체의 보상이 될 수 있다고 제안한다. 아동들은 선천적으로 호기심을 가지고 있으며 지식을 갈망한다. 또한 지식이 증가할수록 자발적으로 더 어려운 도전 기회를 찾는다. 아동들은 흥미 없는 일은 쉽게 포기하지만 흥미 있는 일에는 완성을 위해 시간을 쏟는다.

6) 아동 개개인의 준비도를 고려한다

아동은 연관성을 알 수 있는 준비가 되어 있어야 한다. 의미 있는 학습은 새로운 것을 동화할 수 있는 지식이 있을 때에만 일어나기 때문이다. 과학은 아동의 연령이 아닌 준비도나 요구에 기초를 두고 집단을 나누어 가르쳐야 한다.

II. 비고츠키의 사회적 구성학습이론

비고츠키(1896~1934)

러시아의 심리학자인 비고츠키(Lev Vygotsky, LoSo)는 피아제와 동시대에 태어났으나 이른 나이에 세상을 떴기 때문에 그의 업적이 한동안 미국 내에서 잘 알려지지 않았다. 그러나 그의 업적은 과학교육과 아동교육에서 사회화에 대한 그의 관심과 자극에 관한 아이디어들 때문에 유용하게 되었다. 비고츠키도 피아제와 브루너처럼 지각을 넘어선 무엇인가의 수단으로 세계를 찾고 추구하는 것을 강조했다. "나는 단순히 색깔과 모양 속에서 세계를 보지 않는다. 단지 감각과 수단으로서 본다"(Vygotsky, 1976). 비고츠키는 아동의 지적 발달에서 중심적인 언어의 역할에 대한 피아제의 몇 가지 견해에 답을 제시했다(Vygotsky, 1926). 피아제와 마찬가지로 그는 학습자가 지식을 구성한다고 믿었다. 아동은 환경 속에서 자신이 발견한 것이 무엇인지 알고 있는 것으로 대처할 수 없다. 대신 아동은 자신의 사고와 행동의 결과로서의 언어로 중재할 수 있다고 생각하였다.

피아제와 비고츠키는 모두 아동의 지식과 그들 주변 세계에 대한 이해의 성장에 초점을 두었다. 그러나 피아제가 개인적 구성주의와 연관되었다면 비고츠키는 사회적 구성주의 철학과 관련지어 생각할 수 있다. 이에 따라 피아제는 아동의 내면적인 지적 과정을 더 강조하였고, 비고츠키는 과학 개념과 다른 지식의 발달에 있어 사람들 간의 주고 받기(give-and-take) 교수와 사회적인 상호작용의 역할을 더 강조하였다(Settlage & Southerland, 2007). 이러한 방법적인 면에서 그는 브루너와 좀 더 가깝다고 할 수 있고, 브루너 자신도 비고츠키의 영향을 받았다고 하였다(Bruner, 1985).

1. 지적 기능의 발달은 어디에서 오는가

비고츠키는 발달이란 생물학적(천성적) 힘과 사회적(문화적) 힘에 의존한다고 믿었다. 생물학적 힘은 기억, 주의, 지각, 자극-반응 학습의 초기 기능을 산출한다. 사회적 힘은 개념발달, 논리적 추론, 판단과 같은 고등 지적 기능의 발달에 본질적인 것으로 간주된다. 일차적(낮은) 지적 기능과 고등 지적 기능의 중요한 차이는 외적 통제에서 내적 통제로 옮겨 간다는 점에 있다. 사회적 상호작용을 통해서 아동은 점차 더 책임 있게 발달하고, 더 자기 지향적 또는 자율적으로 자란다(Bodrova & Leong, 2007).

학교생활을 통해서 아동은 주의집중 시간, 기억능력 그리고 생물학적으로 결정된 다양한 요인을 학습한다. 그러나 아동이 배울 수 있고 할 수 있다는 것은 다른 아동 및 성인과의 상호작용에 의존한다. 따라서 다른 아동 또는 교사와의 상호작용은 아동의 지적 기능, 자기 통제, 자기 지시, 독립적인 사고, 행동에 중요하다. 좋은 과학교육 프로그램은 자기 통제, 자기 조절, 자기 지시, 과학 개념과 과정의 발달과 관련된 독립적인 사고의 특성을 발달시키는 데 도움을 줄 수 있다.

2. 발달의 원동력은 사회적 상호작용이다

비고츠키의 아이디어는 교육기관과 가족을 포함하여 일상생활에서 아동을 관찰함으로써 개발되었다. 그의 저서들은 인지 또는 사고 발달의 주된 원동력으로서 아동과 성인 또는 더 나이 든 또래와의 상호작용의 중요성을 강조한다. 그의 견해에 따르면, 아동은 그들의 현재 능력보다 좀 더 수준 높은 과제를 가지고 성인이나 나이 든 또래 또는 해당 활동에서 능력이 좀 더 우수한 또래로부터 안내를 받음으로써 학습한다.

이런 학습이 가족 안에서 부모와 자녀들 간에 또는 형제자매 간에 어떻게 이루어지는지 생각해 보자. 부모는 영아가 말하기를 배울 때 자신의 입 모양을 과장해서 '부탁한다' '고맙다' 등의 말을 함으로써 자녀가 반복 사용할 수 있게 한다. 또한 자신들의 자녀가 획득하기 바라는 행동을 시범으로 보이기도 한다. 즉, 어떻게 하라고 말로 하기보다 실제로 자녀가 배우기를 원하는 행동을 해 보임으로써 더 좋은 모델의 역할을 하는 것이다. 아동은 수영과 공 차는 방법을 지도받고 수영을 잘하고 공을 잘 차는 사람의 행동을 관찰하면서 실제로 수영을 하고 공을 찰 수 있게 된다.

비고츠키 이론은 학교교육에서도 아동 간, 교사와 아동 간의 능동적 교환이 일상에서 끊임없이 진행되는 교실을 제안한다. 지식은 성인이 과제를 부여하고 아동이 개별적으로 문제 해결 활동에 몰두해서라기보다는 교사와 아동이 같이 참여하는 공동체적 노력을 하면서 구성된다.

아동의 탐구능력은 문제 해결 과정에 다른 사람과 능동적으로 참여하면서 발달해 나간다(Berk & Winsler, 1995). 교사는 학습자의 현재 수준보다 조금 높은 과제를 부여하고 학습자가 더 높은 수준에 도달하는 데 필요한 도움을 제공해야 한다. 이는 학습자에게 더 높은 수준까지 올라갈 수 있게 비계를 설정해 주는 것이다. 이 과정을 통해 아동은 과제를 완수하고 새로운 기능 또는 개념에 대한 통제를 획득하게 된다. 동시에 아동이 공동 작업하는 기회를 가지고, 언어적 상호작용을 하고, 동료의 질문과 도전에 반응하고, 협동적인 문제 해결에 참여하는 것이다.

3. 비고츠키의 이론이 유아과학교육에 주는 시사점

비고츠키 이론에 근거를 두고 보면 교사의 임무는 아동이 매일 새로운 기술을 숙련하고 새로운 것을 배우도록 환경과 상황을 제공하는 것이다. 비고츠키 이론을 적용한 탐구학습 과정에서 교사는 교수에 대한 생각을 근본적으로 수정해 나가야 한다. '가르친다'는 것은 더 많이 아는 사람이 더 적게 아는 사람에게 자신의 지식을 일방적으로 전달하거나, 교사가 바람직하다고 생각하는 행동에 아동이 순응하는 것이 아니다. 학습은 학습자가 의미를 재창출하고 환경이나 대상과 협상하는 것임을 항상 인식해야 한다.

다음의 몇 가지 방법을 과학학습 과정에 적용하면 효율적인 과학교육이 이루어질 수 있다.

1) 모델링

교사는 아동이 행동을 내재화할 때까지 가르치고 격려할 행동과 기술을 시범으로 보인다. 예를 들면, 교사가 지속적으로 융통성 있게 식물을 관찰하거나 액체를 탐구하는 모습을 보인다면, 아동은 과학학습에서 관찰과 탐구의 방법으로서 그 체계를 받아들일 수 있다.

2) 또래의 개인지도

개별 아동은 서로 도울 수 있다. 교사는 아동에게 어떻게 서로 좋은 교사가 되고 어떻게 개인지도를 받아들여야 하는지를 가르쳐 주어야 한다. 또한 아동 사이에서 지도하고 지도를 받는 역할 분담이 이루어지도록 활동을 계획해야 한다.

3) 협동학습

아동의 집단활동을 일상적으로 계획하여 협동학습이 일어나도록 한다. 집단활동을 통해 아동은 협동적 대화에 능동적으로 참여하면서 과학에 대한 상호적 이해를 더욱 효과적으로 구성하게 된다. 협동적 대화는 아동이 과학학습에서 중요한 해결방법을 받아들이고, 자료를 준비하고, 이해도를 높일 수 있도록 한다. 협동학습 방법은 학문적 · 사회적 학습을 모두 격려하는 수단으로서 아동이 상호작용하는 데 이점이 많다 (Grisham & Molinelli, 1995).

무엇보다도 교사는 일상적으로 아동이 예기치 못한 사건을 만들어 줄 수 있다. 예기치 못했던 사건이 일어날 때 교사와 아동이 상호작용한다면 아동은 점점 과학의 의미를 깨달아 가게 된다. 교사는 아동이 문제를 해결하기 위해 단지 정답만을 구하는 것이 아니라 추측하고 논쟁하고 정당화하는 과정을 거치도록 지지한다.

III. 브루너의 탐구학습이론

1. 학습 내용의 위계적 조직이 핵심이다

브루너(1915~　)

피아제 이론이 과학교육에 주는 시사점은 학습 내용이 학습자의 지적 수준에 적합해야 한다는 것과 사물과의 상호작용(실험 및 발견 학습)이 중요하다는 점이다. 반면, 피아제 이론에 대한 비판적인 입장에서는 학습해야 할 내용과는 관계 없기 인지구조는 없기 때문에 학습에서 중요한 것은 학습자의 지적 수준이 아니라 제시하는 학습 내용을 어떻게 하위 개념에서부터 상위 개념으로 잘 조직하느냐라고 지적한다. 학습 내용의 위계를 매우 자세하게 잘 조직하기만 하면 누구에게나 어떠한 개념이라도 학습시킬 수 있다는 것이다. 이것은 브루너(Jerome Bruner)가 말한 바와 같이 표상양식(modes of representation)을 달리함으로써 '어떤 개념이라도 어느 누구에게나' 가르칠 수 있다는 뜻이다(Bruner, 1966).

교육과정 구성에 있어서 피아제는 교육 내용이 학습자의 지적 발달 수준과 어떻게 일치하느냐가 중요한 문제라고 보았다면, 브루너는 학습자의 특성보다는 가르칠 내용을 어떻게 조직하느냐가 중요한 문제라고 보았다.

브루너는 아동의 지적 성장의 특징을 관찰한 후, 아동이 경험이나 지식을 표상할 때 발달단계에 따라 **활동적 표상**(enactive representation), **영상적 표상**(iconic representation), **상징적 표상**(symbolic representation), **논리적 사고**(logical thinking)를 사용한다고 했다. 이들 표상방법에 대해 좀 더 자세히 설명하면 다음과 같다.

1) 활동적 표상단계

아동이 구체적 행위에 의해서 사물을 인지해 가는 초보적 단계다. 아동은 신체적인 활동을 통하여 구체물을 조작하고 그 물리적 환경을 탐색하며 그 물체가 지닌 규칙(특성)을 학습한다.

2) 영상적 표상단계

아동은 성장하면서 구체적인 신체활동 없이 자기의 주변 환경을 이해하는 방법을 발달시킨다. 신체적 활동 대신 상상을 통하여 인지과정은 확대되어 간다. 영상적 표상은 물리적으로 존재하지 않는 사건이나 사물을 생각할 수 있도록 도와주며, 자기가 사는 세계에 관하여 상상할 능력을 확장시켜 준다. 그러나 물체의 기능이나 성질에 관한 정보는 포함되어 있지 않기 때문에 사진이나 그림을 분류할 때 시각적 성질에 기초를 둔다.

3) 상징적 표상단계

언어를 사용할 수 있게 되면서 자기 생활을 말로 표현하고, 어떤 것은 문자, 숫자, 기호 등의 상징을 이용하여 나타낸다. 언어나 상징은 인지능력을 확대시켜 주는 데 필수적이며, 이 단계는 인지발달에 있어 중요하다.

4) 논리적 사고단계

이 단계는 인지기능의 가장 성숙한 단계로서 문제를 논리적 법칙에 따라 해결한다. 논리적 사고는 제3의 새로운 과정을 유추해 낼 수 있다. 아동은 실제 경험 없이도 논리적 경험에 의해 사실을 알 수 있게 된다. 즉, 아동은 규칙에 의해 통제되고 새로운 정보를 얻게 된다.

2. 학습이론: 문제 해결을 위한 조건

과학교육에서 학습자를 이해하는 일과 학습 내용을 학습자의 능력에 맞게 제시하는 일은 매우 중요하다. 물론 과학교육의 목표가 학습자의 지적 발달과 내용과는 별개인 일반 논리의 함양에만 있는 것은 아니다. 과학의 내용을 이해시키는 것은 매우 중요한 일이다. 과학적 논리(과정)와 과학의 내용은 어떤 문제를 해결하기 위해 모두 필요하며, 문제 해결을 위해서는 두 조건이 충족되어야 한다. 이러한 문제 해결을 위한 조건으로 브루너는 교과의 구조화, 나선형 교육과정, 발견학습을 들고 있다. 이를 자세히 살펴보면 다음과 같다.

1) 교과의 구조화

과학의 구조는 개념적 구조를 통해 교수할 수 있다. 아동이 기본 구조를 이해했을 때 내용을 훨씬 쉽게 이해할 수 있기 때문이다. 여기서 구조란 첫째, 사실, 관찰, 측정, 이론을 의미한다. 또한 구조는 기존의 지식에 근거하여 새로운 사실을 연결시켜 주는 인과관계다. 마지막으로 구조는 개념적인 구조들이나 교과의 기본 원리로 구성되어 있으며 그 교과가 학문으로 성립되도록 하는 관념들이다.

2) 나선형 교육과정

나선형 교육과정에서는 아동이 이미 알고 있는 개념을 점점 나선 형태로 되풀이하면서 확대해 주게 된다. 각 부분의 기본 개념은 가능한 한 지적인 성격을 유지하면서 발달단계에 따라 가르쳐야 한다는 것이 나선형 교육과정의 원리다. 그런데 그 내용은 기본 개념 또는 기본 상황이어야 한다. 교육과정의 순서는 정해진 내용을 나선형으로 계열화시켜 나선 계통의 교육과정으로 구성해야 한다. 이 같은 나선형 교육과정이 아동의 지적 발달을 효과적으로 촉진시키려면 각 나선 간의 연속성과 단계적 발달이 전제되어야 한다.

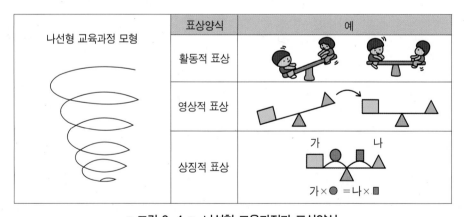

■ 그림 3-4 ■ 나선형 교육과정과 표상양식

3) 발견학습

브루너는 교과 기본 구조의 효과적인 전달방법은 학습자 자신이 교과의 구조를 발견해 볼 수 있도록 생생한 계열로 교재를 구성하는 것이라고 했다. 교과구조를 단지 지식으로 전달하는 것은 바람직하지 못하므로 학습과 탐구의 태도, 예측과 예상을 하는 태도, 스스로 문제를 해결해 나가는 태도를 형성하는 것이 중요하다는 것이다.

이러한 발견학습의 과정은 다음과 같이 정리할 수 있다.

① 탐색 및 문제 파악 단계: 주어진 학습자료를 탐색하고 학습문제가 무엇인지를 파악하는 단계다.
② 자료 제시 및 관찰 · 탐색 단계: 교사가 문제 해결에 필요한 한두 가지 자료를 제시하여 관찰 · 탐색하는 단계다.
③ 자료 추가 제시 및 관찰 · 탐색 단계: 다른 자료들을 추가로 제시하여 관찰 · 탐색하게 하고 이전 단계에서 관찰 · 탐색한 결과와 비교하는 단계다.
④ 규칙성 발견 및 개념정리 단계: 관찰 · 탐색한 결과에 대한 토의를 통하여 일반화하고 규칙성을 발견하는 단계다.
⑤ 적용 및 응용 단계: 발견한 규칙성을 다른 경우에 적용 또는 응용해 보는 단계다.

발견학습에서 가장 중요한 것은 직관적 사고와 논리 · 분석적 사고다. 이 둘은 상호 보완관계로, 직관적 사고가 가설을 세우는 역할을 하며 논리 · 분석적 사고는 가설이 지닌 내용을 분석하고 종합하는 역할을 한다.

3. 나선형 교육과정

브루너의 교육과정에서는 보다 완전한 기술 습득을 위해 전 기술 습득이 요구된다. 이러한 과정은 그 자체가 동기화되고 보상되어야 하는데, 브루너는 교사와 아동이 같은 주제로 되돌아가서 다시 생각하고 깊이 이해해야 한다고 하였다. 따라서 이러한 교육과정이 나선형으로 구성되어 있다는 것이다.

나선형 교육과정은 교육내용을 교과의 기본 구조로 다루면서 시간의 흐름에 따라 점점 폭넓고 깊이 있게 조직해 가는 것이다. 학문의 기본적 개념을 지적 발달단계에 맞추어 처음에는 쉽게 제시하고 단계적으로 점점 높은 수준의 나선방식으로 전개한다면 나중에는 어려운 내용이라도 완전하게 이해하게 된다는 것이다. 이는 활동적 표상양식, 영상적 표상양식, 상징적 표상양식과 관련하여 해석된다.

한편, 촉진(acceleration)을 통해 학습을 효과적으로 발전시킬 수 있다. 브루너가 특히 중요하게 생각하는 것은 결과가 아닌 과정이다. 교사는 아동이 과정에 개입하도록 충분한 노력을 기울여야 한다.

4. 브루너의 이론이 유아과학교육에 주는 시사점

브루너의 지능의 발달과 표상양식의 관련성, 탐구-발견 학습의 원리를 적용할 경우 과학교육 현장에서 가치 있는 시사점을 얻을 수 있다(Bruner, 1966).

① 지식의 **구조**를 제공하여 이를 통해 원리를 근원적으로 이해할 수 있도록 하는 교육과정을 구성해야 한다. 교육과정이 구조의 형성을 촉진할 수 있도록 조직화되어 있지 않으면 학습의 발생이 어렵고 전이나 기억의 회상에 효과적이지 못하다.

② 아동의 발달단계에 알맞은 올바른 교수방식을 제공한다면 어떠한 주제라도 다룰 수 있다. 이런 방식으로는 가령 4세 아동에게도 비율에 관한 학습이 가능하다. 이때 중요한 것은 '어떻게 그것을 교수하는가?' 라는 문제다. 교수양식이 단순한 것에서 복잡한 것으로 점진적인 변화가 제공되는 형태라면 어떤 단계에서도 학습이 가능하다는 것이 브루너의 견해다.

③ 각 학년별로 특정 주제를 **나선형 교육과정**의 형태로 개발하여 학습시키면 기본 분류체계(generic coding system)를 습득할 수 있다. 즉, 학습의 초기에는 일반적이며 개괄적인 개념을 학습한 후 점진적으로 단순한 개념의 연속체를 도입한다면 학습자는 그것들 간의 상관성을 발견함으로써 전이나 회상으로 연결될 수 있는 체계를 형성한다.

④ **표상수준**을 고려한 교수를 도울 수 있는 매체(시청각 또는 구체적 자료)의 사용이 장려된다. 시청각 자료의 사용은 학습자에게 개념 형성을 촉진시킬 수 있는 직접적 또는 대리적 경험 제공을 가능하게 한다. 이러한 견해는 곧 표상양식의 순서성과도 연관이 있는 것으로 해석할 수 있다.

⑤ **발견의 기회**를 제공한다. 추상적인 가설을 세우거나 규칙성을 발견하는 것은 불가능하지만, 아동이 생활 체험과의 관련성을 가지고 구체적인 조작물을 다루어 봄으로써 그들에게 적합한 발견학습이 가능할 것이다. 발견학습을 통해 아동은 i) 지적 능력을 증진시키고, ii) 외적 보상을 내적 보상으로 바꿀 수 있으며, iii) 발견과정을 통해 발견하는 방법과 그 속성 또는 탐구적 발견법을 학습하고, iv) 기억을 효과적으로 회상할 수 있다.

IV. 가드너의 다중지능이론

1. 인간 지능의 본질에 대한 새로운 접근

다중지능이론의 근원은 아리스토텔레스로 거슬러 올라간다. 그러나 지난 수십 년 동안 지식, 지능의 개념은 교육과정 영역에서 많은 진전을 보여 왔다(Eisner, 1992). 다중지능 이론가들은 지식과 지능에 대한 우리의 전통적 개념을 확장시켰다. 몇몇 과학자와 교육자가 사람들은 단일 지능을 가지고 있거나 또는 모든 지식은 궁극적으로 명제적 언어로 쓰일 수 있다고 믿는다면, 다중지능 이론가들은 사람이 수많은 지능을 가지고 있으며 지식은 미리 표상 상태의 형태로 존재한다고 믿는다.

가드너(1943~)

그들은 성장체계가 하나의 지식 개념으로서 시각 · 청각 · 후각 · 미각 · 촉각 그리고 운동 경험을 부호화하는 방법을 제공한다는 것에 이의를 제기한다. 예를 들어, 아동에게 전쟁에 관해 가르치기를 원한다면 다중지능이론은 아동이 전쟁의 실상(명칭, 날짜, 전쟁터 등)에 관한 지식뿐 아니라 사람이 전쟁 중에 어떻게 느꼈는지에 관한 지식도 갖게 되기를 원할 것이다. 또 팝콘이 단지 음식의 일종이라고만 이해하는 것은 그것의 맛에 대한 것만 알도록 하는 아주 좁은 의미로 보인다. 그러나 팝콘은 양의 변화, 움직임, 과학적 원리 등에 관한 지식을 습득할 수 있는 좋은 기회가 된다. 다중지능 이론가들은 아동이 다양한 형태의 표상(설명, 그림, 시, 사진 등)을 통해 스스로를 표현해야 한다고 제안한다.

표현에 관한 단일 지능의 견해는 대부분의 시험이 명제적 언어에 의존하여 너무 제한적이라는 평가에 그친다는 비판을 받는다. 어떤 아동은 그림이나 시를 통해 자신을 더 잘 표현할 것이다. 우리는 다중지능이론을 지능이라는 개념에서부터 생각해 볼 수 있다. 여기서는 다면적 지능이론의 선두주자인 가드너(Howard Gardner, 1983)의 이론을 살펴보겠다.

가드너에 따르면, 인간의 지적 능력은 일정한 문제 해결 기술을 수반한다. 따라서 각 개인으로 하여금 자신이 직면한 실제 문제나 어려움을 해결할 수 있도록 하고, 적절할 때 효과적인 결과물을 만들어 내도록 해야 한다. 그리고 문제들을 찾아내고 만들어 내기 위한 잠재력을 수반해야 한다. 그것을 통해 새로운 지식의 획득을 위한 기초 작업을 다지게 된다.

가드너는 인간이 적어도 여덟 가지 이상의 각기 독특한 특성을 가진 지능을 갖고 있다고 한다. 그것은 구두/언어적 지능, 음악적 지능, 논리/수학적 지능, 시각/공간 지능, 신체/운동 지능, 대인간 지능, 내성 지능, 자연탐구 지능이다(Eisner, 1992).

만일 학교 교육이 인지발달을 증진시키는 데 목적을 둔다면 아동에게 지식을 갖추도록 가르쳐야 하고, 다양한 종류의 지능에 무리 없이 적용하도록 훈련시켜야 한다. 아동이 경험하는 지식과 지능의 종류를 제한한다면 잘못된 교수방법이다. 아동의 경험과 지식을 적용하기 위해서는 여덟 가지 지능이 서로 독립적으로 작용하도록 해야 한다(Campbell & Campbell, 1994; [그림 3-5] 참조).

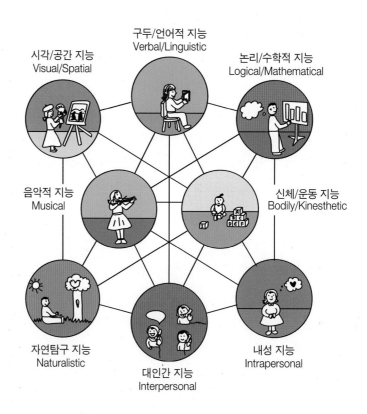

■ 그림 3-5 ■ 여덟 가지 지능의 작용

출처: Amstrong(2000). Multiple intelligences in the classroom.

논리/수학적 지능

이 지능은 과학적 사고라고도 불리는 것으로 연역적·귀납적 사고, 상징적 사고, 추론, 수 그리고 추상적 패턴과 관계의 인식을 취급한다(예 수학자, 과학자, 수사관).

시각/공간 지능

이 지능은 3차원적으로 생각하는 능력이다. 핵심능력은 정신적 영상 만들기, 공간적 추측, 이미지 조작, 그래픽과 미술적 기능, 능동적 상상력 등이다(예 선원, 비행사, 조각가, 건축가, 화가).

구두/언어적 지능

이 지능은 복잡한 의미를 포함하고 이해하기 위해 말로 생각하고 사용하는 능력이다. 이는 말의 순서와 의미를 이해하도록 하고 초언어적 기능을 적용하도록 한다(예 시인, 소설가, 대중연설가).

신체/운동 지능

이 지능은 다양한 신체기능을 조작하는 능력이다. 또한 시간감각과 정신-신체 연합을 통한 기능들의 합성을 포함한다(예 운동선수, 무용가, 외과의사, 공예가).

내성 지능(자기이해 능력)

이 지능은 자기 자신, 자신의 생각과 느낌을 이해하고 자신의 삶을 계획하고 방향 짓는 데 지식을 사용한다. 내적 상태, 자기 반성, 초인지와 정신적 세계의 깨달음을 취급한다(예 심리학자, 정신지도자, 철학자).

음악적 지능

이 지능은 음의 고저, 리듬, 음색, 음절, 박자 등을 변별하는 능력이다. 대개 음악과 정서 간에는 밀접한 정의적 관련이 있다(예 작곡가, 음악가, 성악가, 음악 평론가).

대인간 지능(대인관계 능력)

이 지능은 주로 대인관계와 의사소통을 관장한다. 다른 사람을 이해하고 다른 사람과 효과적으로 상호작용하는 능력으로, 효율적인 언어적·비언어적 의사소통과 사람들 간 차이점을 찾아내는 능력, 다른 사람의 기분과 기질에 대한 민감성, 다면적 견해를 이해하는 능력이 포함된다(예 사회사업가, 배우, 정치가).

자연탐구 지능

이 지능은 자연현상에 대한 유형을 규정하고 분류하는 능력이다. 원시사회에서는 자연탐구 지능에 의존하여 어떤 식물이나 동물을 먹을 수 있는지 알아보았다. 현대사회에서는 기후 형태의 변화에 대한 감수성과 같은 것이 자연탐구 능력을 잘 나타내고 있다. 자연탐구 능력이 높은 사람은 자연 친화적이고, 동물이나 식물 채집을 좋아하며, 이를 구별하고 분류하는 능력이 있다. 산에 가더라도 나뭇잎의 모양이나 크기, 지형 등에 관심이 많고, 이들을 종류대로 잘 분류하기도 한다(예 기록물 제작자, 환경보호 및 운동가).

■ 그림 3-6 ■ 지능의 구조

2. 지능의 유형과 학습양식

아동은 저마다 강점을 가지고 있고 그에 따라 배우는 방법도 다르다. 이와 같은 아동의 강점과 학습양식의 특성을 이해함으로써 그들의 발달을 증진시킬 수 있다 (Gardner, 1983). 아동 개개인의 학습양식에 맞추어 학습활동을 제시할 수 있다면 모든 아동에게 좋은 활동을 보장할 수 있다는 확신을 갖게 한다. 아동이 선호하는 학습에 흥미를 갖고 몰입하거나 혹은 활동을 제공했을 때 아동이 능동적으로 학습에 참여하여 효과를 얻을 수 있는 활동은 〈표 3-1〉과 같다.

표 3-1 아동의 강점과 학습양식

지능 영역	강한 영역	좋아하는 영역	최선의 학습 경로	유명인의 예	보편적인 잘못
구두/ 언어	• 읽기, 쓰기 • 이야기 듣기 • 날짜 기억하기 • 말로 사고하기	• 읽기, 쓰기 • 이야기 들려주기 • 말하기 • 기억하기 • 단어 퍼즐	• 읽기, 듣기 • 단어 알기 • 말하기 • 쓰기 • 토론	• 엘리엇 • 링컨	수업 중 • 쪽지 보내기 • 읽기
논리/ 수학	• 수학, 추론 • 논리학 • 문제 해결 • 패턴	• 문제 해결 • 질문하기 • 추론 • 수 관련 활동 • 실험 • 컴퓨터 사용	• 패턴과 관계 이용해 분류하기 • 추상적 사고	• 아인슈타인 • 듀이	수업 중 • 수학하기 • 집 짓기
시각/ 공간	• 읽기 • 지도 그리기 • 차트 • 퍼즐 • 영상화하기 • 시각화하기	• 디자인 • 그리기 • 집 짓기 • 백일몽 • 창조하기 • 사진 보기	• 그림과 색깔로 활동하기 • 시각화하기 • 그리기	• 피카소	수업 중 • 낙서 • 그리기 • 백일몽
신체/ 운동	• 운동 • 무용 • 배우 • 공예 • 도구 사용	• 스포츠 • 무용 • 동작 • 만지고 말하기 • 신체언어 사용하기	• 접촉 • 움직임(동작) • 신체감각을 통해 지식 전달하기	• 채플린 • 운동선수	수업 중 • 방을 여기저기 돌아다니기 • 안절부절못함
음악	• 노래하기 • 소리 알아맞히기 • 멜로디와 리듬 기억하기	• 노래 • 허밍 • 악기 연주 • 음악 듣기	• 리듬 • 멜로디 • 노래하기 • 음악과 멜로디 듣기	• 번스타인 • 모차르트	수업 중 • 연필이나 발로 탁탁 치기

대인간	• 사람을 이해하기 • 이끌기 • 조직하기 • 의사소통하기 • 갈등 해결하기	• 친구 사귀기 • 사람들과 이야기하기 • 집단 만들기	• 공유하기 • 비교하기 • 관련짓기 • 협동하기 • 인터뷰	• 간디 • 백범 • 테레사 수녀	수업 중 • 말하기 • 쪽지 보내기
내성	• 자신을 이해하기 • 장점과 약점을 인식하기 • 목표 설정	• 혼자 일하기 • 반성하기 • 흥미 추구	• 혼자 일하기 • 자기 페이스 계획 • 성찰하기	• 루스벨트 • 프로이트	• 타인과 갈등 일으키기
자연 탐구	• 자연 이해하기 • 동식물 채집·분류하기	• 자연 친화 • 감수성 • 자연 기록물 제작 • 지구환경에 관심	• 주어진 자료를 통해 결론짓기 • 환경 분류와 활동	• 조나단 리 • 파블로프	• 혼자 학습하기

3. 가드너의 이론이 유아과학교육에 주는 시사점

다중지능이론은 지식의 종류에 초점을 맞추고 있다. 아동은 다양한 감각 형태를 통해 배우며, 다양한 방법으로 아동이 스스로 표현할 기회를 가져야 한다는 것이다. 예를 들어, 컴퓨터는 아동에게 그들의 지식을 설명하는 형태뿐 아니라 시각적, 청각적, 운동적 형태로 나타내도록 할 수 있다. 다시 말하면, 아동에게 그들이 아는 것을 표현하는 형태는 그 방법을 제한해서는 안 되고 다양한 표현을 격려해야 한다(Campbell & Campbell, 1997). 아동으로 하여금 생태 개념을 이해하도록 하기 위해서는 무당벌레를 직접 관찰하고, 무당벌레 모형을 이용하여 등에 점을 찍어 보게 하며, 종이 무당벌레를 만들어 날려 보는 활동을 통해 무당벌레의 구조를 알도록 한다. 또한 인터넷 등을 통해 무당벌레와 진딧물의 관계에 대한 정보를 수집하여 활동 시간에 발표하고 서로 비교하면서 토론으로 결론을 도출하도록 한다. 인지적 다원성이 유아과학교육에 주는 시사점을 구체적으로 제시해 보면 다음과 같다.

1) 똑같은 아동은 없다

한 아동에게 좋은 어떤 교수-학습 환경이 반드시 다른 아동에게도 좋은 것은 아니다. 모든 아동에게 적합한 교수방법을 선택하는 것은 불가능하다고 할 수 있다. 그렇기에 다양한 교수방법이 필요하고 아동에게 다양한 경험을 할 수 있는 기회를 제공해야 한다(Diamond & Hopson, 1999).

2) 지능은 학습을 통해 발달시킬 수 있다

특정 지능은 선천적으로 우세할 수도 있고, 학습을 통해 발달할 수도 있다. 따라서 여덟 가지의 지능이 모두 고려된 다양한 활동은 전인적 발달을 목표로 하는 유아교육과 부합된다.

3) 연계 활동으로 구성하는 것이 교육적으로 효율적이다

하나의 주제나 단원을 각각의 지능과 연계하는 활동으로 구성하는 것이 교육적인 효과가 있다.

V. 콜버그의 도덕적 사고발달이론

콜버그(1927~1987)

콜버그(Lawrence Kohlberg)는 피아제의 영향을 받은 구성주의 학자다. 그의 연구는 논리적 사고보다는 도덕적 사고의 발달에 집중되었다. 피아제와 같이 콜버그도 아동과의 개별 면접을 통해 질문에 답하는 형식으로 연구를 하여 이론의 기초를 형성하였다. 콜버그는 윤리적 혹은 도덕적 가치의 갈등에서 만들어진 상황을 제시하고, 그에 대한 답을 통해 도덕적 사고의 발달적 이론에 도달하게 되었다. 콜버그의 결론을 과학교육에 적용하면, 도덕적 진공 상태 속에서는 과학을 가르칠 수 없다는 것이다(Howe & Jones, 1993).

도덕적 딜레마의 상황에 놓이는 경우는 많다. 만일 도덕발달이 과학을 이해하고 아동의 지식을 증가시키는 데 보조를 맞춘다면 아동은 더 어려운 선택을 할 수도 있다.

1. 도덕발달의 단계

콜버그는 아동의 옳고 그름에 대한 발달뿐만 아니라, 아동이 행동하는 데 있어서 도덕적으로 선택할 수 있는 능력도 보여 주고 있다. 콜버그도 피아제처럼 발달단계를 구분하였다.

1) 수준 Ⅰ: 전인습적 단계
(1) 단계 1

규칙에 대한 복종으로 특징지을 수 있다. 동기화는 벌을 피하기 위한 것이다. 아동은 "나는 선생님 말씀을 따라야 해요. 아니면 벌 받아요. 그렇기 때문에 선생님이 원하는 것을 해야 해요."라고 말한다.

(2) 단계 2

규칙에 의한 복종으로 특징지을 수 있다. 다만 그것은 자신이 갖는 관심 범위에 국한된 것이고, 모든 변화 속에서 공정성을 가지고 있다. 아동은 "나는 규칙대로 놀지 않으면 잡힐까 봐 겁나요."라고 말한다. 아동은 모든 규칙이 고수되어야 한다는 확신을 갖는다.

2) 수준 Ⅱ: 인습적 단계
(1) 단계 3

옳은 일이 무엇인지 생각하고 그렇게 하기를 원하는 것으로 특징지을 수 있다. 다른 사람의 기대를 고려하며, 좋은 동기를 가지려고 노력하고 진실, 충성심, 감사를 믿는다. 규칙과 좋은 행동을 지지하는 사회적 순서를 유지하기 위해 바람직한 태도를 취한다.

(2) 단계 4

관습·법에 대한 믿음으로 특징지을 수 있다. 충성, 신뢰, 정직, 다른 사회적 가치로 갈등을 겪는 것은 예외다. 다른 사회적 체제 속에서의 관례(개인적)를 고려한다. 친구에 대한 충성을 원하고, 법을 따르는 것 사이에 가슴에 새긴 개인적인 상황이 있다.

3) 수준 Ⅲ: 후인습적 단계
(1) 단계 5

사람에 의한 견해, 가치의 다양성의 발달에 의해 특징지을 수 있다. 집단·문화 속에서 가치와 규칙을 인식하고, 생각과 자유 같은 가치를 인식하며, 모든 사회 속에서 가치로워야 하는 것과 가치와 관련된 것을 인식한다.

(2) 단계 6

도덕적 보편성과 타당성의 신념으로 특징지을 수 있다. 최고의 원리는 공정성이다. 인간 권리의 평등, 개인의 존엄성을 존중한다.

2. 콜버그의 이론이 유아과학교육에 주는 시사점

콜버그는 피아제와 마찬가지로 아동이 자신의 논리적 지식을 구성한다고 믿는다. 동시에 아동이 자신의 도덕적 지식을 구성한다고 믿는다. 콜버그의 견해는 문제에 대한 기억으로 도덕적 인간이 되어 갈 수 있다는 것보다는 행동의 규칙을 기억함으로써 도덕적 인간이 되어 갈 수 있다는 것이다.

'선함'을 가르치기 위해 교사는 아동의 수준에서 낮은 단계의 도덕적 발달을 생각해야 한다. 높은 단계 이전에 낮은 단계가 있기 때문이다. 성인의 견해에서 적용해서는 안 된다. 아동의 생활을 통해 아동 스스로 규칙을 구성하고 조망해 가는 단계를 고려해야 한다. 또한 교사는 선함을 가르치기 위해 모든 아동에게 공정한 학습 분위기를 조성해야 한다. 공정성은 교실 내에서 지극히 중요한 문제다. 공정성의 부족으로 수업 분위기는 아동에게 학습과는 거리가 먼 주의 집중을 원한다. 의무 부여나 집단에서의 교재·교구 사용, 시간의 양, 교사와의 개별적인 상호작용을 위해서라도 공정하게 해야 한다.

콜버그의 이론은 과학학습에서 중요하다. 교사와 아동의 상호작용에서 교사는 개인적으로나 집단적으로나 도덕적·윤리적으로 심사숙고하는 자세로 임해야 한다. 여기서 중요한 것은 공정성과 아동 존중이다. 과학에서 사회정서적 발달은 목표는 아니지만 중요하다. 높은 수준에서 콜버그는 과학의 진보가 도덕적 문제를 어렵게 이끌 수 있다고 보았다.

❶ 피아제 이론에서는 지적인 성장을 위해서 자연현상과의 지적인 접촉이 필요하며, 주위 환경에서 실험 또는 탐구 활동 등을 통해 과학교육의 중요성을 알 수 있게 된다고 한다. 더불어 피아제가 말하는 인지구조는 자연현상의 탐구에서 매우 핵심적인 논리들이기 때문에 피아제 이론이 과학교육에 주는 시사점은 매우 크다.

❷ 비고츠키는 발달이란 생물학적 힘과 사회적 힘에 의존한다고 믿는다. 생물학적 힘은 기억, 주의, 지각, 자극-반응 학습의 초기 기능을 산출한다. 사회적 힘은 개념발달, 논리적 추론, 판단과 같은 고등 지적 기능의 발달에 본질적인 것이다. 또한 일차적 지적 기능과 고등 지적 기능의 중요한 차이는 외적 통제에서 내적 통제로 옮겨 가는 것이다. 사회적 상호작용을 통해서 아동은 점차 더 책임 있게 발달하고 더 자기 지향적 또는 자율적으로 성장한다.

❸ 브루너는 과학교육에서 문제 해결을 위한 조건으로 교과의 구조화, 나선형 교육과정, 발견학습 등을 제시하고 있다. 그는 아동이 과학의 기본적 구조를 이해했을 때 내용을 훨씬 쉽게 이해할 수 있기 때문에 과학의 구조는 개념적 구조를 통해 교수해야 하며, 아동이 이미 알고 있는 개념을 점점 나선 형태로 되풀이하면서 확대해 주면 아동의 지적 발달을 효과적으로 촉진한다고 강조하였다. 또한 교과구조의 효과적인 전달방법은 학습자 자신이 교과의 구조를 발견해 볼 수 있도록 생생한 계열로 교재를 제공하는 것이라고 하였다.

❹ 다중지능 이론가들은 아동이 여러 가지 지능을 갖고 있으며, 지식은 표상 형태로 존재한다고 믿는다. 따라서 아동들이 다양한 형태의 표상(설명, 그림, 시, 사진 등)을 통해 스스로를 표현해야 한다고 제안한다. 가드너는 인간의 지적 능력이 일정한 문제 해결 능력 기술을 수반하며, 아동은 여덟 가지 이상의 특성을 가진 지능을 갖고 있다고 보았다.

❺ 콜버그는 아동의 옳고 그름에 대한 발달을 보여 준다. 뿐만 아니라 아동이 행동하면서 도덕적으로 선택할 수 있는 능력도 보여 준다. 콜버그도 피아제처럼 발달단계를 구분하여 도덕발달을 전인습적 단계, 인습적 단계, 후인습적 단계의 세 단계와 여섯 가지 하위 단계로 설명한다.

/ 1부 / 참고문헌

교육과학기술부, 보건복지부(2012). 누리과정.

교육과학기술부(2008). 유치원교육과정해설.

교육부(1987). 제6차 유치원 교육과정 시안.

교육부(1993). 유치원 교육과정.

김시중, 박승재, 김창식, 정병훈, 이화국(1996). 초ㆍ중등 과학 교육의 혁신적인 정책과 구현 방안. 한림 연구보고서 1. 서울: 한국과학기술 한림원.

박승재, 이화국(1987). 과학교육. 서울: 교육과학사.

Aldridge, B. (1992). Project on Scope, Sequence, and coordination. *Journal of Science Education and technology, 1*(1), 13-21.

American Association for the Advancement of Science (AAAS). (1989). *Science for All Americans.* Woshington, DC: National Academu Press.

American Association for the Advancement of Science (AAAS). (1993). *Benchmarks for science literacy.* New York: Oxford University Press.

American Forest Council. (1992). *Project Learning Tree.* Washington, DC: Author.

American Psychology Association. (1993). *Learner-Centered Psychological Principles: Guidelines for School Redesign and Reform.* Denver Co: Mid-Continent Regional Educational laboratory.

Amstrong, T. (2000). *Multiple intelligences in the classroom* (2nd ed.). Alexandria, VA: ASCD.

Berk, L. E. & Winsler, A. (1995). *Scaffolding children's learning: Vygotsky and early childhood education.* Washington, DC: NAEYC.

Bodrova, E. & Leong, D. J. (2007). *Tools of the Mind: TheVygotskian Approach to Early Childhood Education* (2nd ed.). Upper-Saddle River, NJ: Pearson Inc.

Bransford, J. D., Brown, A. L., & Cocking, R. R. (Eds.). (1999). *How people learn: Brain, mind, expirience, and school.* Washington DC: National Academy Press.

Brewer, J. A. (2006). *Early Childhood Education* (5th ed.). Needham Heights, MA: Allyn & Bacon.

Bruner, J. S. (1966). *Toward a theory of instruction.* Cambridge, MA: Harvard University Press.

Bruner, J. S. (1983). Structure in Learning. In G. Hess (Ed.), *Curriculum Planning: A new approach* (4th ed.). Boston, MA: Allyn & Bacon.

Bruner, J. S. (1985). Vygotsky: A historical and conceptual perspective. In J. Wertsch (Ed.), *Culture, communication and cognition: Vygotkian perspectives.* Cambridge, England: Cambridge University Press.

Bruner, J. S. (1993). Structure in earning. In G. Gess (Ed.), *Curriculum Planning: A new approach* (4th ed.). Boston: Allyn and Bacon.

Brynes, J. P. (1996). *Cognitive Development and learning in instuctional Contexts.* Boston, MA: Allyn and Bacon.

Campbell, L. & Campbell, J. (1994). *Understanding multiple intelligences.* Alexandria, VA: ASCD.

Campbell, L. & Campbell, J. (1997). *Teaching & learning through M.I.* Boston, MA: Allyn & Bacon.

Carin, A. A. & Bass, E. B. (2001). *Teaching Science as Inquiry* (9th ed.). Columbus, OH: Merrill Publishing Co.

Charlesworth, R. & Lind, K. K. (2002). *Math and Science for Young Children* (3rd ed.). Albany, NY: Delmar Publishers.

Collette, A. T. & Chiappetta, E. L. (1989). *Science Instruction in the Middle and Secondary Schools.* Columbus, OH: Merrill Prentice Hall.

DES (Direct Educational Services, 1967). *Plowden Report.* UK: National Committee on Primary Education.

DfEE (Department for Education, England, 1999). Quality Curriculum Agency (QCA, 2000). *National Curriculum 2000.* DfEE.

Diamond, M. & Hopson, J. (1999). Magic Trees of the Mind: How to Nurture Your Child's Intelligence, Creativity, and Healthy Emotions. *From Birth through Adolescence.* NY: Plum.

Driver, R. A. Squires, D., Duck, P., & Woodrobinson, V. (1994). *Making Sense of Secondary Science: Research into Children's Ideas.* London: Routledge.

Eisner, E. W. (1992). Curriculum ideologies. In Philip W. Jackson (Ed.), *In handbook of research curriculum: A Project of the American Education.* New York: Macmillan.

Gallagher, J. & Gallagher, S. (1994). *Education for Gifted* (3rd ed.). New York: Macmillan.

Gardner, H. (1983). *Frame of mind.* New York: Basic Books.

Glaser, R. (1992). Expert Knowledge and Processes of Thinking. In D. F. Halpern (Ed.), *Enchancing Thinking Skills in Science and mathematics* (pp. 63-75). Hillsdale, NJ: Elbaum.

Grisham, D. L. & Molinelli, P. M. (1995). *Cooperative Learning.* Westminster, CA: Teacher Creative Materialsa, Inc.

Harlan, J. D. & Rivkin, M. S. (2000). *Science Experiences for the Early Childhood Years: An Integrated Approach.* (7th eds.). Uppersaddle River, NJ: Merrill.

참고문헌

100

Harlen, W. (2006). *Teaching, Learning & Assessing science* (4th ed., pp. 5-12). London: SAGE Publications Ltd.

Holt, Bess-Gene. (1989). *Science with young children* (revised ed.). Washington, DC: NAEYC.

Howe, A. C. & Jones, L. (1993). *Engaging children in science.* New York: Macmillan.

Johnston, J. (2005). *Early Explorations in Science* (2nd ed.). UK: Open University Press, NY: Mcgraw Hill Education.

Johnston, R. J. & Ahtee M. (2005). Comparing primary student teachers' attitudes, subject knowledge and pedagogical content knowledge needs in a physics activity. *Teaching and Teacher Education.* from HTML(2006).

Johnston, R. J., Pattie, C. J., & Allsopp, J. G. (1998). *National Dividing: Electoral Map of Great Britain, 1979-87* (Insights on Contemporary Issues). UK: Ofsted (Office for Stands in Education).

Kraus International Publications. (1994). *Science: Curriculum Resaurce Handbook.* Millwood, New York: Author.

Kuhn, D., Amsel, E., & O' Loughlim, M. (1988). *The development of scientific thinking skills.* New York Academic Press.

Kyle, W. C. (1985). What become of the Curriculum Development Projects of the 1960's? In D. Holdzkum & P. B. Lutz (Eds.), *Research Within Reach: Science Education* (pp. 3-24). Washington, DC: National Institute of Education.

Martin, R. E., Sexton, C., Wagner, K., & Gerlovich., J. (1994). *Teaching Science for All Children* (2nd ed.). Needham Heights, MA: Allyn and Bacon.

Martin, R. E., Sexton, C., Wagner, K., & Gerlovich, J. (2005). *Teaching Science for All Children* (3rd ed.). Needham Heights, MA: Allyn and Bacon.

McCormack, A. J. & Yager, R. E. (1989a). Assessing Teaching/Learning in Multiple Domains of Science and Science Education. *Science Education, 73*(1), 44-58.

McCormack, A. J. & Yager, R. E. (1989b). New Taxonomy for Science Education. *Science Teacher, 56*(2), 47-48.

National Research Council (NRC). (1996). *National Science Education Standards.* Author.

National Research Council (NRC). (2000). *Inquiry and the National Science Education Standards.* Washington, DC: National Academy Press.

National Research Council (NRC). (2012). *A framework for K-12 science education: Practices, crosscutting themes, and core ideas.* Washington, DC: NAP.

National Research Foundation. (1996). *National Science Education Standards.* Washington, DC: National Academy Press.

National Science Teachers Association (NSTA). (1992). *The content core: A Guide for Curriculum Development.* Washington, DC: Author.

National Wildlife Foundation. (1982). *The CLASS Project*. Washington, DC: Author. (revised education in 1985)

NGSS Lead States (2013). *Next Generation Science Standards*. For States, By States. Washington, DC: The National Academy Press.

Novak, J. (1995). Concept mapping: A strategy for organizing knowledge. In S. Glynn & R. Duit (Eds.), *Learning science in the school: Research reforming practice*. Mahwah, NJ: Earlbaum.

Ofsted (Office for Stands in Education, 2003). *Ofsted Inspection Handbook: Nursery and Primary schools*. UK: Ofsted May 30. 2003.

Penual, W., Riel, M., Krause, A., & Frank, K. (2009). Analyzing teachers professional interactions in a school a social capital. *Teachers College Record, 211*(1), 124-163.

Piaget, J. & Inhelder, B. (1972). *The Psychology of the Child*. New York: Basic Books.

Project WILD. (1991). Boulder, CO: Project WILD: joint project of the western Association of Fish and Wildlife Agencies and the Western Regional Environmental Education Council.

Resnick, L. (1983). Mathematics and science learning: A New conception. *Science*, 220, 447-478.

Rosebery, A. S., Warren, B., & Conant, F. R. (1992). Approaching Scientific Discourse: Finding from language minority Classrooms. *The Journal of the Learning Sciences, 2*(1), 61-94.

Roth, K. (1991). Reading science texts for conceptual change. In C. M. Santa & D. V. Alverson (Eds.), *Science learning: Processes and Applications*. New Wark, DE: International Reading Association.

Roth, K. (1993). *What does it mean to understand science? Changing perspectives from a teacher and her students*. East Lancing, MI: Center for Learning and Teaching of Elementary Subjects, Institute for Research on Teaching. Michigan State University.

Rutherford, F. J. & Ahlgren, A. (1990). *Science for All Americans*. New York: Oxford University Press.

Settlage, J. & Southerland, S. A. (2007). *Teaching Science to Every Child*. NY: Routledge.

Vygotsky, L. (1926). *Thought and Language*. Cambridge, MA: The MIT Press.

Vygotsky, L. (1976). Play and its role in the mental development of th child. In J. S. Bruner, A. Jolly, & K. Sylva (Eds.), *Play*. New York: Penguin.

Wasserman, S. (1988). Play-debrief-play: An instructional model for science. *Childhood Education, 64*, 232-234.

제2부

유아과학교육의 교수-학습

04 유아과학교육의 내용

● 이 장 소개하기

'아동이 이해하기를 기대하는 것은 무엇인가? 아동이 할 수 있기를 원하는 것은 무엇인가?'는 모든 교육자가 깊이 생각해야 할 근본적인 질문이다. 이 질문에 대한 답이 학습계획의 핵심이며 국가 수준의 교육과정이나 기준과 일치되는 사항이다. 이에 따라 유아과학교육의 내용을 결정하기 위해서는 기본적으로 아동의 발달적 수준을 고려하면서 과학의 주요 영역을 골고루 수용해야 한다.

기관의 목표와 특징에 따라 과학의 기초 개념이 다루어져야 한다는 입장이 있는가 하면, 인간을 둘러싼 여러 생물체와 환경을 중심으로 과학의 개념을 정립해야 한다는 입장도 있다. 어떤 기준에 의해 내용을 결정하든지 아동을 위한 과학교육은 과정과 태도 그리고 개념(과학적 지식)이 강조되어야 한다.

결국 과학교육의 내용은 아동의 흥미나 요구에 부응할 수 있는 내용들로 선택되어야 할 것이다. 그러나 아동의 흥미만을 위주로 프로그램을 계획하다 보면 자칫 우발적인 학습만으로 이끌어 가기 쉽다. 따라서 교사는 이러한 아동의 요구를 수용하면서도 과학의 주요 영역에 관한 고른 이해를 바탕으로 분명하고 융통성 있는 교수계획을 세우도록 해야 한다.

● 아동이 무엇을 학습해야 하는가에 대한 탐구를 통해 다음의 질문에 답할 수 있다.

1. 어떤 과학적 지식이 아동이 배우기에 적합한가?
2. 과학 지식은 어떻게 발달적으로 적합하게 조직할 수 있는가?
3. 아동이 학습목표를 성공적으로 달성하도록 하기 위하여 학습 경험을 어떻게 고안할 것인가?
4. 어떤 교수자료가 학습계획 수행을 가능하게 하는가?
5. 어떻게 하면 학습환경, 집단 구성, 교실 배치를 효율적으로 고안할 수 있는가?

아동의 발달적 수준 또는 연령에 적합한 과학교육의 내용이 무엇인가에 대한 답을 찾는 것은 유아를 위한 과학교육에서 중요하다. 그렇기에 과학교육의 내용은 국가수준의 교육과정에서 제시하는 기준이나 과학 지식에 대한 이론적 준거 또는 과학교육 관련 단체나 기구들이 제안하는 교육과정의 틀을 근거로 선정하게 된다.

내용 선정의 기준이 어디에서 오든 아동을 대상으로 하는 유아과학교육은 아동의 사전 지식과 흥미, 관찰, 측정, 사물의 특성 표현하기와 분류하기 등의 과학과정을 그 내용에 포함시켜야 한다(Carin & Bass, 2001). 이 장에서는 과학교육의 분류, 국내외 교육과정에서 제시하는 기준, 총체적 과학으로서의 과학을 충족하는 내용 준거를 기준으로 유아과학교육의 내용을 제안하고자 한다.

I. 과학교육의 분류

전통적인 견해로 보면 과학은 기록된 역사를 통해 축적된 만유의 지식이었다. 그러나 1960년대 이후 더 많은 관심의 초점이 과학과정에 쏠리게 되었는데, 그것은 과학자들이 새로운 지식을 발견하기 위해 사용하는 기능이다. 오늘날 과학에 과정과 내용 그 이상의 무엇이 있음이 분명해졌다.

이에 매코맥과 야거(McCormack & Yager, 1989)는 내용과 과정을 넘어서 5개 영역을 포함시켜 과학교육에 대한 견해를 넓히는 새로운 '과학교육의 분류(Taxonomy for Science Education)'를 개발하였다. 교육과정 개발자들은 새로운 프로그램을 구성할 때 이것을 청사진으로 사용하였고, 평가자들은 기존 프로그램의 평가를 위한 잣대로 삼았다. 구체적인 5개 영역은 다음과 같다.

1. I영역: 지식과 이해(지식 영역)

과학은 관찰할 수 있는 우주의 연구를 다루기 위한 단원으로 범주화하는 데 목표를 두고 물리 · 생물과의 관계를 기술하고 있다. 궁극적으로 과학은 관찰된 관계에 대하여 합리적인 설명을 제공하는 데 그 목적을 두고 있다. 지식과 이해의 영역은 다음과 같은 내용을 포함한다.

- 사실
- 개념
- 법칙(원리)
- 과학자에 의해 사용된 기존 가설과 이론들
- 과학과 사회적 논의

이는 물질, 에너지, 운동, 동물 행동, 식물 성장과 같은 다루기 쉬운 주제로 분류된다.

2. Ⅱ영역: 탐구와 발견(과정 영역)

과학자들이 어떻게 생각하고 업적을 수행하는가를 배우기 위해 과학의 과정을 이용한다. 그 과정은 다음과 같다.

- 관찰과 설명
- 분류와 조직
- 측정과 도표화하기
- 타인과의 의사소통과 의사소통을 이해하기
- 예측과 추론
- 가설 설정
- 가설 검증
- 변별과 변인 통제
- 자료 해석
- 구성과 도구 사용, 단순한 장치 그리고 물리적 모형

3. Ⅲ영역: 상상과 창조(창의성 영역)

많은 과학 프로그램이 정보를 주기 위해 제시된다. 아동의 학습은 형식적인 틀 속에서 이루어지기보다 상상과 창조적인 사고 개념을 위한 과학 프로그램에서 이루어진다. 이 영역에서는 인간의 창의적 능력을 제시하고 있다.

- 시각화하기, 정신적 심상의 산출(생산)
- 새로운 방법으로 사물과 생각 결합
- 실물로 대안을 나타내거나 이례적으로 사용
- 문제 해결과 퍼즐(수수께끼)
- 환상
- 가상화하기
- 꿈꾸기
- 장치와 기계 설계
- 이례적인 생각 나타내기

창의적인 영역에서 아동의 능력을 개발시켜 왔지만 이런 능력 중 어느 것도 과학 프로그램 내에서 의도적으로 결합하지 못했다.

4. Ⅳ영역: 감정과 가치(태도 영역)

1960년대 이후 사회적 · 정치적 조직체들이 증가하고 환경, 에너지 문제와 일반적인 미래에 대한 걱정, 과학적인 내용, 과정과 상상에 대한 관심이 높아졌지만 과학 프로그램을 위한 충분한 매개변수(parameter)가 되지는 못하였다. 이에 인간의 감정, 가치와 의사결정 기술을 알릴 필요가 있다.

- 일반 과학, 학교에서의 과학, 과학교사에 대한 긍정적인 태도 발달
- 자기 자신에 대한 긍정적인 태도 발달('나는 할 수 있다.' 라는 태도)
- 인간 정서 탐구
- 타인에 대한 존중, 감정, 민감성에 대한 개발
- 건설적인 방법으로 개인 감정 표현
- 개인적인 가치에 대한 의사결정

5. Ⅴ영역: 이용과 관련성(응용과 적용 영역)

과학 프로그램에는 정보, 기술 등 실제적인 것이 포함되지 않으면 의미가 없다. 또

한 기술을 '순수' 또는 '학문적' 과학과 분리시키는 것은 부적절하다. 따라서 아동들은 학교 과학에서 배웠던 생각과 접하는 반성적 경험이 중요하다. 이 영역에서는 다음과 같은 것을 다룬다.

- 매일의 경험 속에서 과학적 개념의 실례 보기
- 일상생활에서 경험하는 과학기술의 문제를 학문적인 과학 개념과 기술에 적용하기
- 가전제품에 적용된 과학적이고 기술적인 원리 이해하기
- 일상생활에서 일어나는 문제 해결에 과학적인 과정 활용하기
- 과학발달에 대해 대중매체들이 보고하는 내용 이해하고 평가하기
- 개인 건강과 영양에 관한 의사를 결정하고, 입과 귀로 전해지는 말을 그대로 믿거나 정서에 의지하기보다 과학 지식에 기초해서 생활방식 결정하기
- 다른 과목과 과학 통합하기

이와 같이 과학을 하나의 영역으로 본다는 것은 과학의 풍요로움을 접하게 되는 아동들에게 한계를 짓는 것과 같다(McCormack & Yager, 1989a). 이 영역이 교과서에 포함되었거나, 교육과정에 안내되었거나, 요구되는 과학능력 항목에 포함되었다는 확실한 증거는 없지만 학습과 경험을 위해 다양한 영역이 포함되어야 한다.

II. 교육과정의 과학교육

1. 누리과정

탐구생활 영역과 자연탐구 영역의 내용 범주는 '탐구하는 태도 기르기' '과학적 탐구하기'로 이루어져 있으며, 이에 따라 내용 및 세부 내용이 구성되어 있다.

1) 내용 범주
탐구생활과 자연탐구 영역에서는 유아가 지적 호기심을 충족하기 위한 탐구과정을 즐겁게 경험하면서 탐구기술을 활용하고 수학적 · 과학적 탐구에 관심과 흥미를 갖도

록 한다.

　탐구하는 태도 기르기는 호기심을 바탕으로 주변의 사물과 자연세계에 대해 탐구하는 성향을 키우기 위한 내용으로서 '호기심을 유지하고 확장하기' '탐구과정 즐기기' '탐구기술 활용하기'로 구성된다. 이를 통해 유아가 탐구과정을 즐겁게 경험하면서 자신과 환경에 대한 지식을 바르게 추구하는 태도를 기를 수 있도록 한다.

　과학적 탐구하기는 유아가 생활 속에서 사물과 자연환경을 지속적으로 탐구하는 기회를 통하여 자연의 소중함과 과학의 의미를 경험하는 데 중점을 두는 내용이다. 자연의 가치를 인식하고 인간과 자연의 관계에 관심을 가질 수 있도록 '물체와 물질 알아보기' '생명체와 자연환경 알아보기' '자연현상 알아보기'를 내용으로 구성한다. 또한 '간단한 도구와 기계 활용하기'를 내용에 포함하여 유아기부터 과학기술의 편리성과 그 역기능에 관심을 가질 수 있도록 한다.

표 4-1 탐구영역의 내용

내용 범주	내용
탐구하는 태도 기르기	• 호기심을 유지하고 확장하기 • 탐구과정 즐기기 • 탐구기술 활용하기
과학적 탐구하기	• 물체와 물질 알아보기 • 생명체와 자연환경 알아보기 • 자연현상 알아보기 • 간단한 도구와 기계 활용하기

2) 내용 및 세부 내용

(1) 탐구하는 태도 기르기

가) 호기심을 유지하고 확장하기

　'호기심을 유지하고 확장하기'는 유아가 탐구하는 태도를 기르는 데 필요한 가장 기초적인 성향을 갖추도록 하는 내용이다. 자신이 경험한 사물이나 현상에 대하여 단순히 호기심을 갖는 것에서 시작하여 끊임없이 궁금한 것을 찾아내고 지속적으로 호기심을 유지하면서 자신의 궁금증을 해결하기 위해 구체적으로 알고자 하는 태도를 갖는 것이다. 유아가 자신과 주변 세계에 대하여 호기심을 나타내고 유지하고 확장하는 것은 탐구하는 태도 형성의 중요한 부분이다.

표 4-2 호기심을 유지하고 확장하기

3세	4세	5세
주변 사물과 자연세계에 대해 호기심을 갖는다.	주변 사물과 자연세계에 대해 지속적으로 호기심을 갖는다.	주변 사물과 자연세계에 대해 지속적으로 호기심을 갖고 알고자 한다.

나) 탐구과정 즐기기

'탐구과정 즐기기'는 유아가 호기심을 느끼거나 궁금한 점을 알아보기 위해 탐색하고 탐구하여 발견해 가는 과정을 즐기도록 하는 내용이다. 유아는 또래 및 교사와 함께 여러 가지 방법을 사용하여 탐구하는 과정에 관심을 가지고 참여한다. 유아는 탐구하는 과정을 즐기면서 서로 다른 생각에 관심을 가지고 자신이 관찰한 사건이나 상황에 대해 점차 깊이 있게 받아들이며, 이를 올바르게 인식할 수 있는 능력과 태도를 갖게 된다.

표 4-3 탐구과정 즐기기

3세	4세	5세
궁금한 점을 알아보는 과정에 흥미를 갖는다.	궁금한 점을 알아보는 탐구과정에 관심을 가지고 참여한다.	궁금한 점을 알아보는 탐구과정에 참여하고 즐긴다.
		탐구과정에서 서로 다른 생각에 관심을 갖는다.

다) 탐구기술 활용하기

'탐구기술 활용하기'는 유아로 하여금 주변의 사물과 자연환경을 지각하고 반복적으로 탐색하는 과정을 통해 문제를 탐구하는 방법을 익힐 수 있도록 하는 내용이다.

표 4-4 탐구기술 활용하기

3세	4세	5세
	일상생활의 문제를 해결하는 과정에서 탐색, 관찰 등의 방법을 활용해 본다.	일상생활의 문제를 해결하는 과정에서 탐색, 관찰, 비교, 예측 등의 탐구기술을 활용해 본다.

유아는 일상생활에서 접하는 문제 해결 과정에서 처음에는 탐색, 관찰, 비교 등의 기본적인 탐구기술을 활용하여 궁금한 것을 알아 간다. 연령이 증가하면서 점차적으로 궁금한 문제를 해결하기 위해 기본적인 탐구기술뿐만 아니라 예측, 실험, 의사소통 등의 좀 더 복잡한 탐구기술을 활용해 보는 내용을 다룰 수 있다.

(2) 과학적 탐구하기

가) 물체와 물질 알아보기

'물체와 물질 알아보기'는 유아가 일상생활 속에서 접하는 친숙한 물체와 물질에 관심을 가지고 기본적인 특성을 알아보며, 점차 여러 가지 방법으로 물체와 물질을 변화시켜 보는 것에 대한 내용이다. 유아가 주변의 물체와 물질에 관심을 갖고 오감을 통해 그 특성을 알아보는 것을 다루며, 여러 가지 방법으로 물체를 움직여 보고 물질을 변화시켜 기본적 속성을 적극적으로 알아 가는 내용을 포함하고 있다.

표 4-5 물체와 물질 알아보기

3세	4세	5세
친숙한 물체와 물질의 특성에 관심을 갖는다.	친숙한 물체와 물질의 특성을 알아본다.	주변의 여러 가지 물체와 물질의 기본 특성을 알아본다.
	물체와 물질을 여러 가지 방법으로 변화시켜 본다.	

나) 생명체와 자연환경 알아보기

'생명체와 자연환경 알아보기'는 유아가 자신의 출생과 성장 과정뿐만 아니라 주변의 동식물에 관심을 갖고, 생명체에 직접적인 영향을 미치는 자연환경을 알아봄으로써 생명체와 자연환경을 존중하고, 녹색 환경을 소중히 여기도록 하는 내용이다. 유아가 자신의 신체와 주변에 있는 동식물에 관심을 가지며, 자신의 출생과 성장뿐만 아니라 궁금한 동식물의 특성을 구체적으로 알아 가는 내용을 담고 있다. 또한 인간과 동식물, 자연환경 간의 밀접한 연관성에 관한 내용, 인간과 동식물이 함께 살기 좋은 녹색 환경에 관한 내용, 그리고 생태계를 파괴하는 온실가스와 환경오염을 줄이는 방법에 대해 알아보는 내용도 다룬다.

표 4-6 생명체와 자연환경 알아보기

3세	4세	5세
나의 출생과 성장에 대해 관심을 갖는다.		나와 다른 사람의 출생과 성장에 대해 알아본다.
주변의 동식물에 관심을 가진다.	관심 있는 동식물의 특성을 알아본다.	관심 있는 동식물의 특성과 성장 과정을 알아본다.
생명체를 소중히 여기는 마음을 갖는다.		
	생명체가 살기 좋은 환경에 대해 관심을 갖는다.	생명체가 살기 좋은 환경과 녹색 환경에 대해 알아본다.

다) 자연현상 알아보기

'자연현상 알아보기'는 유아가 생활 속에서 쉽게 접할 수 있는 자연물이나 자연현상에 대해 관심을 갖고 탐구하는 과정을 통하여 '변화와 규칙성'이라는 자연의 본질에 대한 이해를 도모하는 내용이다.

표 4-7 자연현상 알아보기

3세	4세	5세
돌, 물, 흙 등 자연물에 관심을 갖는다.	돌, 물, 흙 등 자연물의 특성과 변화를 알아본다.	
		낮과 밤, 계절의 변화와 규칙성을 알아본다.
날씨에 관심을 갖는다.	날씨와 기후 변화에 관심을 갖는다.	날씨와 기후 변화 등 자연현상에 대해 관심을 갖는다.

라) 간단한 도구와 기계 활용하기

'간단한 도구와 기계 활용하기'는 유아가 생활 속에서 사용하는 다양한 도구와 기계에 관심을 가지고 활용하면서 도구와 기계의 발전으로 인한 편리성뿐 아니라 역기능에 대해서도 관심을 가지게 하는 내용이다. 유아가 일상생활에서 쉽게 접하는 도구와 기계에 흥미를 가지고 탐색하는 내용과 도구와 기계를 반복적으로 활용하면서 그 종류와 기능을 알고 바르게 활용할 수 있도록 하는 내용을 다룬다. 또한 우리 생활에 변화를 가져다주는 새로운 도구와 기계에도 관심을 갖고 장단점을 알아보는 내용도 포함하고 있다.

표 4-8 간단한 도구와 기계 활용하기

3세	4세	5세
생활 속에서 간단한 도구와 기계에 관심을 갖는다.	생활 속에서 간단한 도구와 기계를 활용한다.	
도구와 기계의 편리함에 관심을 갖는다.		변화하는 새로운 도구와 기계에 관심을 갖고 장단점을 안다.

2. 외국의 예: 미국의 교육과정

미국은 과학교육기준(NRC, 2012)을 위한 새로운 Framework를 만들고 26개 주의 주도 아래 재검토를 실시하였다(NGSS, 2013). 유치원 아동을 위한 과학교육기준 framework에는 네 가지 학문적 핵심 아이디어, 즉 ① 물리과학, ② 생명과학, ③ 지구와 우주과학, 그리고 ④ 엔지니어링, 기술공학과 과학의 적용이 포함된다.

아동에게는 자신이 살고 있는 지역의 날씨 패턴과 변화에 대해 이해하도록 기대된다. 일기예보의 목적은 험악한 날씨에 대한 준비와 대처 방법에 대한 이해를 발달시키는 것이다. 아동은 고안된 문제 해결을 분석하기 위해 물체의 움직임에 대해 밀고 끌 때, 다른 힘이나 다른 방향의 영향을 이해하여 적용하도록 기대된다. 아동은 또한 식물과 동물(인간 포함)들이 생존을 위해 필요한 것이 무엇인가에 대한 이해와 그들이 살아가는 데 필요한 필수품과 사는 장소 간의 관계의 이해력을 개발시키도록 기대된다. 학문적 핵심 아이디어에 대한 조직 개념으로는 자연세계 패턴의 융합 개념, 원인/결과, 시스템과 시스템 모델, 과학의 상호 의존성, 엔지니어링과 기술 공학, 사회에 대한 과학의 영향이 포함된다.

유치원 수준의 수행기대에서 아동은 질문하기, 모델을 개발하고 사용하기, 탐구 계획 세우고 탐구 수행하기, 데이터를 분석하고 해석하기, 문제 해결 방안을 고안하기, 증거를 가지고 논쟁에 참여하기, 정보를 획득하고 평가하기, 정보에 의해 의사소통할 때 학년에 적합한 능력을 표현하기 등이 기대된다. 또한 아동은 핵심 아이디어의 이해를 표현하는 데 이들 실제 경험을 사용하도록 기대된다.

아동들에 대한 과학의 각 영역에서 이해와 표현의 성취기대인 Science Standards Framework(NRC, 2012)를 평가를 거쳐 〈표 4-9〉에서 〈표 4-13〉으로 정리하였다(NGSS, 2013, Vo.1, pp. 3-14).

표 **4-9 K-물리과학 2. 운동과 안전성: 힘과 상호작용**

K-물리과학 2-1. 물체의 움직임에 대한 이해를 위해 물체를 밀거나 끌 때, 다른 힘 또는 다른 방향의 영향을 비교하기 위해 탐구를 계획하고 수행하기

K-물리과학 2-2. 물체를 끌거나 잡아당기는 속도나 방향을 변화시키도록 고안된 디자인 문제 해결 방법이 작동하는지 판정하기 위해 데이터 분석하기

과학과 엔지니어링 실행	학문적 핵심 아이디어	융합개념
탐구 계획하기와 수행하기 K-2 수준에서 질문에 대해 답하거나 문제 해결을 검증하기 위해 탐구 계획하기와 수행하기 • 안내를 통해 친구들과 협동으로 탐구 계획하고 수행 데이터 분석하기와 해석하기 K-2 수준의 데이터 분석하기는 사전경험의 기초 위에 구축되고 수집하기, 기록하기, 관찰 공유하기로 진전시킨다. • 의도된 과제가 제대로 수행되었는지 판정하기 위해 물체와 도구의 검증을 통해 데이터 분석 과학의 본질과의 연계 과학적 탐구는 다양한 방법을 사용한다. • 과학자들은 세상을 연구하기 위해 여러 가지 다른 방법을 사용한다.	물리과학 2. A: 힘과 운동 • 밀고 당기는 다른 힘과 방향을 갖는다. • 물체를 밀거나 당기는 것은 그 물체의 운동속도와 방향을 변화시킬 수 있고, 그것의 작동을 시작하거나 정지시킬 수 있다. 물리과학 2. B: 상호작용 유형 • 물체들이 닿거나 충돌할 때 서로 밀거나 운동을 변화시킬 수 있다. 물리과학 3. C: 에너지와 힘 간의 관계 • 더 세게 밀거나 당김은 물체들을 더 빨리 속도를 높이거나 천천히 내릴 수 있다. 엔지니어링, 기술공학, 과학의 적용 1. A: 엔지니어링 문제 정의하기 • 사람들이 변화시키거나 창조해 내기 원하는 상황은 엔지니어링을 통해 해결될 문제로 접근될 수 있다.	원인과 결과 • 간단한 검증이 원인에 대한 아동의 아이디어를 지지하거나 반박하기 위한 증거를 모으도록 고안될 수 있다.

표 **4-10 K-물리과학 3. 에너지**

K-물리과학 3-1. 지구표면에 미치는 태양의 영향 판단을 위해 관찰하기

K-물리과학 3-2. 일정 지역에 대한 태양의 보온 효과를 감소시키는 구조를 고안하고 만들어 낼 도구와 재료 사용하기

과학과 엔지니어링 실행	학문적 핵심 아이디어	융합개념
탐구 계획하기와 수행하기 K-2 수준에서 질문에 대한 답과 문제 해결을 위해 탐구를 계획하고 수행하기는 사전경험의 기초 위에 구축되고, 공정한 검증 위에 기반을 두며, 설명을 지지하거나 문제 해결을 고안하기 위한 데이터를 제공하는 탐구를 진전시킨다.	물리과학 3. B: 에너지의 보존과 전이 • 태양빛은 지구 표면을 따뜻하게 한다.	원인과 결과 • 사건은 관찰 가능한 패턴을 만들어 내는 원인이 된다.

설명 구성하기와 문제 해결 고안하기
K-2 수준에서 설명 구성하기와 문제 해결 고안하기는 증거에 입각해 자연현상을 설명하고 문제 해결을 고안하는 데 있어서, 증거와 아이디어들의 사용은 사전경험과 진보 위에 구축된다.
• 구체적인 문제를 풀고 해결하는 장치를 고안하고 만들어 내기 위해 제공되는 도구와 자료를 사용하기
과학의 본질과의 연계
과학적 탐구는 다양한 방법을 사용한다.
• 과학자들은 세상을 연구하기 위해 여러 가지 다른 방법을 사용한다.

표 4-11 K-생명과학 1. 분자에서 유기체까지: 구조와 과정

K-생명과학 1-1. 식물과 동물(인간 포함)들이 살아가는 데 필요한 것들에 대한 패턴을 기술하기 위해 관찰 사용하기

과학과 엔지니어링 실행	학문적 핵심 아이디어	융합개념
데이터 분석하기와 해석하기 K-2 수준에서 데이터 분석은 사전경험 위에 구축되고, 수집하기 기록하기, 관찰 공유하기로 진전시킨다. • 과학적 질문에 대한 답을 위해 자연세계의 패턴을 기술하는데 있어 직접 또는 미디어를 통해 관찰을 사용하기 과학의 본질과의 연계 과학적 지식은 경험적 증거를 기반으로 한다. • 과학자들은 세상을 관찰할 때, 패턴과 질서를 찾는다.	물리과학 1. C: 물질과 에너지의 조직체는 유기체 내에 흐른다. • 모든 동물은 생존하고 성장하기 위해 음식을 필요로 한다. 그들은 식물 또는 다른 동물로부터 자신들의 음식을 얻는다. 식물은 생존하고 성장하기 위해 물과 빛을 필요로 한다.	패턴 • 세상을 디자인하는 자연과 인간의 패턴은 관찰될 수 있고 증거로 사용될 수 있다.

표 4-12 K-지구와 우주과학 2. 지구의 시스템

K-지구와 우주과학 2-1. 시간의 경과에 따른 패턴을 기술하기 위해 지역 날씨 상태의 관찰을 사용하고 공유하기
K-지구와 우주과학 2-2. 식물과 동물(인간 포함)들이 어떻게 자신들의 요구를 충족하기 위해 환경을 변화시킬
수 있는지 증거에 의해 지지받는 논쟁 구축하기

과학과 엔지니어링 실행	학문적 핵심 아이디어	융합개념
데이터 분석하기와 해석하기 K-2 수준에서 데이터 분석은 사전경험 위에 구축되고, 수집하기 기록하기, 관찰 공유하기로 진전시킨다. • 과학적 질문에 대한 답을 위해 자연세계의 패턴을 기술하는데 있어 직접 또는 미디어를 통해 관찰을 사용하기 증거에 의해 논쟁에 참여하기 K-2 수준에서 논쟁에 참여하기는 사전경험과 자연세계와 고안된 세상에 대한 아이디어와 표상과 비교하기의 진보에 근거하여 형성된다. • 주장을 지지하기 위해 증거를 가지고 논쟁을 구성하기 과학과 본질과의 연계 과학적 지식은 경험적 증거를 기반으로 한다. • 과학자들은 세상을 관찰할 때, 패턴과 질서를 찾는다.	지구와 우주과학 2. 2: 날씨와 기후 • 날씨는 태양, 바람, 눈 또는 비, 특정 시간의 특정 지역 기온의 결합이다. 사람들은 날씨를 기술하고 기록하며 시간의 경과에 따른 패턴을 알리기 위해 이런 조건들을 측정한다. 지구와 우주과학 2. E: 날씨와 기후 • 나무와 동물들은 그들의 환경을 변화시킬 수 있다. 지구와 우주과학 3. C: 인간의 지구 시스템에 대한 영향 • 사람들이 안락하게 살기 위해 하는 일들이 주변 세상에 영향을 미칠 수 있다. 그러나 사람들은 땅, 물, 공기 그리고 다른 살아 있는 것들에 대한 영향을 감소시키는 선택을 할 수 있다.	패턴 • 자연세계의 패턴은 관찰될 수 있고 증거로 사용될 수 있다. 시스템과 시스템 모델 • 자연세계와 고안된 세계의 시스템은 공동 작용하는 부분들이다.

표 4-13 K-지구와 우주과학 3. 지구와 인간활동

K-지구와 우주과학 3-1. 여러 가지 다른 식물과 동물(인간 포함)들의 요구와 그들이 사는 장소 간 관계를 제시하기 위한 모델 사용하기
K-지구와 우주과학 3-2. 험악한 날씨에 대한 준비와 대응을 위한 일기예보의 목적에 대한 정보를 얻기 위해 질문하기
K-지구와 우주과학 3-3. 땅 위에 사는 인간, 물, 공기/지역 환경 내의 다른 살아 있는 것들의 영향을 감소시키기 위해 문제 해결 방법에 대해 의사소통하기

과학과 엔지니어링 실행	학문적 핵심 아이디어	융합개념
질문하기와 문제 정의하기 K-2 수준에서 질문하기와 문제 정의하기는 사전경험과 점검될 수 있는 간단한 기술적 질문의 진보에 기초하여 형성된다.	지구와 우주과학 3. A: 자연자원 • 살아 있는 것들은 물, 공기, 그리고 땅으로부터의 자원을 필요로 하고, 그들이 필요로 하는 것들이 있는 장소에서 산다. 인간은 사는 데 필요한 모든 것을	원인과 결과 • 하나의 사건은 관찰 가능한 패턴을 만들어 내는 원인을 제공한다.

• 질문하기는 고안된 세상에 대해 더 많은 정보를 발견하기 위한 관찰에 기초한다.

모델 개발하기와 모델 사용하기

K-2 수준에서 모델링은 사전경험과 구체적인 사건이나 고안된 문제 해결을 제시하는 모델들(다이아 그램, 그림, 신체 복제, 디오라마, 극화, 스토리 보드)을 사용하고 진보되어 가는 모델개발에 기초하여 형성된다.

• 자연세계의 관계들을 표현하기 위해 모델 사용하기

정보를 획득하고, 평가하고, 의사소통하기

K-2 수준에서 정보를 획득하고, 평가하고, 의사소통하기는 사전경험과 새로운 정보를 나누기 위한 관찰과 텍스트 사용에 기초하여 형성된다.

• 자연세계의 패턴을 기술하기 위해 과학적 정보를 얻기 위해 학년에 맞는 텍스트를 읽거나 미디어를 사용하기

• 과학적 아이디어에 대해 구체성을 제공하는 모델/그림을 사용하는 구두/문자 형태를 사용하여 문제 해결을 위해 의사소통하기

얻기 위해 자연자원을 사용한다.

지구와 우주과학 3. B: 자연의 위험 요소들

• 어떤 험악한 날씨는 지역에 따라 더 심하기도 하다. 날씨가 심각하다고 예보하면 그 지역사회는 이러한 사건에 준비할 수 있고 반응할 수 있도록 한다.

지구와 우주과학 3. C: 인간의 지구 시스템에 대한 영향

• 사람들이 안락하게 살기 위해 하는 일들이 주변 세상에 영향을 미칠 수 있다. 그러나 사람들은 땅, 물, 공기 그리고 다른 살아 있는 것들에 대한 영향을 감소시키는 선택을 할 수 있다.

엔지니어링, 기술공학, 과학의 적용 1. A: 엔지니어링 문제 정의하기와 한정하기

• 질문하기, 관찰하기, 정보 수집하기는 문제에 대한 사고에 도움이 된다.

엔지니어링, 기술공학, 과학의 적용 1. B: 가능한 문제 해결 방법 개발하기

• 디자인은 스케치, 그림, 또는 물리적 모델들을 통해 전달될 수 있다. 이들 표상들은 다른 사람들과 문제 해결을 위한 아이디어 소통에 도움이 된다.

시스템과 시스템 모델

• 자연세계와 고안된 세계의 시스템은 공동작용하는 부분들이다.

엔지니어링, 기술공학, 과학의 적용과의 관계, 과학 엔지니어링, 기술공학의 상호 의존성

• 사람들의 삶은 다양한 기술에 의존한다. 기술이 없으면 인간의 삶은 아마도 매우 달라질 것이다.

한편, NGSS(2013, Vo. 2, pp. 41-95)는 K-12 Science Standards Framework(NRC, 2012)의 핵심 아이디어를 26개 주의 평가결과를 기초로 좀 더 자세하게 설명하였다. K-2(유치원-초등 2학년)의 구체적인 내용을 〈표 4-14〉〈표 4-15〉〈표 4-16〉에 제시하였다.

표 4-14 물리과학

핵심 아이디어	내용 영역	K-2 구체 내용
PS 1 물질과 상호작용	A 구조와 기능	물질은 관찰 가능하고 구별 가능한 성질을 가지는 다른 실물로 존재한다. 다른 성질은 다른 목적에 적합하다. 물체는 더 작은 크기의 부분들로 이루어질 수 있다.
	B 화학적 반응	물체의 가열과 냉각은 어떤 경우에는 가역적이고 어떤 경우에는 불가역적인 것으로 변화를 야기한다.

PS 2 운동과 안정성	A 힘과 운동	밀기와 끌기는 다른 힘을 가질 수 있고, 사물의 운동이나 시동, 정지의 속도나 방향을 변화시킬 수 있다.
	B 상호작용 유형	
PS 3 에너지	C 에너지와 힘 간의 관계	더 큰 힘을 사용한 밀기와 당김은 사물의 운동과 모양에 더 큰 변화를 야기할 수 있다.
	D 화학적 절차와 일상생활에서의 에너지	태양빛은 지구 표면을 따뜻하게 한다.
PS 4 파동과 정보전이를 위한 기술공학에의 적용	A 파동 특성	소리는 물질을 진동할 수 있고, 진동하는 물질은 소리를 만들 수 있다.
	B 전자기 방사선	사물은 빛이 사물들을 비출 때에만 보일 수 있다.
	C 정보 기술과 도구	사람들은 정보를 보내고 받기 위해 장비를 사용한다.

표 4-15 생명과학

핵심 아이디어	내용 영역	K-2 구체 내용
LS 1 분자에서 유기체까지: 구조와 과정	A 구조와 기능	모든 유기체는 매일의 기능을 수행하는 데 사용할 외형의 부분을 가지고 있다.
	B 유기체의 성장과 발달	부모와 자식들은 가끔 자식들의 생존을 돕는 행위에 참여한다.
	C 유기체에 흐르는 물질과 에너지를 위한 조직	동물들은 식물 또는 다른 동물로부터 자신들이 필요로 하는 음식을 얻는다. 식물은 물과 빛을 필요로 한다.
	D 정보처리	동물들은 정보를 감지하고 의사소통하며 그들의 성장과 생존을 돕는 행동으로 입력된 정보에 반응한다.
LS 2 생태계: 상호작용, 에너지, 역동성	A 생태계의 상호의존적 관계	식물은 성장을 위해서는 물과 빛에 의존하고 가루받이나 씨앗을 여기저기 옮기기 위해서는 동물에 의존한다.
	B 물질 순환과 생태계의 에너지 전이	LS 1. C와 중복
LS 3 유전: 특성의 유전과 변이	A 특성의 유전	어린 유기체는, 완전히 같지는 않지만, 부모와 아주 닮았고 또한 같은 종의 다른 유기체와 닮았다.
	B 특성의 변이	
LS 4 생물학적 진화: 통일성과 다양성	D 생물 다양성과 인간	다른 유기체의 계열은 다른 장소에서 산다.

표 **4-16 우주와 지구과학**

핵심 아이디어	내용 영역	K-2 구체 내용
ESS 1 우주 안의 지구	A 우주와 별	지구에서 보이는 태양, 달, 별들의 운동패턴은 관찰, 표현, 예측될 수 있다.
	B 지구와 태양계	
	C 지구행성의 역사	지구 위에서 어떤 사건은 아주 빨리, 어떤 사건은 아주 느리게 발생한다.
ESS 2 지구 생태계	A 물질과 지구 시스템	바람과 물이 땅의 모양을 바꾼다.
	B 지각 표층판상과 대규모 시스템 상호작용	지도는 사물들이 어디에 있는지 보여 준다. 어느 지역이든 땅과 물의 모양과 종류는 지도에 그려질 수 있다.
	C 지구 표면에 있는 물의 역할	물은 여러 유형의 장소에서, 그리고 지구 위에서 다른 형태로 발견된다.
	D 날씨와 기후	날씨는 특정 지역과 시간의 태양빛, 바람, 눈, 비와 기온의 혼합체다. 사람들은 시간의 경과에 따른 날씨패턴을 기록한다.
	E 생물학	식물과 동물은 자신들의 지역 환경을 변화시킬 수 있다. ·························
ESS 3 지구와 인간 활동	A 자연 자원	살아 있는 것들은 땅으로부터 물, 공기, 자원을 필요로 하고, 그들이 필요로 하는 것들이 있는 장소에서 산다. 인간은 그들이 하는 모든 것을 위해 자연자원을 사용한다.
	B 자연 재해	일정 지역의 날씨는 다른 지역보다 더 험난할 수도 있다. 예보는 지역사회에 험난한 날씨에 대해 준비하도록 한다.
	C 지구 시스템에 대한 인간의 영향	사람들이 하는 일들은 환경에 영향을 미친다. 그러나 사람들은 자신들의 영향을 감소시킬 기회를 만들 수 있다.

III. 표준보육과정의 과학교육

1. 성 격

만 2세 미만의 유아를 위한 표준보육과정의 자연탐구 영역은 '탐구적 태도' '과학적 탐구'의 내용범주로 구성된다. '탐구적 태도'에서는 영유아가 주변의 사물과 자연현상에 대하여 관심을 가지고, 보고 듣고 느끼고 궁금해하며 끊임없이 알아가고자 하는 태도를 갖게 하고, 그에 필요한 기초기술을 습득하게 한다. 그리고 '과학적 탐구'에서는 영유아가 주변의 사물, 생명체, 자연현상에 대하여 관심을 가지고 능동적이고 적극적으로 탐색하는 과정에서 과학적 기초 지식을 습득하도록 한다.

2. 목표

주변의 사물과 자연현상에 대해 지각하고 호기심을 가지며, 지속적으로 탐구하는 태도를 가지고, 자연을 사랑하는 마음을 가진다.

① 주변 사물과 자연환경에 대해 지속적으로 호기심을 가지고 탐구하는 태도를 가진다.
② 주변 사물과 자연현상에 대한 기초 지식을 쌓고 자연을 사랑하는 마음을 가진다.

3. 연령별 목표와 내용

내용 범주	만 2세 미만	만 2세
탐구적 태도	• 주변의 사물과 자연현상에 관심 가지기 • 반복하여 탐색하기	• 주변의 사물과 자연현상에 호기심 가지기 • 반복하여 탐색 즐기기 • 문제 해결에 관심 가지기
과학적 탐구	• 주변의 사물 지각하기 • 주변 생명체에 관심 가지기 • 자연현상 지각하기	• 물체와 물질의 특성 탐색하기 • 주변 생명체의 외적 특성 알기 • 자연현상 인식하기 • 생활도구에 관심 가지기

1) 만 2세 미만

(1) 목표

주변 사물과 자연현상에 대하여 관심을 가지고, 보고 듣고 만지고 느끼는 등 다양한 감각과 조작으로 지각하고 반복하여 탐색한다.

① 주변의 사물과 자연현상에 관심을 가진다.
② 주변의 사물과 자연현상을 감각적으로 지각하고 탐색한다.

(2) 수준별 내용

내용 범주	내용	1수준	2수준	3수준
탐구적 태도	주변의 사물과 자연현상에 관심 가지기	주변의 여러 가지 사물과 자연현상에 관심을 가진다.		
	탐색 반복하기	주변의 사물을 보고 만지고 빨기를 반복한다.	관심 있는 사물을 반복하여 탐색한다.	
과학적 탐구	주변의 사물 지각하기	주변의 여러 가지 자극에 반응한다.		
			보고 듣고 만지고 맛보는 등의 감각적 행위를 통하여 사물을 지각한다.	
	주변 생명체에 관심 가지기	주변(환경)의 움직이는 생명체를 지각한다.		
		자신과 주변 사람의 신체의 부분을 탐색한다.		
	자연현상 지각하기	주변의 자연현상(바람, 해, 비, 눈 등)을 보고 만지고 느낀다.		

2) 만 2세

(1) 목표

주변의 사물과 자연현상에 호기심을 가지고 여러 가지 방법으로 탐색하며 일상생활에서 과학적 경험을 충분히 한다.

① 주변의 사물과 자연환경에 호기심을 가진다.
② 주변의 사물과 자연현상을 여러 가지 방법으로 탐색한다.

(2) 수준별 내용

내용 범주	내용	1수준	2수준
탐구적 태도	주변의 사물과 자연현상에 호기심 가지기	주변의 여러 가지 사물과 자연현상에 대해 호기심을 가지고 궁금해 한다.	
	반복적인 탐색 즐기기	관심 있는 사물을 반복하여 탐색하기를 즐긴다.	
	문제 해결에 관심 가지기	시행착오를 통해 문제를 해결(하고자)한다.	
과학적 탐구	물체와 물질의 특성 탐색하기	물체와 물질에 대한 여러 가지 탐색을 적극적으로 시도한다.	
	주변 생명체의 외적 특성 알기	주변의 애완동물이나 (작은) 곤충 등의 특성을 지각한다.	익숙한 동물의 기본 특성(소리, 생김새, 움직임 등)을 구별한다.
			주변 식물의 기본 특성(색깔, 생김새 등)에 관심을 보인다.
		자신의 신체 각 부분의 특성을 안다.	
		주변 사람의 신체적 특징(목소리, 움직임 등)을 구분한다.	
	자연현상 인식하기	다양한 자연현상(바람, 눈, 비, 낮, 밤 등)을 인식한다.	
	생활도구에 관심 가지기	쌓고 넣고 끼우는 등의 조작 놀잇감을 사용한다.	
		주변의 단순한 기계와 시설(TV·녹음기 등의 스위치, 문의 손잡이 등)을 조작한다.	

IV. 총체적 과학으로서의 과학교육

과학은 시험적이고 불확실하며 증거 지향적이고 추론적이며 창조적인 특성을 가지고 있다. 이런 과학을 이해하기 위해서는 사실들을 모아서 외우고 이름을 암기해서 배우는 것보다 깊은 사고와 적절한 경험을 통해 총체적으로 배우는 것이 효과적이다 (Kraus International Publications, 1994).

1. 우리의 몸: 세상의 지각

① 나: 신체 각 부분의 이름과 기능, 성장, 건강과 음식

② 감각: 시각, 청각, 후각, 미각, 촉각

③ 건강과 위생: 위생, 영양, 안전

2. 생물: 세상에 있는 것

① 생물과 비생물: 살아 있는 것들의 특징

② 식물: 식물의 특징(씨앗 등)과 성장, 식물 기르기

③ 동물: 동물의 특징과 성장(서식), 동물 기르기

④ 없어진 동물

3. 물체와 물질: 세상을 이해하기

① 물체와 물질의 속성: 여러 가지 물체, 속성에 의한 분류, 공기, 물, 색깔

② 물질의 변화: 물리적 변화(용해, 뜨고 가라앉는 것, 뜨겁고 차가운 것 등), 화학적 변화(열 변화)

③ 물리적 힘: 에너지(소리, 빛, 열), 전기, 자석, 공기, 물, 기계와 도구(도르래의 원리를 고안해 보는 경험, 지렛대의 원리와 사용법, 편리함 인식 등)

4. 살기 좋은 환경: 살기 좋은 세상 만들기

① 환경보호: 공해의 원인, 공해의 영향, 환경 보존

② 공해의 종류: 식품공해, 공기오염, 수질오염, 소음공해, 생활 쓰레기, 토질오염

5. 지구와 우주: 세상을 분석하기

① 지구: 땅, 바위, 강과 호수, 산, 바다, 사막과 평원

② 계절과 날씨: 일 · 월 · 계절의 변화와 생활, 날씨

③ 낮과 밤

④ 우주: 해, 달, 별

⑤ 자연재해

6. 감정과 가치: 과학적 세상에 대한 태도

① 과학과 과학자의 공헌
② 과학자의 생애
③ 자신에 대한 긍정적인 태도 발달
④ 타인에 대한 존경심 개발
⑤ 건설적인 방법으로 개인 감정 표현
⑥ 개인적인 가치에 대한 의사결정

Ⅴ. 과학의 가치

유아교육에서 과학교육은 환경문제, 에너지 문제, 기타 일반적인 미래에 대한 걱정을 해결할 수 있도록 한다. 과학적인 내용이나 과학과정은 과학적인 상상에 대한 관심을 고양시키기에 충분한 과학 프로그램을 제공하는 매개변수로서 작용해야 한다.

인간의 감정, 가치의 판단 능력은 이전에 이루어 놓은 과학 결과물, 과학자의 업적 등을 통해 과학에 대한 긍정적인 태도로 발달할 수 있다. 따라서 과학교육 프로그램에서 다루어야 할 변수로 자리매김을 해야 한다. 과학의 가치와 과학자의 사회적 공헌에 대한 인식은 NRC(1996)에서 강력하게 추천하는 바와 같이 과학교육의 내용에 포함되어야 한다. 이를 통해 과학에 대한 태도와 과학적인 태도가 길러질 수 있다.

과학의 가치는 과학에 대한 태도와 인간에 대한 태도로 구분될 수 있다. 과학에 대한 태도는 '과학과 과학자의 공헌'과 '과학자의 생애'에 대한 학습을 통해 형성될 수 있다. 인간에 대한 태도 또한 과학학습의 중요 가치로서 '자신에 대한 긍정적인 태도' '타인에 대한 존경심' '개인 감정 표현' '개인적 가치'를 형성하고 인식할 수 있도록 한다.

과학자에 대한 학습의 가치는 아동에게 '나는 할 수 있다.' '나도 에디슨처럼 되고 싶다.' '나도 퀴리 부인처럼 노벨상을 2개나 탈 거야.'와 같은 태도를 발달시켜 과학에의 접근을 용이하게 해 준다. 또한 타인에 대한 존경심, 감정, 민감성 등을 개발하고, 아동의 개인적인 가치에 대한 의사결정을 하도록 도와주며, 사회 · 환경문제에 대한 의사결정을 격려한다.

1. 과학의 공헌

과학의 가치, 과학의 발전이 인류에게 끼친 공헌이나 편의를 경험하고 탐색해 보기 위해 과학관이나 박물관 등을 견학하고 실제 적용해 볼 수 있는 기회를 제공해야 한다. 이 주제에서 다룰 수 있는 내용은 다음과 같이 요약할 수 있다.

① 일반 과학, 학교 내의 과학, 과학활동을 수행하는 교사에 대한 긍정적인 태도 발달
② 인간 정서 탐구
③ 건설적인 방법으로 개인 감정 표현
④ 개인적인 가치에 대한 의사결정
⑤ 사회 · 환경 문제에 대한 의사결정

2. 과학자의 생애

태도나 감정은 과학자의 업적이나 공헌에 관한 전기 또는 이야기를 통해 개발할 수 있다. 과학자에 대해 학습함으로써 아동은 스스로 할 수 있다는 자존감을 형성하고 위인에 대한 일체감을 형성하여 과학학습에 대한 친밀감과 호기심을 갖게 된다. 이 주제에서 다룰 수 있는 내용은 다음과 같이 요약할 수 있다.

① '나는 할 수 있다.' 라는 자신에 대한 긍정적인 태도 발달
② 타인에 대한 존중, 감정, 민감성 개발
③ 개인적인 가치에 대한 의사결정 능력 개발
④ 개인의 사회적 공헌에 대한 존엄성 발달

/ 참고자료 1 / 장영실

생애와 업적, 그 발자취(동화 들려주기)

장영실은 자연과 인간 그리고 생활을 잇는 여러 과학기기를 만들어 과학사에 큰 발자취를 남겼다.

그는 과학의 발전을 중요하게 생각한 세종대왕의 보살핌으로 관노의 신분을 벗고 조정에서 일하게 되었다. 조정에 들어간 지 9년 만인 1432년에는 이천과 함께 천체의 움직임과 방위를 재는 기구인 간의를 만들어 냈고, 한 해 뒤에는 혼천의를 만들었다. 1434년에는 구리 활자인 갑인자를 만드는 일을 지휘하였고, 물시계인 자격루를 제작하였다. 그 뒤에도 계속 생활의 편의를 구하는 과학적이고 독창적인 여러 발명품을 세상에 내놓았다.

1441년에 세계 최초의 우량계인 측우기와 수표를 만드는 등 백성들의 생활에 큰 도움을 주었으나, 뜻하지 않은 사고로 벼슬에서 물러나 쓸쓸하게 세상을 떠났다.

동화를 통해 다음과 같은 내용이 요약될 수 있다.

1. 조선 세종 때 장영실이 이천 등과 함께 만든 천체 관측기구인 '혼천의'

2. 장영실 등이 만든 해시계인 '앙부일구'로, 당시 거리에 설치하여 많은 사람이 시간을 알 수 있게 하였다.

3. 물이 흐르는 것을 이용해서 만든 자동 물시계 '자격루'는 장영실 등이 세종의 명을 받아 만들었다.

4. 장영실이 돌기둥에 새긴 수위 표로 물깊이를 재어
홍수에 대비했던 서울 청계천의 '수표교'

5. 조선 숙종 때 축조된 창경궁 '관천대'는 돌로 축조한 대 위에
작은 간의를 설치한 천문 관측대다.

6. 세종의 명을 받아 장영실이 세계 최초
로 발명한 '측우기'는 비의 양을 재는
데 사용했다.

(자료 제공: 웅진출판사)

/ 참고자료 2 / 퀴리 부부

생애와 업적, 그 발자취(동화책 들려주기)

1867년에 태어난 마리 퀴리는 남편 피에르 퀴리와 함께 폴로늄과 라듐을 발견한 물리학자다. 그들은 둘 다 프랑스의 소르본 대학에서 공부했으며, 마리가 졸업하여 연구하는 동안에 피에르 퀴리를 만나 1895년에 결혼하였다.

1897년부터 퀴리 부부는 물리학교 창고를 빌려 우라늄과 토륨의 방사선을 연구하던 중 새 원소인 폴로늄과 라듐을 발견했다. 1903년에는 방사능 연구로 노벨 물리학상을 받았다.

1906년에 소르본 대학 교수로 있던 피에르 퀴리는 교통사고로 죽었다. 그 후 1910년에 마리 퀴리는 순수한 라듐 금속을 만들어 내는 데 성공해 1911년에 다시 노벨 화학상을 받았다. 그러나 너무 오래 방사선을 몸에 쏘인 탓에 악성 빈혈증으로 1934년 세상을 떠났다.

동화를 통해 다음과 같은 내용이 요약될 수 있다.

1. 라듐을 연구 중인 퀴리 부부. 방사성 원소의 하나인 라듐은 물리 · 화학 실험 및 의료, 방사능 측정에 주로 사용된다.

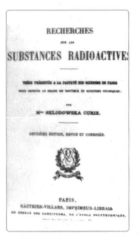

2. 마리 퀴리의 박사 논문. 마리는 우라늄의 방사선 연구를 논문 주제로 택하였다.

3. 퀴리 부부가 실험실로 사용했던 파리 물리학교의 창고

4. 파리의 소르본 대학. 피에르 퀴리는 1904년에, 마리 퀴리는 1908년에 각각 이 대학의 교수가 되어 연구를 하였다.

5. 1914년에 파리에 설립된 퀴리관 겸 라듐 연구소. 퀴리 부부는 이 연구소의 지도자로 일했다.

6. 퀴리 부부가 방사능을 측정하는 데 사용한 장치

7. 결혼 선물로 받은 자전거를 타고 신혼여행 중인 퀴리 부부. 그 후 두 사람은 많은 연구를 함께하게 된다.

8. 23세의 마리와 가족. 왼쪽부터 마리, 아버지, 큰언니 브로냐, 셋째 언니 헤라

9. 마리 퀴리가 두 번째 가정교사를 지낸 집. 당시 여자들은 달리 일자리가 없었기 때문에 입주교사로 들어갔다.

(자료 제공: 웅진출판사)

/ 참고자료 3 / 에디슨

생애와 업적, 그 발자취(동화책 들려주기, 사회극놀이 꾸미기)

발명왕 에디슨은 1847년 미국에서 태어났다. 그는 어릴 때부터 호기심이 많아 꼬치꼬치 캐 묻거나 엉뚱한 짓을 잘하여 사람들의 놀림감이 되기 일쑤였다. 이런 이유로 그는 초등학교를 석 달 만에 그만두고 집에서 공부하였다.

에디슨은 12세 때, 철도회사에 신문팔이로 들어가 틈틈이 혼자 힘으로 공부하며 신문을 만 들어 내기도 했다. 그 후 전신기사로 여러 곳을 다니며 일하였다. 21세에는 처음으로 투표 기 록기를 발명해 특허를 받았고, 그 뒤 생활에 유용한 물건들을 수없이 만들어 냈다.

1876년 멘로파크에 세운 연구소에서 축음기, 백열전구, 영화 등을 발명했는데, 특히 백열전 구의 발명은 숱한 실패에도 포기하지 않은 결과였다. 에디슨은 1931년에 세상을 떠났다.

동화를 통해 다음과 같은 내용이 요약될 수 있다.

1. 1912년의 에디슨 모습. "천재란 98%의 노력과 2%의 영감"이라고 말하였다.

2. 실험실에서 실험하고 있는 에디슨. 그는 무엇이든 발명 할 때까지 실험을 거듭하였다.

3. 에디슨은 멘로파크 연구소 실험실에서 백열전구를 만들었다. 또한 이 곳은 실험에 필요한 도구와 재료를 모두 갖춘 세계 최초의 공업 연구소 였다고 한다.

4. 디젤 엔진을 발명한 디젤과 한 때를 보내는 에디슨

5. 에디슨이 발명한 축음기(왼쪽)와 백열전구의 복제품(오른쪽). 에디슨은 축음기를 '말하는 기계' 라고 부르기도 하였다.

6. 에디슨은 10년의 어려운 노력 끝에 1910년 알칼리 축전지를 발명하였다.

7. 에디슨 전등회사의 고문을 지내던 시절의 에디슨

8. 에디슨이 발명한 납 퓨즈. 과전류가 흐르면 이내 녹아 사고를 방지한다.

9. 에디슨이 발명한 개량형 전신기

(자료 제공: 웅진출판사)

❶ 과학교육의 분류에 따른 과학교육의 내용은 ① 관찰된 사실에 대하여 합리적인 설명을 제공하는 데 목적을 두는 내용을 다루는 지식과 이해 영역, ② 문제 상황을 어떻게 생각하고 해결하는가 하는 과학의 과정을 다루는 탐구와 발견 영역, ③ 상상과 창조적인 사고 개념을 다루는 상상과 창조 영역, ④ 과학과 관련된 인간의 감정, 가치와 의사결정 기술을 다루는 감정과 가치 영역, ⑤ 일상생활에서 정보, 기술 등 실제적인 것을 다루는 이용과 관련성 영역의 5개 영역으로 구성되어 있다.

❷ 누리과정의 탐구생활과 자연탐구의 내용은 '탐구하는 태도 기르기' '과학적 탐구하기'로 이루어져 있다. 탐구하는 태도 기르기는 사물과 현상에 대한 단순한 호기심이 아닌 지속적인 관심을 가지고 다양한 탐구과정을 즐길 수 있도록 하는 기본 소양을 기르는 것을 강조한다. 과학적 탐구하기는 여러 가지 물체와 물질에 대한 것뿐만 아니라 생명체와 자연환경을 소중히 여기는 태도를 기르도록 하고 있다. 또한 자연현상에 대한 이해를 통해 자연의 본질을 경험할 수 있도록 하며, 생활 속의 간단한 도구와 기계를 통해 편리성과 그 역기능에 대해서도 관심을 가질 수 있도록 하고 있다.

❸ 미국은 2012년 새로운 과학교육기준의 틀을 마련하고 네 가지 학문적 핵심 아이디어에 ① 물리과학, ② 생명과학, ③ 지구와 우주과학, ④ 엔지니어링, 기술 공학과 과학의 적용을 포함시켰다.

❹ 과학을 총체적 과학으로 보아야 한다는 입장에서 과학교육 내용은 ① 신체기능의 감각 및 건강과 위생을 다룬 우리의 몸, ② 생물과 비생물의 구분 및 동식물의 특징을 다룬 생물, ③ 물체의 속성과 변화 및 힘을 다룬 물체와 물질, ④ 공해와 환경보호를 다룬 살기 좋은 환경, ⑤ 낮과 밤 및 날씨와 계절 등을 다룬 지구와 우주, ⑥ 과학적 세상에 대한 태도를 다룬 감정과 가치의 6개 영역으로 구성되어 있다.

05 유아과학교육을 위한 교수-학습 방법

● 이 장 소개하기

아동의 직접 활동과 적극적인 참여를 통한 탐구·구성 행동에 의해 과학 개념은 이해되고 과학 주제는 해결된다. 따라서 탐구활동을 격려하고 적절한 학습 조건을 형성하는 일이 과학 교사의 역할이라고 볼 수 있다.

이 장에서는 적절한 과학활동과 이를 격려하는 상호작용 방법을 알아보고, 과학교육에서 중요시되는 창의적이고 확산적인 사고 발달을 위한 질문방법에 대해 논의해 본다.

이러한 과정이 이루어져 과학활동을 보다 효율적으로 진행할 수 있도록 도움을 주는 과학 교수-학습 방법으로서 탐문중심의 교수-학습, 발견 교수-학습, 협동적 교수-학습에 대해 탐구한다. 이 세 가지 교수법은 엄격한 교수 순서를 따르도록 요구하지 않는 대신, 과학과 학습에 대한 기본적인 철학을 대표한다. 또한 다른 영역과의 연계방법이 과학 학습을 얼마나 풍요롭게 하는지 살펴본다. 실제 교실활동에서 이들 교수-학습들을 적용할 때의 교사의 역할에 대해 논의한다.

● 아동이 과학을 어떻게 배우고 생각하는가, 교수방법은 아동의 학습에 영향을 미치는가에 대한 연구를 통해 다음의 질문에 답할 수 있다.

1. 아동의 사전 지식을 교실활동에 어떻게 활용하는가?
2. 과정으로서의 과학하기는 학급활동 수행과정에 어떻게 통합할 수 있는가?
3. 아동을 위한 적절한 과학활동을 격려하는 효율적인 상호작용 방법을 개발할 수 있는가?
4. 교수방법은 학습에 영향을 미치는가? 그 이유를 설명할 수 있는가?
5. 발견 교수–학습과 탐문 교수법을 시행할 때, 아동들의 기존 경험을 고려하여 동반 시행하는가?
6. 협동학습 방법을 학습활동 조직에 활용할 수 있는가?
7. 유아과학교육을 위한 영역 간 연계활동은 효율적인가?
8. 과학교사들은 부분적으로 교수법 결정을 자신들의 철학적 신념에 기초하고 있는가?

I. 유아과학 교수를 위한 기준

과학교육은 국가 수준의 교수 기준 충족을 위한 비전의 핵심이 되어야 한다. 교수 기준은 교육활동 수행의 비전을 판단하기 위한 준거를 제공하기 때문이다. 따라서 과학교육을 하기 위해서는 우선 이들 기준이 제시되어야 하고, 과학교육 기준 안에 과학교육의 비전이 제시되어야 한다.

교수(Instruction)는 아동이 커리큘럼에 명시된 내용과 목표를 숙련하도록 돕는 데 사용되는 가르침–학습활동의 방법을 일컫는다. 교수는 교사, 아동 둘 다의 활동을 포함한다(NRC, 2012). 그것은 다양한 아동교육 전략, 활동의 연속성, 주제의 서열화에 의해 수행될 수 있다. 과학교육기준 framework(NRC, 2012)에 특정 교육방법을 구체화하지는 않았지만 세 가지 차원, 즉 과학 실천, 핵심 아이디어, 융합 개념의 통합은 연구들이 제안하는 학습 기회에 능동적으로 참여하는 것이 (1) 과학 개념에 대한 자신들의 이해, (2) 과학 학습자로서의 자신의 일체감, (3) 과학적 실행과 융합 개념에 대한 자신들의 인식, 이 세 가지에 중요하다고 밝히고 있다. 만일 교수가 아동들에게 탐문과 탐구, 증거의 수집과 분석, 논리적 사고, 정보의 소통과 적용을 포함한(제한하지 않고) 광범위한 과학 활동과 과학적 사고의 기회를 제공한다면 과학적 능력을 개발시키게 될 것이다.

1. 과학 교수의 의미

NRC(2012)는 과학에서의 능력은 다면적이어서 아동의 학습을 지원하기 위한 광범위한 경험을 요구한다는 결론을 내렸다. NRC의 보고서는 성공적인 과학학습에서 유지되어야 하는 4가지 능력 요인을 다음과 같이 정리하고 있다.

1) 자연 세계에 대한 과학적 설명을 알고, 사용하고, 해석하기
2) 과학적 증거와 설명을 만들어 내고, 평가하기
3) 과학적 지식의 본질과 개발을 이해하기
4) 과학적 실행과 토론에 생산적으로 참여하기

요인 1은 사실, 법칙, 원리, 이론, 과학의 모델, 이들을 통합하는 개념적 구조의 개발과 자연 세계를 이해하기 위해 이들 구조의 생산적 사용의 획득을 포함한다. 아동은 모델의 구성과 논쟁의 정교화로 설명의 진보에 공헌하도록 하는 그런 방식의 인식에서뿐만 아니라 특정 현상의 이해를 통해 성장한다.

요인 2는 모델을 형성하고 정교화하며 과학적 증거에 기초한 설명(개념적, 계산적, 기계적)을 제공하기 위해 요구되는 지식과 실천을 포함한다. 이 요인은 데이터 수집을 위한 경험적 탐구와 측정의 디자인과 결과로서 얻은 데이터(또는 다른 자료로부터 사용 가능한 데이터)를 분석하는 표상과 방법 선택하기, 과학적 논쟁을 구성하고 비판하고 방어하기 위한 경험적 증거의 사용이 포함된다.

요인 3은 아는 방법으로서의 아동의 이해에 초점을 둔다. 과학적 지식은 과학에 충실한 자료, 정당성, 불확실성의 취급 방법들 그리고 동의 수준의 명확성을 갖춘 특정 지식이다. 아동은 과학적 지식이 어떻게 전 다중적 탐구에 걸친 체계적 관찰을 통해 개발되고, 그것이 증거의 기초 위에 어떻게 정당화되고 비판되는지, 또 더 큰 과학적 공동체에 의해 어떻게 타당화되는지를 이해할 때, 핵심 설명 구성과 그들 간 연계를 위해 과학이 탐색을 수반한다는 것을 인식하게 된다. 또한 과학적 증거의 대안적 해석이 발생할 수 있고, 그러한 해석을 주의 깊게 세밀히 조사해야 하며, 증거 자원의 가소성이 고려되어야 한다는 것을 아동은 인식하게 된다. 그리하여 예견이나 설명은 이전 모델이 했던 것보다 더 나은 기존의 증거를 고려하는 새로운 증거 알기와 새로운 모델 개발의 기초 위에 수정될 수 있다는 것을, 자신들의 활동과 역사적 기록을 고려하여 궁극적으로 이해하게 되는 것이다.

요인 4는 과학에의 참여를 위한 규준의 이해를 근거로 아동의 과학 실행에 대한 효율적인 참여를 포함하는데, (1) 과학적 모델과 설명의 구성과 제시를 위한 기준, (2) 과학적 논쟁에 참여하는 동안 주장의 비판과 방어를 위한 기준, (3) 과학하는 아동들의 동기와 태도를 위한 기준이다. 예를 들어, 시간이 지남에 따라, 아동은 수정하기와 증거 사용을 포함하는 과학적 대화와 그래프, 물리적 모델, 문서화된 논쟁과 같은 과학적 표상의 더 정교한 사용을 개발한다. 아동은 아이디어를 테스트하고, 공유하는 표상과 모델을 개발하는 과학 공동체의 구성원으로서 자신을 알게 된다. 그러나 과학에 생산적으로 참여하기 위해서 아동이 어떻게 과학적 토의에 참여하고 다른 사람들의 공헌을 존중하는 한편, 어떻게 비판적 자세를 취하며 어떻게 질문하고 자기 자신들의 주장을 수정할 것인지를 이해할 필요가 있다.

위의 네 가지 요인은 과학 학습은 과학적 아이디어를 가지고 활동하고 이들을 이해하는 목적을 달성하기 위한 사고, 토론, 실천(모두 상호 연관성을 갖고 사회적 맥락에서)의 시스템 학습에 참여한다는 의미를 내포한다. 이러한 시각은 어떻게 개념적 이해가 현상의 설명을 개발하는 능력과 연관되어 있고, 그 지식을 개발하고 평가하는 실험적 탐구를 어떻게 수행할 것인가를 강조한다. 더욱이 세상에 대한 아동들의 순수한 개념의 수정을 위해서 필요한 개념적 노력을 인식한다. 이 요인들은 과학의 실행에 있어서 독립적이거나 따로따로 분리되어 있지 않다. 오히려 한 가지 요인에서의 아동의 진보가 다른 요인에서의 진보에 지렛대가 되거나 진보를 진전시킴으로써 서로 지지해 준다. 더욱이 아동들은 과학적 과제에 몰두할 때 그 요인들을 같이 사용한다. 〈표 5-1〉에서 이러한 과학적 소양의 요인들이 과학 기준의 틀(framework)에서 어떻게 과학 교수의 차원을 디자인하는지 요약하였다.

표 5-1 요인과 차원의 관계

요인	Framework의 차원	Framework는 수행을 위해 어떻게 디자인되는가
1. 자연 세계에 대한 과학적 설명을 알고, 사용하고, 해석하기	• 학문적 핵심 아이디어 • 융합 개념	중대한 아이디어 구체화하기, 사실의 목록이 아닌 Framework에서의 핵심 아이디어는 학습자들이 자연세계의 중요한 측면을 설명하도록 돕는, 사실의 단순한 목록이 아닌, 강력한 설명적 아이디어들이다. 과학에서 많은 중요한 아이디어는 융합 개념이다. 그리고 학습자들은 다면적인 과학적 맥락에서 이들 설명적 아이디어들을(예를 들어, 시스템) 인지하고 사용해야 한다.
2. 과학적 증거와 설명을 만들고, 평가하기 3. 과학적 지식의 본질과 개발을 이해하기	• 실행	학습은 지식과 실천 둘 다의 복합으로 정의된다, 내용과 과정 학습 목적의 분리가 아닌 수행은 핵심 아이디어와 실천을 복합한다. 실천은 과학적 현상의 이유 구성을 위한 과학적 설명을 개발하고, 정교화하고, 적용하는 증거를 생성하고 사용하기 위한 몇 가지 방법을 포함한다. 아동들은 세상에 대해 과학적으로 정보에 근거한 결정을 설명하고 만들어 내기 위해 이 지식 형성 실천들에 참여함으로써 핵심 아이디어들로 능력을 학습하고 표출한다.
4. 과학적 실천과 토론에 생산적으로 참여하기	• 실행 • 융합 개념	실천은 학문적 실천에의 의미있는 참여다, 기계적으로 반복되는 절차가 아닌 실천은 학습자가 세상을 이해하기 위해 기계적으로 반복되는 절차나 의식된 '과학적 접근'이 아닌 과학적 지식을 형성하고, 정교화하고, 적용하는 일에 참여하는 의미 있는 실천으로 정의된다. 실천에의 참여는 왜 과학적 실천은 좋은 설명으로 고려된, 과학적 증거로 고려된, 어떻게 다른 형태의 증거를 구별할 것인가 등등으로 이루어진 것에 대한 이해에 의해 안내될 것을 요구한다. 이들 이해는 과학적 지식이 어떻게 실천의 안내를 개발할 것인가에 대해 실천의 본질과 융합 개념에서 표출된다.

자료원: A Framework for K-12 Science Education. p. 254.

2. 교수를 위한 시사점

교수 접근방법의 범위는 능력에 대한 네 가지 요인의 전체적인 발전의 부분으로서 필요하다(NRC, 2012). 모든 아동은 이런 다른 접근방법들을 경험할 필요가 있다. 여기서 '접근방법'은 교사들이 과학 교실에서 사용할 수 있는 광범위한 교수 전략들로 정의된다(교사에 의해 전적으로 이끌어지는 전략에서부터 아동들에 의해 주로 이끌어지는 전략까지). 교수는 교사의 이야기와 질문, 또는 교사가 이끄는 활동들, 또는 협동적 소집단 탐구, 또는 아동이 이끄는 활동들을 포함한다. 각 대안의 범위는 아동들이 학습에 가져오는 기본 아이디어(지지에 의해 귀결된 요구들), 내포된 내용의 본질 그리고 가능한 커리큘럼의 지원에 달려 있다.

'직접 교수'와 '탐문'과 같은 이분법에 대한 지금까지의 논쟁을 보여 주는 최근의 K-12 과학교실 연구는 과학교육의 특성을 극단적으로 단순화(심지어 실수)하고 있다. 이 연구(NRC, 2012)는 안내된 과학 탐문에서의 교사들의 구두 전략과 어떻게 교사들이 과학 실행, 융합 개념과 핵심 아이디어에서 아동을 가르치는지 그 방법적 측면에 초점을 둔다. 또 다른 연구는 아동의 과학적 논쟁의 학습이 어떻게 과학적 지식에 대한 그들의 발전과 관련되는가를 추적해 왔다. 과학 학습을 위한 기술 공학적 자원은 또 다른 교수 측면에서의 선택이다.

과학 실행과 지속적 탐구의 수행에 참여하는 것은 핵심 아이디어와 관련되고 융합 개념은 네 가지 요인이 교수과정에서 같이 개발될 수 있는 전략을 제공한다. 아동이 증거를 만들어 내고 해석하며 지속적인 탐구를 통해 자연 세계의 설명을 개발하도록 기대한다. 그러나 그러한 탐구는 중요한 과학적 아이디어와 연계되도록 주의 깊게 선정되어야 하고, 또한 아동은 필요로 하고 능력 수준에 따라 주어지는 지지에 주의를 기울여 탐구를 구성해야 한다. 지지가 없으면, 아동은 자신의 탐구에서 의미를 찾는 데 어려움을 갖거나, 탐구의 결과가 어떻게 주어진 핵심 아이디어나 융합 개념과 연계되는지 이해하기 어려울 것이다. 끝으로 충분한 시간이 과학에 할애되어야 지속적인 탐구가 발생할 수 있다.

II. 과학교육에서 질문하기

과학활동에서 질문은 아동으로 하여금 생각하고, 설명하고, 다시 질문하도록 안내하는 강력한 도구다. 탐문 과정을 통해 과학을 교수할 때, 과학교육은 사실의 수집과 준수해야 할 비법같은 단계는 고려되지 않는 대신 사고와 중요한 경험에서 의미를 추론하고 만들어 가는 하나의 방법이다(Van Tassell, 2001). 효율적인 과학 교수-학습 방법으로서 탐문을 중시하는 최근의 교육 동향에 비추어 볼 때, 질문은 탐문 교수의 필수 요소라고 볼 수 있다. 탐문 중심 체계 내에서, 질문은 계획, 교수, 사고, 학습을 위한 도구다. 결론적으로, 아동의 질문은 탐문과 학습의 본질 역할을 한다.

1. 유아교육에 적합한 질문하기

1) 질문의 역할

효율적인 교사는 아동 스스로 자신의 사고를 증진시키도록 돕는 생산적인 질문을 사용한다. 효율적인 교사는 다음을 위해 질문을 사용한다. 즉, 아동으로 하여금 ① 자신에게 중요한 것에 초점을 맞추도록 하고, ② 생산적인 토의를 이끌어 내고, ③ 과정 기술을 연마하고, ④ 긍정적인 과학적 태도를 형성하고, ⑤ 이해를 증진시키도록 한다(Krueger & Sutton, 2001).

효율적인 질문은 교사로 하여금 아동의 정신 체계 구성을 가능하도록 한다. 아동은 자신의 정신 체계를 통해 세상에 대한 이해를 구성해 나갈 수 있기 때문에 질문의 역할이 중요한 것이다. 여기서 질문의 효과를 극대화할 수 있는 교사의 역할을 정리해 볼 수 있다.

① 질문에 대해 다시 질문하기와 아동의 성취, 태도, 사고 기술에 대해 질문이 가지는 효과 알리기
② 질문의 유형과 사용을 탐색하기
③ 탐문을 촉진시키기 위해 질문이 어떻게 사용될 수 있는지 탐구하기
④ 교사 자신의 질문을 모니터하고 개선하기 위해 사용할 수 있는 제안점을 제공하기

⑤ 탐문과 발견을 위한 교수를 위해 중요한 부분으로서 아동의 질문 사용에 대한 이론적 근거와 시사점 제공하기

2) 틀린 답에 대한 반응

개방적인 질문은 모든 아동이 주저하지 않고 답할 수 있도록 하는 가장 적절한 방법이다. 또한 주저하지 않고 질문을 할 수 있도록 하기 위해서는 지지적인 분위기를 조성해 주는 것이 필요하다. 하나의 질문을 하고 답을 찾지 못하거나 계속 주저하면 같은 의미의 질문을 한 번 더 한다.

- 네가 좋아하는 것은 무엇이니?
- 네 맘에 드는 것은 무엇이니?

위와 같은 질문을 했을 때, 아동은 대부분 하나의 의견을 가지고 있다. 그러나 때로는 보다 구체적인 답을 요구하는 질문을 하기도 하는데, 이 경우 아동은 틀린 답을 말하기도 한다. 비록 틀린 답이라 하더라도 아동이 답하려고 노력하였다는 것이므로 인정해 주어야 한다. 그리고 다시 질문을 하여 아동이 생각의 방향을 바꾸도록 도와준다.

- 좋은 생각이야. 제일 큰 개미가 어떤 것인지 다시 찾아보자.

맞거나 틀린 답 모두 아동이 이해한 것을 평가하고, 관련 주제와 활동을 경험할 기회를 준다. 옳거나 그른 답을 직접 알려 주기보다는, 어떤 방법으로 답을 해야 하는지 찾게 해 준다.

3) 기대하지 않은 질문

교사가 아동에게 답을 할 수 없는 질문은 어떤 것일까? 교사는 학습에 관련된 답을 항상 준비하고는 있지만 아동은 가끔 예상 밖의 질문을 한다. 만일 아동의 질문이 교사가 알고 있는 범위를 넘어서거나 혹은 준비가 되어 있지 않을 때는 아동에게 모른다고 답한 후 함께 답을 찾아보자고 제안한다. 이러한 제안은 협동과 발견의 과정을 확장시킨다.

4) 질문 시 유의사항

유아교육 현장에서 '언제 질문할 것인가?' '어떤 질문을 할 것인가?' '어떻게 질문할 것인가?'의 문제는 유아과학교육의 효과에 지대한 영향을 미친다. 효율적인 과학활동을 위한 질문방법을 몇 가지 제안하면 다음과 같다(Johnson, 1990).

(1) 바람직한 질문

- 모든 답을 수용한다. 반복되는 답이라 할지라도 일단 수용한다.
- 아동이 개방적인 질문에 답하는 방법을 알도록 해 준다.
- 아동의 생각에 '정말로 흥미'가 있을 때 질문한다.
- 아동들에게 짝을 지어 주거나 소집단 활동을 제공한다.
- 언어적 · 비언어적 강화를 제공한다.
- 오답에 적절한 반응을 보인다.
- 설득이 필요할 때에는 일상생활에서 좋은 질문을 모델링해 본다.
- 동기화하고 정서를 자극하는 질문을 한다.
- 아동의 학습 준비 정도에 맞추어 질문을 순서화한다.
- 평가적 사고를 자극하는 질문을 한다.
- 추측을 격려하는 질문을 한다.
- 아동의 생활과 관련되거나 관심 있는 질문을 한다.

위와 같이 교사의 질문에 아동이 답했을 때, 인정받았다는 느낌을 받도록 하거나 답을 쉽게 찾을 수 있도록 배려하는 것이 교사의 역할이다.

(2) 삼가야 할 질문

- 교사가 학습이나 활동이 준비되지 않았을 때 그 시간을 메우기 위해서 질문을 계속한다.
- 교사의 아이디어를 사용하고 강화하기 위해 교과서에 있는 말을 그대로 반복하는 질문을 한다.
- 하나의 정답이나 짧은 답을 요구하는 질문만 계속한다.
- 보편적이지 않거나 창의적인 반응을 놀린다.
- 아동을 부끄럽고 당황하게 한다.

- '예' '아니요' '대단한' '좋은'과 같은 제한적인 반응을 유도한다.
- 단지 즐겁게 하기 위한 가벼운 질문을 한다.
- "틀렸어. 누구 정답을 말할 사람?"과 같이 말한다.
- 교사가 스스로 질문하고 답한다.
- 교사가 화난 상태에서 질문한다.
- 아동의 답에 대해서만 반응하지 않고 아동 자체를 판단한다.

위와 같이 교사가 질문을 제대로 준비하지 못하거나 아동이 답을 찾기 어려운 질문은 삼가야 한다. 또한 아동의 답을 존중하지 않는 교사의 반응은 아동으로 하여금 더 이상 교사의 질문에 답을 찾아보려는 노력을 하지 않게 만든다.

2. 확산적 사고를 위한 질문

질문은 교수-학습 과정에서 매우 중요한 부분이다. 교사는 질문을 통해 '가능성의 창조자'가 된다. 적절한 질문은 아동에게 '색다른' 방법으로 생각하도록 하고, '색다른' 종류의 질문을 하도록 하며, 자신들이 알고 있는 것을 '색다른' 방법으로 적용하도록 한다(Blosser, 1991). 이러한 확산적 질문과정에는 수량화 질문, 비교/대조 질문, 감정/주장/의인화 질문, '만일 ~라면 어떤 일이 일어날까?' 질문 등이 포함된다. 수량화 질문은 나머지 세 가지 유형의 질문을 위한 준비로 활용된다. 수량화 질문의 열쇠는 브레인스토밍인데, 브레인스토밍은 모든 유형의 확산적 질문에 기초를 제공하기 때문에 질문과정에서 건너뛰지 말아야 한다. 확산적 질문은 수동적인 아동을 능동적인 아동으로 변화하도록 한다. 아동이라고 항상 대답만 하는 것이 아니라 확산적 질문도 한다.

1) 수량화 질문
- 목적: 재생산적 질문과 생산적 질문의 균형
- 주 활동: 브레인스토밍

기본적으로 수량화(양적) 질문은 목록화 질문이다. 일반적으로 대부분의 교사는 단지 재생산적인 양적 질문만을 한다. 즉, 아동이 이미 알고 있거나 알아야 하는 어떤 지식과 정보를 재생산해 내도록 한다. 그럼으로써 높은 수준의 사고력과 창의력을 약화시킨다. 다른 유형의 양적 질문은 생산적인 질문인데, 이 유형의 질문으로 인해 아동은 가능한 한 많은 종류의 아이디어로 브레인스토밍을 하게 된다. 교사는 재생산적·생산적 사고가 균형을 이루도록 두 가지 질문을 조화롭게 사용해야 한다.

2) 비교/대조 질문
- 목적: 높은 수준의 사고 자극
- 주 활동: 관련성 강조

비교/대조 질문(예: "이 둘은 어떤 점이 비슷하고 어떤 점이 다르니?")은 단순한 사고과정에서 복잡한 사고과정을 개발하는 이상적인 예다. 질문은 구체적인 것에서 추상적인 것으로 이동한다. 예를 들어, 두 가지 물체, 아이디어, 개념을 같은 범주에서 비교/대조하다가 점차적으로 관련성 강조를 요구하는 좀 더 어렵고 복잡한 범주로 진보하게 하는 것이다. 이 질문은 '~과 같은' '~과 다른'을 사용하는데, 관련성은 모든 발명의 시작이다.

3) 감정/주장/의인화 질문
- 목적: 아동과 교사의 동기화, 아동의 주장을 가치롭게 하기
- 주 활동: 협동하기

감정/주장/의인화 질문은 강력하고 흥미 있는 교수 수단이다. 다른 말로 견해/참여 질문이라고도 하는데, 교사와 아동이 정서적으로 동일한 느낌을 갖도록 해 준다. 이 질문은 동기화의 문을 열어 준다. 동기화의 숨은 힘은 정서다. 아동과 교사는 정서적으로 동일한 느낌 속에 있게 되는데, 특히 아동의 연령, 흥미, 능력에 맞출 때 더욱 그러하다. 협동하기(partnering)는 아동에게 이런 유형의 질문을 소개하는 가장 효율적인 방법이다. 편안한 느낌을 갖도록 하는 데는 집단보다는 짝끼리 있는 것이 더 적합하다. 처음에는 짝을 선택하도록 하고, 여러 유형의 질문방법에 점차 익숙해지면 짝을 바꾸도록 한다.

감정표현과 주장은 같은 의미인 것 같지만 질문과정에서는 분리할 필요가 있는데, 주장은 강력한 감정에 의해 가능해진다. 이 질문은 현장에서 선호·선택 질문으로 활

용된다. 이때 교사는 아동들이 자신의 선택과 감정을 분석하도록 돕기 위해 충분한 시간을 주어야 한다. 의인화 질문은 사건이나 사물을 다른 관점에서 볼 수 있도록 해 준다. 예를 들어, "나비가 보잉 747을 만나면 어떻게 느낄까?" 또는 "초록색이 말을 할 수 있다면 보라색에 대해 어떻게 느낄까?"와 같은 질문은 어떤 관점과 주장을 형성해 보는 경험을 제공한다. 아동은 짝에게 말하거나 학습 노트에 자신의 아이디어를 쓸 수 있다.

4) '만일 ~라면 어떤 일이 일어날까?' 질문
- 목적: 창의적 사고(현실의 재조직)
- 주 활동: 웃음

경직된 사고 패턴을 유연하게 하고 전통적인 사고의 틀을 깨면서 '무엇이든 괜찮다.'는 태도로 마음을 여는 것은 인생을 최고의 경지로 이끈다. '만일 ~라면' 질문을 조장하는 교사는 지도자로서의, 웃음과 창의적 사고의 모델로서의 책임을 수용해야 한다. '엄숙함'은 사고과정을 차단한다. 반면, 웃음은 확산적 사고의 열쇠다. 교사에게는 아동을 확산적 사고에서 수렴적 사고로 전환시키기 위한 안내자로서의 역할 또한 요구된다. 아동은 짝과 소집단으로 저널 쓰기 또는 학습장에 브레인스토밍을 할 수 있다. 이 질문의 예로는 "만일 사람이 물을 발견하지 않았다면 어떻게 되었을까?" "만일 옷이 절대로 해지지 않는다면 어떻게 될까?" 등이 있다.

3. 창의적 사고를 위한 질문

창의적인 사고를 위해서는 개방적인 상황을 제공하여 문제를 분석하고 재조직하며 재기술하도록 할 필요가 있다(Epley, 1988). 때로는 관련성이 없어 보이는 상황들에서 관계를 찾아보고, 보편적이지 않은 관계라 하더라도 관련을 맺어 보는 경험이 중요하다. 창의적 사고를 위한 몇 가지 행동 특성으로는 아이디어를 만들어 내기, 같은 문제에 대해 다양한 견해를 지지해 줄 수 있는 다양한 아이디어를 만들어 내기, 대안을 찾아서 시험해 보기, 대안을 배열하고 그중에서 최선의 것을 선택하기, 통찰력과 직관력을 사용하기, 혁신적인 아이디어를 찾기 위해 결론을 유보하기, 상상력과 상위 인지능력을 사용하기 등이 있다. 이러한 행동을 격려하기 위해 몇 가지 질문방법을 제안하면 다음과 같다(Johnson, 1990).

1) 행동을 격려하는 질문

- 만약 네가 ~의 크기(모양, 색깔)를 바꿀 수 있다면 어떻게 하겠니?
- 만일 ~에서 ~을 빼면 어떻게 될까?
- 여기에 ~을 보탠다면 어떻게 하겠니?
- 각기 다른 재료가 쓰인다면 어떤 일이 생길까?

2) 미래 지향적 질문

- 이 다음에 우리 동네에 일어날 수 있는 일을 이야기해 보자.
- 우리 동네에 나무를 더 많이 심으면 어떻게 될까?
- 미래에는 어떤 에너지가 쓰일 것이라고 생각하니?
- 이 나무가 자라면 어떻게 될까? 생각나는 대로 이야기해 보자.

3) 문제 해결을 격려하는 질문

- ~에 대해 알고 싶으면 어떻게 알아볼 수 있을까?
- 이것을 어떻게 고치고 싶니?
- 이것을 어떻게 하고 싶니?
- 그것을 어떻게 더 나은 방법으로 할 수 있겠니?
- 어떻게 하면 ~이 될까?

III. 유아과학교육 교수-학습 방법 탐색하기

어떤 특수 기술, 예를 들어 뛰어난 언어 기술 같은 것을 수업활동에 적용하도록 요구받을 때, 많은 교사는 좌절을 느끼고 화가 난다는 반응을 보일 수 있다. 왜 우리가 그 방법으로 가르치도록 강요받는가? 강제적인 접근방법은 우리 교사 모두가 아는 바와 같이 아동의 요구를 충족시키지 못한다. 또한 교사들이 가지고 있는 경험과 전문적 기능을 가치화하지 못한다(Weinbaum, Allen, Blythe, Simon, Seidel, & Rubin, 2004). 교사 스스로 과학활동의 효율성을 고려하고 지금까지 적용해 왔던 여러 방법을 비교하며, 새로운 자료들을 활성화시키고, 좀 더 새롭게 보완하여, 그들의 생산성과 전문성을 활용할 수 있는 접근방법을 고안할 수 있는 기회가 주어져야 한다.

과학활동의 접근방법은 활동의 특성에 따라 적절하게 활용함으로써 교육적 효과를 기대할 수 있다. 이런 의미에서 이 절에서는 탐문중심 교수-학습, 발견 교수-학습, 협동적 교수-학습 등을 탐색하고, 교실 현장에서 다른 영역과의 연계를 통한 교수-학습을 함께 적용할 수 있는 방안을 찾아보고자 한다. 탐문중심 교수-학습, 발견 교수-학습, 협동적 교수-학습 방법 중 어느 것도 교사들에게 엄격한 교수 절차를 따르도록 요구하지 않는다. 대신에 이 세 모델은 모두 과학과 학습에 대한 근본적인 철학을 대표한다. 중요한 사실은 효율적인 교사는 이들 접근방법이 각각 강점과 제한점이 있다는 것을 인정해야 한다는 것이다(Settlage & Southerland, 2007).

1. 탐문중심 교수-학습

1) 과학교육의 새로운 방향으로서의 탐문중심 교수-학습

탐문중심 과학교육은 새로운 교수-학습 방법으로 강력하게 제안되고 있는데, 첫째, 모든 과학교육자는 아동이 과학활동에서 비판적 사고 기술의 발달을 위해 분투하는 곳에서 배우기를 원한다. 탐문을 위한 집단 형성은 과학교사로 하여금 정규 평가와 아동의 활동 결과물의 분석을 통해 이 문제를 추구하도록 해 준다.

둘째, 일부 교사들은 아동이 더 반성적인 학습자가 되고, 자신들의 활동에 대한 자기 평가와 자기 교정이 가능하도록 돕기를 원한다. 탐문집단을 구성함으로써 '반성적인 학습자'가 되어 탐색하도록 하고 아동이 자신의 역량을 최대한으로 발달시키도록 한다.

셋째, 어떤 집단의 아동은 표준화된 검사나 한국에서 시행하는 평가에서 다른 집단의 아동보다 더 잘한 것으로 나타난다. 이러한 격차를 최소화하기 위해 탐문집단을 구성해 줌으로써 격차의 본질을 나타내 주는 다양한 종류의 데이터를 가지고 연구할 수 있고, 문제를 다루는 전략을 발달시키도록 한다.

와인바움 등(Weinbaum et al., 2004)은 이상의 이유를 들어 새로운 비전으로서의 과학교육을 위한 탐문중심 교수-학습을 제안하고 있다.

NSES(NRC, 1996) 역시 아동이 탐문과 과학적 지식의 틀 내에서 과학과정을 사용하도록 배워야 한다고 강조한다. 이 기준은 아동이 관찰하기, 추론하기, 실험하기 같은 과정을 학습하는 '과정으로서의 과학' 이상을 요구한다. 이를 수용한다면 탐문은 과학학습의 중심이 된다.

> 탐문에 몰두할 때, 아동은 사물과 사건을 서술하고, 질문하고, 설명을 구성하고, 현대의 과학 지식에 비추어 그러한 설명을 검증하고, 자신들의 생각을 다른 사람들과 의사소통하며 함께 나눈다. 또한 아동은 자신의 가설을 판별하고, 비판적이고 논리적인 사고를 사용하며, 대안적 설명을 고려한다. 이러한 과정에서 아동은 과학적 추론능력, 사고기능을 결합하여 과학을 능동적으로 이해하게 된다 (NRC, 1996, p. 2).

2) 탐문중심 교수-학습의 특성

(1) 탐문중심 교수-학습에서 학습자

탐문중심(inquiry-based) 교수-학습에서는 모든 학습자가 과학자에게 적용되는 기본적 특성을 가지고 있다고 가정한다. 아동은 과학자가 가지고 있는 생각과는 아주 다르게 세상을 이해한다. 그래서 우리는 아동의 설명을 간단하게 '틀렸다' 라고 쉽게 생각해 버린다. 약간의 수정은 필요하겠지만 아동이 이해하고 있는 것을 어떻게 설명하는지 주의 깊게 들어 봄으로써, 아동의 오류에도 나름의 어떤 논리가 있어 그들의 생각을 버리는 것은 잘못이라는 것을 발견하게 된다. 학습자로서의 아동의 특성을 요약하면 다음과 같다.

① 과학 지향적 의구심에 근거하여 활동에 참여하기 시작한다.
② 증거에 주안점을 둔다.
③ 증거에 입각하여 과학 지향적 의문점에 대답할 수 있는 설명을 만들어 낸다.
④ 대안적 설명, 특히 과학적 이해의 고찰에 근거하여 자신의 설명을 평가한다.
⑤ 자신이 제기한 설명을 다른 사람에게 전달하고 정당화한다.

(2) 탐문중심 과학에서의 교육목적

과학교육은 아동으로 하여금 다음과 같은 기능을 할 수 있도록 구체적인 과학 경험을 제공하는 것이 중요하다. 이러한 경험이 포함된 과학교육 프로그램을 통해 아동을 돕는다.

① 풍부한 경험과 자연세계를 이해하기 위한 지적인 자극

② 개인적인 문제 해결에 있어서 과학적 과정과 원칙을 적합하게 사용

③ 일상적인 대화 및 과학, 기술공학에 관련된 토론에서의 정보 전달

④ 각자의 활동 영역에서 인정받는 실력자로서 과학적 지식, 이해, 기술의 사용을
통한 경제적 생산력의 증대

(3) 과학적 탐문의 구성요소

1960년대 과학교육 현장에서는 과학자들이 최종 결과를 성취하기 위해 사용했던
사고과정의 이해 없이 그들이 이룬 결과에 대해서만 학습하는 것에 대한 염려의 목소
리가 있었다. 이때 과학자들에 의해 사용된 사고과정은 '탐문'이라고 명명되었다
(Settlage & Southerland, 2007).

아동에게 있어 과학 지식은 전통적 출처와는 아주 다르기 때문에, 아동이 과학적
탐문을 올바로 인식하도록 돕기 위해서 교사는 세 가지 요소인 '질문하기, 자료 모으기,
결과 해석하기'를 강조하기 위한 활동과 토론을 사용하게 된다(Settlage & Southerland,
2007). 과학을 학습할 때 아동에게 구체적인 지지를 제공해 줄 필요가 있는데, 발견학
습과 달리 탐문중심 접근은 이러한 지지를 제공하도록 정교하게 개발되었다. 탐문중
심 접근방법이 시행되는 교실에서 과학을 학습하는 아동에게는 탐구를 위한 질문이
주어졌고, 자료를 어떻게 모으는지 말하고, 자료를 해석하려는 시도에 대한 안내가
요구되었다. 아동에게는 자신의 경쟁력을 개선하도록 세 가지 탐문요소 범위 내에서
더 많은 자유가 주어진다.

과학적 탐문은 아동에게 가르칠 때 〈표 5-2〉와 같이 4단계로 전환된다. 탐문의
가장 낮은 단계인 수준 0에서는 질문과 자료수집 방법, 해석의 전 요소에서 교사가
많은 통제를 하게 된다. 수준 1에서 교사는 아동의 답을 요구하는 질문과 답을 위해

표 5-2 탐문중심 교수-학습 접근에 있어서의 개방성 수준

탐문단계	질문의 출처	자료수집 방법	결과 해석
수준 0	주어짐	주어짐	주어짐
수준 1	주어짐	주어짐	개방
수준 2	주어짐	개방	개방
수준 3	개방	개방	개방

출처: Settlage & Southerland(2007), p. 89.

사용할 자료수집 방법을 통제하는 반면, 아동에게는 결과를 해석하는 자유가 주어진다. 수준 2에서 아동에게 주어지는 요소는 탐구를 위한 질문뿐이고 나머지 요소는 개방된다. 수준 3에서 아동은 기본적으로 세 가지 요소 모두에 대해서 완전히 개방된다. 이것은 교사가 활동을 계획할 때 유용한 틀을 제공한다.

(4) 탐문중심 교수 방법의 유형

알런 콜번(Alan Colburn, 2000)은 탐문중심 과학 교수를 세 가지 유형으로 구분하였는데, 이는 개방성 수준에 의한 분류와 연계시킬 수 있다. 그는 탐구되도록 하는 질문과 자료 수집 방법을 구분 짓는 학습 활동에 의해 **구조적 탐문**이라는 문구를 사용하였다. 아동은 학습을 곧바로 이해하지 못할지라도, 교사는 기대되는 결론을 향해 아동을 안내한다. 아동이 모은 자료 안에 있는 다양성에도 불구하고, 교사가 정보 해석을 도움으로써 아동은 결과적으로 결과의 의미를 이해하게 될 것이다. 구조적 탐문은 개방성 정도에 의해 분류된 수준 0과 동등하다.

개방적 탐문은 탐문중심 교수의 개방성 수준 맨 끝에 두는데, 개방성 정도에 의한 분류의 수준 3과 같다. 교사와의 협의하에, 아동은 탐문의 모든 구성요소를 자신의 통제하에서 결정한다. 여기 제시되는 과학 프로젝트가 개방적 탐문의 좋은 예다. 아동은 자신이 탐구할 수 있는 문제를 개발하고, 자료를 수집하기 위해 필요한 절차를 결정하며, 결과를 해석할 책임이 있다.

마지막으로 **안내된 탐문**이 있는데 개방성 정도의 수준 1과 수준 2의 범위에서 활동하는 유형이다. 과학을 수행하는 데 있어 아동이 좀 더 유능해지면, 교사는 결과 해석과 자료 수집 방법을 점진적으로 아동에게 넘기는 활동을 제공하게 된다. 이 접근은 과정 기술의 수행에 대한 아동의 능력과 직접적인 연관이 있다. 일단 아동이 절차를 이해하고 의사 결정의 결과가 측정 가능해지면, 아동은 어떻게 자료를 모으고 기록할 것인지에 대한 현명한 선택을 준비한다.

(5) 탐구의 유형

탐문중심 과학교육을 위해서는 탐구과정이 필수적으로 요구된다. 과학적 탐구(investigate)란 과학자들이 자연세계를 연구하고, 그들의 연구로부터 얻은 증거에 기초해서 자연세계에 대한 설명을 제안하는 다양한 방법이라고 할 수 있다. 유아교육에서 이루어지는 탐문은 대개 다음 세 가지 종류의 탐구(investingations)로 요약된다(NRC, 1996, p. 123).

- 서술적 탐구
- 분류적 탐구
- 설명적 탐구

아동기의 탐구는 주로 체계적 서술과 물체 및 유기물의 분류에 기초를 둔다. 아동의 자연적 호기심은 주변 환경에서 간단한 물체를 조작, 관찰, 비교, 대조하고, 수집 및 분류함으로써 세상을 탐색하도록 동기화한다. 위 세 가지 유형의 탐구를 좀 더 자세히 설명하면 다음과 같다.

① 서술적 탐구: 아동으로 하여금 물체와 자료, 환경적 현상을 탐색하고 해석해 보도록 한다. 아동이 과학 영역에서 자갈의 구성성분을 표현하거나 흙의 단층을 준비한다면 서술적 과학자가 되는 것이다. 다른 형태의 탐구도 마찬가지이지만, 서술적 탐구는 적절한 질문에서 시작된다. 서술적 탐구로 이끄는 질문은 "자갈의 구성성분은 무엇인가?"와 같이 '무엇'을 묻는 질문이다. 관찰은 이런 형태의 질문에 답을 하기 위한 핵심이다.

② 분류적 탐구: 분류적 탐구는 물체나 유기물을 구성성분이나 특성에 따라 집합화하는 생산적인 방법 찾기를 포함한다. 분류적 탐구는 모든 과학에서 중요하다. 예를 들어, 수만 종의 생명체를 식물, 유기체, 미생물로 분류한 후 더 세분화된 범주로 분류할 수 있다. 아동을 분류적 탐구로 안내하는 질문의 예는 "이 꽃밭에는 어떤 종류의 꽃이 있니?" "이 나뭇잎들을 어떻게 나누면 좋을까?" 등이다.

③ 설명적 탐구: 설명적 탐구에서 아동은 정보를 모으고 그것을 의미 있는 방법으로 결합시킨다. 그런데 아동이 하는 어떤 질문들은 피상적으로 보일 수 있다. 예를 들면 "새는 왜 날까?" "산은 왜 거기 있나요?" "나뭇잎은 왜 녹색일까?" 등의 전형적인 질문은 "하늘은 왜 파란색일까?"와 같다. 그러나 아동에게 기대하는 답이 꼭 과학적일 필요는 없다. 예를 들어, "새가 왜 난다고 생각하니?"라는 질문에 아동은 "새는 이곳저곳으로 빨리 가기 위해 날아요."라든가 "주위를 더 잘 보기 위해서요."라고 대답할 수 있다.

아동의 질문은 탐구를 통해 '어떻게'와 '왜'가 바뀔 수 있다. 위에서 제시한 예의 경우 '새는 왜 날까?'라는 질문을 '날개는 어떻게 새가 나는 것을 도울까?'라는 질문으로 이끌 수 있다.

(6) 놀이를 통한 과학학습

아동은 본능적인 과학자로서 일상적인 물체를 가지고 놀면서 시간을 소비하고, 단순한 과학적 과정을 통해 직관적으로 이해한다. 자연세계를 탐구하는 데 외적 동기화는 필요하지 않으며 모래, 물, 블록 놀이 등의 영역이 요구된다.

성인 조력자는 아동에게 자연세계를 탐구하도록 탐색적 놀이를 격려하고 시간과 장소 그리고 간단한 재료를 제공함으로써 과학적 탐문의 견고한 근거를 기르도록 도울 수 있다.

교사와 성인 조력자는 다음과 같은 놀이 중심의 유익한 정보를 제공해야 한다 (Ross, 1997, p. 35).

① 열린 탐문 지지하기
② 놀이도구 공급하기
③ 안전 확보를 위해 감독하기
④ 자연스러운 흥미를 이용할 순간 포착하기
⑤ 발견 상황이 발생할 수 있는 장소 제공하기
⑥ 테이프, 비디오, 그림책과 컴퓨터 프로그램을 통해 관련 정보에의 접근방법 제공하기
⑦ 생명체(작고 순진무구한 곤충이라 할지라도)에 대한 존중감 공유하기
⑧ 참여를 위한 공동체 개발 추구하기
⑨ 경이로움에 감탄하기

(7) 즐거움을 주는 발견학습

'즐거움을 주는 발견학습' 방법은 간단한 교수 모델에 어떻게 이러한 원칙이 투입될 수 있는지를 설명한다. '즐거움을 주는 발견'은 아주 어린 아동의 본능적 호기심에 바탕을 두며, 그래서 놀이가 과학학습 방법인 것이다. 이 방법은 탐문의 어떤 요소들을 사용하는데, 열린 탐문을 훨씬 능가한다. 아동은 자연적인 탐구자다. 아동의 흥미와 성인의 격려, 흥미로운 자료를 가지고 놀이하는 기회를 통합해야 한다. '즐거움을 주는 발견'은 아동으로 하여금 자신의 생활에서 가질 수 있는 기본적인 과학 개념

을 형성할 수 있도록 해 준다(Lind, 1999).

'즐거움을 주는 발견'은 풍부한 다양성과 즉각적으로 동의할 수 있는 경험을 아동에게 제공하려고 노력한다. 이러한 방법은 어린이집과 3~5세 아동의 교육기관 그리고 생활중심 유치원 교실에서 사용된다. 즐거움을 주는 발견은 기본적으로 현상, 사실 그리고 아동들에게 흥미롭거나 익숙한 재료에 바탕을 둔 교사 주도의 계획된 실험에 의해 자극을 받는다(Martin et al., 2005).

3) 교수-학습 모델

탐문중심 과학교육을 효율적으로 수행하기 위해서는 아동이 과학활동을 하는 동안 적절한 과학적 과정을 거치도록 도와주어야 한다. 이를 위해 가장 적절한 방안으로 탐문을 통한 학습이 이루어지도록 5E 학습 모델을 제안할 수 있다. 이 모델은 학습 전개과정에서 참여 → 탐색 → 설명 → 정교화 → 평가의 단계를 거친다(Carin & Bass, 2001). 이 다섯 단계가 서로 어떻게 연관성을 가지고 교수과정에서 통합적으로 수행되는지를 표현하면 [그림 5-1]과 같다.

■ 그림 5-1 ■ 탐문 학습 사이클

출처: Settlage & Southerland(2007), p. 119.

NSES(p. 33)에 따르면, 효율적인 교사는 모든 탐문 단계를 통해 과학과 과학학습에 대한 지식을 전달할 뿐만 아니라 숙련된 아동관찰자가 되어야 한다. 과학교수의 진정한 기술은 교수행위와 아동의 독특한 요구 간 연계로부터 온다. 즉, 언제, 어떻게 안내할 것인가, 언제 더 탐색하도록 격려할 것인가, 언제 아동에게 더 생동적인 노력을 요구할 것인가, 언제 정보를 제공할 것인가, 언제 아동에게 자료를 더 연결해 줄 것인가를 결정하는 기술이 요구된다.

다음 〈표 5-3〉과 〈표 5-4〉에 탐문중심 교수-학습 모델에서 각 단계마다 탐문을 통한 과학을 위한 기본 철학과 일치되는 교사와 아동의 행동 구성요소 및 기본 철학과 일치되지 않는 행동 구성요소를 요약·정리하였다.

표 5-3 교사의 행동

교수-학습단계	일치되는 구성요소	일치되지 않는 구성요소
참여하기 (Engage)	• 높은 관심 • 호기심 유발 • 질문 이끌어 내기 • 어떤 주제나 관심에 관한 아동의 지식이나 생각을 이끌어 내는 반응 유도	• 개념 설명 • 정의나 해답 제공 • 어떤 상태를 결정짓기 • 결과 제공 • 강의
탐색하기 (Explore)	• 교사의 지시나 지도 없이 함께 참여할 수 있도록 아동 격려 • 아동들의 상호작용을 보고 듣기 • 필요시 아동의 호기심을 새로운 방향으로 전환시켜 주기 • 아동에게 문제를 해결하기 위한 시간을 제공하기	• 정답 제공 • 문제를 해결하는 방법 설명 • 결과 제공 • 아동이 잘못한 것 지적하기 • 문제의 진상이나 문제에 대한 정보 제공 • 문제 해결을 위해 아동을 한 단계, 한 단계 끌어올리기
설명하기 (Explain)	• 아동 스스로 자신들의 언어로 개념과 정의를 설명하도록 격려하기 • 아동 스스로 정당화(증거 제시)하고 명료화하도록 요청하기 • 명확하게 정의, 설명, 새로운 명칭 제시 • 개념 해석의 기본으로서 아동의 사전 경험을 사용하도록 격려하기	• 정당성이 없는 질문을 받아들이기 • 아동이 경험으로부터 얻은 사실을 무시하기 • 관련성 없는 개념이나 기능을 소개하기
정교화하기 (Elaborate)	• 사전에 제공받은 공식적인 이름, 정의, 설명을 할 것을 기대하기 • 새로운 상황에서 개념이나 기능을 적용하거나 더 확장하도록 격려하기	• 단정적인 답을 제공하기 • 아동이 잘못한 것 지적하기 • 강의

교수- 학습단계		
	• 아동에게 대안적 설명을 일깨워 주기 • 아동들이 가지고 있는 기존 데이터나 증거를 참고하여 질문하기: "이미 알고 있는 게 뭐지?" "왜 그렇게 생각하지?"(또한 여기에 탐색 단계의 전략을 적용)	• 문제 해결을 위해 아동을 한 단계, 한 단계 끌어올리기 • 문제의 완수방법 설명하기
평가하기 (Evaluate)	• 아동이 새로운 개념이나 기능을 적용시키는지 관찰하기 • 아동의 지식이나 기능 평가하기 • 아동의 생각이나 행동이 변한 증거를 찾기 • 아동 스스로의 학습이나 집단 과제 수행 정도를 평가하도록 허락하기 • 열린 질문을 하기: "왜 그렇게 생각하니?" "무슨 증거를 갖고 있지?" "너는 그것을 어떻게 알고 있니?" "어떻게 그것을 알았지?"	• 단어, 문장, 별개의 사실들을 시험하기 • 새로운 생각이나 개념을 소개하기 • 불명확한 사실을 지어내기 • 개념 또는 기능과 관련 없이 열린 토론 촉진하기

출처: Teaching Science as Inquiry by Carin & Bass(2001), p. 120.

표 5-4 아동의 행동

교수- 학습단계	일치되는 구성요소	일치되지 않는 구성요소
참여하기 (Engage)	• 질문하기: "왜 이런 일이 일어났지?" "내가 이것에 대해 이미 알고 있는 것이 무엇일까?" "이것에 대해 내가 무엇을 발견할 수 있지?" • 주제에 관심 붙이기	• 정답을 알기 위한 질문 • 정답 맞히기 설정 • 자신의 답이나 설명 우겨 대기 • 하나의 해결만 찾기
탐색하기 (Explore)	• 활동의 범위 내에서 자유롭게 생각하기 • 예측과 가설을 시험하기 • 새로운 예측과 가설을 세우기 • 대안을 찾아서 다른 아동들과 그것에 대해 토론하기 • 관찰한 것과 아이디어를 기록하기 • 판단 유보하기	• 다른 아동이 생각하고 탐색하는 대로 따라 하기(수동적 연관 짓기) • 다른 아동에게 거의 또는 전혀 상호작용하지 않고 조용하게 활동하기(단지 아이디어를 탐색하고 느낄 때는 적절함) • 마음속에 정한 목표가 없이 무계획적으로 놀이하기 • 하나만 해결하면 멈추기
설명하기 (Explain)	• 다른 아동에게 가능한 해결방안이나 대답을 설명하기 • 다른 사람의 설명을 비판적이고 주의 깊게 듣기 • 다른 사람의 설명에 질문하기	• 사전 경험과 아무 연관도 없는 설명을 제안하기 • 아무 관련이 없는 경험과 예들을 제시하기 • 정당하다는 생각 없이 설명을 그대로 받아들이기

	• 교사의 설명을 주의 깊게 듣고 이해하려고 노력하기 • 사전 활동을 참고하기 • 설명을 위해 기록된 관찰 결과들 사용하기	• 다른 가능한 설명을 하지 않기
정교화하기 (Elaborate)	• 새로운 명칭, 정의, 설명을 유사한 상황에서 적용해 보기 • 질문하고, 해결방안을 제시하고, 의사결정하고, 실험을 설계하기 위해 사전 정보를 이용하기 • 증거에 입각하여 적절한 결론 도출하기 • 관찰과 설명을 기록하기 • 친구들과 서로 이해한 것을 대조해 보기	• 마음에 둔 일정한 목표 없이 놀이하기 • 사전 정보나 증거를 무시하기 • 막연하게 결과를 이끌어 내기 • 교사가 제시한 단계에서만 생각하기
평가하기 (Evaluate)	• 관찰, 증거, 사전에 확인된 설명을 사용하여 열린 질문에 대답하기 • 개념 및 기능에 대한 이해나 지식을 설명하기 • 자신의 발달과 지식을 평가하기 • 앞으로의 탐색의 격려와 관련된 질문하기	• 증거나 확인된 설명 없이 결과를 이끌어 내기 • '예, 아니요'라는 대답만 하고, 답변으로 암기한 정의나 설명만 제시하기 • 자신의 언어로 만족한 설명을 표현하지 못하기 • 주제와 관련 없는 새로운 것을 내놓기

출처: Teaching Science as Inquiry by Carin & Bass (2001), p. 121.

▶▶ 5E 활동 모델을 적용한 활동 예

■ 탐구 질문: 공기가 있다는 것을 어떻게 아는가?

■ 알게 된 개념: 공기는 공간을 차지한다.

■ 교육과정 기준: 물체와 재료의 성질. 물체는 크기, 무게, 모양, 색깔, 온도를 포함하여 관찰 가능한 성질을 가지고 있다. 다른 물질과의 작용으로 변화한다.

■ 과학 태도: 열린 마음, 호기심, 인내심, 실패에 대한 긍정적 접근, 다른 사람과의 협동

■ 활동재료: 플라스틱 나팔, 스티로폼 컵, 빨대(구부릴 수 있는 것), 투명 플라스틱컵 또는 어항 용기, 쓰레기 용기, 비닐봉지

＊안전예방을 위해 물에 화학성분이 섞일 경우 눈에 물이 튀지 않도록 고글을 착용할 것, 비눗물을 입으로 빨아들이지 말 것

참여(Engage)

▶ 어느 과정이 필요할까? 질문하기

다음과 같은 구체적인 질문을 통해 아동을 참여하게 한다.

• 풍선을 불어 본 적이 있니?

• 풍선이 왜 부푼다고 생각하니?

▶ 풍선을 불어서 어떻게 변하는지 관찰해 보고 불기 전과 비교해 보도록 한다.

탐색(Exploration)

▶ 어느 과정기능이 사용될까? 관찰하기, 변별하기, 비교하기

풍선을 불어서 공기를 빼면서 '음악'을 만드는 실험을 위한 준비를 한다. 그리고 다음과 같은 질문을 통해 아동을 탐색하도록 한다.

• 풍선 안에 무엇이 있는 것 같니?

• 무엇 때문에 음악 소리가 난다고 생각하니?

각기 다른 대답이 나올 것이다. 그러나 대부분 숨쉬기 때문, 또는 풍선 안에 공기가 있기 때문이라고 할 것이다. 다시 질문한다.

• 공기가 정말 있다고 생각하니? 왜?

아동의 다양한 답변은 공기의 실체를 발견하기 위한 탐구의 필요성으로 전환한다. 이 시점에서 개념 토의는 피한다.

▶ 풍선에 공기를 채우고 풍선의 끝에 작은 나팔을 넣고 묶으면서 탐구를 시작한다. 나팔의 반대편 풍선을 잡고 나팔을 불기 위해 살짝 쥔다. 무엇 때문에 나팔소리가 나는지, 풍선에 무엇이 가득 차 있는지, 공기는 어디서 왔는지 등의 열린 질문을 한다.

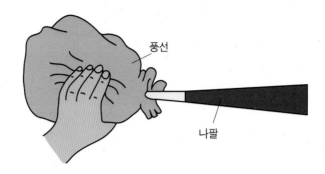

▶ 각 아동에게 스티로폼 컵을 주고 옆 부분에 빨대 크기만큼 구멍을 뚫은 다음 컵을 뒤집어서 비눗방울 용액에 깊이 담그고 구멍에 빨대를 연결한다. 아동에게 빨대를 불어 보도록 한다. 컵을 뒤집어 놓았을 때 비눗방울이 더 커진다.

아동이 비누용액을 빨아들이지 않도록 주의시키고 숨쉬기를 어떻게 변화시켜서 비눗방울을 더 크거나 작게 만드는지 시범을 보인다. 그리고 다음과 같이 질문한다.

• 네 고무풍선 안에 무엇이 있다고 생각하니?
• 어떻게 하면 네 풍선 안에 있는 공기를 없앨 수 있을까?

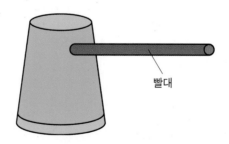

설명(Explanation)

▶ 어떻게 플라스틱 컵에 물을 채워서 물 담을 용기 또는 깨끗한 어항에 뒤집어 놓는지 시범을 보인다. 그리고 다음과 같은 예측 질문을 한다.

• 만일 컵에 공기를 불어 넣으면 컵 안에 있는 물이 어떻게 될 것 같니?

컵이 물통 안에 뒤집혀 있는 상태에서 물이 채워진 컵에 공기를 불어 넣기 위해 구부러진 빨대를 어떻게 사용하는지 시범을 보인다.

▶ 아동에게 관찰한 것을 설명해 보도록 한다. 몇 명의 아동에게 같은 방법으로 해 보도록 한다. 탐구과정에서 어떤 일이 일어났는지 그리고 공기가 어떻게 되었는지 토의한다. 문장의 일부를 말해 주고 문장을 완성하여 아이디어를 제공하도록 한다.

• 공기는 _____을/를 차지한다.

여기서 요구되는 답은 공간 이고, 이 탐구에서 문장은 개념을 표현하는 것이다. 아동에게 묻는다.

• 공기가 있다는 것을 어떻게 알았니?

개념 진술을 질문과 관련시키고 학습단원 내내 개념 진술을 사용한다.

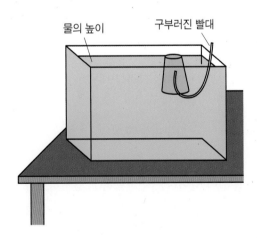

물의 높이 구부러진 빨대

정교화(Elaboration)

▶ 어떤 과정기능이 사용될까? 분류하기, 의사소통하기, 예측하기
모든 아동에게 시범을 허용하고 성질에 대해 말해 보도록 격려한다.

• 공기는 공간을 차지한다.

▶ 평가에 사용될 추가 탐구를 준비한다. 투명 튜브 상자나 작은 투명 플라스틱 어항을 부분적으로 채운다. 몇 개의 작은 화분에 마른 흙을 넣고 식물을 심는다. 물속에 화분 하나를 담그고 마른 흙에 생기는 공기방울을 관찰한다(작은 컵에 마른 모래를 넣어 대신해도 같은 효과가 있다). 토의를 한다.

• 무엇 때문에 방울이 생겼다고 생각하니?
• 방울이 어디에서 왔다고 생각하니?

아동의 답은 학습단원의 개념을 이해하고, 구두로 의사소통이 가능하며, 새로운 상황에서 그것을 사용할 수 있다는 정보를 제공한다. 질문을 계속해서 다음의 물체를 탐구하여 이해한 결과를 의사소통하도록 격려한다.

• 작은 나뭇조각	• 벽돌 조각 또는 어항 밑에 까는 자갈
• 크레용	• 돌멩이
• 나뭇잎	• 종이
• 솔방울	• 분필
• 점토	• 아이스크림 막대
• 길바닥 표시 분필	• 천 조각
• 스펀지 조각	• 알루미늄 포일

물체가 물에 잠길 때 어떤 일이 일어나는지 예측하고 탐구하도록 협동집단을 만든다. 공기가 있는 물체인지 혹은 없는 물체인지 분류하기 위해 그래프 용지를 사용한다. 다시 질문한다.

• 공기가 있는지 어떻게 아니?

평가(Evaluation)

▶ 활동을 끝내게 되면 아동은 다음과 같은 일이 가능해진다.

• 풍선과 컵 속 물의 변화를 관찰하고 변화시켜 보도록 할 때 어떤 일이 일어날지 예측하고 관찰 내용을 전달한다.
• '공기가 차지하는 공간'의 물체나 조건의 예를 표현하고 게시한다.
• '공기가 있는 물체와 없는 물체'를 분류한다.
• "공기가 있는지 어떻게 아니?"라는 질문에 반응하고 답에 대한 이유를 말한다.

2. 발견 교수-학습

이 접근 방법은 이 절에서 논의되는 세 가지 교수-학습 모델 중 가장 오래된 방법일 것이다. 그러나 뒤따르는 모델이 예전의 모델을 완전히 대신해 주지는 않는다. 진실은 세 가지 접근법 모두 여전히 과학 교수에 사용되고 있다는 것이다(Settlage & Southerland, 2007). 또 발견 교수-학습 접근법을 사용하는 과학 교수는 매우 비구조적이다. 아동은 직접 자료에 몰두하고 자신의 학습을 이끌어 갈 타고난 호기심을 사용한다. 이 모델은 아동이 자신의 세상에 의미를 부여하는 능력을 신뢰한다.

이 교수법을 적용하는 과학활동의 질과 내용을 결정하는 데는 교사의 언어적 상호작용이 매우 중요한 역할을 한다. 이런 상호작용의 형태에는 질문하고 대답하는 활동, 아동과 교사가 이루고 있는 집단의 분위기 등이 있다. 그런데 학습이 효과적으로 이루어지기 위해서는 아동의 행동을 지나치게 칭찬하거나 긍정적으로만 평가하는 교사의 적극적 반응이나, 아동의 행동을 거부 또는 제지하는 역할의 중요성을 강조하는 견지에서 교사의 언어적 상호작용에 대한 제안도 다양하다.

1) 상호작용의 중요성

교사와 아동 간의 언어적 상호작용은 수업 진행의 중요한 부분을 차지하며, 그중에서도 질문은 가장 효율적인 교수방법으로 인식되어 왔다. 질문의 사용 횟수와 그 기술의 다양성에 따라 효과는 달라진다. 수업과정에서 교사의 바람직한 질문은 아동 스스로 발견·탐색하게 함으로써 아동의 문제 해결력을 증진시키고 사고력을 신장시킬 수 있기에 중요하다. 학습에 대한 동기를 자극하기 위하여 적절한 질문을 많이 사용하는데, 그보다는 아동의 수준에 맞고 아동의 호기심을 자극할 수 있도록 필요와 상황에 따른 적절한 질문을 하여야 한다.

최근 과학활동에서 특히 강조되고 있는 것은 탐색과정과 탐색방법의 습득 및 이러한 탐색을 통한 발견이다.

2) 발견을 위한 상호작용

발견 중심적인 학습활동을 하는 교실에서 교사가 해야 할 일은 아동으로 하여금 탐색과 탐구의 방식에 관해 사고할 수 있도록 하는 질문을 만드는 것이다. 상호작용을 할 때 교사는 자신의 질문이 아동으로 하여금 관찰, 분류, 가설 설정, 실험 절차 만들어 보기, 개념에 대한 정의 내리기와 같은 활동을 할 수 있도록 하는 것인지를 항상 염두에 두어야 한다.

효과적인 발견을 위한 상호작용 방법을 제시하면 다음과 같다.

① 설명을 적게 하고 질문을 많이 한다. 교사가 어떤 사실에 대해 설명하고 고정된 정보를 주는 것보다는 아동이 스스로 탐색하고 생각해 볼 수 있는 기회를 주고, 아동 자신의 생각을 표현해 보는 경험을 격려해야 한다.

② 확산적인 질문을 많이 사용한다. 더 좋은 질문을 위해서는 하나의 답이나 '예/아니요'의 응답이 나오는 질문을 피해야 한다. 교사가 확산적인 질문의 수를 증가시킬수록 아동은 더 창의적이 되고 의미 있는 학습이 이루어진다.

③ 앞에 제시된 창의적인 사고과정을 위한 질문의 체계를 준거로 자신의 질문을 평가해 본다. 창의적인 사고과정, 즉 분류, 가정, 예견, 추론, 측정, 문제 해결을 위한 탐색방법의 고안, 관찰, 그래픽, 실험상의 실수 등의 감소, 평가, 분석 등의 사고를 촉진시킬 수 있는 질문을 한다.

④ 다양한 능력을 발견해 낼 수 있는 질문을 한다. 우리가 인지적 질문의 중요성을 다룬다고 해서 다른 능력이 중요하지 않다는 것은 아니다. 더 많은 질문을 통해 다양한 능력을 발견해 낼 뿐만 아니라 그 재능을 더 확장시킬 수 있도록 도와주어야 한다. 심미감, 조직력, 의사소통 능력, 창의성, 사회성, 계획성 등의 재능을 발달시킬 수 있는 질문의 예로 "누가 선사시대의 생활에 대한 그림을 그려 볼 수 있겠니?"(예술적 재능)를 들 수 있다.

어떻게 옮겨 올 수 있을까?

⑤ 맞는 답이 나왔다고 토론을 즉시 멈추지 않는다. 비판적이고 창의적인 사고를 자극하기 위해 질문을 할 때는 정답을 얻었다고 해서 토론을 멈추지 말아야 한다. 그렇게 하면 아동의 사고도 멈추게 된다. 계속 격려해서 다른 응답을 이끌어 내야 한다. 그 후에 다시 정답으로 되돌아와서 토의해야 한다. 다시 돌아왔을 때는 아동이 말한 정답이 정말 훌륭했고 많은 생각을 한 결과라는 것을 알려 주어야 한다.

⑥ 기다려 주는 시간(wait-time)을 갖는다. 대부분의 교사는 질문을 해 놓고 아동의 대답을 기다리는 데 평균 1초 이내의 여유만 준다. 여러 연구 결과에 따르면, 평균 3초 이상 기다려 주는 교사는 아동으로 하여금 더 심사숙고하게 하여 대화가 활발해지고 더 많은 논쟁을 하게 만든다는 것이 밝혀졌다(Rowe, 1978).

⑦ 아동 중심의 토의형 상호작용으로 이끈다. 교실 내의 상호작용은 [그림 5-2]와 같이 교사의 질문에 아동의 다양한 반응을 이끌어 내는 방법이 바람직하다.

■ 그림 5-2 ■ 질문과 대답의 과정

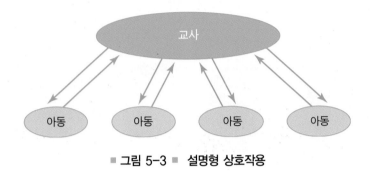

■ 그림 5-3 ■ 설명형 상호작용

교실에서 사용하는 상호작용 방법으로는 일반적으로 [그림 5-3], [그림 5-4]와 같이 두 가지 유형이 있다. 설명형(ping-pong pattern) 상호작용은 교사가 어떤 것을 말하고 거기에 대해 아동이 대답하는 형태가 반복되는 것이다. 즉, 교사 → 아동 → 교사 형태의 상호작용이 이루어진다.

과학학습에서 발견을 강조하는 교사는 토의형(basketball game) 상호작용을 더 선호하는데, 교사가 어떤 것을 말하고 나면 아동 → 아동 → 아동 → 교사 → 아동 형태의 상호작용을 한다. 이와 같은 유형의 토론을 하는 교사는 충분한 시간을 주고 기다리는데, 한 아동이 대답하고 나면 또 말하고 싶은 다른 아동이 없는지 둘러본다. 교사는 토론에서 주로 교통 정리자 역할을 하면서 아동의 사고를 막지 않고 아동이 결론을 내릴 때까지 기다려 준다. 이때 교사는 질문으로 인한 분위기 분산에 유의해야 한다.

⑧ 발견을 위한 토론 도중에 보상을 하지 않는다. 토론 도중에 긍정적인 언어적 보상을 하지 않으면 아동 간의 상호작용이 더 활발해질 뿐 아니라 아동이 학문적

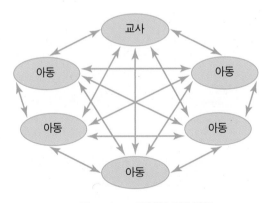

■ 그림 5-4 ■ 토의형 상호작용

으로 더 많이 참여하게 된다.

⑨ 필요한 보상은 해야 한다. 우리 모두는 격려를 필요로 한다. 위에서 보상을 하지 말라는 것은 집단 토의 도중에 아동이 더 사변적이고 비판적인 사고와 협동을 하도록 하고 전체 아동이 참여하도록 하자는 의미에서다. 개별 활동의 성취를 인정하거나 어떤 형태의 기본 능력의 수행에 대한 격려는 필요하다.

⑩ 침묵 시간(silent-time)을 갖도록 한다. 아동으로 하여금 생각할 수 있도록 멈춰 주는 것으로, 이는 기다려 주는 시간과도 관련이 있지만 이때에는 아동도 질문 에 응답하지 않는다는 차이가 있다. 침묵 시간을 갖는다는 것은 비교적 복잡한 것에 대해 교사가 설명과 함께 어떤 정보를 제공한 뒤에 교사가 마련한 것이나 교사의 생각을 아동이 보고 느낄 수 있도록 하기 위해 시간을 주는 것을 말한다. 이렇게 쉬는 동안 교사는 아동이 긍정적인 반응을 보인다고 판단할 때 설명을 계속한다.

⑪ 질문을 중첩해서 하지 않도록 한다. 아동이 반응할 기회도 주지 않은 채 계속 질 문하는 일은 기다려 주는 시간을 허용해야 한다는 원칙을 무시하는 것이다.

⑫ 과잉 반응은 아동에게 압박감으로 작용한다. 많은 아동은 자신의 대답이 교사에 의해 그렇게 높이 평가받으리라고 생각하지 않는다.

⑬ 수렴적 사고를 깨도록 한다. 아동이 문제의 한쪽에만 매달려 있을 때, 교사는 질 문을 바꿔 제한된 지각 측면을 일깨워 줘야 한다. 예를 들어, "이 문제를 해결하 기 위해서는 어떤 다른 방법이 있을까?"라고 한다.

⑭ 주제를 명확히 한다. 한 아동이 다른 아동은 이해하지 못하는 응답을 계속할 때 는 "네 말이 맞기는 하지만, 다르게 생각해 볼 수 없을까?" 같은 말로 아동의 대 답을 명백히 밝혀야 한다.

⑮ 과잉 일반화를 경계한다. 아동이 과잉 일반화하면, "네가 말한 것이 진심이라고 생각하니?" 같은 말로 학급 분위기의 초점을 잃지 않도록 해야 한다.

⑯ 아동에게 요점을 말하도록 한다. 아동이 추상적이거나 모호한 개념에 몰입되어 있을 때, 아동의 대답이 길 때, 검증에 많은 시간이 걸릴 때는 특히 요점을 말하 도록 할 필요가 있다. 예를 들어, "배운 것을 네 말로 말해 줄 수 있겠니?"라는 반응으로 요점으로 간다.

⑰ 사고를 확대하고 지속하도록 한다. 교사는 토의가 계속 유지되도록 자극하여 아동으로 하여금 초점을 재정립하도록 하고, 요점을 말해 보도록 하고, 다른 대

안과 다른 요인이 무엇인지를 생각해 보도록 함으로써 가능하다.

⑱ 주제에 정서적으로 압도되는 것을 고려한다. 아동은 자신의 경험 때문에 어떤 주제에 대해 정서적으로 압도되는 경우가 있는데, 교사는 토의 중에 아동이 합리적인 반응을 억제당하지 않도록 해야 한다. 예를 들어, 뱀에 물린 적이 있는 아동은 뱀에 관한 질문에 대해 정서적으로 무관하기가 어렵다.

⑲ 아동이 한 말에 부연설명을 한다. 아동이 말한 내용에 교사가 확신할 수 없을 때는 "네가 ~라고 말했다고 생각하는데, 내 말이 맞는 거니?" 하고 아동의 의도를 확인해야 한다.

⑳ 민감하게 듣는 기술을 사용한다. 우선 눈을 맞추고, 아동이 말을 끝까지 다 마치기 전에 평가하지 않음으로써 말하는 아동과 내용에 주의를 집중한다. 둘째, 아동의 수준, 관심, 요구, 흥미와 다른 별개의 토론 주제를 선택하지 않는다. 셋째, 관심을 가지고 있고 듣고 있다는 것을 보여 주기 위해 비언어적 표현을 한다. 눈맞춤, 아동을 향해 몸 구부리기, 적절한 미소, 끄덕임, 제스처 등을 사용한다.

3) 과정으로서의 과학하기를 위한 상호작용

아동들이 과학에 대한 개념을 이해하고 적극적인 문제 해결 능력을 키우기 위해서는 환경을 탐색하고 자료를 조작해 보는 경험을 많이 해야 한다. 그러기 위해서는 직접 활동을 통해 과학적인 문제를 해결하고 원리를 찾아내며 탐구하는 과정이 필요하다. 이러한 과학과정에는 기본적으로 관찰하기, 분류하기, 실험하기, 의사소통하기 등이 포함되는데, 이러한 과정들을 '과학하기(sciencing)'라고 한다(Martin, Sexton, Wagner, & Gerlovich, 2005). 과학하기를 격려하는 상호작용은 과정으로서의 과학교육에서 중요하다.

(1) 관찰하기

관찰은 가능한 한 오감을 모두 사용하여 물체의 변화와 사건의 발생을 탐색하고 기술하는 활동이다. 이러한 관찰과 관련된 아동의 구체적인 말과 행동의 예와 이들을 격려하는 교사의 상호작용 방법의 예를 들어 본다.

• 관찰 행동
① 이것은 빨간색이다.

② 이것은 녹는다.

③ 이 구멍은 더 깊다.

④ 자석을 갖다 대면 무슨 일이 일어나는지 알아본다.

⑤ 핑거페인팅 재료에 손을 대고 조심스럽게 손가락을 휘저으면서 느낌을 말한다.

⑥ 토끼에게 당근을 주면서 힘껏 쥐는 것을 보고 웃는다.

⑦ 어떤 것을 보기 위해 확대경을 사용한다.

• 교사의 상호작용 예:

① ~에 대해 말해 줄 수 있겠니?

② 이것은 무슨 색깔이지?

③ 너는 여기에서 무엇을 보았니? 자세히 이야기해 보아라.

④ 어떤 일이 일어났니?

⑤ ~을 보아라(들여다보아라, 냄새를 맡아 보아라 등).

⑥ 아동에게 확대경을 놓아 준다.

⑦ 아동이 보는 앞에서 새로운 교구나 자료를 제시한다.

(2) 분류하기

분류는 여러 가지 사물을 구체적인 특정 기준에 따라 동일성과 차이점을 구별하여 나누거나 다양한 정보를 배열하는 과정이다. 이러한 분류와 관련된 아동의 구체적인 말과 행동과 분류를 격려하는 교사의 상호작용 방법의 예를 들어 본다.

• 분류 행동

① 이들은 네 발 달린 짐승이다.

② 나는 빨간색을 가지고 싶다. 그러면 너는 파란색을 가질 수 있다.

③ 저것은 이 카드에 속한다(말이나 행동으로).

④ 정리정돈 시간이다. 크레용을 놓아둘 선반을 찾는다.

⑤ 나뭇잎, 자갈, 단추 등을 나눈다.

⑥ 구슬 바구니에서 보라색과 노란색 구슬을 집어서 실에 꿴다.

⑦ 가라앉는 것과 뜨는 것을 나누어 놓는다.

곰 모형 분류하기

• 교사의 상호작용 예:

① 이것은 어느 곳에 놓아둘 수 있을까?

② 이 주머니에 있는 물건과 같은 것은 어떤 것들이지?

③ 부드러운 종류의 것들을 나에게 주겠니?

④ 물에 뜨는 것과 가라앉는 것은 어떤 것일까?

⑤ 이쪽에 다 놓을 수 있는 것이 이것 외에 있을까?

⑥ 오른쪽에 크레파스를 놓아두렴.

⑦ 부드러운 것은 여기에 놓고 딱딱한 것은 저기에 놓아두렴.

(3) 의사소통하기

　　의사소통은 언어적 · 비언어적 전달방법을 통해 정확한 정보를 다른 사람에게 인식시키는 표상활동이다. 의사소통은 문자, 그림, 그래프, 신체 표현 등의 상징적 표현을 통해서 이루어진다. 이러한 의사소통과 관련된 아동의 말과 행동 그리고 의사소통을 격려하는 교사의 상호작용 방법의 예를 들어 본다.

• 의사소통 행동

① 과학활동 도중 일어난 어떤 일에 대해 교사나 친구에게 몇 마디 문장이나 이야기로 말한다.

② 위의 일을 그림으로 그린다.

③ 경험 차트 만들기에 참여한다.

④ 잡지 사진을 오려서 사건을 기록한다.

⑤ 씨앗이 싹트는 것을 신체 동작으로 표현한다.

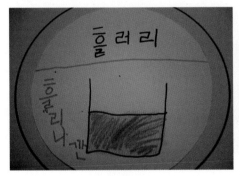
그림표현

신체표현

• 교사의 상호작용 예:

① 어떤 일이 일어났는지 우리에게 말해 줄 수 있겠니?

② 그것에 관해서 더 이야기할 게 있니?

③ 우리가 보았던 것을 그림으로 그려 보자.

④ 프라이팬을 뜨겁게 달구면 어떻게 되는지 몸으로 표현해 보자.

⑤ 이 그림을 보고 자기가 가장 좋아하는 동물에 대해 이야기할 사람 있니?

(4) 실험하기

실험하기는 자료나 환경을 직접 조작해 봄으로써 과학적 개념이나 사실, 원리를 알아보는 활동으로서 아동의 단계에서는 만져 보기, 열을 가해 보기, 자료를 섞어 보기, 물리적 힘을 가하기와 같은 것이 있다. 이러한 실험 및 행동 측정과 관련된 아동 행동과 이를 격려하는 교사의 상호작용 방법의 예를 들어 본다.

- 실험 행동
① 물감을 섞어 본다.
② 아주 멋진 모양으로 만들어 보겠다.
③ 어떻게 되는지 끓여 본다.
④ 어떤 물체를 물에 띄워 본다.
⑤ 냄새를 맡아 본다.
⑥ 멀리서 물체를 던진다.
⑦ 양을 재어 본다.

- 교사의 상호작용 예:
① 네가 ～을 한다면 무슨 일이 일어날 거라고 생각하니?
② ～을 가지고 어떤 일을 할 수 있을까?
③ 어떻게 하면 ～이 될까?
④ ～은 이렇다. 그다음은 어떻게 될까?
⑤ 만약 네가 ～의 크기(모양, 색깔)를 바꿀 수 있다면 어떻게 하겠니?
⑥ 만일 ～로부터 ～을 빼면 어떻게 될까? ～을 넣으면 어떻게 될까?
⑦ ～에 대해 알고 싶으면 어떻게 알아볼 수 있을까?

혼합과 용해

고체와 액체

3. 협동적 교수-학습

협동학습은 교실 내에서 집단 상호작용과 협동심을 증진시켜 주는 방법으로 사용
되어 온 교수-학습 형태로 그 인기가 날로 높아지고 있다. 이것은 아동들이 활동하는
동안 또래들과 개별적으로 의사소통이 거의 또는 아주 없는 전통적인 교수 현장에 하
나의 대안을 제공해 주고 있다. 여러 가지 견해가 있지만 협동학습은 개별 아동의 요
구와 밀접하게 관련되어 있다. 대부분의 협동학습 환경에서는 4~6명의 아동이 임의
적으로 또는 정교하게 집단을 이루므로 그들이 학습할 때 자료 및 또래 친구들과 상
호작용할 수 있다. 아동들은 그들의 추론을 표현하고 문제 해결을 위한 다양한 접근
방법을 통찰하도록 배운다(GEMS, 1992).

협동학습 구조

1) 협동학습의 정의

광의의 협동학습은 명백히 할당된 공동의 과제를 그 집단 구성원 모두가 충분히 참
여할 수 있을 만큼 소집단으로 활동을 전개하는 학습이라고 정의할 수 있다(Grisham
& Molinelli, 1995). 아동은 직·간접적인 교사의 감독 없이 그들의 과제를 수행할 것

으로 기대된다. 이것은 **공동학습**(collaborative learning), **협동학습**, 집단 작업을 통칭하는 광범위한 정의다. 이러한 정의는 보다 심리학적 개념인 목표, 보상, 집단 속에서 각 개인의 요구보다는 사회성과 대표의 권위를 강조하는 것이다.

위의 정의와 비슷하지만 더 보편적이고 제한적인 정의는 아동이 협동 과제 구조에 몰두해서 교실 내 이질적 집단에서 많은 시간을 공동 작업에 쓰도록 하는 기술(techniques)의 사용을 일컫는다. 그러나 이러한 정의는 협동을 고무하는 구조의 사용을 강조하여 그 속에서 아동이 그들 집단의 학문적 수행에 기초한 인정, 보상 또는 등급을 받는 것에 초점을 맞추는 것이다.

목표구조(goal structure)는 아동들 간에 존재하는 상호 의존성의 유형과 교수목적의 성취를 위한 활동에서 교사와 아동 각자를 연결시키는 방법을 구체화한다. 예를 들어, 협동적 목표구조는 아동과 관련된 다른 아동이 그들의 목표를 이룰 수 있다면 자신도 목표를 이룰 수 있다고 지각할 때 존재한다. 반면, 경쟁적 목표구조는 관련된 다른 아동이 그들의 목표를 이루는 데 실패하면 자신이 목표를 이룰 수 있다고 지각할 때 존재한다. 끝으로 개인주의 목표구조는 한 아동의 목표 성취가 다른 아동의 목표 성취와 관련이 없을 때 존재한다. 즉, 한 아동이 그의 목표를 성취했는가 그렇지 않은가는 다른 아동의 목표 성취 여부에 지배되지 않는다.

이렇게 다양한 정의에도 불구하고 대부분의 전문가는 협동학습이 두 가지 기본적인 특성을 가진다는 데 동의한다. 즉, **협동적 목표구조**(긍정적 상호 의존성)와 개인의 책무다.

2) 협동학습의 교육적 가치

협동학습 상황은 경쟁적 또는 개인주의적 학습 상황에서 보다 높은 성취를 격려하는 경향이 있다(Johnson, Johnson, & Holubec, 1994). 어떤 사람들은 협동학습 구조가 성취도가 높은 아동들에게 상을 주는 일이 아닌가 염려하지만 많은 연구 결과는 그렇지 않았다. 높은 성취를 하는 아동은 협동적 학습집단에서 수행을 더 잘했는데, 이것은 그들이 혼자 또는 경쟁적 상황에 있을 때보다 더 많은 정보를 추론하고 해석하고 종합하기 때문이다. 이러한 교육적 가치를 이론적 근거에 입각해서 살펴보기로 하겠다.

(1) 피아제 이론에 입각한 견해

피아제와 그의 연구를 따르는 연구자들의 저서에 따르면, 또래 간 상호작용은 **결정**

적 인지갈등을 낳게 하므로 발달을 자극한다. 인지적 갈등은 아동이 믿는 것과 세상이 아동에게 말해 주는 것 간의 지각된 모순이며 변화를 위한 촉매가 된다.

피아제에 따르면, 아동은 또래 간 상호작용을 통해 사회적·인지적 가치를 모두 얻는 다. 사회적 가치는 의사소통 능력의 발달로 개인과 다른 사람의 견해에 더 민감해지는 것이다. 또한 인지적 가치는 이러한 가정에서 자신이 가지고 있는 개념의 진실성을 재확인하는데, 이때 다른 사람의 피드백이 하나의 지침이 된다.

(2) 비고츠키 이론에 입각한 견해

비고츠키는 기본적으로 전문가(또는 더 잘 아는 또래 친구)가 학습자(초보자)의 활동을 안내한다고 말한다. 즉, 두 사람이 점진적으로 문제 해결 기능을 공유하고, 초보자가 주도권을 가지기 시작하면 전문가는 초보자가 머뭇거릴 때 고쳐 주고 안내한다는 것이다. 그리고 결국 전문가 친구는 통제를 양도하고 지지적 청중으로서 행동하게 된다는 것이다.

비고츠키(1978)는 더욱이 초보자가 이러한 연합(집합)활동에 참여하여 근접발달영역을 넘음으로써 실질적 발달 수준을 증진시키게 된다고 하였다. 그는 초보자의 영역은 ① 그의 실질적 발달 또는 독립적으로 할 수 있는 것, ② 그의 잠재적 발달 또는 더 유능한 다른 사람이 참여함으로써 할 수 있는 것 사이에 놓여 있다고 제안했다.

인지발달에 관한 이러한 견해는 단지 또래에 의한 개인교수 접근방법만을 나타내는 것처럼 보이기도 하나, 또래 협조는 사회 인지과정 내에서 이로움이 많은 것처럼 보인다. 또래 협조에서 개인은 그들의 상호작용과 의사소통 속에 포함된 사고과정을 내재화함으로써 의미를 구성하도록 서로를 돕는다. 이러한 과정은 잘 구조화된 집단 작업의 대화에서 쉽게 찾아볼 수 있다.

3) 협동학습의 교수 모형
(1) 협동학습의 구성요소

협동학습은 좀 더 활발한 활동 전개를 위해 몇 가지 구성요소가 전제되어야 한다.

첫째는 아동의 면대면 상호작용이다. 면대면 상호작용이란 곧 아동들이 어떤 것을 함께한다는 것을 의미한다. 즉, 서로 이야기하고 묻고 대답하거나 어떤 과제를 서로 연결시켜 수행하는 것이다. 교사는 아동이 상호작용하는 기회를 갖고 격려되도록 학습 경험을 구성해야 한다.

둘째는 개인 책무감이다. 같이 상호작용하는 아동은 동등성 기반 위에서 상호작용을 해야 한다. 어떤 과제를 두 아동이 같이 할 때 한 아동이 모든 일을 다 하고(소위 운전사) 다른 아동은 거의 또는 전혀 하지 않는다면(자동차 편승 여행, hitchhiking) 협동학습의 목적을 충족시킬 수 없다. 교사는 활동에서 모든 사람이 개인 책무감을 다하도록 계획을 세워야 한다. 흥미롭게도 면대면 상호작용과 개인 책무감은 동전의 양면과 같다.

셋째는 이질적 구성집단이다. 이것은 한 집단에 활력을 주고 학습 가치를 가져다준다. 이질적 구성집단이란 집단에서 같이 활동하는 아동을 성, 능력, 특성 등에서 세심하게 섞어야 한다는 것을 의미한다. 집단 크기는 2~6명까지 다양하다. 교사는 대집단 구성을 시행하기 전에 잠시 돕고 짝을 지어 활동해 보도록 해야 한다.

넷째는 사회적 기술이다. 아동이 그들의 집단과 활동할 때는 사회적 기술을 가르쳐야 한다. 아동은 처음에는 대개 어떻게 같이 활동해야 할지 모른다. 사회적 기술을 가르치는 데는 ① 다른 학습 성취처럼 직접 방법, ② 집단활동 구조를 통한 간접 방법, ③ 사회적 기술의 모니터링과 진행 방법이 활용된다. 교사 또는 교사와 아동이 같이 사회적 기술에 관한 자료를 정교하고 체계적으로 모아서 분석하고 피드백함으로써 집단의 행동과 상호작용을 개선할 수 있다. 교사가 정규적으로 시행한다는 원칙 아래 아동들을 감독하기도 하나, 그런 일은 가끔 시간 부족 때문에 넘어갈 수도 있다.

(2) 팀 학습전략

팀 학습전략은 팀 목표와 팀 성공을 강조하는데, 이는 팀 전체 구성원이 목표를 학습(숙련)했을 때 성취될 수 있다. 이 방법의 중심적 개념은 성공을 위한 팀 보상, 개인 책무감, 동등한 기회의 세 가지다. 이 세 가지 요소는 집단 탐구를 통해 성취될 수 있는데, 집단 탐구는 일반적인 교실 조직계획의 틀 안에서 아동들은 협동적 탐색, 집단 토의, 협동계획, 그리고 협동 프로젝트를 소집단으로 실시한다. 이 집단 탐구의 독특한 특성은 ① 탐구, ② 상호작용, ③ 해석, ④ 내적 동기화의 네 가지 기본 요소를 통합하는 데 있다. 이러한 네 가지 요소에 의해 6단계의 교수-학습 과정을 수행하게 된다.

- 단계 1: 단원과 팀(집단) 결정
- 단계 2: 집단 탐구 계획
- 단계 3: 집단 탐구
- 단계 4: 결과 기록 및 발표 계획

- 단계 5: 발표
- 단계 6: 교사와 아동의 자기수행평가

4. 영역 간 융합 교수-학습

1) 과학과 언어 그리고 수학의 융합

K-12 학년에 걸쳐 학문적 핵심 개념과 융합 개념으로 과학과 기술 공학의 융합에 의한 과학 기준(NRC, 2012)에 더해 핵심개념 과학기준(CCSS)에 언어와 기초 소양 그리고 수학을 융합시켰다. 융합 개념의 이해 패턴은 과학 학문 간의 연계뿐만 아니라 다른 교과목 영역들, 즉 언어, 수학, 사회생활 등과의 연계다. 또한 핵심개념 과학 기준(CCSS)에 언어와 기본 소양을 위한 학문적 경험의 수렴, 수학을 위한 기준은 [그림 5-5]에 강조되어 있다.

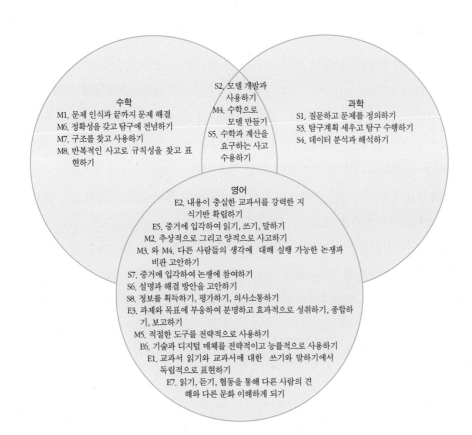

수학
M1. 문제 인식과 끝까지 문제 해결
M6. 정확성을 갖고 탐구에 전념하기
M7. 구조를 찾고 사용하기
M8. 반복적인 사고로 규칙성을 찾고 표현하기

S2. 모델 개발과 사용하기
M4. 수학으로 모델 만들기
S5. 수학과 계산을 요구하는 사고 수용하기

과학
S1. 질문하고 문제를 정의하기
S3. 탐구계획 세우고 탐구 수행하기
S4. 데이터 분석과 해석하기

영어
E2. 내용이 충실한 교과서를 강력한 지식기반 확립하기
E5. 증거에 입각하여 읽기, 쓰기, 말하기
M2. 추상적으로 그리고 양적으로 사고하기
M3. 와 M4. 다른 사람들의 생각에 대해 실행 가능한 논쟁과 비판 고안하기
S7. 증거에 입각하여 논쟁에 참여하기
S6. 설명과 해결 방안을 고안하기
S8. 정보를 획득하기, 평가하기, 의사소통하기
E3. 과제와 목표에 부응하여 분명하고 효과적으로 성취하기, 종합하기, 보고하기
M5. 적절한 도구를 전략적으로 사용하기
E6. 기술과 디지털 매체를 전략적이고 능률적으로 사용하기
E1. 교과서 읽기와 교과서에 대한 쓰기와 말하기에서 독립적으로 표현하기
E7. 읽기, 듣기, 협동을 통해 다른 사람의 견해와 다른 문화 이해하게 되기

■ 그림 5-5 ■ Framework(과학과 기술공학)와 수학 · 영어의 관계와 집중성
출처: NGSS(2013). Vo. 2. Appendixes, p. 28.

2) 문학기반 과학교육

동화나 이야기를 좋아하는 아동은 대개 연습지로 문제를 풀거나 어려운 문장체의 문제와 씨름하는 것을 싫어한다(Braddon, Hall, & Taylor, 1993). 반면, '문학기반 (literature-based)' 학습활동은 특히 어린 아동에게 생각의 표현을 권장한다. 아동은 자신의 경험으로부터 쓰기를 위한 언어를 생성해 낼 수 있다. 아동이 말하는 경험은 자신이 관찰했거나 행한 일과 관련된 것이다(Hefner & Lewis, 1995).

문학을 통한 모든 활동은 어떤 것의 관찰이나 직접 행동을 요구하기 때문에 언어 표현을 위한 좋은 수단이 된다. 만일 아동이 아직 쓰지 못하거나 읽는 능력이 없다면 자신의 언어 표현 수단으로 그림을 사용할 수 있다. 교사는 아동이 그린 그림 아래 아동이 표현하고 싶은 말을 써 줄 수 있다. 또 다른 접근방법은 쓰고 싶은 내용을 말하도록 하여 쓸 수 있는 아동에게 대신 써 주게 할 수도 있다. 이때 교사는 철자나 문법을 고려하지 말고 들은 대로, 소리나는 대로 쓰게 한다.

(1) 유아과학교육에서 문학의 역할

과학은 인간 존재의 통합된 부분이다. 모든 환경에서 접하게 되는 과학은 서로 분리될 수 없다. 과학은 어디에나 있다(Fort, 1993). 과학은 또한 이 세상의 가장 비판적인 딜레마—인구과잉, 기아, 공해, 질병, 위험한 종족, 미지의 영역— 에의 도전을 해결하는 열쇠다. 건강한 미래를 보장하는 최선의 방법은 아동에게 더 높고 더 폭넓은 수준의 사고기술과 과학적인 방법에 의한 실질적인 지식을 갖추게 함으로써 과학적 문제 해결자가 되도록 하는 일이다. 교육자의 도전은 아동에게 문제 해결을 위해 과학을 어떻게 볼 것인가를 가르치는 것이다.

문학기반 과학활동은 그 하나의 방법으로 문학과 과학을 연계시킨다. 이 두 영역의 통합은 아주 자연스럽다. 많은 교육자가 사용한 교수전략에 대한 실증적 연구 결과에 따르면, 최근의 교육 추세에서 과학교육과정 관련 자료의 학습활동을 위해 문학을 활용하는 일은 점점 일반화되고 있다. 특히 주제중심 접근방법을 통한 교수-학습에서는 통합교육과정 운영을 위해 문학을 사용하는 것이 좋은 아이디어라고 볼 수 있다 (Hefner & Lewis, 1995).

문학에 의해 자극되는 과학활동은 개념을 탐색하고 조사하도록 아동을 고무한다. 과학과 질 높은 문학의 결합은 과학이 우리 주변에 있다는 사실을 깨닫도록 격려한다.

(2) 문학을 통한 교수-학습 방법의 장점

이야기 시간에 동화책의 제목, 책 속의 그림, 아동의 사전 지식을 사용해서 이야기에 대해 생각하고 예측해 보도록 격려받을 수 있다. 이야기를 통해 어떻게 과학자가될 수 있는지 설명해 보도록 할 수 있다. 교사가 읽어 주기 원하는 책을 가져오도록 함으로써 과학과 이야기가 어떻게 관련되었는지 설명이 가능해진다. 예를 들어, 쥐의생태에 관한 학습을 원할 경우 『*Mouse a Cookie*』, 증발이나 응축, 열에 관한 개념과의 연계를 위해서는 『*Snowy Day*』와 같은 책을 아동이 자신의 사전 지식을 이용하여 선택할 수 있도록 돕는다. 이렇게 아동에게 과학 관련 책을 가져오도록 하는 것은놀라울 정도의 학습 효과를 가져올 수 있는데, 특히 과학 학습에 어떻게 관련이 있는지에 대해서는 더 놀랄 만하다(Martin et al., 2005).

구체적으로 문학을 통한 과학 교수-학습의 장점을 살펴보면 다음과 같이 요약할수 있다.

① 실제와 유사한 상황을 자연스럽게 제공해 주고, 아동의 흥미를 유발·지속시킬수 있으며, 총체적인 경험으로 활용하기가 쉽다.
② 줄거리가 있기 때문에 교과서에서 제시하는 사실을 이해하는 것보다 더 쉽게 사고의 구성 부분을 발견할 수 있다.
③ 과학의 주제를 담고 있는 문학작품을 통해 아동은 실제 세계를 경험하며, 새로운 과학 용어를 접하고, 그들에게 발생한 우발적인 질문과 문제를 해결하기 위해 문학을 활용함으로써 다양한 자료를 통해 연구하고 검토하는 방법을 학습할수 있다.

펭귄의 일생을 그린 동화

(3) 과학교육을 위한 아동문학의 범주

브래던 등(Braddon et al., 1993)은 과학교육을 위한 아동문학의 기준을 다음의 일곱 가지로 제시하고 있다.

① 과학의 과정과 내용이 포함되어 있는 것

② 아동이 이야기를 기억할 수 있는 것(아동이 반복적으로 읽고 싶어 해야 한다.)

③ 등장인물에 대한 분석보다는 행위에 초점을 둔 생생한 이야기를 담고 있는 것

④ 아동의 경험과 흥미에 초점을 둔 것

⑤ 이야기의 문체가 지나치게 진부하거나 과장되지 않고 풍부한 대화가 있는 논리적인 것

⑥ 이야기의 길이가 적절한 것

⑦ 이야기와 그림이 일치되는 것

- 그림은 내용에 묘사된 행위를 정확히 나타내야 한다.
- 특징이 그림에 잘 묘사되어야 한다.
- 전체 그림의 분위기가 이야기에 적합해야 한다.

(4) 문학을 통한 교수-학습 활동의 전개

① 활동을 위해 선택한 책을 아동과 함께 읽는다.

- 책을 읽기 전에 겉표지, 제목을 보고 내용을 예상해 보게 하여 사고의 기회를 제공한다.
- 활동 전에 책에 등장하는 용어나 개념을 미리 소개하여 이해를 돕거나 아동이 그에 관해 알고 있는 것을 말해 보도록 한다. 이를 기록해 놓으면 이후에 이루어지는 탐구활동이 끝난 다음 비교 등의 활동을 할 수 있다.
- 책을 읽는 동안에 책에 기술된 내용에 대한 아동의 경험을 묻거나 다음의 내용을 예상해서 말해 보도록 하고, 이후에 탐구해 볼 만한 문제에 관한 질문을 해서 흥미를 유지하고 탐구심을 갖도록 한다.
- 삽화의 부분을 지적하면서 상세히 관찰해 보는 기회를 갖는다.
- 읽는 동안 아동이 제기한 질문은 적어 두었다가 책을 다 읽은 후 그에 관해 그룹 토의를 하도록 한다.

② 책을 읽는 동안 아동이 했던 질문들에 대한 이야기 나누기 등 아동의 탐구심을

의한다.

③ 책 내용에 나온 활동 중에 직접 경험해 보고 싶은 것이 있는지 등을 알아보고 적합한 활동을 계획한다.

④ 아동과의 토의를 통해 계획한 활동과 교사가 아동에게 유익할 것이라고 판단한 관찰, 실험, 조사 등의 다양한 활동을 전개한다.

⑤ 전개한 활동을 통해 학습한 개념과 지식을 아동이 보다 의미 있는 방식으로 표현하고 확장할 수 있도록 수학, 언어, 조형, 극놀이, 동작 등의 연계활동을 전개한다(Staton & McCarthy, 2008).

(5) 영역별 문학기반 과학 교수-학습의 실제

동물, 식물, 우리 몸, 지구, 우주, 운동과 에너지, 생태학 등의 영역별로 학습목표, 자료, 집단소개 활동, 교사와 아동이 같이 참여하는 추후활동의 순서로 학습활동을 전개할 수 있다. 자료로는 주제와 관련된 다양한 도서 및 동화책, 이야기, 영상자료들이 활용될 수 있다. 집단활동에서 이야기를 소개할 때는 활동을 위한 준비, 주의집중을 위한 질문 등의 활동, 활동목적 제시, 확장활동 등의 순서로 진행한다. 예를 들어, 주의집중을 위해 "이 이야기에서 농부는 무엇을 찾고 있을까?" "농부는 어디서 살까?" "이 이야기에서 농부는 어떤 이상한 행동을 할까?" 등의 질문을 미리 찾아보도록 이야기한 다음 동화를 읽어 줄 수 있다. 끝으로 교사와 아동이 같이 참여하는 추후활동을 다양한 형태로 진행할 수 있다.

3) 과학과 사회교육의 융합

과학과 사회교육을 융합시킴으로써 아동이 세상에 대해 더 완벽한 그림을 만들어 낼 수 있도록 돕는다. 과학이 자연세계가 어떻게 작동되는지를 강조한다면, 사회교육은 사람들이 자신들의 주변 환경에 적응하고 서로 관계 맺는 방법을 재조직하는 인간의 다양한 역할에 대해 언급한다. 사회교육은 여러 영역에 걸쳐 있고 서로 통합해 준다.

NCSS(1994)는 다음과 같이 밝히고 있다.

사회교육은 시민으로서의 경쟁력을 격려하기 위해 사회과학과 인문학을 통합하는 영역이다. 학교 프로그램 내에서 사회교육은 인류학, 고고학, 경제학, 지리학, 역사, 법, 철학, 정치학, 심리학, 종교학 등을 체계적으로 통합시켜 줌과 동시에 인문학, 수학, 자연과학으로부터도 적절한 내용을 이끌어 낸다. 사회교육의 일차적 목표는 아동으로 하여금 상호 독립적인 민주사회의 문화적으로 다양한 시민으로서 정보에 입각한 합리적인 의사결정을 하는 능력을 개발하도록 돕는다 (p. 3).

(1) 과학과 사회교육의 이해

과학과 사회교육 학습활동, 과학과 기술공학은 아동으로 하여금 주변 세상에서 관계를 이해하도록 돕는 데 실제적인 역할을 한다. 과학과 사회교육의 연계에서 중요한 주제 중 하나는 '과학, 기술공학 그리고 사회학'이다. 교육 프로그램은 과학과 기술공학이 어떻게 인간의 삶—과거에서 현재에 이르기까지—에 영향을 미치는가를 이해하도록 돕는다. 아동은 다음의 사항에 대해 이해할 수 있어야 한다.

① 과학과 기술공학이 어떻게 교통, 매스미디어, 의약, 농업, 산업 그리고 레크리에이션을 변화시키는가에 대한 기술
② 과학과 기술공학을 통해 사람이 어떠한 방법으로 자신의 기본 욕구를 충족시키는가에 대한 설명
③ 과학적 발견과 기술적 혁신에 대한 환경 변화의 분석
④ 사회 형성에 대해 과학자와 발명가들이 공헌한 예의 제시
⑤ 자원, 신념체계, 경제적 요인, 정치적 결정이 장소 · 문화 · 사회를 초월하여 어떻게 기술공학의 사용에 영향을 미치는가에 대한 설명
⑥ 미래 과학적 발견과 기술공학적 혁신이 가져올 미래의 사회적 · 경제적 · 환경적 결과에 대한 예측

(2) 과학과 사회교육 융합의 효과

과학과 사회교육에서 아동의 성취 기대는 밀접하게 관련되어 있다. 과학과 사회교육의 융합을 위한 주제는 대개 자연자원, 과학과 과학자의 역사, 환경에 대한 물리적 과정의 영향, 에너지 사용의 사회적 영향과 같은 것들이다. 사회교육과정은 표상, 문제 해결, 의사결정, 자료 수집, 자료 해석 그리고 비판적 사고를 포함하며 과학과 공유한다. 예를 들어, 일기예보, 강에서 사는 동물, 곡식과 같은 주제는 어떻게 과학과

사회교육이 아동이 살고 있는 우주에 대해 효과적으로 이해할 수 있는지를 설명해 준다. 교사는 과학과 사회교육의 기본 요소를 학습하고 조작하도록 과학과 사회교육 개념 접근방법을 적절히 통합해 줌으로써 아동의 학습과정에 도움을 준다.

교육과정 통합은 보편적인 교육도구다. 이런 방법은 다른 영역과 과학을 융합시키는 방법에 대한 우리의 아이디어 자극제가 될 것이다.

4) 교육과정 통합
(1) 통합의 필요성

교육과정 통합은 에너지 · 환경 · 우주 · 우주여행 · 바다 같은 구체적 주제를 다룰 수 있는 과학 · 수학 · 사회교육 · 언어 · 음악 · 미술을 포함하여 전체 교육과정을 조직하는 것을 의미한다.

교육과정 통합의 이유를 다음의 교육적 효과에서 찾을 수 있다(Carin & Bass, 2001).

① 통합 학습활동은 한 주제를 일정한 스케줄에 의해 시간의 변화 없이 진행할 수 있어 아동에게 흥미를 준다.
② 과학과 다른 영역이 더 효율적으로 학습할 수 있다.
③ 과학과 다른 영역의 통합은 과학 교수-학습의 양과 질의 개선을 위한 잠재력을 가지고 있다.

오늘날까지도 교육자들은 다양한 효율적 통합방법을 탐색하고 있다.

(2) 활동의 통합

교육과정 내의 다른 영역과 과학 경험을 통합하는 것은 아동의 정신적 성취의 조장을 돕는다. 아동들에게 여러 가지 다른 유형의 정보 흡수, 정보 간 연합, 정보 적용 간의 연계성과 관계의 범위를 풍요롭게 함으로써 환경을 복합적으로 이해하도록 하고 개념의 보유기간을 증가시킨다. 다양한 지적 능력을 가진 아동이 정서적으로 만족하고, 학습을 위한 의미 있는 길을 발견할 수 있다. 아동으로 하여금 추상적 개념을 실제 세계에서 적용하도록 함으로써 또 다른 의미 있는 학습으로의 연계를 이끌어 낼 수 있다.

다음은 과학 주제를 가드너(Gardner, 1993)의 다중지능이론 중 하나 또는 둘 이상의 지능 영역과 통합시켜 본 것이다.

첫째, 수학활동은 관찰 결과를 수량화하고 기록하는 길을 제공하기 때문에 과학의 모든 부분으로 통합된다. 수학활동의 어떤 부분은 과학 경험에 필요한 부분이다. 그리고 어떤 다른 부분은 수학기능을 사용하기 위한 새로운 맥락을 제공하기 위해 과학 주제를 사용한다. 수량적이고 산술적인 사고는 둘 다 다중지능이론의 논리 · 수학적 지능에 의존한다.

둘째, 음악은 여러 가지 방법으로 과학의 이해를 강화시킬 수 있다. 멜로디는 과학 개념에 대해 긍정적인 감정을 불러일으킬 수 있다. 가사는 회상을 강화시켜 주는 실제적이거나 은유적인 아이디어로 사용할 수 있다. 리듬은 반복적 패턴을 통해 노래 아이디어를 한층 더 강력하게 한다. 듣는 것은 그 자체로 강력한 기억을 불러일으키는 감각체계다. 음의 고저(음조)가 마음을 통과할 때, 아동은 가사에서 표현된 아이디어를 다시 떠올리게 된다. 강력한 기억의 단서가 되기 때문에 재미있어서 외우기 쉬운 멜로디, 가사, 리듬은 소비자들이 상품을 사도록 상기시키는 데 사용된다. 음악적 지능에 입력하는 것은 학습을 더 쉽게 하고 더 지속하도록 할 수 있다. 아동의 경우 정규 키보드를 제공해 주거나 리듬과 멜로디의 패턴으로 노래 부르기 연습을 함으로써 공간-위상적 사고력이 개선될 수 있다. 공간-위상적 사고는 과학과 수학의 기초가 된다(Harlan & Rivkin, 2000).

셋째, 문학은 은유적이며 서술적으로, 신선한 언어와 이미지와 연합되어 과학 개념

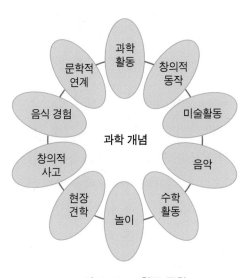

■ 그림 5-6 ■ 활동 통합

을 확장시킨다. 덧붙여 말하자면 과학에 기초한 이야기나 시가 가상이든 혹은 실제 주제로 소개되든, 과학 아이디어는 새로운 상황에서 익숙한 지식과 만날 때 아동의 마음 속에 정서적으로 새겨진다. 아동에게 자신의 이야기나 시를 쓰거나 말해 보도록 격려하면 언어적 지능을 사용하여 사실과 판타지 감정의 창의적 통합을 격려할 수 있다.

넷째, 미술활동은 직관적 자극의 맥락에서 아동으로 하여금 자신의 아이디어를 창의적으로 표현하도록 한다. 아동의 과학적 사건들의 개인적 해석을 격려하는 미술활동은 개방적이나 아주 정교하다. 아동은 그림을 그리고 색칠하고 자신이 배운 것을 표현하기 위해 모델을 만들 때 시각-공간과 신체-운동 지능에 몰두한다. 어떤 미술활동은 과학 경험에서 사용하는 재료와 통합된다. 이런 활동은 확산적 사고를 격려하는데, 아동이 재료를 사용하기 위해 새로운 방법을 발명해 내기 때문이다. 손가락 그림놀이는 역시 과학학습 과정에서 신체-운동 지능의 형태로 통합될 때 아동이 즐기게 된다.

다섯째, 놀이 상황은 아동에게 과학 아이디어를 상상적으로 검증하고 적용할 기회를 부여한다. 극놀이는 개인적인 수준에서 통찰력의 심화, 지식의 통합, 동일시의 발견의 의미로 보인다(Harlan & Rivkin, 2000). 관련 연구들에 따르면, 단순하고 자발적인 놀이와 과학은 문제 해결의 상호 보완적인 동전의 양면이다. 놀이가 문제 해결을 위한 창의적인 행동과 긍정적인 태도를 격려한다면, 과학은 활동에 구조를 제공한다(Pica, 2009; Wolfe & Brandt, 1998). 그러나 기억해 두어야 할 점은 성인이 '가르칠 수 있는 순간'으로 이용하기 위해 너무 준비를 잘하면 어떤 놀이든 편안하고 즐길 수 있는 활동으로서의 가치를 상실하게 된다는 것이다. 놀이는 언어적, 시각-공간, 신체-운동 그리고 대인간 지능 형태로부터 기인된다.

여섯째, 창의적 동작은 개념적 이해를 증진시키고 정보의 유지를 강화하는 즐겁고 마음이 편안한 방법이다. 신체적 부호화는 추상적 아이디어가 직관적으로 구체적인 신체적 동작으로 변환될 때 발생한다. 동작을 통한 자발적 표현은 시각-공간과 신체-운동 형태의 지식 그리고 때로는 음악과 대인간 지능으로부터 온다(Pica, 1998).

일곱째, 창의적 사고는 새로운 연합으로 개념 틀을 다시 짜는 열린 전략을 통해 격려된다. 시각화와 이미지화를 사용하며, 과학 개념은 사건을 전환하고, 상상적 문제 해결을 창조하기 위해 아이디어를 분석하며, 새로운 조망으로 아이디어를 바라봄으로써 검증되고 명료화될 수 있다. 이러한 활동들은 합리적 사고와 직관적 사고가 교대로 융통성을 격려하고 하나의 과학 주제에 새로운 흥미를 자극할 수 있다. 창의적 사고활동은 대인간 지능에서 온다.

여덟째, 음식 경험은 개념의 회상을 강화하기 위하여 맛과 냄새를 사용한다. 먹기 좋은 것을 준비하거나 샘플을 만드는 데 참여하는 기쁨은 기억을 지속시키기 위해 고요하고 고조된 정서 상태를 제공한다. 우리 모두는 특별한 음식과 그 음식과 연합된 감정의 기억 사이에 생생한 관련성을 가지고 있다. 먹는 과학 경험은 신체-운동 지능을 사용하여 개념 유지를 강화할 수 있다.

아홉째, 현장 견학은 학교에서 배운 과학 정보에 관련성과 타당성을 더해 준다. 아동은 교실에서 알게 된 것이 실제 세계에서 의미가 있다는 것을 깨닫고 자랑스러워한다. 아동이 배우는 과학 개념을 적용하는 일에 종사하는 사람을 교실에 초대하여 그 분야에 대한 경험을 공유하는 것은 중요하다. 때때로 교실 유리창은 과학 학습을 증명하는 즉흥적인 자원이 된다. 예를 들어, 예기치 않게 유리창에 다람쥐가 나타난다거나 거리 보수 같은 일은 주의 산만을 초래하기보다는 환영받는 예가 될 수 있다. 학교 운동장과 인접한 이웃은 교실에서 배운 개념을 실제 세계에 관련시키기 위한 좋은 학습자원이 될 수 있다. 현장 견학의 성격에 따라 지능의 여러 유형을 끌어들일 수 있다(Leary, 1996).

과학교육과의 통합적 접근은 전 학습과정에 신체적, 감각적 그리고 정서적 활동을 짜 넣는다. 또한 이성적이고 직관적 유형의 사고를 사용하도록 격려한다.

(3) 개념의 연계

수용할 만한 과학교육 연구에서는 어떤 것을 이해한다는 것이 기존 지식과 새로운 것의 통합을 요구한다고 강조한다(Bruner, 1993). 지식 통합의 두 가지 중요한 방법은 활동을 통합하는 것보다는 덜 직접적이다. 왜냐하면 적용하기에 앞서 계획하는 교사의 능력에 달려 있기 때문이다. 그 방법은 ① 지식들을 적용함으로써 개념 유지하기, ② 더 큰 그림의 맥락에 새로운 정보를 투입함으로써 전에 획득한 개념에 개념 연계하기다. 만일 개념 연계가 가능하여 언제든지 차례로 제시될 수 있다면 아동이 스스로 관계를 맺는 데 큰 도움을 줄 수 있다. 일련의 활동에서 조금씩 얻은 이해는 직접적으로 이끌 수도 있고 다음에 하는 활동에 간접적으로 전이할 수도 있다. 이들 개념 연계는 통합활동을 에워싸고 있다([그림 5-7] 참조).

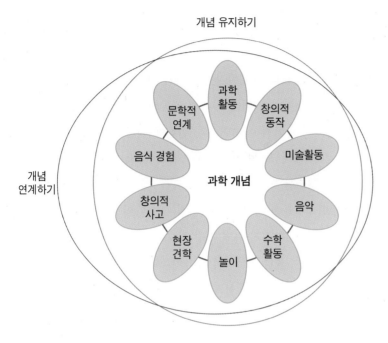

개념 유지하기

과학 개념

과학 활동 | 창의적 동작 | 문학적 연계 | 미술활동 | 음식 경험 | 음악 | 창의적 사고 | 수학 활동 | 현장 견학 | 놀이

개념 연계하기

■ 그림 5-7 ■ 개념 유지하기와 개념 연계하기

IV. 교사의 역할 생각해 보기

1. 과학교육 기준 수행을 위한 교사 개발

궁극적으로, 개별 교실에서 교사와 아동 간 상호작용은 아동이 과학을 성공적으로 학습하는가를 결정하는 요인이다. 이리하여 교사는 과학교육을 변화시키기 위한 어떤 노력에서도 요체가 된다. 새로운 기준(2012)과 기준 성취를 위해 고안된 커리큘럼의 수행을 지원하기 위해 교사 개발과 과학교사의 기본적 준비 및 전문성 개발이 변화를 위해 필요한 이유를 뒷받침해 준다.

학교, 교육청, 교육부, 기타 기관들은 교사를 임용하고, 준비를 돕고, 자격증을 주고, 평가하며, 교사들의 지속적인 전문성 학습을 위한 기회를 제공한다. 또 기준 수행에 부응하는 접근은 보편적 목적을 향해 역할을 하고 교사들의 자격, 절차, 교수 경험, 바람직한 접근방법을 지원하는 코스의 효율성을 평가한다. 새로운 Framework에서 과학교육 진보를 위한 비전과 일직선상의 교사를 준비와 전문성 개발은 아동으로 하여금 새로운 기준을 성취하도록 하는 데 궁극적으로 필요하게 될 교수 유형의 수행에 핵심적이다.

Framework에 의해 계획된 과학 가르치기는 교사가 과학자들이 자연 현상에 대한 새로운 이론, 모델, 설명을 개발하기 위해 어떻게 협동하는지에 대한 인식을 포함하여, 가르칠 것으로 기대되는 과학적 아이디어와 실천에 대한 교사의 강력한 이해를 요구한다. (과학을 가르치는) 예비 교사를 위한 대학의 교과과정에도 이들 이해의 개발을 위한 기회를 제공하는 코스를 포함해야 한다.

교사는 또한 아동이 교육기관에 가져오는 기본적 아이디어가 무엇이며 과학 실천과 융합 개념, 핵심 아이디어를 어떻게 하면 가장 잘 개발할 수 있는지를 이해할 필요가 있다. 더욱이, 아동을 실천, 융합 개념, 핵심 아이디어의 발전적 진보로 이동시키기 위해서, 교사는 아동의 질문이나 모델을 근저로 하여 아동이 이미 알고 있는 보편적 과학개념을 인지하는 능력 같은 과학 고유의 교육적 내용 지식을 알 필요가 있다. 이는 아동이 의문을 갖는 주제에 대해 더 큰 과학적 이해로 향하는 동안 그런 개념을 구축할 수 있도록 하는 아동교육 접근 방법을 선택하도록 한다. 더구나 교사는 아동이 개발한 모델, 교실 담화, 아동의 사고를 측정하고 더 나은 교수법을 디자인하는 수행평가 접근법을 어떻게 사용하는지를 배울 필요가 있다.

과학교사 준비를 위한 전략 관련 연구는 지난 10년간 성장해 왔다. 최근의 연구는 교사의 지식, 특정 프로그램과 예비 교사를 위한 코스 그리고 도입 프로그램들(예를 들어, 초기 멘토링과 평가 경험을 제공하는)이 어떻게 새 교사를 지원할 수 있는가에 초점을 맞추고 있다(NRC, 2012).

유아 교사 자격을 위한 필수 요건과 자격시험의 내용은 과학 교수를 위해서는 매우 빈약한 실정이다. 과학 교사의 전문성 개발 프로그램에 대한 적절성의 증거가 있다 할지라도, 아동 연령 수준과 다양한 학업 영역에 걸쳐 적절함에 대한 더 많은 증거가 요구된다. 국가 과학교육 기준은 교사가 필요로 하는 지식과 교수기술에 대한 전문적인 판단과 논리적 추론을 기초로 학습경험을 제공해야 한다.

국가 기준은 과학 교육 시스템 전반에 걸쳐 변화가 요구되고 있고, 이에 따라 전문성 개발 역시 변화에 초점을 맞추고 있다. 과학교육 시스템의 변화를 위한 강조점은 다음과 같다.

- 교수와 학습에 대한 탐구
- 탐구와 탐문을 통한 과학 학습
- 과학 지식과 교수 지식의 통합
- 교실 현장에서 이론과 실천의 통합
- 협동적, 공동 학습
- 일관성 있는 장기 계획
- 교사 전문성 계발을 위한 다양한 활동
- 내부 전문가와 외부 전문가의 조화
- 조력자, 상담자, 계획자로서의 운영진, 개발자
- 지적, 반성적 실천가로서의 교사
- 교수 지식의 생산자로서의 교사
- 지도자로서의 교사
- 전문가 사회의 구성원으로서의 교사
- 변화의 근원이자 촉진자로서의 교사

2. 탐문중심 교수-학습을 위한 교사의 역할

교사가 아동에게 이미 정해진 지식을 직접 가르치는 것은 바람직하지 못하지만 아동의 지식 구성과정을 도와주기 위하여 사회·문화적 요인을 적극적으로 활용할 필요가 있다. 아동은 탐문중심 활동에 참여하는 동안 적절한 지지를 원한다. 교사는 탐문의 목적과 아동의 능력에 따라 지지의 수준을 조정하는 역할을 수행해야 한다. 교사는 근접발달영역 내에서 단계별 지지를 통하여 과학 학습을 이끌어 나가며, 또래 간 상호작용을 통한 협동 학습을 장려해야 한다. 효율적인 탐문을 격려하는 교사의 역할을 논의하면 다음과 같다.

1) 활동을 계획할 때 아동의 사전 지식을 활용하는 것은 중요한 요소다. 일상생활에서 겪은 과일의 맛, 날씨 경험을 통한 응축 개념 같은 사전 지식의 전이는 단순히 개념을 기억해 낸다거나 이야기 나누기 시간에 사실들을 말하는 것 이상의 깊고 확장된 효과를 더 오래 지속시키도록 하는 것이다.
2) 탐문 학습을 계획할 때 어떻게 학습 기회를 창조해 낼 수 있는가는 교사의 자료

준비와 아동의 자료 사용에 달려 있다. 처음 대하는 다소 어려운 활동이라도 자신이 사용했던 자료를 이용하여 자신의 수준에 맞는 활동을 할 수 있다. 예를 들어, 풍속 표시 같은 어려운 개념이라도 종이접시, 종이컵, 핀, 테이프, 연필을 가지고 만들었던 경험을 토대로 친구들과 협동적으로 풍속기를 만들어 낼 수 있다. 위의 예를 통해, 몇 가지 교훈을 얻을 수 있다. 첫째, 아동은 자신이 배우고 싶어 하는 것에 대해서는 아주 좋은 아이디어를 가지고 있다. 둘째, 아동은 유용한 자료로부터 무엇을 어떻게 만들어 낼 것인지를 알 수 있다. 셋째, 주변에 아동이 사용할 만큼의 의미 있는 양의 물건들을 놓아두는 것은 매우 중요하다(Martin et al., 2005).

3) 예기치 않았던 사건을 만듦으로써 아동의 이해를 지지한다. 교사와 아동은 과학에 대해 이야기하고 탐구함으로써 점점 의미를 깨달아 가게 된다. 예상치 않았던 사건이 일어날 때 교사와 아동 간 상호작용으로 상황적 이익을 얻게 된다. 문제해결을 위해 단지 정답만을 구하는 것이 아니라 추측하고 논쟁하고 정당화하는 과정을 통해서 학습을 가치롭게 한다.

4) 협동적 대화에 능동적으로 참여하도록 함으로써 과학에 대한 상호적 이해를 더욱 효과적으로 구성하게 된다. 아동은 과학학습에 근거 있는 해결방법을 받아들이고 자료를 준비하고 이해도를 높일 수 있다(Novak, 1996). 협동학습은 총체적 과학 학습의 강력한 도구다. 협동학습 상황에서 아동은 질문이 생기고, 예측하고, 계획하고, 데이터를 얻고, 조직하고, 분석한다. 아동은 과학탐문기술을 사용하는 경험을 하는 동안 많은 의사결정을 한다(Martin et al., 2005).

5) 탐문중심 교수-학습에 참여하는 과정에서 교수에 대한 생각을 수정해 나간다. 즉, '가르친다' 는 것은 더 많이 아는 사람이 더 적게 아는 사람에게 자신의 지식을 전달하거나 교사가 바람직하다고 생각하는 행동에 아동이 순응하는 것이 아니고, 의미를 재창조하고 환경이나 대상과의 협상이 중요하다는 것을 알도록 한다(Tobin, Tippins, & Galland, 1994).

6) 탐문중심 교수 방법을 사용하는 교사는 다음 5가지 근본적인 요소를 통합해야 한다. 탐구를 위한 질문, 수집할 자료, 설명을 조직하기 위해 사용할 증거, 과학 지식의 다양한 출처들의 연계, 다른 사람과의 의사소통을 위한 설명(Settlage & Southerland, 2007)이 그것이다.

7) 각 아동으로 하여금 과학 포트폴리오를 갖도록 한다. 각 단원을 시작할 때, 아동

은 주제에 대해 자신이 알고 싶은 것을 쓰거나 오디오 테이프를 만든다. 이렇게 하면서 활동 제목을 구상한다. 교사가 학습하기를 기대하는 것이 무엇인지 아동으로 하여금 알도록 하기 위해 활동 제목을 토의한다. 평가 유형으로는 체크리스트나 KWL(알고 있는 것, 알고 싶은 것, 배운 것) 차트를 사용할 수 있다. 아동은 스스로 발표를 테이프로 만들어 다시보기를 좋아하고, 집에 가져가서 가족과 공유하는 것을 즐긴다(Martin et al., 2005).

요 약   summary

❶ 유아가 과학에 대한 개념을 이해하고 적극적인 문제 해결 능력을 키우기 위해서는 환경을 탐색하고 자료를 조작하는 경험을 많이 쌓아야 한다. 그러기 위해서는 직접 활동을 통해 과학적으로 문제를 해결하고, 원리를 찾아내며, 탐구하는 과정이 필요하다. 이러한 과학과정에는 관찰, 분류, 측정, 의사소통 등이 포함되는데, 이와 같이 능동적이고 탐구적인 접근방식을 과정으로서의 '과학하기'라고 한다.

❷ 과학활동을 위한 질문은 아동으로 하여금 생각하고 설명하고 또 아동이 다시 질문하도록 안내하는 강력한 도구다. 교사는 아동에게 질문을 하기 위한 위계를 고려하여 질문해야 한다. 이러한 방법으로 질문을 유도하는 것은 아동의 직접적인 사고의 발달과 확장에 도움을 준다. 어떤 아동은 확장된 주제를 원하므로 확장된 위계적 방법으로 질문하는 것이 좋다.

❸ 탐문중심 과학교육에서 아동은 사물과 사건을 서술하고, 질문하고, 설명을 구성하고, 현대의 과학 지식에 비추어 그러한 설명을 검증하고, 자신들의 생각을 다른 사람들과 의사소통하며 나눈다. 아동은 자신의 가설을 판별하고, 비판적이고 논리적인 사고를 사용하고, 대안적 설명을 고려한다. 이러한 과정에서 아동은 과학적 추론능력, 사고기능을 결합하여 과학을 능동적으로 이해한다. 이를 위해 교사는 협동적 상호작용 상황을 조성하고 의미를 재창조하는 환경을 구성해 주어야 한다.

❹ 협동학습을 활발히 전개하기 위해서는 몇 가지 구성요소가 필요하다. 첫째는 면대면 상호작용, 둘째는 개인 책무감, 셋째는 이질적 구성집단, 넷째는 아동이 자신의 집단과 활동할 때 사회적 기술을 학습하는 일이다.

❺ 교육과정에서 과학과 다른 영역의 연계는 매우 의미가 있다. 과학과 수학, 과학과 문학, 과학과 사회교육을 연계할 수 있으며, 특히 과학과 수학의 영역은 자연스럽게 연계가 된다. 과학과 수학의 연계활동은 발달적으로 적합하며 학습을 위해 의미 있는 상황을 만들어 준다. 또한 한 학습 주제를 진행하는 동안 아동에게 다양한 수학적·과학적 아이디어와 개념을 적용하도록 상황을 제공하기 때문에 평가를 위한 풍부한 근거를 제공한다.

❻ 교육과정의 통합은 에너지, 환경, 우주, 우주여행, 바다 같은 구체적 주제를 다룰 수

있는 과학, 사회교육, 언어, 음악, 미술을 포함하여 전체 교육과정을 조직하는 것을 말한다. 통합 학습활동은 한 주제를 일정한 일정에 의해 시간의 변화 없이 진행할 수 있어 아동에게 흥미를 주며, 과학과 다른 영역이 더 효율적으로 학습되고, 과학 교수–학습의 양과 질의 개선을 위한 잠재력을 가지고 있다.

❼ 구성학습을 위해서 과학교사는 동기 부여자, 진단자, 안내자, 개혁자, 실험자, 연구자 로서의 역할을 수행해야 한다.

06 유아과학교육을 위한 환경

● 이 장 소개하기

인간은 반응하는 존재로 형성과정에 있다고 볼 수 있다. 이 과정에서 유전적인 요인과 환경적인 요인이 상호작용하여 한 개인이 형성되기 때문에 환경의 중요성을 교수-학습 과정에서 강조하지 않을 수 없다.

과학교육은 아동을 둘러싼 주변 환경과의 상호작용을 통해 환경을 이해하고 탐색해 가는 과정이다. 이러한 의미에서 과학활동을 위해 자연적 환경의 선택은 물론 조작적 환경 구성을 적절히 해 주는 일은 중요한 일이다. 인간의 성장과 발달에 있어 자연환경이나 조작적 환경뿐만 아니라 이들과 효율적인 상호작용을 할 수 있도록 지지해 주고 안정감 있는 분위기를 조성해 주는 일 또한 과학교육을 위한 중요한 변인이다. 특히 유아과학교육에 있어서의 지지적 분위기는 더더욱 강조되어야 할 영역이다.

인간의 성장과 발달에 있어 자연환경이 조작적 환경뿐 아니라 이들과 효율적인 상호작용을 할 수 있도록 제시해 주고 안정감 있는 분위기를 조성해 주는 일 또한 과학교육을 위한 중요한 변인이다. 특히 유아과학교육에 있어서의 지지적 분위기는 더더욱 강조되어야 할 영역이다.

이 장에서는 유아과학교육을 위한 환경에서 유아를 둘러싼 심리적 요인과 물리적 요인에 대해 고찰해 보고자 한다.

심리적 요인으로서 또래 및 주변 성인들과 아동들 간의 관계에서 형성되는 분위기를 살펴보고, 유아를 위한 보육 및 교육 기관의 물리적 환경이 학습에 어떻게 작용하는지 탐구해 보고자 한다.

● 과학교육의 효율성 중재를 위한 환경을 탐색함으로써 다음의 질문에 답할 수 있다.

1. 유아과학교육을 위한 환경을 정의할 수 있는가?
2. 유아과학교육을 위한 적합한 환경을 구성할 수 있는가?
3. 유아과학교육을 위한 적합한 분위기를 조성할 수 있는가?
4. 유아과학교육을 위한 교수 자료를 선정할 수 있는가?
5. 과학 학습센터를 효율적으로 구성할 수 있는가?
6. 과학교육 활동 시 실내외 안전사항 및 교구 자료의 안전 사용에 관한 내용을 숙지하고 사용할
   수 있는가?

환경을 물리적 환경과 심리적 환경으로 구분하는 일반적인 방법이 있으나 둘을 명확하게 분리해서 생각하기 곤란한 경우도 있다. 순수한 심리적 환경으로 이루어지는 **과정환경**(process environment), 물리적 환경의 일부를 재정의한 **지위환경**(status environment), 심리적 측면의 변인과 물리적 측면의 일부 변인을 합한 **구조환경** (structure environment)으로 나누기도 한다.

구조환경은 개인에게 작용하는 외적 조건과 자극이 일정한 규칙에 의하여 조직되어 체계화되어 있는 구조적 상태를 의미한다. 지위환경은 유치원의 환경, 어린이집의 환경과 같이 지위와 상태를 나타내는 환경을 말한다. 지위환경과 구조환경이 가정, 교육기관, 사회의 지위와 상태를 나타내는 정적인 환경이라면, 과정환경은 변화와 동적인 환경이다. 과정환경은 외적 환경과 조직화된 체제가 개인과 상호작용하는 동안 일어나는 유치원의 분위기, 과학활동을 위한 풍토로 융통성과 변화가 요구되는 동적인 환경이다. 유아교육 현장에서 과학활동 환경은 종합적인 환경의 의미를 지녀야 한다. 왜냐하면 과학활동은 전체 활동의 한 부분으로 일어나기 때문에 다른 활동과 상호 연관성을 갖고, 선정된 주제에 따라 전체적인 환경의 범위 내에서 과학을 위한 환경이 마련되어야 하기 때문이다. 여기서는 환경을 크게 심리적 환경과 물리적 환경으로 나누고 다시 세부 내용으로 조직하여 논의하기로 한다.

I. 심리적 환경

심리적 환경이란 과학활동을 위한 분위기를 의미한다. 물리적 환경은 때로 과학활동을 위한 자극적인 분위기를 마련해 주므로 심리적 환경에 영향을 준다. 따라서 물리적 환경과 심리적 환경은 상호 의존적이라고 볼 수 있다.

1. 지지적 분위기 조성의 중요성

아동이 과학활동에 참여하고 자신의 노력으로 활동을 활성화하기 위해서는 적절한 분위기가 형성되어야 한다. 자극적이고 활동적인 분위기를 조성해 주는 것이 중요한데, 교사 중심적이거나 권위적이어서는 안 되고 과학활동의 실제와 아동의 경험으로부터 끌어내서 활동이 효율적으로 진행될 수 있도록 해야 한다.

　과학교육을 위한 환경에서 조성되어야 할 심리적 분위기는 다음과 같이 요약할 수 있다.

① 활동 중심의 과학이 가능하려면 최소한의 규칙을 아동과 함께 세우고, 설정된 규칙과 규율이 잘 지켜질 수 있는 분위기를 조성해야 한다.
② 정해진 규칙에 따라 활동의 시작과 끝을 분명히 하고, 다른 사람의 활동을 방해하거나 자율적 활동을 제한하지 않도록 한다.
③ 과학활동 과정에서 나타난 결과나 현상이 제지되지 않는 분위기가 조성되어야 한다.
④ 분위기가 허용적이고 적절한 자극이 주어질 때 활동은 계속 촉진되고, 상호작용에서 비판적이고 합리적인 태도로 주변 세계를 이해하게 된다.
⑤ 과학교육에서 심리적 환경으로 고려되어야 할 문제는 '안전한 분위기'를 만들어 주는 것이다. 아동을 위한 활동 중심의 과학에서는 탐구와 실험을 위한 많은 학습 자료가 사용된다. 과학활동에서 자료를 안전하게 사용하고 조절하고 보존하는 바람직한 습관을 갖도록 하는 것이 중요하다.

지지적 분위기에서의 소집단활동

2. 지지적 분위기 조성을 위한 교사의 역할

탐문중심 과학교육에서 심리적 환경은 과학에 대한 태도를 형성하고, 활동을 안전하고 효과적으로 진행할 수 있도록 도와주는 심리적 분위기다. 심리적 분위기를 형성하는 데 가장 중요한 교수방법은 아동이 능동적으로 탐색하고 발견하도록 하는 교사의 지지적인 언어적 상호작용이다(Settlage & Southerland, 2007).

교실에서 일어나는 모든 일은 교사에 의해 만들어지는 사회적 분위기 내에서 이루어진다. 아동은 '틀린' 답이면 어쩌나 하는 걱정 없이 자신의 생각과 사고방식을 자유롭게 표현해야 한다. 그래서 교사가 아동의 사고를 알려는 기회를 갖기 전에 아동이 자신의 생각과 자신이 할 활동, 이야기할 가치가 있다고 알고 있는 것, 중대한 일에 대해 무시당하거나 놀림받지 않고 자유롭게 말해도 된다는 '안정감'을 느끼는 교실 분위기 조성이 필요하다. 이런 지지적인 교실 분위기를 조성하기 위해 교사는 어떻게 해야 할까?

첫째, 교사는 친구들에게 하는 것처럼 아동의 느낌과 흥미에 대해 진정한 관심을 보여 주는 것이 중요하다. 그런데 이 관심은 진정성이 있어야 한다. 왜냐하면 아동은 교사의 피상적인 관심에는 마음을 주지 않는다. 성실성은 말로 전달되는 것이 아니고 태도, 특히 아동이 하고자 하는 또 해야 할 말을 들어 줌으로써 전달된다. 교사는 아동의 지적 생활에 친숙해져야 한다. 진정으로 아동을 이해하려면 아동의 오류를 이해해야 하는데, 유아가 만들어 내는 오류 중 사소하거나 의미 없는 것은 없다는 사실을 알 필요가 있다. 아동이 보이는 오류 중 대부분은 아동의 진정한 학습시도를 나타내는 것이기 때문에 교사가 아동의 과학학습을 이해하려는 진정한 노력은 오류에 대한 이해로부터 시작되어야 한다. 그렇다고 해서 아동의 오류를 해석하는 기준이나 지침이 있는 것은 아니다. 아동을 제대로 이해하기 위해서는 아동의 자연스러운 행동을 관찰하고, 그것의 의미를 파악하도록 노력해야 한다. 결과가 어떻게 되든지 아동의 노력을 인정해야 한다.

둘째, 아동의 태도와 느낌을 파악하면 교사는 실현 가능한 현실적인 기대를 설정하기 위해 이 지식을 사용해야 한다. 예를 들어, 협동과 책임의 문제에서 모든 아동이 동시에 똑같은 수준에 도달하기 위해서는, 어떤 아동은 이런 특성들을 개발하고 적용하는 데 있어 지지가 좀 더 필요하다는 것을 인식해야 한다. 다시 말하면, 교사는 아동의 인지적 수준과 사고의 질적 도약이 가능한지를 이해해야 한다. 아동과의 토의와 대화를 통해 그들이 갖고 있는 과학활동에 대한 태도를 파악하고 활동에 대해 어떻게 느끼고 있는지 알아보아야 한다. 또한 아동이 하는 말을 중요한 것으로 인정하고 들어 줌으로써 이들을 이해한다.

셋째, 교사는 아동이 재료를 사용하고 활동을 수행할 때 책임감을 가지고 성숙한 행동을 할 수 있도록 학급을 조직해야 한다. 이것은 아동이 필요한 재료에 쉽게 접근하고, 탐색을 통해 발견할 수 있으며, 사용 후 제자리에 갖다 놓도록 교실 내의 물리적 배치에 시사점을 준다. 또한 시간관리 측면에도 시사점을 주는데, 이는 아동으로 하여금 자신의 활동을 만족스럽게 끝마칠 수 있도록 해 준다.

넷째, 교사는 단지 아동의 성취만을 받아들일 것이 아니라 그들의 노력, 사회적으로 바람직한 행동을 인정하고 격려해야 한다. 협동, 공손함 그리고 사려 깊음은 단지 사회적 기능으로서만 중요한 것이 아니고, 아동이 서로의 생각을 듣고, 마음에 새기고 또 각각의 생각으로부터 배우도록 준비된 학습공동체를 개발하는 데 도움이 된다. 물론 이러한 특성을 개발시키도록 돕는 최선의 방법은 예시와 모범을 보이는 것이다. 더욱이 아동은 공감적이고, 격려를 잘하며 공정한 교사를 좋아한다.

다섯째, 특히 과학교실에서는 호기심의 만족을 조장하며, 지구력과 창의성을 촉진하고 고무하는 것이 중요하다. 가끔은 이것이 아동을 의도하지 않은 길로 가게 하고, 학습목표에서 벗어나게 하기도 한다. 예를 들어, 아동으로 하여금 물 위에 뜨는 코르크를 탐색하다가 다른 것들을 물에 넣는 활동을 즐기도록 내버려 둠으로써 원래의 활동 계획이 흐트러질 수도 있다. 그러나 이때 교사가 즉시 개입하여 그만두도록 중단시키지 않는 것이 중요하다. 대신, 아동이 하고 있는 행동을 정확하게 보기 위해 거리를 좀 두고 주의 깊게 관찰하고, 자신이 하는 일을 설명해 보도록 하는 것이 좋다. 항상 그렇지는 않지만, 아동은 정당한 이유로 자신의 생각과 활동을 연계시킨다. 물론 교사가 생각한 바로 그것은 아닐 수 있다. 아동을 가르치는 일과 자발적 성장을 촉진하는 일 사이에 적절한 균형을 유지하는 것이 필요하다.

이렇게 조성된 환경에서 아동은 자신의 생각에 관심을 가지고 있는 교사와 확신을 갖고 토론할 수 있다. 바꾸어 말하면, 아동은 교사가 자신의 대화에 공헌할 때 흥미와 관심이 지속되고 탐구를 계속하게 된다. 아동은 언제나 자신의 탐문에 일부분이 되어 주고 파트너가 되어 주는 교사의 아이디어에 동화될 준비가 되어 있다.

II. 물리적 환경

아동의 과학교육을 다양화하고 그들의 경험을 확장시켜 주기 위해서는 외적 조건과 자극이 필요하다. 아동이 과학활동에 능동적으로 참여하고 그 활동을 활발하게 진행하기 위해 필요한 물리적 환경요인은 환경의 구성과 자료로 나누어 고려해 볼 수 있다. 아울러 과학활동을 위해 안전은 필수적이다.

1. 과학교육을 위한 환경의 구성

환경의 구성이란 아동의 활동을 자극하고 다양한 경험을 할 수 있게 하는 외적 자극으로서 물리적 조건을 제공하는 것이다. 물리적 조건을 제공하는 방법으로 과학교육을 위한 환경은 유아교육기관 환경, 자연환경 그리고 지역사회 환경으로 나누어 논의해 볼 수 있다.

1) 유아교육기관 환경
(1) 실내환경

잘 짜인 활동계획과 풍부한 시설만으로는 성공적인 탐문 중심의 과학활동을 수행하기에 충분하지 않다. 교실의 물리적 배치 또한 중요한 고려사항이다. 교사는 교실크기, 왕래 패턴, 기둥, 벽, 가려진 장소와 같은 장애물들을 유용한 장소로 활용하여 창의적이 되도록 하여야 한다. 가구를 옮기기 전에 교실의 축도를 그려 보는 것이 필요하다. 교실을 어떻게 배치할 것인가를 결정할 때는 다음과 같은 점에 유의해야 한다(Martin et al., 2005).

- 각 개인을 위해 사용 가능한 장소를 유용화하는 최선의 방법은 무엇인가?
- 아동들은 어떤 종류의 활동에 참여할 것인가?
- 어떤 종류의 재료가 사용될 것인가?
- 교실에는 어떤 유형의 가구가 있는가?
- 어떤 가구가 추가되어야 하는가? 또는 이미 있는 것 중에 어떤 가구를 없애야 하는가?

- 교실 바닥재는 무엇이며, 아동이 활동하기에 적합한가?

- 입구와 출구는 어디에 있는가?

- 전기 콘센트는 어디에 있는가?

- 어떤 왕래 패턴으로 하기를 원하는가?

- 마음속에 생각하고 있는 배치에 어떤 잠재적 위험요소가 있는가?

[그림 6-1]과 [그림 6-2]는 아동의 과학 경험을 극대화할 수 있도록 배치된 교실 구성이다. 다만 다른 영역을 강조할 때는 융통성을 유지하도록 허용할 필요가 있다.

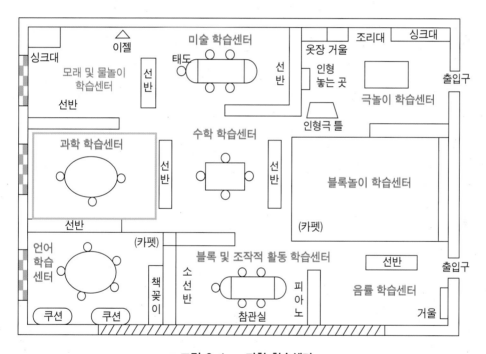

■ 그림 6-1 ■ 과학 학습센터

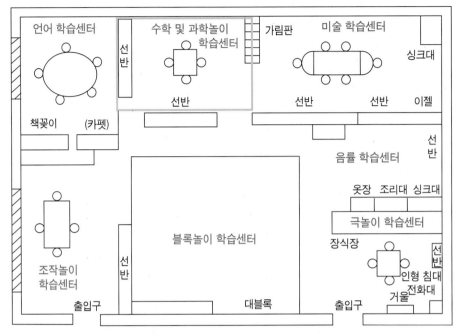

■ 그림 6-2 ■ 수학 및 과학 놀이 학습센터

(2) 과학 학습센터

① 과학 학습센터의 역할

학급의 전체 아동이 같이 과학활동을 하더라도 5E 학습 모델과 구성주의 접근방법을 수행하는 교사라면 과학 학습센터가 각각의 단위 학습을 위한 추가적인 확장활동을 만족스럽게 수용한다는 것을 알게 될 것이다. 교사는 과학 학습센터가 과학학습에서 다루는 특정 개념에 초점을 맞추고 그 개념을 더 잘 이해할 수 있도록 하는 추가적 경험을 제공하도록 고안할 수 있다.

센터는 단순히 더 똑똑한 아동이나 활동을 먼저 끝낸 아동이 가 있는 장소가 되어서는 안 된다. 모든 아동이 편리할 때 학습센터를 이용하고, 특정 과학 개념과 관련된 추가 경험을 제공하는 활동에 참여하도록 격려받아야 한다. 일단 모든 아동이 확장활동에 참여하도록 충분한 시간을 가지면, 새로운 개념을 소개하는 활동으로 변경해야 한다.

과학 학습센터에 대한 또 다른 접근은 아동이 과학과정에서 더 많은 경험을 얻도록 고안하는 것이다. 교사가 대집단에게 과학학습을 제시할 때, 기능이 더 우수한 집단이 우선적으로 대답을 가로채면 각 아동이 관찰 · 예측 · 측정 등의 과정을 수행할 적당한 시간을 갖는 기회가 적어진다. 그래서 과학 학습센터는 아동 각자가 그 영역에서 활동할 기회를 갖고 문제 해결, 측정, 예측, 과학도구 사용하기 등의 경험을 얻도록 디자인할 수 있다. 교사는 다른 과정기능에 초점을 맞추어 활동하도록 매주 학습센터를 바꿀 수 있다.

과학 학습센터는 또한 '발견 영역'—아동이 제공받은 다양한 교재를 가지고 발견하는 장소—으로 고안될 수 있다. 이 센터는 도전 영역, 즉 교사의 주당 한 문제(과학 학습문제) 만들기 장소, 아동의 문제 해결을 위한 재료 사용 장소로 고려될 수 있다. 아동이 과학 학습센터를 교사가 준비하거나 또는 상업적으로 제작된 과학 게임 장소로 사용할 수도 있다.

과학 학습센터를 어떻게 사용하든지 성공을 보증하기 위해서는 몇 가지 간단한 규칙을 정해야 한다. 〈표 6-1〉에는 과학 학습센터 활용을 위한 지침이 제시되어 있다.

합리적인 환경 구성은 과학활동의 성격과 질을 결정한다. 아동의 과학활동에 도움을 주는 실내환경으로는 과학 학습센터의 구성을 들 수 있다. 과학 학습센터의 활동 공간 구성은 아동의 자발적인 활동을 가능하게 할 뿐만 아니라 스스로 활동을 계획하고 그 활동에 자발적으로 참여하게 함으로써 자발성, 의사결정 능력, 책임감을 길러줄 수 있다. 과학 학습센터는 활동을 위한 물리적·시각적 경계를 지어 줌으로써 안정감 속에서 아동, 교사, 교구와의 상호작용을 높이게 된다.

표 6-1 과학 학습센터 사용 지침

과학 학습센터의 사용 지침
1. 활동의 목표와 목적이 분명해야 한다. 즉, 각 센터에서 하게 되는 것이 무엇인지 이해해야 한다. 센터에 주어진 활동은 아동을 좌절시키거나 혼동시키지 않고 아동의 이해를 조장하도록 준비되어야 한다.
2. 한 활동이 바뀌기 전에 모든 아동이 센터에서 활동하는 기회를 가진다.
3. 센터 활동들은 교실에서 수행되고 있는 다른 학습을 방해해서는 안 된다. 어둡게 해야 하거나, 큰 소음 또는 과도한 양의 신체적 활동을 요구하는 활동은 학습센터에 적합하지 않다. 센터는 아동의 행동을 쉽게 관찰할 수 있는 영역에 있어야 한다.
4. 적어도 60×120cm 책상이나 활동 가능한 크기의 면적이 요구된다. 만일 시청각 자료가 사용된다면 전기 콘센트가 가까이 있어야 한다.
5. 센터에서 쓰는 소비재는 신선하게 계속 공급되어야 한다.
6. 물이 필요한 활동을 할 때는 수돗물 가까이에 설치되어야 한다. 만일 가능하지 않으면 아동의 활동 참여가 방해받지 않거나 싱크대까지 갈 수 있도록 배려해야 한다.

출처: Teaching Science for All Children by Martin et al., p. 335.

② 과학 학습센터의 구성 조건

과학 학습센터의 구성은 아동의 경험과 흥미를 고려하고 주제에 맞도록 해야 한다. 아동의 이전 경험과 새로운 경험을 연결시키도록 해야 하며, 영역 속에서 자유롭고 허용적인 분위기가 조성되도록 해야 한다. 활동의 주제에 따라 관련 자료를 제공해야 하며, 주제 전개 상황에 따라 변화를 주어 아동의 흥미와 욕구를 충족시켜 주어야 한다.

과학 학습센터는 상황에 따라 아동의 주변 어디에서나 설정될 수 있다. 아동이 주변에 관심과 호기심을 갖고 탐색하려는 마음을 가질 때, 계획된 학습센터뿐 아니라 어디에서든지 효과적인 활동이 이루어질 수 있기 때문이다. 야외 산책이나 실외, 다른 학습센터에서 과학에 대한 관심이 일어날 때, 전체 아동이 모여서 이야기를 나눌 때 등 교사가 아동의 행동을 주의 깊게 관찰한다면 어디에서나 가능하다. 아동은 의문을 해결하고 경험을 보다 확장하려고 할 때 과학 학습센터에서의 관찰, 실험 등의 과학적 과정을 통해 지식이나 개념을 얻게 된다.

과학 학습센터는 아동의 과학과정 수행이 가능한 장소로서 기본적인 기구, 참고자료, 연장, 도구 등을 갖추어야 한다. 아동의 과학활동이 다양하게 나타날 수 있기 때문에 햇빛이 잘 들고 물을 사용할 수 있는 장소, 다른 여러 물건을 안전하게 사용할 수 있는 장소에 배치되어야 하며, 소음의 정도를 고려해 위치가 선정되어야 한다. 필요에 따라서는 다른 학습센터와 연계하여 활동이 전개될 수 있기 때문에 융통성 있게 조절되어야 한다.

(3) 대집단 과학활동

평평한 바닥은 전체 아동이 다 같이 활동할 때 아동을 과학활동에 참여하도록 하는 최선의 수단이다. 만일 교사가 '교사의 책상'이라고 이름 붙여진 곳에 있다면 창의적일 필요가 있다. 아동에게 맞는 크기의 책상은 하나의 대안이다. 또 다른 대안은 바닥에 아동의 과학활동 공간을 지정해 주는 것이다.

탐문중심의 과학교실에서는 협동학습을 위해 4~6명씩 소집단으로 나눈다. 아동을 위한 과학교실은 실험 중심이 아니라 할지라도 모든 아동이 과학 프로젝트에서 충분한 피드백과 안내를 받으려면 최대 20명 이내여야 한다(Martin et al., 2005). 활동을 위한 최적의 공간이 허용되어야 하고 이상적인 교실 크기가 유지되어야 한다.

아동이 집단으로 같은 책상에서 활동할 때도 몇 개의 큰 책상을 모아 좀 더 넓은 활동 공간을 준비해 주거나 교실 바닥재를 고려하여 바닥에 공간을 마련해 놓는다. 미끄러지지 않는 타일 바닥이 있어야 하는데, 반드시 필요한 것은 아니다. 카펫 바닥인 경우 지정된 바닥을 비싸지 않은 비닐 테이프로 주의 깊게 덮으면 지저분하게 흐르는 것으로부터 카펫을 보호하고 청소에 도움이 된다.

사용에 앞서 과학활동을 위한 자료를 모을 수 있는 공간을 만든다. 이 장소는 과학활동 발표를 하는 공간의 기능을 하기도 한다. 교실 안에 시설이 갖추어져 있는 기관이라면 이 공간은 과학창고와 가까이 있어야 한다.

아동의 프로젝트를 위한 보관 공간은 이 과학창고 옆에 배치되도록 해야 하는데, 가능하면 싱크대 옆을 선택하는 것이 좋다.

(4) 기술공학 자료

보육 및 유아 교육에서부터 중등교육에 이르기까지 기술공학이 주도하는 교수 자료 활용에 드는 비용은 점점 증가하고 있다. 기술공학에의 접근이 교실에서 직접 가능하든, 컴퓨터실로 이동해야 하든 21세기 교실에서 컴퓨터 사용 가능성이 교실의 기능을 극적으로 변화시킬 것이라는 데는 의심의 여지가 없다.

아동의 활동 결과물은 더 이상 종이와 연필, 분필에만 의존하지 않는다. 오늘날의 교실에서 창출해 내는 작품은 아동에게 지식을 구성하고 그들이 아는 것을 표상해 보는 다중 기회를 제공한다.

아동 수준에서 교육용 기술공학을 적용하는 데 대한 저항은 그냥 지나칠 것이 아니라 기술공학 자체의 본질과 그것의 적용이 어떻게 하면 사회에 이익이 되게 하는가를 다시 한 번 생각해 봐야 한다. 학교에서는 보통 기술공학 하면 컴퓨터를 생각하는 경향이 있는데, 현대사회의 어떤 가공품도 모두 기술공학적 산물이다.

여기에서는 어떻게 교실에서 교육적 기술공학을 사용하고 실제 생활 맥락에 적용할 것인가에 대해 생각해 봄으로써 왜 우리가 교육용 기술공학을 사용하는지 그리고 어떻게 그것을 과학교수 맥락에 적용할 수 있는가에 대한 답을 얻는다.

① 교육용 기술공학 사용의 필요성: 왜 교육적 기술공학을 사용해야 하는가

교사가 교육과정에 의해 엄격하게 기술된 내용을 기술공학 사용으로 더 편안하게 해 주든, 국가수준의 학습성취에 기초해서 교육 내용을 만들어 내는 것이 격려되는 교육기관 환경에 있든 간에 교육적 기술공학은 교실활동과 매끄럽게 통합될 수 있다. 교사가 컴퓨터 사용에 있어서 전문가라 할지라도 교육 분야에 적용할 경우 많이 부족할 수 있다. 교사는 아동에게 컴퓨터 사용 기회를 주기 전에 자신이 교육적 기술공학의 모든 면에서 전문가여야 한다는 생각에서 벗어나야 한다. 에디거(Ediger, 1994)의 연구에 따르면, 기술공학을 어떤 아동의 교실에 적용했을 때 아동의 학습에 다음과 같은 사실이 나타났다. i) 반복적으로 외우는 과제라 할지라도 흥미가 증가된다. ii) 학습을 위한 목표를 제공한다. iii) 진행 중인 학습에 의미를 첨가시킬 수 있다. iv) 분리된 조각이 아닌 관련 있는 지식을 지각하는 기회를 제공한다. v) 개별 아동의 차별성을 허용한다. 그리고 vi) 아동의 학습에 대한 태도에 영향을 미칠 수 있다.

② 기술공학 사용 기준

아동 학습의 결과물, 즉 주어진 개념의 이해를 입증하는 자료로서 아동이 만든 결과물은 교사가 그것을 만드는 데 교육적 기술공학을 사용하는 기회를 제공함으로써 다양한 형식으로 만들어질 수 있다. 그런데 교수를 위한 컴퓨터 소프트웨어가 전부 교육적인 것은 아니다. 따라서 교육기관에서의 컴퓨터 소프트웨어 사용에 대한 기준을 제시해 줄 필요가 있다. 〈표 6-2〉는 유아-초등 수준의 아동을 위한 기술공학 사용 기준이다.

우리는 이 기능과 아동의 경험을 인정하고 가치화해서 잘못된 개념을 명료화하고, 적절한 개념 형성을 자극하는 데 기술공학을 사용하며, 과학학습 맥락 내에서 이 기능을 적용함으로써 과학 개념의 이해를 강화시킬 수 있다(Nickerson & Smith, 1995). 개념적 이해는 교육적 기술공학과 과학 내용 간의 상호작용이 유목적적일 때 일어난다. 능동적인 정신과정과 아동의 발견을 조장하는 소프트웨어 선택이 중요한데, 아동의 주의 집중을 보장해야 한다. 아동은 기술공학적 교구와 상호작용하고 적절한 개념화를 형성하기 위해 기술공학을 사용해야 한다. 교육용 컴퓨터 소프트웨어는 능동적인 교수와 학습을 대신하지는 않지만 교수와 학습의 중요한 부분이고, 학습한 개념에 대해 아동이 만들어 내는 인조물의 창조 수단이다.

표 6-2 기술공학 기준

1. 기본 운용 개념	• 기술공학 체계의 본질과 작용에 대한 건전한 이해 • 기술공학 사용에 있어서 능숙함
2. 사회적·윤리적·인간적 이슈	• 기술공학과 관련된 윤리적, 문화적, 사회적 이슈 이해 • 기술공학 체계, 정보, 소프트웨어의 책임 있는 사용 훈련 • 평생학습, 협동, 개인적 추구, 생산성을 지원하는 기술공학 사용에 대한 긍정적 태도 개발
3. 기술공학 생산성 도구	• 학술을 조장하고, 생산성을 증진시키고, 창의성을 격려하기 위한 기술공학 도구 사용 • 기술공학 조장 모델 구성, 발표 준비, 다른 창의적 업적 생산과의 협조를 위한 생산성 도구
4. 기술공학적 의사소통 도구	• 협동, 발표, 다른 동료, 전문가 그리고 청중과의 상호작용을 위한 텔레커뮤니케이션 사용 • 다중의 청중과 정보와 아이디어를 의사소통하기 위한 텔레커뮤니케이션 사용
5. 기술공학 연구도구	• 다양한 자료 출처로부터 정보의 위치를 알고, 정보를 평가하고 수집하기 위해 기술공학 사용 • 데이터를 진행시키고 결과를 발표하기 위해 기술공학 도구 사용 • 구체적인 특정 과제에 대한 적합성에 기초해서 새로운 정보원과 기술공학적 혁신을 평가하고 선정
6. 기술공학적 문제 해결과 의사결정 도구	• 문제 해결과 정보에 입각한 의사결정을 위해 기술공학 자료원 사용 • 실제 세계에서의 문제 해결을 위한 전략 발달에 기술공학 사용

출처: International Society for Technology in Education(ISTE).

③ 사용 수준

과학활동을 수행하는 교실에서 컴퓨터를 활용하는 것은 구성주의 과학교수와 모순되는 일일 수 있다. 그러나 구성주의적 교수-학습 접근방법을 실행하는 기관이라 할지라도 컴퓨터를 학습도구로 적절하게만 사용한다면 학습자들의 복잡한 개념 이해 구성을 도울 수 있다. 가장 기초적인 또는 초보 수준에서 소프트웨어들은 과학적 현상을 직접 관찰하도록 사용될 수 있다. 소프트웨어는 구체적인 물체의 예와 사실들을 제공할 수 있으며, 기초적인 정보를 회상할 수 있도록 한다.

아동들은 주변 세계의 탐구를 즐긴다. 디지털카메라와 디지털 비디오카메라는 관찰기능을 개선하도록 도울 수 있고, 아동들이 자신들이 살고 있는 세상을 더 잘 알도록 도울 수 있다(Martin et al., 2005).

④ 네트워크: 교실 벽 허물기

컴퓨터를 생산도구로 활용하기 위해 숙련하기 전에는 컴퓨터 같은 기술공학은 단지 의사소통 도구로만 사용 가능하다. 그러나 기술공학의 사용은 교실, 기관, 지역교육청이라는 벽의 경계를 넘도록 허용하고, 실제 교실이 전 세계 교육기관들과의 교류를 만들어 내는 장소가 되도록 할 수 있다.

교사들에게 네트워크는 매일의 교수방법적 문제를 넘어 교육개혁에 관해 다른 교육자들과 협조할 수 있는 기회를 증대시킨다. 교사들은 시간과 장소의 장애물을 제거함으로써 추가적인 정보, 지식, 견해에 더 많이 접근할 수 있다. 네트워크를 사용하는 교사들은 다른 교사와 자료 제공 기관을 포함하여 이슈에 관해 토론하고 다양한 자료에 접근할 수도 있다. 네트워크는 전문적 기능, 즉 신중함, 조직의 합의 형성 그리고 교수 전문성과 관련된 아이디어의 개발과 공유 같은 기능의 발달을 격려한다. 예비교사들은 월드와이드웹(www) 같은 네트워크 자료 출처를 사용하고, 여러 글로벌 또는 전국적 사이트를 통해 교사훈련 프로그램과 연결할 기회를 제공받는다.

웹으로는 국가수준의 과학교육 준거뿐만 아니라 전 세계 각국의 교육에 대한 안내에 접근할 수 있는데, 이런 지식은 취업 면접에서 질문될 가능성이 있다(O'Brien & Lewis, 1999).

과학교수를 지원하는 다양한 데이터베이스도 있다. 어떤 교육청은 훌륭한 자료를 제공하는 웹사이트를 개발했는데, 특히 과학 및 교육 전문가들에 의해 검토되고 평가받은 사이트도 있다. 웹을 바탕으로 한 사이트의 개발은 교사가 쉽게 접근할 수 있는 자료를 만들어 도움을 준다. 그런데 이런 웹사이트들이 과학 자료에 쉽게 접할 수 있도록 할지라도, 교사는 이 자료들을 비판적으로 검토해야 한다. 어떤 자료가 인터넷에서 '공개적으로 출시' 되었다는 것만으로 반드시 가치 있다고 볼 수는 없기 때문이

컴퓨터는 아동들로 하여금 감각을 사용하도록 돕는다.

표 6-3 전자 자료 가치 평가 준거

1. 과제는 건전하고 의미 있는 내용에 기초했는가?

　-개념/기능 변별

　-내용이 정확한가?

2. 과제가 아동의 이해, 흥미, 경험에 관한 지식에 기초했는가?

　-그 과제를 왜 아동들에게 제시하는지 변별

3. 제공된 모든 학습 단원에 모든 안전 조처가 적절하게 언급되고 부착되었는가?

　-만일 그렇지 않으면 주어진 과제에 적절한 안전 조처를 쉽게 적용할 수 있는가? 만일 불가능하다면 이 학습 단원을 사용하지 말아야 한다.

4. 과제에 대한 교사의 견해	많다		보통이다		전혀 없다
-아동의 지능을 보장하는가?	4	3	2	1	0
-아동의 이해와 기능을 개발하는가?	4	3	2	1	0
-다른 영역과 연계하도록 아동을 자극하는가?	4	3	2	1	0
-실제 세계와 연계하도록 아동을 자극하는가?	4	3	2	1	0
-문제 형성, 문제 해결, 사고력을 요구하는가?	4	3	2	1	0
-아동 간 의사소통/상호작용을 조장하는가?	4	3	2	1	0

출처: Martin et al(2005)., p. 354.

다. 〈표 6-3〉은 전자학습 자료의 가치를 판단하는 평가 준거다. 이를 적용해 봄으로써 안전성을 고려하고 중요 자료를 찾는 데 도움을 받을 것이다.

네트워크 학습환경은 아동들에게 과학 개념의 실제 세계 적용을 제공한다. 예컨대, 공원 프로그램인 〈동물의 세계〉와 같은 데이터베이스에서 얻은 자료를 더 조심스럽게 적합한 과학적 절차에 적용하도록 격려한다.

의사소통 도구로 기술공학을 사용하는 것은 그래픽이나 문서를 전송하는 것을 훨씬 넘어선다. 상호 통신능력으로 아동 부모와 교사는 목소리, 비디오, 자료를 주고받는 네트워크에 참여할 수 있다. 유아교육기관은 전국적인 망을 통해 동영상 비디오와 목소리 접선으로 과학적 탐색을 공유하기 위해 연결하고 있다. 유치원 이전 단계부터 아동은 교실에서 학습할 학습 단원을 풍요롭게 하고 고양시키기 위해 내용 제공자들과 연결하고 있다. 동물원, 박물관, 문화센터는 상호 교환적 비디오 네트워크를 통해 제공하는 시각매체의 이익을 얻기 위해 내용 표상방법을 개조하고 있다.

개념을 이해시키기 위해 아동에게 가능한 한 많은 기회를 제공하는 것은 더 나은 개념적 구성과 보존 및 유지를 조장할 수 있다. 더 발전된 기술공학은 아동에게 증가 일로에 있는 지식 기반의 기회를 제공한다.

(5) 실외환경

과학 학습센터는 실내에서만 할 수 있는 것이 아니며 실외에 위치할 수도 있다. 과학 학습센터에서 이루어진 활동은 다른 영역이나 아동의 생활과도 연결되도록 확장될 필요가 있다. 실외환경은 실내환경을 보완할 뿐만 아니라 확장시켜 줄 수도 있다.

유치원의 실외환경은 교지를 미화할 목적으로 정원처럼 수목을 심거나, 화단을 만들거나, 채소밭·동물 사육장·연못 등을 만들기보다는 오히려 자연 그대로가 과학교육으로서의 활용 가치가 높다. 자연 형태의 것으로는 수중생물(수중, 수중과 수면 위)의 생활을 관찰할 수 있고, 식물 및 곤충과 벌레의 서식 등도 관찰할 수 있다. 유치원 전체가 풍부한 환경을 갖추고 있으면 아동은 사계절의 변화를 알게 되고, 생태계에 대해 학습하게 되며, 자연을 사랑하는 마음을 갖게 된다.

2) 자연환경

자연환경의 관찰은 과학교육을 교실 내의 활동만을 통해 학습하는 고정적인 것에서 지역에 따라 유동적인 것으로 변화하게 하여, 아동으로 하여금 학습에 더욱 적극적으로 참가하고 활동하도록 하는 데 촉진제 역할을 한다. 우리 생활 주변에는 길, 들, 산, 호수, 해안 등과 같은 생물계와 무생물계의 다양하고 풍부한 학습자원이 있을 뿐만 아니라 과학기술이 우리 생활과 어떤 관계를 지니고 있는지를 직접 체험할 수 있는 많은 견학시설이 있다.

(1) 바람직한 자연환경

자연환경이 구성되는 실례로, 먼저 식물이 살고 있으면 반드시 거기에는 생활하는 동물이 나타나게 된다. 곤충이나 작은 새는 비교적 쉽게 눈에 띄고, 주의해서 보면 거미나 지렁이 등 그 외에 여러 가지 벌레를 볼 수 있다. 유원장을 미화할 때에 정원처럼 수목을 심거나, 화단을 만들거나, 암석원 등을 만드는 것보다는 자연 그대로가 보다 교육적으로 가치가 있다. 이와 같은 자연 형태의 것으로는 수중생물의 생활을 관찰할 수 있게 한 것, 지구에 관한 활동에 유용하게 쓰일 수 있도록 지형 변화를 볼 수 있게 한 지층이나 암석 등이 있다.

이러한 관점에서 우리나라의 경우 도시에서는 학교 지역 단위별(교육청 또는 지역청)로 자연 관찰원이 설치되고 있다. 그러나 예산관계로 원아 인구의 증가에 따른 수요에 크게 못 미치고 있는 실정이다. 미국 등 선진국에서는 교육청 단위로 많은 자연보호 구역을 두고 자연의 생태를 관찰·조사할 수 있게 하고 있다. 과학교육이 자연 자체로만 이루어지는 것은 아니지만 과학교육의 기초가 되기 때문에 필요한 것이다.

도시에는 모든 자연환경이 빈약한 편이지만 주의를 기울여 보면 공원, 동산, 정원, 가로수, 공지의 잡초 등에서 인간생활과 관련된 자연을 관찰 또는 조사할 수 있다.

나무 껍질 관찰하기

(2) 자연환경의 정비와 발견

어려서부터 자연환경이 잘 되어 있는 환경 속에서 자라게 되면 으레 있는 것으로 여겨 관심이나 흥미 및 주의를 기울이지 않게 되기 쉽다. 그러나 교사가 관찰의 시점을 지시해 주면 발견을 하게 되고, 비로소 아동은 흥미와 관심의 자극을 받게 되어 스스로 자연 및 과학에 대한 학습에 적극성을 띠게 된다. 유아교육기관 주변과 관련 지역의 자연환경 전반에 관하여 교사가 사전에 조사한 다음 지형·지질·동식물·기상 등을 교재화하여 과학교육의 활동에 활용하면 아동이 주변에서 새로운 발견을 경험하게 되어 자연환경에 더 깊은 관심과 흥미를 갖게 된다.

자연환경은 누리는 것뿐만 아니라 교사와 아동이 적극적으로 발견하려는 노력을 하는 것에 그 가치가 있다. 교사는 또한 자연을 교재·학습재로 활용할 수 있도록 개선하고 정비해 나가는 데 노력을 기울여야 한다. 여기서 정비란 과학교육에 활용될 수 있도록 만드는 것을 뜻한다. 유의할 것은 원지 내의 자연환경을 발견하는 일이다. 정비도 아동과 협력해서 하면 교육적 의의가 클 것이다. 교재원이나 암석원의 경우 인공적으로 설치되는 것이지만 자연환경의 일부로서 교재와 밀접하게 관련지어 1년 동안의 교육과정 지도계획에 맞추어 정비하면 유용하게 활용할 수 있다.

자연환경은 매년 일정하지 않고 변화한다. 일정한 지역의 식물군도 지배적으로 다른 식물로 바뀌거나 새로운 식물이 나타나기도 한다. 이러한 관점에서 자연환경의 조사는 지속적으로 해야 하며 새로운 것을 발견하기 위해 계속 노력해야 한다.

(3) 자연환경의 활용

자연환경을 과학교육 환경의 교재로 활용하는 데 있어 몇 가지 관점을 고려해 보자. 먼저 유아교육기관 내 또는 주변의 자연환경을 활용하는 경우를 들 수 있다. 이 경우 유아교육기관 내에 자연 관찰원을 설치해 재배, 사육, 양식 등을 하여 활용할 수도 있고, 유아교육기관 주변에서 과학교육에 필요한 교재를 조사하여 활용할 수도 있다. 이 방법은 연중에 걸쳐서 변화나 생태를 관찰할 수 있는 이점이 있다.

그다음으로는 지역 특성을 살리는 자연환경의 활용을 들 수 있다. 이것은 교과서에 구애되지 않고 지역의 자연환경을 조사 및 발견하게 하는 방법이다. 실례로 아동에게 활동 시간을 주어 야외에 나가 자유롭게 자연을 관찰, 기록 및 발견할 수 있게 한다. 이것을 다른 표현으로 교과서에 한정되지 않는 현장학습 방법이라고 부를 수 있다.

현장학습 방법은 교재 내용에서 관찰, 조사, 실험이 필요한 것에 대해 대자연과의 전체적인 관련 속에서 생태, 생육 장소, 분포 등을 조사 · 관찰하여 부분적으로만 학습하던 것을 전체적으로 학습하게 하는 방법으로서 많은 이점을 갖는다. 이때 일정 기간 동안 합숙할 수 있는 시설이 갖추어지면 보다 깊은 자연의 생태 또는 천체 관측을 할 수 있다. 이 방법은 도시 지역의 아동에게는 실감 나는 학습을 제공하게 된다. 이 경우 교사는 의식적이고 계획적으로 이러한 기회를 계획해야 하며, 소풍 · 야영활동 등을 이용할 수도 있다. 따라서 교사는 이러한 활동을 위해 미리 답사를 통해 조사해 두어야 한다.

3) 지역사회 환경

지역사회 환경은 아동의 현장 견학을 위한 장소로 활용한다. 현장 견학은 아동에게 교실에서 볼 수 없는 사물들을 경험할 수 있는 기회를 제공한다. 현장 견학은 몇 주 동안 지속될 수 있는데, 과학뿐만 아니라 교육과정의 다른 영역에서 이어지는 활동을 뒷받침해 주는 많은 생생한 인상을 갖도록 함으로써 아동들에게 강한 동기를 준다. 현장 견학은 언제나 계획된 일과에 맞고 아동들에게 이어지는 탐구 동안 과학 개념을 발달시키는 기회를 주도록 선정되어야 한다.

[그림 6-3]은 가능한 현장 견학 장소와 기본 과학 개념 영역 간의 연계를 보여 준다. 그림의 목록에는 어떤 특정한 또는 모든 계열과 관련시킬 수 있는 박물관이나 특정 전시회는 포함시키지 않았다.

이제 몇 가지 지역사회 환경에 대해 자세히 살펴보기로 하자.

(1) 과학관

국립과학관, 어린이회관과 몇몇 기업체에서 운영하는 과학관이 지역별로 갖추어져 있다. 과학관은 지역사회의 과학발전을 위해 과학연구와 더불어 과학기술과 관련 있는 각종 자료를 수집하여 각급 학교의 과학활동을 격려하고 도와준다. 또한 과학관은 영사회, 강연회 등 여러 가지 과학활동과 관련 있는 행사를 벌인다. 이런 과학활동에 아동이 참여함으로써 과학에 대한 이해를 높일 수 있다.

(2) 동물원·식물원·수족관

각 지역에는 여러 규모의 동물원, 식물원, 수족관 등이 있다. 이 시설들은 생물을 사육·재배해서 일반 대중에게 관람하게 하며, 아울러 과학 지식의 보급 및 학술 연구까지도 수행한다. 이 시설들은 국내외의 진기한 동물이나 식물들을 수집하고 있어 아동의 흥미를 끌기에 충분하다. 그리고 생물의 종류뿐만 아니라 그 형태와 습성 및 생활 모습을 관찰하는 데 좋은 학습장이 된다.

(3) 공장·광산·발전소

공장, 광산, 발전소 등의 시설은 전국적으로 산재되어 있어 지역에 따라서는 쉽게 견학할 수 있다. 이러한 시설은 대규모적인 것으로, 현대 과학기술에 의해 대량 생산되는 과정을 이해하는 데 도움이 된다. 이 시설을 견학할 때는 시설 내용, 기계의 배치와 기능 및 생산된 제품 등에 관한 사전 지도를 통해 견학 내용을 분명히 하고, 특히 안전사고 방지에 각별히 유의한다.

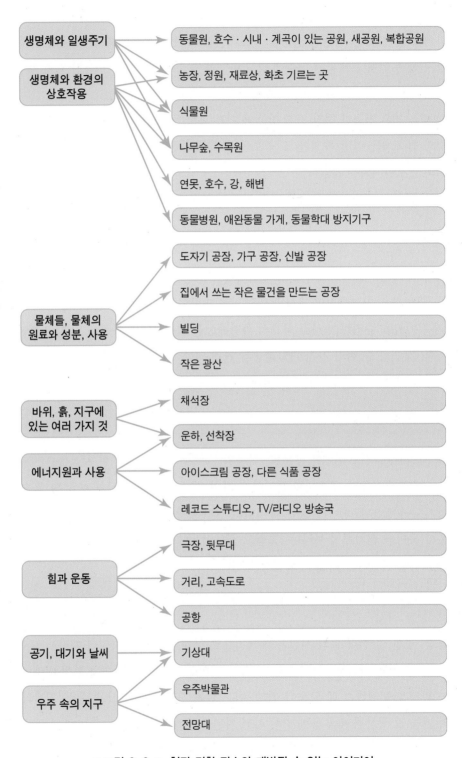

생명체와 일생주기 → 동물원, 호수 · 시내 · 계곡이 있는 공원, 새공원, 복합공원

생명체와 환경의 상호작용 → 농장, 정원, 재료상, 화초 기르는 곳

식물원

나무숲, 수목원

연못, 호수, 강, 해변

동물병원, 애완동물 가게, 동물학대 방지기구

물체들, 물체의 원료와 성분, 사용 → 도자기 공장, 가구 공장, 신발 공장

집에서 쓰는 작은 물건을 만드는 공장

빌딩

작은 광산

바위, 흙, 지구에 있는 여러 가지 것 → 채석장

운하, 선착장

에너지원과 사용 → 아이스크림 공장, 다른 식품 공장

레코드 스튜디오, TV/라디오 방송국

힘과 운동 → 극장, 뒷무대

거리, 고속도로

공항

공기, 대기와 날씨 → 기상대

우주 속의 지구 → 우주박물관

전망대

■ 그림 6-3 ■ 현장 견학 장소와 개발될 수 있는 아이디어

출처: Martin et al(2005)., p. 7.

(4) 시험장 · 농장 · 양계장 · 부화장 · 양어장

전국 각지에는 집단적인 영농을 하는 농장, 양계장, 부화장, 양어장 등의 시설이 많이 있고 이와 관련된 시험장도 여러 곳 있다. 이런 곳에서는 현대 과학설비를 이용하여 대규모 시설을 갖추고 합리적인 경영을 하고 있는 경우가 많다. 특정한 품종의 번식, 관리방법 및 연구 등을 볼 수 있는 시설은 생물학습을 위해 견학할 가치가 있다.

(5) 기상대

기상대 등의 시설은 전국적으로 산재되어 있으며, 이를 통해 현대의 과학기술이 우리의 생활과 어떤 관계가 있는지 관찰할 수 있다. 또한 전문가들이 과학활동을 하는 모습을 볼 수 있는 곳이므로 견학 장소로 적합하다.

2. 과학학습을 위한 자료

자연세계와 인공세계에 있는 사물의 탐구는 과학교육의 핵심이다. 우리가 보고 듣고 관찰한 것에 대해 이야기함으로써 많이 배운다 할지라도, 탐문을 통한 이해의 발달을 위해서는 일반적으로 자료, 교구, 정보원 그리고 다른 자료 출처가 필요하다.

국가 교육과정에 자세히 언급되어 있지 않다 하더라도, 교육과정의 틀과 기존의 비전을 실현하기 위해서는 교수자료, 교재뿐만 아니라 컴퓨터 또는 미디어 기반 교수자료들이 연계성을 가지고 활용될 필요가 있다. 특히 교수자료는 유치원부터 고등학교에 걸쳐 아주 정교하게 점진적 수준 향상의 연계성 유지뿐만 아니라 기술공학을 포함하여 복합적 구성 시스템에 의해 개발되어야 한다(NRC, 2012).

1) 사용 목적과 유용성에 따른 자료 유형

유아과학을 위한 자료 사용의 목적, 자료의 유용성에 따라 세 가지 유형으로 나눌 수 있다.

① 학습을 위한 실물: 교실 내외의 생명체 또는 비생물
② 학습 보조 수단: 측정도구, 용기, 컴퓨터 등
③ 정보의 원천: 책, CD-ROM, 인터넷, 방문객과 다른 관련 기관 등

다음 [그림 6-4]는 위의 목적을 제공해 주는 자료의 유형을 나타낸다.

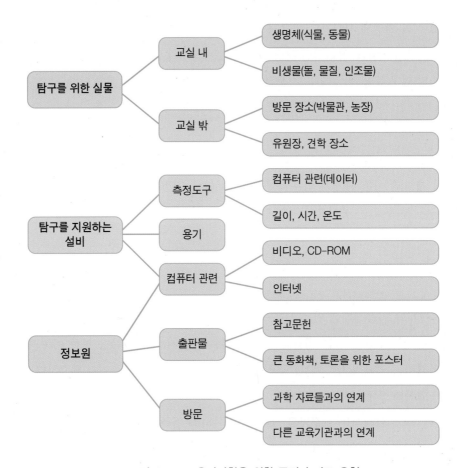

■ 그림 6-4 ■ 유아과학을 위한 목적과 자료 유형

출처: Harlen(2006), p. 208.

2) 표상에 따른 자료 유형

(1) 실물 자료

자연환경에서 볼 수 있는 여러 종류의 동물, 식물, 돌, 모래 등이 포함된다. 아동은 주제와 관련된 실물을 직접 경험함으로써 많은 것을 알게 된다. 요리하기, 동물 사육, 식물 재배와 같은 활동은 직접적이고 일차적인 학습을 가능하게 하며, 아동의 오감을 활용하게 하는 가치 있는 과학활동이다.

실물을 직접 손으로 만져 탐색해야 하는 이유는 말과 그림을 통해서 사물을 취급하는 데는 한계가 있을 뿐더러 현실에서 사물을 스스로 취급해야만 물리적 지식, 논리·

수학적 지식, 공간적 지식을 발달시킬 수 있기 때문이다. 즉, 지식은 현실에 작용하여 그것을 변형시킴으로써 구성되므로 현실 자체를 취급하지 않으면 안 되는 것이다. 또한 손으로 탐색한다는 것은 사물을 구성적으로 사용하는 것을 의미하므로, 말이나 그림이 그것을 대신할 수는 없다. 즉, 아동의 논리·수학적 지식이 잘 구조화되어 감에 따라 사물의 관찰은 더 폭넓게 이루어지고 보다 정확해진다.

(2) 구성 자료

과학활동을 구체화하기 위해서는 실제적인 자료가 활용되어야 한다. 하지만 현실적으로 직접 경험이 가능하지 않을 때, 지속적이고 장기적인 변화과정을 제시해 주어야 할 때 그리고 전문적인 과학기술이 필요할 때에는 그림, 사진, 전시, 표본과 같은 구성 자료를 사용한다. 신문, 잡지, 달력 등에서 오린 그림이나 사진은 아동의 흥미를 끌고 어려운 과학적 개념이나 사실에 대해 알거나 이해하는 데 도움을 준다. 특히 특정한 주제하에 구성한 사진 또는 그림은 과학활동을 위한 좋은 자료가 된다. 예를 들면, 그림자의 종류, 동식물의 종류, 먹이 또는 먹이사슬 등이다. 이러한 그림·사진들은 자료 전시를 위한 공간에 전시하여 아동의 흥미를 갖게 할 수 있다.

구성 자료의 활용은 다음과 같은 도움을 준다.

① 어려운 과학 용어나 정보를 보다 분명하게 해 준다.
② 과학에 관련된 중요한 화제나 문제를 제기하고 소개할 수 있다.
③ 실물 자료와 관련지어 사물에 대한 인식, 느낌, 추론을 보다 명료화할 수 있다.
④ 직접적으로 접하기 어려운 다양한 자연환경과 시간과 공간을 넘어선 포괄적 현상들을 함께 제시해 줌으로써 변화과정을 알게 하고 비교 가능하게 한다.

(3) 시청각 자료

시청각 자료는 과학적 경험을 폭넓게 해 주고, 과학적 사고와 의식의 폭을 넓혀 줄 수 있으며, 관찰이나 경험이 불가능한 것들을 간접적으로 이해하도록 도와준다. 시청각 자료에는 다음과 같은 것을 활용할 수 있다.

① 과학 관련 서적

과학적인 주제를 다루어 아동에게 정보, 암시, 실험, 탐색의 근거를 제시한다. 과학

활동의 목적과 내용을 제시해 주고 직접적으로 다룰 수 없는 과학적 정보와 과학 프로그램에 대한 일반적인 개요를 제시해 주는 지침서로 사용된다.

② 필름 스트립(film strips)

전기, 운동, 식물의 성장과정, 빛의 진행과 같은 동적인 탐구활동에 주로 사용된다. 일련의 활동을 연속적으로 제시하는 데 효과적이므로 활동의 특성에 따라 교사가 제작하여 사용하거나 관련 기관(예: 한국교육개발원, 한국어린이육영재단)에서 대여받아 사용할 수 있다. 특히 활동 이후 개념의 확장을 도와주기 위해 필름을 사용할 수도 있다.

③ 슬라이드

슬라이드는 가장 많이 활용되는 시청각 자료로서 필요할 때 특별히 제작하여 사용한다. 제작된 슬라이드는 활동에 맞게 정리해 놓고, 필요에 따라 녹음기를 이용하여 설명을 동시에 해도 효과적이다.

④ 투영기

투영기에는 투시물 환등기(over head projector: O.H.P)와 실물 환등기(opaque projector: OP)가 있다. 투영화(transparencies)는 과학에 관련된 도표나 스케치, 그림, 사진, 모형 등을 확대해서 볼 수 있다. 과학과 관련된 투영화는 비교적 쉽게 제작할 수 있으므로 교사와 아동에게 요구되는 과학활동의 특성에 따라 제작 · 사용할 수 있다.

⑤ 영상매체 기자재

TV, VTR 등은 매체의 특성에 따라 과학의 현상이나 사실을 보고 들을 수 있도록 사용되는 자료다. 필요한 과학적 사실을 매체로 담을 수 있고 음향과 영상이 함께 제시되기 때문에 간접 경험이라 할지라도 생동감이 있어 현실적으로 사용될 수 있다.

⑥ 녹음 자료

소리를 녹음해 보는 것은 좋은 과학활동이다. 아동이 견학 장소에서 여러 가지 상황을 녹음하는 것이 그 예다. 즉, 동물원을 견학했다면 동물의 울음소리, 새들의 울음소리 등을 녹음하여 올 수 있다. 또한 소리를 내는 악기를 만들었을 때에는 각종 악기의 소리를 들어 보고 녹음해 볼 수도 있다. 상품화된 자료를 이용할 수도 있다.

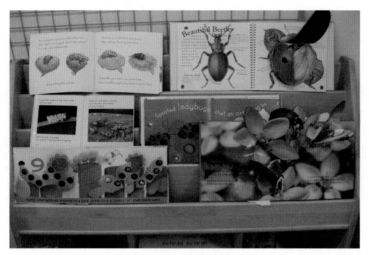

딱정벌레를 소개하는 도서

3. 안 전

탐문중심 교수–학습 접근방법을 시행할 경우, 교사의 단계적 지도와 더불어 아동 자신의 의도에 따라 실험·관찰·탐색을 격려하기 때문에 반드시 안전한 방법으로 활동이 이루어져야 한다. 안전수칙 없는 실험은 있을 수 없다. 안전수칙과 안전 절차를 적용할 때는 분명하고 엄격할 필요가 있다(Martin et al., 2005). 안전수칙이 탐문중심의 과학을 지지해 주는 경우, 안전의 문제를 시행착오에 의해 배우도록 하는 것은 전적으로 부적절하다. 이런 점에서 두 가지 물음, 즉 '어떤 예견되는 위험요소들이 있는가?' '교육활동을 위해 어떤 자료들이 필요한가?'를 염두에 두어야 한다.

여기에서는 이에 대한 답을 구성해 본다.

① 안전한 과학교수의 철학 개발을 조장한다.
② 법적 책임을 이해하도록 돕는다.
③ 안전장비를 언제 어떻게 사용할지를 이해하도록 돕는다.
④ 교실, 현장 견학 장소, 활동 공간의 안전 평가를 수행하도록 조장한다.
⑤ 교재 및 교구의 안전하고 효율적인 저장 장소가 필요한 과제를 검토한다.
⑥ 과학 자료를 분배하고 유지하고 목록화하는 방법을 제안한다.

1) 활동실 안전을 위한 일반사항

- 안전에 관한 법률, 관련 행정기관의 법규와 정책 및 절차에 관한 조항을 보관하고 있어야 한다.
- 아동의 특성을 이해해야 한다. 아동은 위험을 즐기는 경향이 있으므로 일이 발생하기 전에 일어날 가능성이 있는 문제들을 예상하여야 한다.
- 아동의 실험 · 활동이 적절하게 진행될 수 있도록 깨끗이 정리하고 활동 내내 또는 실험 내내 아동들을 주의 깊게 감독한다.
- 아무리 사소한 사고나 상처도 즉시 교사에게 보고하도록 한다.
- 실험 중 교실에서 뛰지 않도록 한다.
- 실험 수행 전후에 손을 씻고 실험이 완전히 끝나면 깨끗이 정리정돈한다.
- 실험을 수행한 후 사용한 자료들을 정리하고 적절히 보관할 정도의 충분한 시간을 계획한다.
- 교사가 하는 모든 말을 주의 깊게 듣도록 한다.
- 사고 발생 시 어떤 법규가 적용되는지 관련 기관의 정책 및 절차를 알고 있어야 한다.
- 교재 · 교구는 적절하게 보관되어야 한다. 위험한 교구는 교실에 노출된 채 두지 말아야 한다.
- 교재 · 교구를 취급하기 전에 발생 가능한 위험을 잘 알아 둔다.
- 실험 시 집단의 크기는 혼란이나 사고가 발생하지 않고 안전하게 실험이 수행될 수 있을 정도의 수로 제한한다.
- 물이나 그림물감을 사용할 때는 물이 흡수되지 않는 앞치마를 입는다.
- 안전하게 행동하고 보안경 등 필요한 보호장비를 사용하여 아동에게 긍정적인 역할 모델이 되도록 한다.
- 활동을 시작할 때 아동에게 위험에 대해 주의를 환기시킨다. 준비된 자료를 조사하고, 아동이 기록할 수 있도록 격려하며, 만일 위험 상황이 발생하면 관리자에게 즉시 보고하여 상황이 바르게 정리될 수 있도록 설명한다.
- 아동에게 교실 바닥에 떨어뜨린 종이나 물건 등을 반드시 줍도록 상기시킨다. 그럼으로써 아동이 미끄러지거나 넘어지는 것을 방지할 수 있다.
- 바닥에 흘린 것은 즉시 닦는다. 타일 바닥에 물이 묻어 있으면 아주 미끄럽다.
- 깨진 유리 조각을 쓸어 담기 위한 빗자루나 쓰레받기가 늘 준비되어 있어야 한다.

- 불을 사용하는 경우에 특별히 적절한 안전교육을 시키며 소화기의 사용법을 환기시킨다.
- 화학약품은 무슨 일이 일어날까 하는 호기심을 가지고 섞어 보지 못하도록 가르쳐야 한다. 또 교실 안에는 최소한의 양만 둔다.

2) 교구 및 자료의 안전한 사용

- 아동으로 하여금 실험활동에 사용하게 될 모든 재료 및 교구와 친숙해지도록 한다.
- 모든 교구 및 재료는 위험성이 있다는 것을 인식시킨다. 아동과 활동하기 전에 반드시 미리 실험해 본다.
- 세제를 쓸 때는 반드시 계량스푼을 사용한다.
- 풀, 마커, 매직펜 등은 수성이면서 무독성인 것을 사용한다.
- 가위, 칼 등 날카로운 물건은 조심스럽게 다루게 한다. 특히 어린 아동은 날이 무디고 끝이 날카롭지 않은 가위를 사용하도록 한다.
- 유리제품은 조심스럽게 쥔다. 거울, 프리즘, 날카로운 모서리가 있는 제품을 사용할 때는 상해 방지에 유의한다.
- 입 안에 어떤 물체도 넣지 않도록 한다. 클립, 작은 블록, 구슬 등은 삼킬 위험이 있다. 실험 자료 중 교사가 허락하기 전에는 어느 것도 맛보거나 먹게 해서는 안 된다.

어린 아동은 끝이 날카롭지 않은 가위를 사용해야 한다.

- 실험에 사용된 용기에 음료를 담아 마시지 못하도록 한다.
- 뜨거운 물건을 다룰 때는 주의를 요한다. 만질 때는 두꺼운 장갑이나 패드를 사용하고 활동 시 교사의 지도감독이 필요하다.
- 건전지에 철사를 연결하지 못하도록 한다. 화상의 위험이 있다.
- 비닐팩을 사용할 경우에는 머리에 뒤집어쓰기 쉬운 크기인지 확인하여 피하도록 한다.
- 온도계를 사용할 때는 수은 온도계보다 알코올 온도계를 사용한다.

3) 활동실의 동물과 식물

동물과 식물은 아동에게 직접 경험을 제공한다. 아동에게는 정원에 식물을 심거나 애완동물을 다뤄 볼 수 있는 심화된 경험이 필요하다. 아동이 살아 있는 동식물과 상호작용할 때 그들을 지지하고 적절히 안내한다. 또 동물과 식물이 어떻게 아동의 삶에 영향을 미치고 또 어떻게 그것들을 돌보는지 알 수 있는 기회를 갖도록 허용한다.

- 교실에 동물을 소개하기 전에 교육 당국의 정책을 알아본다.
- 아동과 동물 모두 상해를 입지 않도록 각별히 유의한다.
- 포유류는 자신의 새끼를 보호하기 위해 물거나, 할퀴거나, 발로 찬다. 교실에서 다루기 적합한 애완동물로는 토끼, 쥐, 햄스터, 기니피그 등을 들 수 있다. 동물들이 음식을 먹을 때는 절대 방해해서는 안 된다.
- 살아 있고 질병이 있는 야생동물이나 질병을 옮길 가능성이 있는 동물은 절대 교실에 가져오지 못하도록 한다.
- 동물이 살 수 있는 적절한 우리를 제공한다. 동물들은 전염되지 않도록 청결하게 관리해야 하며, 반드시 안전하게 닫힌 우리에 있도록 해야 한다. 주말이나 공휴일에 돌봐 줄 사람도 반드시 정해 놓아야 한다.
- 믿을 만하고 잘 알려진 가게에서 동물을 구입한다.
- 기관에 자기 집에서 기르는 애완동물을 가져오지 않도록 한다. 만일 교실에 가져오면 주인이 돌보도록 한다.
- 동물을 괴롭히지 말고 철망으로 짜인 우리 안에 손가락이나 물건을 넣지 않도록 한다.
- 동물이 물거나 할퀴었을 때는 즉시 교사에게 알리도록 한다.

- 동물을 다룰 때는 두꺼운 장갑을 사용하고, 동물을 다루기 전후에 반드시 손을 씻도록 한다.
- 친숙하지 않거나 낯선 동물을 관찰할 때는 만지거나 집어 들지 않도록 한다.
- 동물보호협회와 동물원의 직원은 동물을 위한 건전한 환경을 갖춘 교실을 만드는 데 도움을 줄 것이다.
- 과학기구 및 재료상에서 구입한 동물은 밖에 방치해서는 안 된다. 많은 곤충이나 작은 벌레는 다른 동물의 먹이로 사용될 수 있다. 죽이거나 버려야 할 경우 플라스틱 용기에 넣어 얼린 후 버린다.
- 탐색에 사용되는 식물은 교사가 잘 아는 것이어야 한다.
- 식물의 어느 부분도 절대 입 안에 넣지 않도록 한다(교사는 먹을 수 있는 식물, 과일, 야채와 먹을 수 없는 식물의 구별방법과 차이점을 강조하고자 할지도 모른다).
- 어떤 종류의 식물도 만져서는 안 된다.
- 아동이 어떤 식물에 알레르기 반응을 하는지 알도록 한다.
- 식물을 만진 후 손을 씻지 않고는 절대 먹지 않도록 한다(식물의 어느 부분은 독이 있는 경우가 있다).
- 만지면 안 되는 독성 식물로는 독 있는 아이비, 옻나무, 독참나무 등이 있다.
- 먹으면 안 되는 독성 식물로는 독버섯, 백부자, 아마릴리스, 삿갓풀, 싸리풀, 자리공, 쑥국화, 디기탈리스, 독말풀 등이 있다.
- 수액에 독이 있는 식물로는 협죽도, 능소화 등이 있다.
- 일반 가정용 식물에도 독이 있다는 것을 알아야 한다.

4) 실외 안전

현장 견학은 유원장 주변, 이웃 동네 또는 더 먼 곳 어디에서 이루어지든 탐구 영역의 학습에 가치 있고 긍정적인 보탬이 된다. 다음의 정보는 안전하고 즐거운 실외 경험을 위해 도움이 된다.

- 세심한 계획은 안전한 생산적 실외학습을 위한 열쇠다.
- 교사가 개인적 경험으로 잘 알고 있는 곳이 있더라도 장소는 아동과 같이 선택한다.
- 그 지방에서 자라는 식물 중 어느 것이 독성이 있는지 대학이나 전문 기관에 문

의한다.

- 무엇을 볼 것인지, 각각의 장소에서 얼마나 오래 시간을 보낼 것인지, 장소를 옮길 때는 얼마나 걸리는지 알아 둔다.
- 방문에 앞서 미리 관련된 활동을 계획한다.
- 견학하는 동안 아동으로 하여금 질문하고 관찰하고 발견하도록 격려한다.
- 그룹으로 나뉘었을 때 다시 모이는 장소, 시간에 대한 계획 등 안전규칙을 재검토한다.
- 안전과 상호 책임을 명확히 하기 위해 팀 체제를 확립한다.
- 물리적 경계와 시간적 한계를 분명히 설정한다.
- 응급처치 기구와 비상 운송을 위한 돈을 준비하고 비상 연락망을 갖춘다.
- 보육 및 교육 기관은 아동이 가는 견학 장소의 현장 전화번호를 알아 두어야 하며, 만일 도움이 필요하면 누구에게 연락할 것인지 알아 둔다.
- 관리자와 부모의 허락을 미리 받는다(부모 허락서와 사전에 교통 수단 계획 요구).
- 긁힘, 곤충에게 물림, 식물 독의 위험을 방지하기 위하여 팔, 다리가 나오지 않는 옷을 입힌다.
- 사전에 각 가정에 준비할 의복, 장비 목록을 보낸다.
- 집단의 크기에 따라서는 부모로 구성된 자원봉사자와 함께한다.

요약   summary

❶ 심리적 환경은 아동이 과학에 대해 긍정적인 태도를 형성하고 활동을 흥미 있게 진행할 수 있도록 도와주는 분위기다. 분위기가 허용적이고 적절한 자극이 주어질 때 활동은 계속 촉진될 수 있으므로, 교사는 아동과의 언어적 상호작용을 통해 이러한 분위기를 조성함으로써 아동이 능동적으로 활동에 참여하여 탐색하고 발견할 수 있도록 도와준다.

❷ 물리적 환경은 아동의 과학교육을 다양화하고 경험을 확장시켜 주기 위한 자극으로 환경 구성과 활동 자료로 나뉜다. 합리적인 환경 구성은 과학활동의 성격과 질을 결정한다. 아동의 과학활동에 도움을 주는 실내환경으로는 과학 학습센터의 구성을 들 수 있다. 과학 학습센터의 활동 공간 구성은 아동의 자발적인 활동을 가능하게 할 뿐만 아니라 스스로 활동을 계획하고 자발적으로 참여하게 하여 자발성, 의사결정 능력, 책임감을 길러 줄 수 있다. 과학 학습센터는 활동을 위한 물리적·시각적 경계를 지어 줌으로써 안정감 있게 아동, 교사, 교구와의 상호작용을 높인다. 활동 자료는 실제로 만지고 조작할 수 있는 실물 자료(동물, 식물, 돌, 모래 등)와 현실적으로 직접 경험이 가능하지 않고 지속적이고 장기적인 변화과정을 제시할 때 필요한 구성 자료(사진, 그림, 전시, 표본 등), 과학적 사고와 의식의 폭을 넓혀 줄 수 있는 시청각 자료(슬라이드, 테이프 등)를 상황에 맞게 적절히 제공해야 한다.

❸ 활동실 내, 교구 및 재료의 사용, 활동실에서 재배하거나 사육하는 식물과 동물, 실외활동 시 안전에 대한 철저한 준비와 관리를 통해 모든 활동에서 위험을 극소화하고 안전하게 활동하는 일은 매우 중요하다. 이를 위해서는 아동의 특성을 이해하고, 그에 맞는 적절한 환경을 제공하며, 활동 전에 일어날 가능성이 있는 위험에 대해 미리 알려 주어야 한다.

07 유아과학교육 평가

● 이 장 소개하기

교육은 목적을 가지고 있고, 그 목적을 구체화하기 위해 학습자들에게 제공한 학습 프로그램이 어느 정도 목표에 도달하였으며, 교사의 교수는 학습자들에게 적절하였는지를 평가하게 된다.

이렇게 본래의 교육 목적을 달성하고 그 결과를 다음 교수활동 수행계획에 반영하기 위해서는 학습자의 다양한 능력 및 학습활동을 평가하거나, 효율적인 과학교육을 위한 국가 또는 지역 교육청 수준의 기준을 마련하여 그 충족 정도를 파악해야 한다. 총체적 과학을 위해 과학과정의 기능, 지식이 평가되어야 하며, 과학적 사고발달을 촉진시킬 수 있는 과학활동을 수행했는지 평가하는 절차가 요구된다.

과학교육의 효율성을 측정하기 위해 사용되는 평가는 다양하다. 또한 적절한 평가방법을 선택하기 위해 다양한 평가 유형을 알아야 한다.

이 장에서는 유아과학교육에서의 평가의 목적과 역할을 설명하고, 아동의 과학적 태도 및 능력과 사고과정을 평가할 수 있도록 다양한 유형의 평가방법을 알아보고자 한다.

● 아동, 프로그램, 교사에 대한 평가를 통해 다음의 질문에 답할 수 있다.

1. 아동의 상태를 정확하게 이해하기 위해서는 어떻게 해야 하는가?
2. 과학활동이 아동의 과학적 성공을 위해 적합한 방법인지 판단할 수 있는가?
3. 무엇을 평가해야 하는가?
4. 어떻게 평가해야 하는가?
5. 언제 평가해야 하는가?
6. 평가의 방향을 설정할 수 있는가?

학습 전 코끼리

학습 후 코끼리

I. 평가의 목적과 역할

평가(assessment)는 교육과정(curriculum)과 교수의 성공—중요한 경쟁력을 고려한 아동의 성취—을 측정하기 위해 사용되는 수단을 말한다. 평가는 대규모 표준화 테스트와 같은 형식적 방법과 퀴즈, 학교 프로젝트, 교사가 만든 질문 같은 좀 덜 형식적인 학급 기반 평가 절차를 포함할 수 있다.

1. 평가의 목적

아동이 무엇을 알고 있는지 알기 위해 논의를 했을 때, 평가에는 적어도 세 가지 교육적 목적이 없다.

1) 학습을 돕기 위해서 학급에서 사용하는 형성평가. 이 평가는 교수를 수행하는 동안 교사와 아동에게 진단적 피드백을 제공하도록 고안된다. 교사는 교수 수행 과정을 안내하기 위해 개별 아동에 대한 평가 정보가 필요하다.
2) 학급, 학교 또는 교육청 사용을 위한 총괄평가(아동의 성취수준 판단을 위한). 이 평가에는 각 개별 아동이 무엇을 성취했는지 판단하기 위해, 각 단원의 끝이나 학년 말에 주어지는 테스트가 포함된다.
3) 프로그램 평가를 위한 평가(학급, 학교, 교육청, 국가에 걸쳐 비교를 위해 사용되는). 이 평가에는 다양한 교수 프로그램의 성취가 어떻게 다른지를 측정하기 위해 고안된 표준화 테스트가 가끔 포함된다.

학교, 교육청, 정부는 전형적으로 이들 세 가지 목적을 위해 평가를 사용하는데 오늘날은 때로 네 번째 목적, 즉 교사 효율성 측정하기를 위해 평가를 사용하기도 한다. 지금까지 복합적 평가 유형이 별개로 고안되었고 서로 연계가 잘 이루어지지 않았다. 그런데 교육 시스템에서는 교수수행 기능을 지원하기 위해 협조적으로 전체 시스템으로써 잘 운영되어야 할 필요가 있다. 즉, 다양한 유형의 평가가 교육과정에 기술된 목적을 공유하도록 모두 연결되어야 하고, 동시에 구체적인 하나의 목적을 성취하도록 고안된 기준과도 관련성을 가져야 한다.

더 근본적으로는, 현재의 교육 시스템은 여러 가지 다른 목적의 평가를 이해하고 표현하는 데 있어 세심함이 부족하고 그들이 서로서로, 또 특수 주제에 대한 기준과의 연관성이 부족하다. 예를 들어, 교육적 책무 목적을 위한 학업 성취를 평가하기 위해 전국적으로 사용되는 현 표준화 검사 유형의 돌출적이고 잦은 잘못이 평가의 다른 목적을 충족시킬 수 있다는 것이다.

2. 평가의 용도: 학급단위 사용, 대규모 사용

목적의 차이에 덧붙여, 사용 맥락에서도 평가들 간 차이가 있다. NRC(2012) 보고서에서 논의된 바에 따르면 여러 평가에 의해 공유되어야 하는 바람직한 디자인이 많다. 학급 수준(형성평가 또는 총괄평가 목적을 위한)에 의해 의도된 디자인, 국가 수준(전형적으로 책무 목적)에 의해 대규모로 사용하고자 의도된 디자인, 또한 각 맥락에 따라 별도로 적용하는 유일한 디자인도 있다. 공유 디자인이든 유일한 디자인이든 과학 평가 도구와 정보원으로는 현 세대(generation)를 충족시키지 못하고 있다.

학급을 위한 용도든 대규모 집단을 위한 용도든, 대부분의 과학 평가는 아직도 종이와 연필 테스트를 사용하고 제한된 문제유형에만 맞는 형식(formats)이다. 사실, 이러한 유형의 평가는 과학적 설명을 만들어 내거나 과학적 이해에 근거한 의사소통과 같은 성취를 측정하기에는 적절치 않다. 또한 과학탐구 수행이나 과학적 논쟁에 참여하는 모든 단계를 디자인하거나 실행하는 아동의 능력을 평가할 수 없다.

3. 평가 디자인하기

과학교육기준 framework(NRC, 2012)와 일치하고, 평가의 다양한 목적을 만족시키며, 사용상 다양한 맥락에서 기능을 하는 높은 질의 과학 평가를 디자인하는 것은 과학 평가의 중요한 목적이다. 그것은 성취를 위한 관심과 투자를 요구하게 된다. 그러한 과학 평가는 새로운 과학기준 framework에 기술된 지식과 실천의 전 범위를 최종 목표(target)로 해야 한다. 그 평가들은 내용영역으로서의 과학에 대한 아동의 이해와 접근방법으로서의 과학에 대한 아동의 이해를 검증해야 한다. 또한 아동이 자신의 지식을 적절히 적용할 수 있고, 과학과 엔지니어링의 실천, 융합 개념, 학문적 핵심 아이디어가 아동의 기존 지식과 기능의 기반 위에 더 심화된 이해로 이끄는 접근방법으로 지식을 구축하고 있다는 증거를 제공해야 한다. 과학 평가는 과학 전문가들이 요구하는 타당성, 신뢰성, 정당성을 위한 준거를 충족하는 한편 아동교육의 모든 목적을 달성해야 한다.

앞에서 제시한 평가의 세 가지 목적과 맥락이 다른 상황에서 사용한다 할지라도, 질적 평가 도구는 세 가지 같은 구성 요소에 기인한다. 즉, (1) 검증되어야 할 지식과 실천을 나타내는 내용기반 인지에 대한 이론과 데이터, (2) 아동이 지식과 관심의 실천을 숙련했는지에 대한 정보를 제공할 수 있는 과제(tasks)와 관찰, (3) 지식과 실천에서의 차이를 정당하게 획득한 아동의 수행 채점을 위한 질적 · 양적 전략이다. 모든 평가는 의도된 목적과 사용 맥락에 맞도록 분명하게 디자인되어야 한다.

II. 과학과정 평가

1. 평가에 포함되는 과정

과학과정을 평가하기 위해서는 우선 어떠한 과정을 포함시켜야 할 것인가를 결정해야 한다. 이 책의 제1장에서는 과학과정을 기본 과정과 통합된 과정으로 분류하여 제시하였다. 기본 과학과정에는 관찰하기, 의사소통하기, 분류하기, 측정하기, 추론하기, 예측하기 등이 포함될 수 있고, 통합된 과학과정에는 변인 확인하기, 자료 구성하기, 변인 간의 관계 기술하기, 수행 자료 얻기, 자료 분석하기, 가설 구성하기, 조직적으로 변인 정의하기, 조사 설계하기, 실험하기 등이 포함될 수 있다.

기본 과학과정과 통합된 과학과정의 관계를 그림으로 표현하면 [그림 7-1]과 같다. 그리고 이들 과정을 평가방법과 관련시켜 과정 기능에 따라 어떤 방법이 적절한지 〈표 7-1〉에 정리하였다.

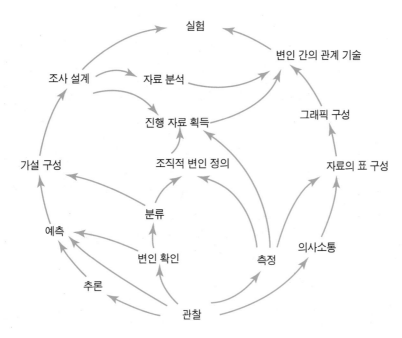

■ 그림 7-1 ■ 과학의 기본적인 과정 기술과 통합된 과정 기술

출처: Rezba et al(1995).

표 7-1 평가의 복합적인 형태

평가	과정
개방적 질문	관찰하기
	일관된 요인 유지하기
수행 과제	분류하기, 측정하기 추론하기, 예측하기 변인 간의 관계, 변인 정의 실험하기
포트폴리오	변인 확인
교사지필 검사	의사소통
자기/또래/부모 체크리스트	자료를 표로 만들기
교사가 시각적으로 확인한 체크리스트 (컴퓨터 처리를 위해)	실험행동
교사평정	그래프 기술
집단 내 개인적인 수행평정	조사설계
면접	가설 구성

2. 평가에 포함되는 활동

각각의 과학과정을 평가할 때 구체적으로 사용하는 활동내용을 소개하면 다음과 같다.

1) 관찰하기

- 보기(색깔, 크기, 모양, 측정)
- 듣기
- 만져 보기(질감, 온도, 압력)
- 맛보기
- 냄새 맡기

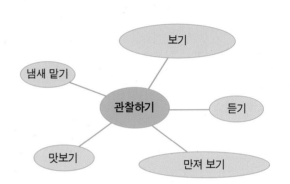

2) 의사소통하기

- 상징 사용하기
- 지도 그리기
- 구두 기술
- 신체 표현
- 숫자
- 쓰기언어
- 음악
- 표 만들기(자료 이용)
- 그리기
- 도표
- 개념지도
- 모델
- 그래프

3) 분류하기

- 관찰할 수 있는 특질로 단순하게 분류
- 복합적인 특질로 분류

• 순서화로 분류

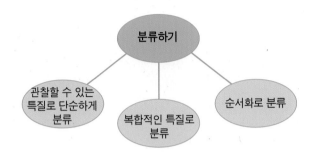

4) 측정하기

• 측정 내용: 길이, 크기, 면적, 부피, 온도, 양, 무게
• 측정 방법: 비표준, 표준 측정 단위로 재기

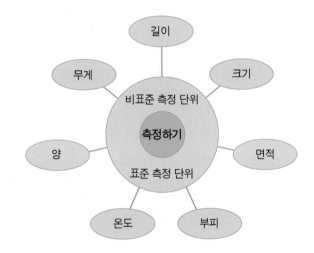

5) 추론하기

• 과거에 경험한 것에 의해 이미 알고 있는 것을 말하기
• 감각으로 직접 관찰한 것을 말하기

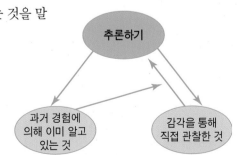

6) 예측하기

• 관찰, 추론, 예측을 구별하기

- 관찰된 증거의 패턴에 기초하여 예측을 구성하기
- 예측과 증거를 수정하기 위해 새로운 관찰 사용하기

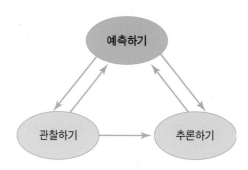

III. 과학적 사고 평가

과학적 사고 영역은 자연과 물리적 세계에 대한 사고와 탐구 방법을 포함할 수 있다. 과학적 탐구과정을 강조하는 이유는 모든 과학 교수와 내용을 위한 기초를 과정기술이 내포하고 있기 때문이다.

과학적 사고 영역은 아동이 관찰하기, 기록하기, 표현하기, 질문하기, 설명하기, 결론 내리기 등을 통한 능동적인 조사를 어떻게 하는가를 평가하는 데 목표를 둔다. 교사는 아동의 과학적 사고를 평가할 때, 반드시 아동의 과학적 경험을 반영하도록 해야 한다. 〈표 7-2〉는 마스든과 마이젤스(Marsden & Meisels, 1994)가 개발한 3, 4, 5세 아동의 과학적 사고 영역의 수행평가 지침이다.

표 7-2 과학적 사고 영역의 수행평가 지침

연령 영역	3세	4세	5세
탐구 하기	1. 교구와 자연현상을 탐구하기 위해 감각을 사용한다. 3세아는 매우 호기심이 많다. 일상생활에서 사용하는 물건을 자연스럽게 관찰한다. 보도블럭 위의 개미를 보고 흥미 있어 한다. 아동의 '과학적'	1. 교구와 자연현상을 탐구하기 위해 감각을 사용한다. 4세아에게 탐구는 매우 중요하다. 보고, 만지고, 들어 올리고, 굴리고, 실험하는 것은 이 나이의 아동에게는 자연스럽다. 비록 교사에게 자유분방함을 요	1. 생물과 비생물의 특성과 행동을 관찰하기 위해 감각을 사용한다. 5세아를 위한 과학적 사고의 첫 단계는 환경을 탐색하기 위해 감각을 사용하는 데서 시작된다. 이 시기의 목표는 호기심, 관심을 격려하는 것이다.

	호기심의 예는 다음과 같다. • 새소리에 귀를 기울이고 친구, 교사의 말(질문)에 귀를 기울인다. 솔방울을 보고 관찰하고, 송진 등을 만져 보고 끈적거림을 느낀다. 젖은 모래를 만져 보고 얼마나 차가운지를 느낀다. • 소리 테이프를 듣고 물 흐르는 소리와 비행기 소리를 구별한다. • 기어가는 개미를 보고 얼마나 빠른지, 입에 무엇을 물고 가는지 궁금해한다. • 기계와 도구의 소리를 듣고 그 차이에 귀를 기울인다.	청할지라도 아동은 관찰을 통해 학습한 것을 보여 주려고 의도한다. • 물과 모래의 탐구활동을 통해 물의 흐름, 손가락 사이로 빠져나가는 물과 모래를 느낀다. • 손가락의 힘에 따라 피아노의 소리가 다름을 인식한다. 따라서 다양한 소리를 탐구한다. • 타일, 양탄자, 모래 위에서 달리는 트럭이 속도에 어떤 차이를 나타내는지 탐구한다. • 실외에서 나는 소리를 듣고 그것이 트럭, 비행기, 개 짖는 소리인지 구별한다.	아동은 관찰하고 조작하고, 실험할 때 물리적인 세계와 더 친숙해질 수 있다. 아동의 관찰기술은 다음과 같은 행동으로 나타난다. • 비눗방울을 관찰한다. • 곤충의 다양한 움직임(기기, 뛰기, 놀기) 행동을 안다. • 모래상자에서 손에 닿는 느낌을 이해하고 어떻게 쏟아지는지 관찰한다. • 새의 둥지를 주의 깊게 조사하고 어떻게 짓는지 궁금해한다. • 꽃향기를 맡아 보고 꽃마다 향기가 다름을 안다.
탐구 하기	2. 조사를 위해 도구를 사용한다. 3세아는 경험을 통해 특수한 사물의 특성에 초점을 맞춰 도구를 선택하고 사용한다. 도구(돋보기, 렌즈 등)는 사물을 보는 데 도움을 준다. 도구 사용의 예는 다음과 같다. • 돋보기로 다양한 물건을 본다. 삼발이 돋보기 속에 여러 물체를 놓고 관찰한다. • 스포이드로 물 속에 물감을 떨어뜨려 본다. • 거품기로 달걀의 거품을 내어 본다. • 샴푸나 물비누 통의 펌프로 내용물을 꺼낸다.	2. 조사를 위해 도구를 사용한다. 4세아는 관찰한 것을 보다 조직화된 방법으로 정교화한다. 교사의 지지로 관찰한 것을 결론으로 이끈다. 도구를 사용하여 관찰하고자 하는 것을 보다 정확하게 특성을 찾아 묘사한다. 과학적 조사를 위해 도구 사용에 흥미를 보이는 예는 다음과 같다. • 지렁이의 둥그런 등을 확대경으로 관찰한다. • 비눗방울을 관찰한다. • 돋보기나 현미경으로 사물을 관찰한다.	2. 정보를 모으기 위해 도구를 사용한다. 5세아는 다양한 도구에 관심을 갖는다. 돋보기, 기어, 측정도구 등 다양한 과학도구에 흥미 있어 한다. • 모든 물건을 돋보기로 본다. • 양팔저울로 무게를 잰다. • 깔때기나 튜브로 모래, 물을 실측한다. • 자전거의 바퀴가 체인, 기어를 통해 돌아가는 것을 조사한다. • 조류에 관한 책을 통해 창 밖의 새를 찾아본다.
	3. 관찰한 사물을 비교한다. 관찰한 사물을 성인과 함께 비슷하고 다른 것으로 나눈다. • 조개껍질을 모아서 비슷하거나 다른 것끼리 모은다. • 책 속의 벌레를 보고 날개가 있는지 없는지 본다. • 다양한 물체가 뜨고 가라앉는지 알아본다. • 새들의 차이를 구별한다. • 리듬악기의 다양한 소리를 듣는다.	3. 관찰한 사물을 비교한다. 관찰한 물건을 비교할 때 안내를 해 주면 더 쉽게 할 수 있다. 눈 위, 모래 위의 발자국을 비교한다. 같고 다름을 비교하기를 즐긴다. 비교를 통해 아동의 능력을 보여 준다. • 다양한 지름을 가진 튜브에 모래와 물을 넣고 흐르게 한다. • 물에 뜨고 가라앉는 물체를 비교한다.	3. 관찰한 사물을 비교한다. 환경을 관찰한 후 더 나은 발견을 하기 위해 교사의 도움을 통해 관찰한 것을 조직한다. 사물을 모으는 것을 즐긴다. 패턴을 찾고 유사점과 차이점을 알아낸다. 관찰한 것을 통해 비교하고 조직한다. 사물을 모으는 것을 즐긴다. 패턴을 찾고 유사점과 차이점을 알아낸다. 관찰한 것을 통해 비교하고 조직한다.

		• 피아노 건반을 누를 때 다양한 압력에 따라 다르게 소리가 난다는 것을 안다. • 타일과 양탄자 위에서 트럭을 밀 때 속도가 다름을 안다. • 과학 영역 안에 있는 사물들을 비교한다.	• 젖은 모래와 마른 모래를 비교하고 건물을 지을 때 용도의 차이를 안다. • 나뭇잎 패턴을 만든다. • 동물을 뛰고, 달리고, 날 수 있는 것끼리 모은다. • 관찰한 것을 보고할 때 정확하고 확실하게 한다. • 콜라주를 할 때 질감을 비교한다.
탐구 하기	4. 적절한 수행 지시가 없다.	4. 능동적인 탐구를 통해 질문의 답을 찾는다. 놀이과정에서 아동의 활동은 '만일~한다면 어떤 일이 일어날까?'와 같은 질문을 유도한다. 교사 안내로 아동은 더 나은 관찰, 도표 만들기, 정보를 통한 관찰, 조직하기를 통한 질문에 답을 할 수 있다. 이는 아동의 탐구를 이해하도록 돕는다. • 물레방아를 만들어 물을 붓는다. • 얼음이나 눈이 방의 온도에 따라 어떻게 변화하는지 관찰한다. • 손전등을 비춰 본다. • 현상을 관찰하고 '왜' '무엇' 등의 다양한 질문에 대답한다. • 다양한 사물에 자석을 대어 보면서 자석 실험을 한다. • 색깔을 혼합하면 어떤 일이 일어나는지 안다. • 다양한 길이의 카드보드 관으로 소리를 만들어 본다.	4. 능동적인 조사를 통해 질문의 답을 찾는다. 5세아는 관찰한 것을 어떻게 이해하고 어디서 답을 찾아야 하는지 등을 아는 데 도움을 필요로 한다. 다음의 몇 가지가 아동이 정보를 찾는 데 도움을 줄 수 있다. • 물을 빨대로 빨아올리면 왜 물이 솟는지 알려고 한다. • 관찰한 것을 도표에 그리고 기록한다. • 관찰한 현상을 조사할 때 교사의 도움으로 해결한다. • 뜨거나 가라앉는 물건, 자석, 건전지, 전구 등에 대한 정보를 발견하기 위해 실험을 설계한다. • 사람을 옮겨 주는 다양한 수단(에스컬레이터, 엘리베이터, 기차, 비행기, 버스 등)을 도표로 만들기 위해 책을 찾거나 관찰한 것을 회상한다.
질문 하기와 예측 하기	1. 자연세계에 대한 의구심을 표현한다. 3세아는 의미 있는 질문을 하기보다 관찰한 것을 말하는 데 치중한다. 질문은 정보를 모으기 위한 의미라기보다는 대화에 사람을 개입시키기 위한 것이다. 3세아에게는 세상은 흔히 기쁨의 근원이 된다. 그리고 '일상의 것'에 대하여 매우 열성적이다.	1. 자연세계에 대한 의구심을 표현하고 질문한다. 4세아는 격려받고, 설명이 되었을 때 세상에 대해서 놀람과 인정을 보인다. 세상에 대해 보여주는 성인의 관심에 크게 영향을 받는다. • 추운 겨울밤, 창문에 맺힌 서리를 경이로워한다. • 다양한 옷감의 질에 즐거움을 나타낸다.	1. 자연세계에 대한 정보를 찾고 의구심을 표현한다. 대부분의 경우에 '왜'라는 질문을 하도록 배웠다. 그러나 새로운 정보를 일반화하는 데 과학과정을 사용하고 관찰하기 위해 도움을 필요로 한다. 과학적 조사를 통해 관심이 증가한다. • 바퀴 달린 탈것, 다른 모양의 사물들이 어떻게 움직이는지 관찰한다.

질문 하기와 예측 하기	• 물을 플라스틱이나 튜브 속에 넣고 흔들 때 방울(거품)이 생 기는 것을 신기해한다. • 손전등으로 물건을 비춘 결과 에 신기함을 느낀다. • 공이 점점 커지고 터진다는 것을 안다. • (과학 영역 외 책상 위에 있는) 동물, 식물, 물건을 관찰한다.	• 손가락으로 으깬 진흙에 놀 란다. • 주전자 속의 크림이 버터로 변한 것에 놀라워한다. • 교구에 대한 관찰을 한다(동 물, 식물, 과학교구). • 자연세계에 대해 관찰한 결과 를 기초로 의사소통을 한다.	• 동굴, 둥지, 여우굴과 같은 동 물의 집을 연구함으로써 동물 의 생활을 탐구한다. • 동물을 수집하여 돋보기로 유 사점과 차이점을 구별하고 탐 색한다. • 곤충, 새둥지, 씨앗들이 어느 부류에 속하는지 연구하고 탐 색한다.
설명 하기와 결론 도출 하기	1. 적절한 수행 지시가 없다.	1. 적절한 수행 지시가 없다.	1. 관찰과 탐구를 기초로 하여 설 명을 구성한다. 과학적 사고는 관찰, 결론 도출, 미래 사건에 대한 결론 제시를 요구한다. 아동은 자신이 관찰한 것에 대해 알기 시작한다. 비록 과학적으로 정확한 것은 아닐지라도 그 이유 를 알기 시작한다. 모은 정보와 교사의 지시 및 안 내로 관찰한 것, 즉 무엇이 일어 났는지에 대한 이유를 조직한다. • 달팽이, 조개도 감각이 있으므 로 무엇이 나타나면 집 속으로 들어간다는 것을 설명한다. • 색을 섞으면 다른 색이 된다 는 것을 설명한다. • 스펀지가 더 크기 때문에 플 라스틱 배는 뜨고 스펀지는 가라앉는다고 추측한다. • 식물이 자라기 위해서는 물, 햇빛, 비료 등이 필요하다는 것을 인지한다. • 검증을 예측하기 위해 반복 조사를 설계한다.

IV. 과학교육의 평가 유형

과학교육을 수행함에 있어 아동이 어떻게 진보되어 가는지를 알아내어 필요하다면 환경을 재구성하거나 다른 활동을 제공하거나 교수방법을 수정할 수 있다. 또한 교사는 아동의 진보에 대해 아동과 의사소통할 수 있고, 부모 또는 행정기관에 아동의 상태를 알리기 위해 대화의 기회를 가질 수 있다. 이 모든 것은 활동의 기록과 평가를 통해서 가능해진다.

평가는 교육과정의 변화와 함께 변해야 하며 다음의 규준들이 강조되어야 한다.

① 아동의 평가는 활동에 통합되어야 한다.
② 다양한 방법으로 기록하고 평가방법이 다양하게 사용되어야 한다.
③ 수학과 과학의 모든 측면이 평가되고 지식, 개념들 간의 연계성이 평가되어야 한다.
④ 프로그램의 질을 판단하는 데 있어서 활동과 교육과정을 동등하게 고려해야 한다.

1. 수행평가

평가는 명확하고 분명한 목적과 목표에 맞추어서 수행되어야 하는데, 객관적이고 종합적인 관찰을 해야 하며 판단의 기준(standard)과 규준(norm)에 근거하여 수행되어야 한다. 특히 유아교육에서 평가는 아동의 성장과 발달을 돕고 아동의 학습행동을 개선하기 위한 것이다. 이에 따라 위의 규준들을 충족시키고 과정중심 교육과정에 적합한 평가방법으로 수행평가가 이루어져야 한다. 수행평가가 이루어져야 하는 이유는 다음과 같이 요약할 수 있다.

① 학습활동을 개선시켜 준다. 수행평가의 목적은 아동 개개인의 전인적인 성장과 발달을 이해하고 도와주는 데 있다. 이를 위해 교사는 아동 개인의 학업 성취 결과를 분석하여 후속 학습을 계획하고 학습활동의 개선방안을 모색할 수 있다.
② 아동을 이해하기 위한 과학적인 자료를 제공해 준다. 다양한 유형의 수행평가에

의해 아동을 보다 잘 이해할 수 있게 된다.

③ 부모나 관리자, 관련 행정기관에 필요한 아동 관련 자료를 제공해 준다. 각 아동에 대한 평가 결과는 아동의 발달을 위해 도움을 줄 수 있다.

④ 교사의 지도방법을 개선시켜 준다. 평가 결과를 통하여 교사는 교육목표 달성도를 파악할 수 있을 뿐만 아니라 지도방법에 대한 반성 자료로 삼을 수 있다.

⑤ 아동의 학습 동기를 유발시킨다. 적절한 관심의 표현이나 피드백을 사용함으로써 아동의 학습 동기를 유발시킬 수 있다(국립교육평가원, 1997).

2. 사전 지식의 평가: 학습 전 무엇을 알고 있는가

모든 아동은 학습 전에 이미 사전 지식을 가지고 있다. 구성주의 평가는 먼저 아동으로 하여금 자신이 아는 것과 그것에 대해 얼마나 확신하는지를 보여 주도록 한다. 교사는 아동에게 자신이 할 수 있는 것과 아는 것, 편안하게 느끼는 것이 무엇인지를 표현할 기회를 주어야 한다.

① 새 목록을 첨가(배운 것)하도록 한다.

② 잘못 이해하고 있는 개념을 수정하도록 허용한다.

③ 일지, 놀이, 대화, 표상(예: 모델, 사진, 쓰기) 등을 통해 배운 것을 적용해 보도록 한다.

④ 배우고자 하는 아동의 바람을 표현해 보도록 한다.

3. 관 찰

활동 중인 아동을 관찰하여 간단한 진술로 기록할 수 있고 또 활동이 끝난 후까지 확대시킬 수 있다. 아동의 행동에 대한 관찰은 교사에게 아동의 학습과정에 대한 실마리를 제공해 준다(국립교육평가원, 1997). 아동 간의 상호작용, 아동과 교수자 간의 상호작용을 세밀하게 기록하는 것은 아동이 어떻게 생각하는지, 어떻게 느끼는지에 대한 판단의 기초를 제공해 줄 수 있다. 이와 같은 관찰 결과는 시간의 경과에 따른 개개인의 행동 변화를 판단하기 위한 비교 자료로 사용될 수 있다.

1) 관찰 내용

교사가 평가를 위해 활동 중인 아동을 관찰할 때는 대체로 다음과 같은 것을 기록할 수 있다.

① 사용되고 있는 기능
② 행동과 상호작용
③ 사용하는 전략
④ 아동의 잘못과 자기 수정이 되고 있는 것들
⑤ 아동의 흥미와 사회성
⑥ 사용되고 있는 의사소통 형태(언어 표현/기록물, 수, 그림, 모델 등)
⑦ 특수한 활동에 대한 태도
⑧ 개념/기술이 사용된 목적
⑨ 사용된 기술/개념에 대한 확신

2) 관찰 방법

관찰의 목적이나 결과를 어떻게 활용하느냐에 따라 차이는 있지만, 흔히 사용할 수 있는 관찰 방법은 학습과정에서 자연스럽게 나타나는 아동의 행동을 관찰하는 것이다. 이러한 초점 없는 관찰(unfocused observation)은 특별히 관찰할 목표대상과 행동을 설정하지 않는다.

반면, 어떤 특정한 대상이나 행동에 초점을 두는 관찰(focused observation)을 할 경우에는 특정한 학습 영역 또는 특별히 한 아동에게 관찰을 집중해야 한다. 이런 유형의 관찰에서 교사는 아동이 하는 행동이나 말을 가능한 한 구체적이고 정확하게 기록한다. 관찰이 발생하는 맥락의 기록을 고려할 수도 있다. 관찰과 더불어 날짜의 기록 역시 아주 중요하다. 초점이 있는 관찰을 할 때는 관찰의 목적이 일어나는 일을 정확하게 기록하는 카메라 기록이라는 것을 명심해야 한다. 그리고 다음을 위해 관찰 노트에 해석을 남겨 두고, 관찰이 이루어지는 동안 아동에게 어떤 도움도 자제해야 한다.

3) 관찰 시간

매일 아동 관찰에 비중을 많이 둔다. 그렇다고 관찰 기록이 교실의 일상적인 흐름을 방해해서는 안 된다. 간단히 노트하거나 체크리스트에 기록함으로써 시간 절약의 효과를 얻거나 아동이 독립적으로 활동하는 때를 활용한다. 교실활동의 구성에 따라 관찰할 시간을 확보하기 위해 주간계획에 관찰 시간을 둘 수도 있다. 보조교사와 부모를 활용함으로써 이 중요한 관찰 시간을 보장받을 수도 있다.

아동 관찰은 평가자가 관찰하고자 하는 바로 그 활동(authentic activities)을 아동이 하는 바로 그 상황(authentic situation)에서 행해야 한다. 평가의 기초로서 관찰이 갖는 가장 강력한 힘은 바로 실제 세계를 반영할 수 있다는 것이다(Harp, 1993).

또 다양한 맥락에서 다양한 활동을 관찰해야 한다. 즉, 교수 시간, 놀이 시간, 짝과 같이 있을 때, 이야기를 쓸 때 그리고 평가 의도가 있다면 가능한 한 다양한 시간대에 다양한 맥락에서 관찰하는 것이 필수적이다. 몇 번 관찰하지 않고 평가하는 것은 단 한 번의 테스트에 근거해서 아동을 평가하는 것과 다름없다(Harp, 1993). 관찰을 할 때 특정한 시간에 본 것을 나타내기 위해서 체크리스트에 표시를 하거나 간단한 일화기록을 사용한다.

4) 관찰 결과의 수집과 기록
관찰을 통해 결과를 수집하고 기록하는 방법으로는 표본추출법, 사건표집법, 평정척도법, 실험법 등 다양하나, 여기서는 일화기록법과 체크리스트에 대해 자세히 살펴본다.

(1) 일화기록법
교사들은 보통 일과 운영 중 발생하는 다양하고 흥미 있는 일들을 알게 된다. 예를 들어, 아동은 실외 영역에서의 '발견산책'에서 모은 여러 가지 물체를 자발적으로 분류하기도 하고, 생일잔치 때 차려 놓았던 여러 종류의 사탕을 비교·관찰하고 개수를 셀 것이다. 일화기록은 차트나 노트에 그러한 사건, 행동, 기술을 주의 깊게 기록한 것인데, 기록된 결과는 후에 재검토할 수 있고 교수 목적과 관련시킬 수도 있다. 예컨대, 부모와의 면담 시간에 활용할 수 있다.

① 기록 방법 및 관리
어떤 기록 방법도 교사의 모든 목적을 다 충족시키지는 못하지만 수첩에 간단히 관

아동의 이름 ○ ○ ○		
날 짜	관찰 내용	나타난 행동, 태도, 활동 등

■ 그림 7-2 ■ 개별 아동의 일화기록 양식

찰 내용을 기록하거나 학급일지에 체계적으로 적어 넣어 칸을 비워 두지 않아야 한다. 또는 날짜가 적힌 색인(index) 카드에 적어 둘 수도 있다. 어떤 경우에는 '메모지(stiky notes)'를 사용할 수도 있다.

일화기록은 틀이 없이 완전히 자유롭게 이루어지지만 프로그램의 목적과 일치할 때 도움이 된다. 우선 교사가 가장 편하다고 느끼고 가장 좋다고 생각하는 방법을 선택한다. 그러나 가장 생산적이라고 생각되는 방법을 설정하기 전에 몇 가지 방법을 시도해 볼 필요가 있다.

가장 기본적인 방법은 기록을 위한 일정한 양식(form)을 만들어 놓는 것이다. 개인별로 각각 다른 양식을 사용하거나 혹은 한 학급 전체 아동에게 적용할 하나의 양식을 선택한다.

• 바인더 방법은 번거롭고 어려우며 활동 중 바인더를 가지러 가야 하므로 수업 분위기가 흐트러질 수 있다.
• 메모지를 사용할 경우 주머니에 넣고 다니다 필요할 때 빨리 꺼내서 기록한 후 다시 넣을 수 있어 편리하다. 다만 양식에 적어 넣을 시간이 필요하다.
• 색인 카드는 파일 박스(file card box)에 있는 각 아동의 이름 아래 철해 둘 수 있다. 일정한 시간에 관찰된 아동을 확인하여 색인 카드 위에 그 아동의 이름을 적어 넣는다. 주머니에 넣고 다니다가 필요할 때 꺼내서 쓸 수 있기 때문에 메모지만큼 신중하게 관리할 수 있다.

어떤 일화기록 방법을 사용하든 간에 가장 중요한 단계는 수집된 기록을 검토하고 분석하는 일이다. 일단 모든 '객관적인' 일화기록을 수집하면 관찰한 것들을 해석해야 한다. 아동의 행동 또는 학문적 기능 등에서 어떤 주제나 경향을 찾아내야 한다. 기록의 분석은 어떤 영역의 위치를 바꾼다거나 교수 프로그램을 추가 또는 변경하는 것 등 더 심각한 것일 수도 있다. 이런 기록들은 후에 파일 박스에 철할 수도 있고 아동이 귀가한 후 그날 철할 수도 있다.

② 일화기록의 효과

일화기록은 프로그램 평가를 위한 자료로서뿐만 아니라 부모들에게 보고용 정보를 제공함으로써 유용한 교수적 피드백 효과를 제공한다. 또한 기록들을 잘 조직하고 요약된 진술로 압축했을 때는 과학적 발달에 대한 기본적인 증거가 될 수 있다. 기록 내용이 아동들의 일상적인 과학적 아이디어 및 구성과 관련된다면 학습방법에 있어서 구성주의적 견해와 아주 일치한다.

(2) 체크리스트

체크리스트는 기록하기 쉽고 빠르며 사용하기에 편리하고 최신의 정보를 말해 줄 수 있다. 그리고 잘 사용하기만 하면 유용한 정보를 얻을 수 있다. 체크리스트는 관찰자가 사용하는 기능과 행동의 목록이며, 표시는 기능이나 행동이 현재 있는지 없는지를 나타내 주는 것이다. 체크리스트는 그 기능이 얼마나 수행되었는지를 판단할 필요가 없고 단지 현재 있는 상태 그대로를 보는 것이다.

체크리스트를 기록할 때 유의할 점은 어떤 기능을 배울 때 표시하면 아동이 어떻게 진보되고 있는지에 대한 진실된(authentic) 모습을 보지 못한다는 점이다. 한 아동이 특정한 날에 어떤 상황에서 하나의 특정 기능을 사용하는 것은 그 아동이 그 기능을 '안다'는 것을 의미하지는 않는다. 체크리스트는 하나 이상의 맥락에서 여러 번에 걸쳐 하나 위의 목적을 위해 그 기능을 사용했을 때 또 기록된 장소나 상황이 제공되었을 때만 유용하다. 이렇게 기록된 체크리스트는 아동들의 과학발달에 관해 기록한 일화기록이나 다른 색인들을 체계화하고 압축시킬 수 있도록 해 준다. [그림 7-3]은 현장에서 유용하게 활용할 수 있는 체크리스트 양식을 보여 준다(Baker & Baker, 1991).

전략	성취 수준				
	사용은 입증 못함	접근하나 사용하지 않음	불안하게 사용	사용	일차 사용
더 단순한 것 시도					
구체적임					
체계적임					
좋은 표상 발견					
규칙성 발견					

■ **그림 7-3** ■ 체크리스트 양식

① 체크리스트 구성

체크리스트 구성은 아동을 위해 우선적으로 고려할 것과 어떤 목표를 결정할지를 도와준다. 또한 교사로 하여금 더 나은 아동 관찰자가 되기 위한 마음의 틀을 만들도록 도와준다(Goodman, Bird, & Goodman, 1992).

기능 체크리스트를 만들기 위해 교사는 성취목표를 찾기 위한 과제를 분석할 필요가 있는데, 그러기 위해서는 많은 시간을 소비해야 한다. 따라서 유치원 교육과정이나 프로그램이 제공하는 교사 지침서 등에서 미리 마련된 국가나 프로그램이 요구하는 체크리스트에서 항목을 구하는 것이 좋다.

모든 학급에서는 아동 개개인에 대한 체크리스트를 준비해야 한다. 관찰하고자 하는 기능이 정해지면 그것을 얼마나 자주 관찰할 것인가를 결정할 필요가 있다. 대부분의 경우 3개월마다 관찰하는데, 관찰 희망 빈도를 조절하여 공간이 충분한 체크리스트를 계획해야 한다.

② 체크리스트의 효과

• 교수계획: 일화기록 역시 교수 피드백 효과를 제공하지만 체크리스트가 아동 각각의 장점과 약점을 가장 잘 그려 낼 수 있다. 체크리스트가 그려 낸 지도를 통해 특정 주제에 추가적 경험을 제공할 것인지, 새로운 주제를 소개할 것인지 결정할 수 있다. 또한 다른 영역과의 통합을 가능하게 해 주고, 어떤 영역과의 통합이 필요한지를 알려 준다. 일반적 원칙은 아동의 약점을 치료하기보다 그들의 장점을 살려 주는 데 있다.

- 부모와 행정기관에의 보고: 체크리스트는 부모와 교직원, 행정기관에 아동 각각의 과학적 역량의 진보를 보고하는 한 방법이 될 수 있다. 더욱이 집단 전체의 일반적 수행에 대한 기초를 마련하고 집단 역량과 개인 역량을 비교하기 위한 근거를 제공한다. 집단 보고 또는 비교는 한 집단의 점수로 각 개인 점수의 평균을 사용하는 방법이 가장 쉽다. 그런데 아동 간 비교는 주의를 요한다. 아동은 각각 다양한 측면에서 강점과 약점을 가지고 있기 때문에 그 차이점을 최소화하거나 제거하지 않고 오히려 과학에 국한시키지 않은 교육과정 전반을 강조해야 한다.
- 프로그램 평가: 체크리스트의 가장 주된 공헌은 프로그램 운영 중 아동이 만들어 내는 진보와 프로그램에 의해 개발된 전 범위에서 아동이 발휘하는 역량을 알아낼 수 있다는 것이다. 이렇게 아동의 진보와 역량을 기록하는 것이 프로그램 효과를 추산해 내는 가장 좋은 방법일 수 있다. 평가는 과학학습의 범위를 넓히고자 할 때 아주 중요하다. 잘못된 평가가 이루어지지 않도록 주의해야 한다. 예를 들면, 상업용 평가는 아동의 학습과 프로그램 효과에 대한 불완전하고 부정확한 정보를 제공할 수도 있다. 적절하게 구성된 체크리스트는 범위가 너무 좁은 것은 아닌지, 초점이 흐린 것은 아닌지 하는 우려감 없이 진심을 다해 가르칠 수 있는 근거를 제공한다.

5) 관찰평가의 제한점

관찰을 통해 아동의 활동 진행과 행동을 기록한다. 일화기록을 통해 수집된 정보들은 후에 분석할 때 많은 시간이 소요된다. 일화기록에 비해 체크리스트는 단지 현재 그 기능이 있는지를 보는 것이므로 얼마나 잘 수행했는지 판단할 필요가 없기 때문에 시간의 소비에서 본다면 일화기록의 단점을 보완할 수 있다.

4. 포트폴리오

아동은 모든 영역에서 자신의 능력을 나타낸다. 아동이 활동 시간 내내 한 활동 수행과 전 영역에 걸친 샘플 작품 수집으로서의 포트폴리오(portfolios)는 개별 아동에게 학습이 발생했다는 증거를 보여 준다. 학습과정의 증거로서 포트폴리오를 통해 일정 기간 학습자가 이루는 성장과 발달의 과정, 성취능력, 노력, 진전도를 이해할 수 있다. 수집된 작품 샘플을 평가하기 위해 교사는 다음과 같은 것을 준비해야 한다.

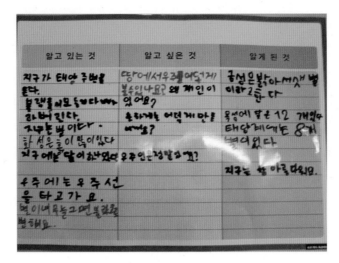

행성에 대하여

- 준비물: 접이 서류철(accordion folder), 대봉투, 파일 상자, 작은 메모지
- 사전 · 사후 행동: 자화상, 그림, 샘플 작품 등
- KWL 차트: 아동이 알고 있는 것(what you know), 아동이 알고 싶은 것(what you want to know), 아동이 배운 것(what you learned)
- 행동으로 표현된 기능 체크리스트: 아직 안 됨, 진행 중임, 숙련됨
- 스티커 붙이기: 평가 준거방법으로 1개(완성), 2개(잘함), 3개(아주 잘함)
- 관찰일지
- 나타난 아동의 흥미
- 사진, 비디오테이프
- 단순히 따라 읽기/상호작용적 이야기 읽기
- 음악/동작을 통한 창의적 표현
- 개념의 전이
- 문학을 통한 확장된 학습
- 여러 영역의 기록: 드라마, 놀이, 활동, 이야기
- 작품 수집일: 예) 5월/10월/2월

5. 탐문중심 과학교수를 위한 평가

1) 과제에 대한 도구 선정

평가(evaluation), 검사(testing), 측정(assessment), 수행평가(performance assessment), 참평가(authentic assessment) 등은 교육자들이 자주 사용하는 용어이지만 같은 말은 아니다. 학습활동의 흐름도 중 단원의 평가단계에서 도구는 가장 적절하게 구성되고, 아동이 언제 일정한 과학 개념을 이해해야 하는지 그 시기에 맞게 결정하고 또 교수에 맞게 변형될 수 있도록 선정되어야 한다는 사실을 알 필요가 있다. 적절한 개입은 아동에게 있을 수 있는 잘못된 개념을 수정할 수 있도록 해 준다. 아동의 이해와 수행의 평가는 학습 단원이나 주제의 끝에 이루어지는 총괄기능이라기보다는 계속적이고 누적적(형성적)이어야 한다. 탐문중심 과학교육을 수행할 때 유용한 평가도구로서 **통합평가**(Embeded Assessment)는 교수가 평가 간 경계선을 긋지 않으며 정규 학습활동의 흐름에 통합되는 평가전략을 일컫는다. 이 평가는 'within' 혹은 'an integral part of'를 의미한다.

여기서 이루어지는 평가활동, 즉 교사의 관찰, 아동이 어떻게 활동하는가에 대한 노트 만들기, 아동의 활동 포트폴리오 검토, 토의 등은 그 자체가 효율적인 교수활동이 되고 또한 평가를 위한 유용한 자료원이다(Treagust, Jacobowitz, Gallagher, & Parker, 2003). 트리거스트(2003) 등은 '통합평가'는 한 학습활동 단위 내에서 하나의 사이클을 따르며, 교사와 아동 모두 자신이 어떻게 하고 있는지에 대해 반성(reflect)하도록 한다고 하였다. 통합평가는 다음의 질문에 답할 수 있어야 한다.

- 교수 주제에 대한 아동의 아이디어와 사고력에 관한 정보를 어떻게 얻는가?
- 이 정보가 아동의 이해에 대해 무엇을 말해 주고 아동은 어떻게 주제의 의미를 만드는가?
- 아동의 이해 증진을 돕기 위해 어떤 방법을 실행해야 하는가?

2) 평가의 목적과 형태

통합평가는 두 가지 목적으로 사용한다. 첫째, 학습을 모니터링하기 위해 전체 단원의 활동 내내 진단적으로 사용한다. 둘째, 기준(Benchmark)평가는 아동의 진보와 성취를 판단하기 위해 아동이 하나의 탐구를 끝낼 때마다 사용한다.

〈표 7-3〉은 학습활동의 흐름에서 각 단계를 수행하는 동안 아동에 대한 기대를 지원하는 몇 가지 적절한 평가 형태다. 이들은 그림표현 평가, 반성적 질문 그리고 직접활동 평가의 세 가지 형태로 요약되는데, 대부분 교사가 활동을 진행하면서 제시된 준거에 의해 평가도구를 고안한다(Martin et al., 2005).

탐문 맥락에서의 평가는 탐문중심 과학교수의 세 가지 주요 학습성취 측면에서 아동의 진보를 평정하는 데 필요하다. 즉, 과학에서의 개념 이해, 과학적 탐문을 수행하는 능력, 탐문에 대한 이해다. 탐문중심 접근은 평가의 목적이 다른 과학교육 접근과 다르기 때문에 평가 역시 전통적 평가와는 다르다(NRC, 2000).

- 그림표현 평가: 전통적인 평가(채워 넣기, 선다형, 하나의 정답)와 다른 사고 과제를 완성하도록 한다. 분석의 본질은 사용된 그림의 형태와 그림과 연합된 맥락에 달려 있다. 그림표현 평가는 과학과정 기능을 적절하게 사용하는 역량을 표현하도록 격려한다(어림하기, 예측하기, 비교하기, 분류하기, 속성 변별하기, 사건의 순서 결정하기, 실험 설명하기 등을 할 것을 요구한다).
- 반성적 질문: 아동에게 광범위한 지적 과제에 반응하도록 하는 지필 과제로 구성된다. 기본 과정기능과 통합 과학과정 기능의 사용이 필요할 수 있다. 예를 들어, 아동은 필수 정보를 회상하고, 제공된 정보를 분석하고, 새롭지만 상황과 관련하

표 7-3 평가단계별 평가의 목적과 평가 형태

단계	평가의 목적	평가 형태
탐색	• 있을 법한 오해(잘못된 개념) 결정 • 아동의 과정기능 사용기록 탐색 격려	• 질문과 아동의 대답, 그림표현 평가 • 과정기능 체크리스트 • 관찰기록, 예측 만들기, 관찰 질문하기 • 교사 관찰 체크리스트
설명	• 사회적 기술과 상호작용 개선 • 개념 구성 명백히 하기 • 개념 변화 기록	• 집단 토의, 데이터 프로세스, 그림 그리기, 모델 구성, 반성적 질문 • 개념 지도, 인터뷰, 그림 표현 평가
확장	• 통합과정 기능 사용을 위한 기록 • 새로운 상황에 학습을 전이하는 아동의 능력 결정 • 새로운 흥미 유발을 위한 자극, 이전 학습과의 연계 만들기	• 반성적 질문, 직접 활동 평가 • 발견, 활동 쓰기, 표현 • 기준 성취, 포트폴리오를 기술하는 프로젝트와 활동

출처: Martin et al(2005)., p. 152.

여 학습한 것을 적용하고, 흔치 않은 상황에 대한 답을 구성하기 위해 정보를 통합해야 할 것이다. 이 평가는 아동에게 학습 내용을 성찰하고, 학습에서 경험한 방법과 다른 방법으로 지식을 사용하도록 요구한다.

• 직접활동 평가: 직접활동 평가는 아동이 이해한 것을 표현할 수 있는 과제를 완성하기 위하여 단원에 필요한 재료를 조작해야 한다. 이 평가는 교사에게 개별 아동이 어떻게 잘 수행하는지를 관찰하도록 허용한다(수행평가는 이 평가방법의 다른 이름이다). 아동은 문제 해결의 실질적 방법에서 지식과 기능을 사용해야 한다. 아동은 때로 변인 변별하기, 탐구 고안하기, 정보 모으기, 탐구 결과 표현하기 등의 통합과정 기능을 사용해야 한다. 이 평가는 교사에게 아동이 어떻게 효율적으로 과학도구와 과학적 사고를 사용하는지 결정하는 기회를 제공한다.

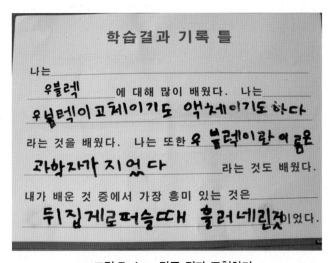

■ 그림 7-4 ■ 탐구 결과 표현하기

6. 표준화 평가 및 전통적 검사

전통적으로 아동이 습득한 지식과 기능을 표준화된 기준에 의해 점수화 또는 서열화하는 평가방법이 사용되어 왔다. 그러나 최근에는 활동중심 과학활동을 통한 탐구학습 방법에 관심이 커짐에 따라 점차 그 사용에 한계를 느끼고 있다.

요약   summary

❶ 유아과학교육의 평가는 아동이 스스로 탐구하는 과정을 통해 과학적 태도와 탐구능력
을 증진하고 능동적으로 과학적 지식과 개념을 형성하도록 도와줌으로써 과학적 소양
을 길러 주어야 한다는 유아과학교육의 목적에 부합해야 한다. 그리고 이를 위해서는
과학적 태도, 탐구능력, 과학적 개념의 내용을 중심으로 아동의 과학적 성취 수준을
과학활동이 전개되는 상황적 맥락에서 총체적·역동적으로 평가하고 다면적으로 진단
하여 평가 결과를 바탕으로 아동에게 적절한 교수계획을 수립·제공해야 한다.

❷ 유아과학교육의 구체적인 평가방법으로는 과학활동 과정에서 나타나는 아동의 과학
적 태도와 탐구능력, 과학적 개념의 성취와 진보를 평가할 수 있는 과정 중심의 방
법이 적합하다. 이를 위한 방법으로는 활동 중인 아동을 관찰하여 간단한 진술로 기
록하는 것, 아동 간의 상호작용, 아동과 교수자 간의 상호작용을 세밀하게 기록하는
관찰, 아동이 수행한 활동이나 결과물을 직접 관찰하여 전문적인 판단을 내리는 수
행평가, 아동이 활동 시간 내내 한 활동 수행과 전 영역에 걸친 샘플 작품을 수집·
평가를 통해 일정기간 학습자가 성취하는 성장과 발달의 과정, 성취능력, 노력, 진전
도를 파악하는 포트폴리오 평가 등이 있다.

❸ 탐문 맥락에서의 평가는 탐문중심 과학교수의 세 가지 주요 학습 성취에서 아동의
진보를 평정하는 데 필요하다. 그것은 과학에서의 개념 이해, 과학적 탐문을 수행하
는 능력, 탐문에 대한 이해다. 이들 목적은 다른 과학교육 접근과 다르기 때문에 평
가 역시 전통적 평가와는 다르다. 그림표현 평가는 과학과정 기능을 적절하게 사용
하는 역량을 표현하도록 격려한다(어림하기, 예측하기, 비교하기, 분류하기, 속성 변
별하기, 사건의 순서 결정하기, 실험 설명하기 등을 하도록 요구한다). 지필 과제로
구성되는 반성적 질문은 기본 과정기능과 통합 과학과정 기능의 사용이 필요할 수
있는데, 아동에게 학습 내용을 반추하고 학습에서 경험한 방법과 다른 방법으로 지
식을 사용하도록 요구한다. 그리고 직접활동 평가는 교사에게 아동이 어떻게 과학도
구와 과학적 사고를 잘 사용하는지 결정하는 기회를 제공한다.

/ 2부 / 참고문헌

교육과학기술부. 보건복지부(2012). 누리과정.

강태영, 이혜령(1992). 퀴리부인. 서울: 웅진출판사.

교육과학기술부(2008). 2007년 개정 유치원 교육과정 해설.

국립교육평가원(1997). 수행평가의 이론과 실제.

신혜란, 김건배(1992). 에디슨. 서울: 웅진출판사.

최영재, 노정적(1992). 장영실. 서울: 웅진출판사.

Activies Integrating Mathematics & Science (AIMS). (1999). *AIMS Programs and Product.* Fresno, CA.: AIMS Education Foundation.

Alan, C. (2000). *Constructivism and Science Teaching.* paper back. NY: Basic Book.

Baker, A. & Baker, J. (1991). *Mathematics in process.* Portsmouth, NH: Heinemann.

Braddon, K. L., Hall, N. J., & Taylor, D. (1993). Math Through Children's Literature: *Making the NCTM Standards Come Alive.* Teacher Idea Press.

Blosser, P. (1991). *How to the right Questions.* Washington, DC: NSTA.

Bruner, J. (1993). *Schools for thought.* Cambridge, MA: MIT.

Carin, A. A. & Bass, E. B. (2001). *Teaching Science as Inquiry* (9th ed). Columbus, OH: Merrill Publishing Co.

Colburn, A. (2000). An inguiry primer. *Science Scape, 23*(6), 42-44.

Charlesworth, R. E. & Lind, K. K. (1995). *Math and Science for Young Children* (2nd ed). Albany, NY: Delmar Publisbers.

Ediger, M. (1994). *Technology in the clementary curriculum.* U.S. Department of Education (ERIC NO. ED 401882).

Epley, T. M. (1988). *Promoting Productive Thinking: A Guide for Teachers.* Ventura, CA: Ventura County Superintendent of School-Office.

Freyberg, P. & Osborn, R. (Eds.). (1985). *Learning in Science: The implications of children?* Portsmonth, NH: Heinemann.

Fort, D. C. (1993, May). *Science Shy, Science Savy. Science Smart* (p. 678). Pbi Delta Kappan.

Gardner, H. (1993). *Frames of mind press* (2nd ed.). New York: Basic Books.

GEMS. (1992). *Group Solutions: Teacher's Guide.* Berkeley, CA: Lawrence Hall of Science.

Goodman, K. S., Bird, L. B., & Goodman, Y. M. (1992). *The whole language catalog supplement on authentic assessment.* New York: Macmillan.

Grisham, D. L. & Molinelli, P. M. (1995). *Cooperative learning. professional's guide.*

Westminster, CA: TCM, Inc.

Harlan, J. D. & Rivkin, M. S. (2000). *Science Experiences for the Early Childhood Years: An Integrated Approach* (7th ed.). Upper Saddle River, NJ, Clumbus, OH: Merrill.

Harlen, W. (2001). *Primary science* (2nd ed.). Portsmouth, NH: Heinemann.

Harlen, W. (2006). *Teaching, learning & assessing science* (4th ed., pp. 5-12). London: SAGE Publications Ltd.

Harp, B. (Ed.). (1993). *Assessment and evaluation in whole language programs.* Norwood, MA: Chistopher-Gordon Publishers.

Hefner, C. R. & Lewis, K. R. (1995). *Literature-Based Science.* Phoenix, AR: The Oryx-Press.

International Society for Technology in Education (ISTE). NETs Project, http://nets.iste.org/sfors.htm

Johnson, N. L. (1990). *Questioning makes the Difference.* Beavercreek, OH: Pieces of Learning.

Johnson, D. W., Johnson, R. T., & Holubec, E. J. (1994). *The new circles of learning: Cooperation in the classroom and school.* Alexandria, VA: ASCD.

Kraus International Publications. (1994). *Science, Curriculum: Resource Hand Book.* Millwood, NY: Kraus Interational Publications.

Kruege, A. & Sutton, J. (Eds.). (2001). *ED Thoughts: What we konw about science teaching and learning.* Aurora, CO: Mid-continent Research for Education and learning.

Leary, R. (1996). Field trip tips. *Science and Children, 34,* 27-89.

Lind, K. (1999). Science in early Childhood: Developing and acquiring fundamental concepts and skills In AAAS(Ed.), Dialogue on early childhood science, mathematics, and technology education, Washington, DC: American Association for the Advancement of Science, pp. 73-83.

Martin, R. E., Sexton, C., Wagner, K., & Gerlovich, J. (2005). *Teaching Science for All Children: Inquiry Methods for Constructing Understanding* (3rd ed.). Needham Heights, MA: Allyn and Bacon.

Marsden, J. & Meisels, D. (1994). *The work Sampling System.* Omnibus Guidlines. Rebus Planning Associates, Inc.

McCormack, A. J. & Yager, R. E. (1989). A New Taxonomy for Science Education. *Science Teacher, 56*(2), 47-48.

Meisels, S. J. & Atkins-Burnett, S. (1994). *Developmental Screening in Early Childhood: A Guide* (4th ed.). Washington, DC: NAEYC.

National Council for Social Studies (NCSS). (1994). *Expectations of excellence: Curriculum standards for the social studies.* Washington, DC: NCSS.

National Institute of Education. (1984). *Becoming a Nation of Readers: The report of the communication on reading.* Washington, DC: Government Printing Office.

National Research Council (NRC). (2012). *A framework for K-12 Science Education,* Washington, DC: The National Academy Press.

Next Generation Science Standards. (2013). Volume 1, & 2. Appendixes. Washington, DC: The National Academy Press.

Nickerson, R. S. & Smith, E. E. (1995). Can technology help teach for understanding? In D. N. Perkins, R. S. Nikerson, & E. E. Smith (Eds.), *The Teaching of Thinking*. NY: Routledge.

Novak, J. (1996). Concept mapping: A tool for improving science teaching and learning. In D. E. Treagust, R. Duit, & B. J. Fraser (Eds.), *Improving Teaching and Learning in Science and Mathematics*. New York: Teachers College Press.

NRC (1996). *National Science Education Standards and Assessment*. Washington, DC: National Academy Press.

NRC (2000). *Inquiry and the NSES: A Guide for Teaching and Learning*. Washington, DC: National Academy Press.

O' Brien, G. E. & Lewis, S. P. (1999). Connecting to resources on the internet. *Science and Children*, *36*(8), 42–45.

Pica, R. (1998). *Moving and Learning Across the Curriculum*. Florence, KY: Delmar Cengage Learning.

Pica, R. (2009). *Jump into science: Active Learning for Preschool Children*. Silver Spring, MD: Gryphon House.

Rezba, R. J., Sprague, C., Fiel, R. L., Funk, H. J., Okey, J. R., & Jaus, H. H. (1995). *Learning and Assessing Science Process Skills* (3rd ed.). Dubuque, IW: Kendall/Hunt Publishing Company.

Ross, M. E. (1997). Scientists at play. *Science and Children*, *34*(8), 35–38.

Rowe, M. B. (1978). *Teaching science as continuous inquiry* (2nd ed.). New York: McGraw Hill.

Settlage, J. & Southerland, S. A. (2007). *Teaching Science to Every Child*. NY: Routledge.

Staton, H. N. & McCarthy, T. (2008). *Science & Stories: Integrating science and Literature*. Culver City, CA: Good Year Books.

Tobin, K., Tippins, D., & Galland, A. (1994). Research on Instructional Strategies for teaching Science. In D. L. Gabel (Eds.), *Handbook of Research on Science Teaching and Learning*. New York: Macmillan.

Treagust, D. E., Jacobowitz, R., Gallagher, J. J., & Parker, J. (2003, March). Embedded assssssment in your teaching. *Science Scope*, 36–39.

Van Tassell, M. A. (2001). Student inguiry in science: Asking questions, building foundations and making connections. NY: Teachers Collegepress.

Vygotsky, L. S. (1978). *Mind in society*. Cambridge, MA: Harvard University Press.

Weinbaum, A., Allen, D., Blythe, T., Simon, K., Seidel, S., & Rubin, C. (2004). *Teaching as Inquiry*. NY: Teachers College Press.

Wolfe, P. & Brandt, R. (1998). What do we know from brain research? *Educational Readership, 56*(3), 8–13.

제3부

유아과학교육의 영역

08 생명체

● 이 장 소개하기

아동은 생명의 원리를 깨닫고 주변의 생명체를 존중하는 마음과 태도를 가짐으로써 모든 생명체가 함께 살아가는 환경에 관심을 갖게 된다. 아동은 숨을 쉬고, 음식을 먹고, 즐겁게 놀고, 잠을 잔다. 빨리 자라서 힘도 세지고 어른처럼 되고 싶어 한다. 또한 몸의 외양뿐만 아니라 내부에도 관심을 갖게 되고, 신체 각 부분이 하는 일에 대해서도 알고 싶어 한다.

아동은 사람은 물론 식물과 동물 등 여러 가지 자신을 둘러싸고 있는 환경 속에서 성장한다. 아동의 관심을 주변 환경으로 돌려 관찰하고 탐색하고 질문하게 함으로써 자신의 환경을 이해하고 탐구심과 생명의 중요성을 알도록 해야 한다.

이 장에서는 생명의 의미와 생명체의 구조 및 기능에 대해 살펴보기로 한다. 다음으로 신체 각 부분의 이름과 기능을 살펴보고, 외부의 환경을 이해하고 학습하는 데 사용하는 다섯 가지 감각기관을 알아본다. 또한 식물과 동물의 성장에 관심을 갖고 그것들이 사람과 어떤 관계가 있는지 생각해 보도록 함으로써 생명의 존엄성을 인식하고 환경의 중요성을 깨닫게 한다.

● 주변 세상에 관심을 갖고 탐구하게 되면 다음의 질문에 답할 수 있다.

1. 살아 있다는 것의 의미는 무엇인가?
2. '생물'과 '비생물'은 어떻게 구별할 수 있는가?
3. '나'의 몸은 어떤 부분으로 이루어져 있고 각각의 특징은 어떠한가?
4. 우리 몸의 각 부분은 어떠한 기능을 하는가?
5. 감각기관에는 어떠한 종류가 있으며 각각은 어떠한 역할을 하는가?
6. 동물과 식물, 인간은 어떻게 상호 관련성을 맺고 있는가?
7. 생명체가 살기에 적합한 환경은 어떤 것인가?

I. 생물과 비생물

1. 생명체(살아 있는 것)의 특징

두 가지 면밀하게 정의된 범주로 물체를 범주화하는 것은 그 물체가 항상 두 가지 범주로 딱 나누기가 쉽지 않기 때문이다. 어디에다 둘 것인지를 결정하는 것이 어렵다는 것을 알았는가? 왜? 일단 좀 더 쉽게 나누도록 돕는 '살아 있다' 혹은 '결코 살아 있지 않다' 와 같은 범주를 사용할 수 있는가?

모든 것은 살기 위해 수행하는 과정 때문에 비생물과 생물로 구별된다. '살아 있는 것' 은 더 작은 집단으로 나눌 수 있다. 일상생활에서 과학 용어는 어떤 면에서 우리의 과학적 이해를 혼동시킬 수 있다. 우리는 과학에서 어떤 용어를 비전문적으로 또는 부정확하게 사용하고 있음을 깨달을 필요가 있다. 크리스털 같은 물체는 비생물이지만 만드는 과정에서 점점 '커진다'. 그러나 '살아 있는 것' 의 개념은 아니다. 크리스털은 살아 있는 것의 본질적 과정을 수행하지 않는다. 모든 살아 있는 것은 살기 위해 어떤 방법으로든 생명과정을 수행한다.

살아 있는 것의 일곱 가지 특성을 비생물과 비교하면 다음과 같이 요약할 수 있다 (Devereux, 2007).

① 음식/영양: 녹색식물은 탄수화물을 생산하기 위해 광합성 과정을 거친다. 이 과정에서 이산화탄소와 물을 혼합하는 데 태양 에너지를 사용한다. 식물은 성장을 위한 에너지원으로 그리고 다른 생명과정을 수행하기 위해 탄수화물을 사용한다. 하지만 동물은 식물이나 다른 동물을 먹음으로써 에너지를 얻는다.
② 호흡: 식물과 동물이 음식으로부터 에너지를 방출하는 과정이다. 이때 공기 속에 존재하는 또는 물에 녹아 있는 산소를 사용한다. 호흡은 모든 살아 있는 세포에서 발생한다.
③ 배설: 식물과 동물은 세포에서 일어난 과정의 결과로 생산된 폐기물을 제거한다.
④ 자극 반응성: 자극에 반응하여 행동을 수정하는 능력이다. 신경계가 고도로 발달한 고등동물의 경우 자극에 예민하게 반응하고 반응도 복잡하다. 그러나 씨앗이나 배란 상태에서는 외부 환경으로부터 오는 자극에 적합하게 반응하지 못한다.

⑤ 운동: 식물의 잎은 태양을 향해 움직이고 뿌리는 물이 있는 방향으로 자란다. 한편, 대부분의 동물은 이곳저곳으로 자유롭게 움직인다. 생명체는 스스로의 힘으로 움직인다.

⑥ 성장: 살아 있는 것의 근거와 복잡성이 증가한다. 식물은 본래 모양으로 자라고 동물은 성숙하게 되고, 새로운 세포의 성장은 오래된 죽어 가는 세포를 대신하기 위해 전환된다.

⑦ 재생: 한 유기체가 재생산 연한까지 살아 있으면 새로운 후세대에게 유전체를 전달한다. 재생은 동물과 식물들이 복제해서 새로운 세대에게 제공하는 수단이다.

2. 생명과정의 수행

식물과 동물 간에는 구별되는 차이가 있고 이들 과정을 수행하는 방법에도 차이가 있다. 동물과 식물 간 생명과정의 차이를 주요 영역별로 정리하면 〈표 8-1〉과 같다.

이 표를 보면 우리는 살아 있는 것의 형성체를 자세히 보고 그들이 어떻게 생명과정을 수행하기 위해 서로를 일치시키는지를 알 필요가 있다. 모든 살아 있는 것은 세포로 구성되어 있는데, 식물과 동물 세포는 다음 부분으로 이루어졌다.

표 8-1 식물과 동물 간 생명과정의 차이

영역	식물	동물
음식(영양)	음식은 무기물 분자로부터 합성	식물 또는 다른 동물을 먹음
호흡	에너지는 녹말로 저장	에너지는 글리코겐으로 저장
배설	산소와 이산화탄소, 낙엽	이산화탄소, 소변, 대변
성장	가지 생김, 죽을 때까지 계속	성형체, 성숙 때까지 계속
자극 반응성	천천히, 신경계 없음	급속, 신경계와 감각 조직을 통하여
운동	정착, 단단한 세포벽	이동, 골격과 근육
재생	잦은 무성생식, 씨앗의 배아	무성생식은 거의 없음, 알 속의 배아 또는 탄생
세포구조	단단한 셀룰로오스 세포벽, 녹색식물에 엽록체 존재	얇은 세포막

출처: Farrow(2006), p. 206.

- 핵: 유전 물질을 가지고 있고 세포가 하는 일을 통제함
- 세포막: 세포 안팎의 물질의 이동을 통제함
- 세포질: 대부분의 화학 반응이 일어남

3. 학습활동에 적용하기

'듣고 따라해 보기' 같은 활동을 통해 살아 있는 것(생명체)의 특징에 대해 생각해 보도록 돕는다. 책 한 권을 떨어뜨리면 아동은 어떤 방법으로든 반응할 것이다. 각자에게 어떻게 했는지 말해 보도록 하고 왜 그렇게 했는지 물어본다. 또한 아동에게 재미있는 얼굴 표정을 지어 보고 각자의 반응을 말하도록 한다.

생명체는 어떤 특성을 가지고 있을까에 대해 아동과 함께 생각해 보아야 한다. 우리는 생물과 생물이 아닌 것을 쉽게 구별하면서도 그 차이점을 명확하게 표현하지 못하는 경우가 많다. 이 주제를 다루는 목적은 생물과 비생물의 차이점을 알고 아동으로 하여금 탐구심과 생명의 존귀함을 인식하도록 돕는 데 있다. 구체적인 목표는 다음과 같다.

① 자연물의 이름과 특성을 안다.
② 도움이 되는 것과 해가 되는 것을 구별한다.
③ 살아 있는 것의 특성(생명현상)을 안다.

주변에 있는 여러 가지 비생물과 식물, 동물에 관심을 가지도록 함으로써 학습 효과를 높일 수 있다. 주변에서 흔히 구할 수 있는 자료를 이용하여 활동을 해 본다.

II. 우리 몸

아동은 자신의 신체 부분을 관찰하는 동안 자신과의 일체감을 강하게 느끼고, 친구들과 서로 비교해 보면서 모든 사람은 각기 모양이 다르다는 것을 알게 되고 또 즐거움을 갖는다.

신체의 여러 부분에 관련되는 활동은 '나'에 대한 이해를 도와주고, 몸에 대한 궁

금한 생각을 덜어 줌으로써 잘못 생각하는 점이나 걱정을 올바르게 지도하여 긍정적인 자아개념을 형성하고, 다른 사람을 존중할 수 있게 한다. 긍정적인 자아개념은 정서발달 영역과 밀접한 관련이 있을 뿐만 아니라 전인교육을 목표로 하는 통합교육과정에서 강조하는 점이다.

1. 신체 각 부분의 이름과 기능

아동은 신체의 여러 부분에 관한 활동을 통해 '나'에 대해 알게 되고, 내 몸에 대한 궁금증을 풀어 간다. 아동이 자신의 몸의 주요 부분의 위치와 이름을 아는 것은 중요하다. 우선 아동은 거울을 들여다보면서 자신의 겉모습을 보게 된다. 자신의 몸에서 두 팔과 두 다리, 두 눈, 두 귀, 코의 각 부분이 짝을 이룬다는 것을 발견하게 된다. 자기 몸의 중앙에 선을 그었다고 생각할 때, 각 기관은 정확하게 두 부분으로 나뉘어 있어 한편에 있는 기관은 반드시 다른 편에 있음을 알게 된다. 즉, 아동은 자기 몸이 대칭이라는 것을 발견하게 된다. 또한 아동은 자신의 몸 속에 무엇이 있는지 궁금해한다. 좀 더 자세히 관찰함으로써 이는 몇 개나 났는지, 손가락과 발가락은 몇 개인지 등을 알게 된다.

또한 몸의 각 부분은 제각기 하는 일이 있으며, 각각 하는 일이 다르다는 것을 아는 것도 중요하다. 눈을 가리고 물건을 구별해 보거나, 귀를 막고 소리를 들어 보거나, 맛을 보거나, 냄새를 맡아 봄으로써 눈, 귀, 코, 입이 하는 일을 알게 된다. 그리고 움직여 보고 똑바로 서 있어 봄으로써 관절이 하는 일을 알고 우리 몸을 지탱해 주는 뼈의 역할을 알며, 간식이나 식사 시간을 통해 그것의 기능을 생각해 볼 수 있는 기회가 제공된다.

우리 몸의 각 부분은 다음과 같이 각기 정해진 위치와 역할이 있다.

- 몸의 운동: 관절, 근육
- 영양과 소화: 소화기관(입, 식도, 위, 장 등)
- 순환과 호흡: 혈관, 호흡기관
- 몸의 조절: 감각기관과 신경계
- 몸의 지탱: 뼈

2. 성 장

아동은 어렸을 적의 사진과 현재의 자기 모습을 비교해 봄으로써 인간의 성장에 대해 관심을 갖게 된다. 성장함에 따라 신체의 생김새가 어떻게 변화하는지 또 하는 일이 어떻게 달라지는지를 경험하고 생각해 보도록 하는 활동은 매우 중요하다. 또한 성장에 필요한 여러 가지 조건을 생각해 봄으로써 운동과 음식의 필요성을 알게 한다. 대부분의 아동은 빨리 커서 어른이 되기를 원하기 때문에 적절한 교육 기회를 제공받고 성장 조건을 스스로 충족시키려 한다. 성장 단원을 다룸으로써 아동은 다음과 같이 할 수 있다.

① 성장의 의미를 이해한다.
② 성장의 조건을 알고 실천한다.
③ 인간은 인생 주기에 따라 하는 일이 다름을 알게 된다.
④ 자신보다 어리거나 나이 든 사람을 이해하게 된다.

3. 건강과 음식

음식은 성장과 건강 유지, 활동하기 위한 힘을 내는 데 필요하다. 아동이 먹는 음식은 여러 종류가 있으며 각각에는 모두 이름이 있다. 함께 음식을 즐겨 먹는 동안 편식 습관을 고칠 수 있고, 올바른 식사법도 배우게 되어 자기의 몸에 관심을 갖게 되며, 건강에 유의하게 된다. 또한 음식을 만들기 위한 시장 보기에서 사회교육이 이루어진다. 즉, 물건의 유통과정을 알게 되고, 돈의 쓰임을 알게 되며, 곡식이나 과일의 재배 및 수확, 보관방법 등을 익히게 된다. 또한 자료를 계량하고, 수를 세며, 거스름돈을 계산하는 숫자활동을 하게 된다. 음식 만들기에 적극 참여하여 협동심을 기를 수 있고, '내가 요리를 했다'는 만족감과 함께 성취감을 느끼게 되어 긍정적인 자아개념을 형성하게 된다.

한편, 음식은 몸에 이로운 음식과 해로운 음식이 있다. 우유, 생선, 육류, 밥, 야채, 과일 등과 같이 몸에 이로운 음식이 있는 반면, 사탕이나 콜라 등은 많이 먹었을 때 몸에 해로우며 너무 맵고 짠 음식은 피하는 것이 좋다.

건강을 유지하기 위해서는 음식뿐만 아니라 적당한 운동과 청결을 유지해야 한다.

또한 규칙적인 생활이 필요하다. 식사 전후, 화장실 사용 후 반드시 손을 깨끗이 씻고 소지품의 청결을 유지하도록 한다.

'나' 에 대한 주제를 다루는 목적은 아동 스스로 자신을 독특한 존재로 인식하고, 아동 간의 다른 점을 존중하며, 아동 자신의 신체를 보호하도록 하는 것이다(Harlan, 2001). 구체적인 학습목표는 다음과 같다.

① 내가 유일한 존재임을 안다.
② 나는 자란다는 사실을 안다.
③ 내 몸 각 부분의 특징과 기능을 안다.
④ 내 몸을 보호하고 건강을 유지하는 방법을 안다.
⑤ 나 자신의 존재를 알고 긍정적인 자아개념을 형성한다.
⑥ 여러 가지 감각기관을 통해 주변 세계를 이해한다.

III. 감 각

아동은 관찰하고, 수집하고, 분류하고, 측정하고, 의사소통하는 데 오감을 사용한다. 그들은 보고, 듣고, 냄새 맡고, 맛보고, 만져 봄으로써 사물의 특성을 이해하고 자신의 주변 세계를 배우게 된다. 이를 도식으로 나타내면 [그림 8-1]과 같다 (Charlesworth & Lind, 1995).

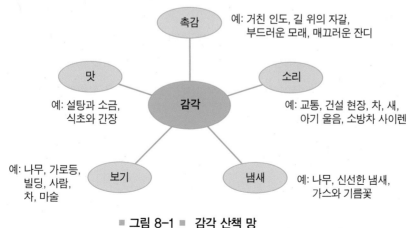

■ 그림 8-1 ■ 감각 산책 망

이 주제의 목적은 감각기관의 발달을 위해 변화 있는 탐색활동을 하여 인지발달에 필요한 변별력과 물체에 대한 지적인 구성이 가능하도록 하는 데 있다. 구체적인 학습목표는 다음과 같다.

① 감각기관의 종류를 이해한다.
② 각 감각기관의 역할을 이해한다.
③ 소리, 맛, 냄새, 감촉의 종류를 안다.
④ 감각과 관련된 어휘력을 발달시키고, 물체에 대한 변별력을 기른다.

1. 시 각

인간은 시각을 사용하여 사물의 속성과 변화를 관찰하고 묘사할 수 있다. 두 손으로 눈을 가리게 한 후 눈을 감고 있는 동안에 전에 없었던 새로운 물체를 추가하고는 그것을 찾아내게 하거나, 매일 교실에 새로운 사물을 갖추고 아동에게 전날 그 자리에 없었던 새로운 물건에 대해 이야기해 보도록 한다. 시각과 관련된 활동의 목적은 아동이 눈으로 보아서 사물의 특징을 더 잘 이해할 수 있음을 알아 눈의 고마움을 깨닫도록 하는 데 있다.

시각은 바깥 세상에 대한 가장 중요한 정보를 제공하는 감각이다. 눈은 이미지를 위한 출입구다. 우리의 뇌는 이러한 이미지를 해석해서 우리에게 공간관계에 대한 정보를 제공한다.

우리의 눈은 빛을 탐지하고, 빛의 강도 차이를 구별하는 특별한 감각 세포를 가지고 있다. 이러한 감각 세포는 시신경의 간상체와 원추체다. 간상체는 원추체보다 훨씬 더 빛에 민감하다. 달빛과 같은 희미한 빛에서의 시각은 전적으로 간상체를 통해서 이루어진다. 원추체에는 세 가지 다른 유형이 있는데, 각각은 서로 다른 빛의 색깔에 민감하다. 빛이 없다면 우리는 볼 수 없다. 그리고 빛이 희미하다면 색깔을 알아보기가 어렵다.

아동은 시각활동을 통해 다음과 같은 목적을 달성할 수 있다(Overton & James, 1989).

① 눈으로 볼 수 있다.

눈으로 관찰하기

② 시각은 빛이 눈에 들어와서 뇌로 전달되는 것이다.

③ 보기 위해서는 빛이 필요하다.

④ 두 눈은 사물의 위치를 아는 데 도움을 준다.

⑤ 시각은 학습하는 데 도움을 준다.

⑥ 물건은 가까이 있을 때 구별하기가 더 쉽다.

⑦ 광선은 굴절한다.

⑧ 사람마다 모두 다르게 본다(노안, 맹인, 안경 쓰는 사람, 색맹 등).

⑨ 우리의 눈을 돌봐 주는 사람이 있다.

⑩ 마술처럼 보일 때가 있다(눈은 착시현상을 일으킨다).

2. 청 각

청각은 시각에 이어 제2의 감각이다. 우리는 감각을 분리하여 각각 작용하는 방법에 초점을 두고 탐색할 수 있다. 아동은 세계에 대한 지식을 습득하기 위해 감각을 사용하는데, 우리는 아동이 감각을 잘 사용하도록 도와줄 수 있다. 이 활동을 통해 아동은 볼 수 없고 만질 수도 없는 물건에 관한 정보를 알아내기 위해 청각에 집중한다.

소리는 그 출처에서부터 파장으로 공기를 통해 전해진다. 소리가 발생하면 어떤 음파는 우리 귀에 와 닿지만 대부분은 주변으로 퍼져 나간다. 손으로 컵 모양을 만들어 귀에 대면 확실히 보다 많은 음파를 바깥귀에 전해 줄 수 있다.

많은 동물은 사람보다 소리를 더 잘 모을 수 있는 귀를 가지고 있다. 이것은 동물들이 컵 모양의 바깥이 더 넓고 큰 귀를 가지고 있기 때문이다. 또한 많은 동물들이 귀를 회전할 수 있어서 소리가 나는 곳을 더 잘 찾을 수 있는 데 비해, 사람은 그렇게 하려면 반드시 고개를 돌려야 한다.

블룸(Bloom, 1964)에 의하면, 청각적 기능은 6세쯤 되면 거의 성인과 같은 수준까지 발달하며, 음의 높낮이에 대한 변별력이나 리듬의 감수능력도 유아기부터 아동기에 걸쳐서 가장 빠르게 발전한다.

이러한 감각능력은 일상생활에서 직접적인 경험을 통하여 학습함으로써 발달하게 되고, 풍부한 자극으로 소리를 정확하게 변별할 수 있게 된다. 물건을 흔들고, 두드리고, 긁고, 때리고, 비비고, 던져 보아서 여러 소리와 음의 높낮이, 강도 등을 알고 소리와 사물의 관계를 깨닫게 된다. 아동들이 좀 더 훌륭한 청취자가 되도록 도와주고, 소리에 관한 어휘를 증가시키고, 다양한 소리의 특징을 알 수 있도록 하기 위한 활동으로는 놀잇감, 움직이는 소리, 악기 소리, 동물 소리, 차 소리 등을 이용할 수 있다([그림 8-2] 참조). 아동은 청각활동을 통해 다음과 같은 목적을 달성할 수 있다.

① 귀로 들을 수 있다.
② 소리는 공기의 진동으로부터 온다.
③ 듣기 위해서는 공기가 필요하다.
④ 두 귀가 필요한 것은 사물의 위치(공간)를 알기 위해서다.
⑤ 청각은 학습하는 데 필요하다.
⑥ 청각은 어떤 느낌(감정)을 갖게 해 준다.
⑦ 소리는 머릿속에 알고 있는 것을 그림으로 그려 보도록 한다.
⑧ 청각은 어떤 일이 일어나는지 아는 데 도움을 주고, 위험에 대한 경고를 할 수 있도록 도움을 준다.
⑨ 청각능력은 사람마다 다르다(전혀 듣지 못하는 사람, 조금 듣는 사람 등). 또 나이가 들면(늙으면) 잘 듣지 못한다.

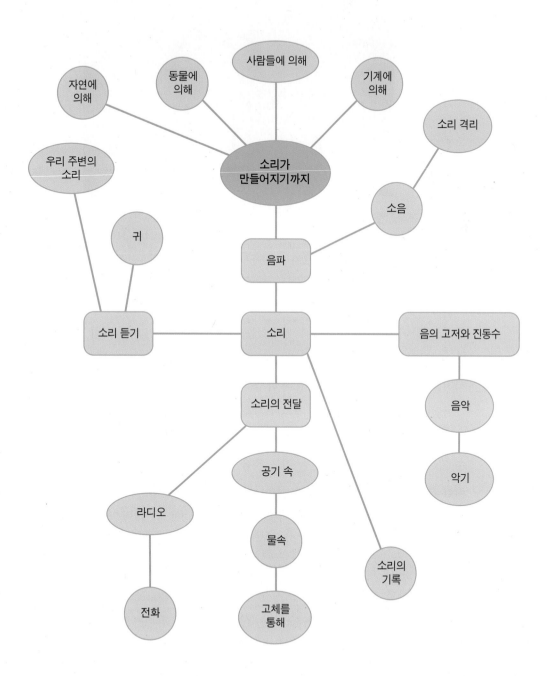

■ 그림 8-2 ■ 소리

볼에 비벼 느끼고 흔들어 소리 들어 보기

3. 촉각

사람은 촉각을 통해 자신을 둘러싼 세계에 대한 정보를 얻는다. 촉각을 통해 크기, 형태, 질감이 파악된다. 피부에 퍼져 있는 신경, 즉 감각수용기가 이런 감각을 수용한다. 이 감각수용기는 피부의 세 층 모두에 퍼져 있다. 이 수용기는 느낀 것에 대한 메시지를 신경 충격을 통해 뇌로 보낸다.

아동에게 장갑을 끼게 하여 감각을 무디게 함으로써 촉각의 중요성을 깨닫게 할 수 있다. 감각을 더욱 무디게 하기 위해 안대를 사용해서 잡으려는 것을 보지 못하게 할 수 있다. 이러한 활동은 물건을 집는 것을 통해 촉감과 환경이 어떻게 상호작용하는지를 아동에게 보여 준다.

피부는 촉감의 주요 수용기다. 우리 모두는 간지럼을 탈 때 웃게 되고 즐거워진다. 간지럼은 신체의 예민한 부분을 부드럽게 만질 때 나타나는 결과다. 발과 손 중 어느 것이 더 예민한지 결정하기 위해 깃털을 사용한다. 만질 때 예민한 정도는 사람마다 다르다. 맨발로 지내는 아동의 발은 늘 신을 신거나 양말을 신고 지내는 아동의 발보다 덜 예민할 것이다. 즉, 맨발로 다니는 아동의 발바닥 피부는 보다 두꺼워져 감각 수용기가 표면에서 멀어지고, 만지는 것에 대해 예민하지 못하게 된다. 피부는 다섯 가지 주요 감각기관 중의 하나로서 다섯 가지 특별한 피부감각(촉감, 압박감, 통감, 열에 대한 감각, 차가움에 대한 감각)을 가지고 있다. 촉감은 사물이 거칠고, 부드럽고, 딱딱하고, 부드러운지를 알려 준다. 이러한 메시지는 피부에서 신경을 거쳐서 뇌로 전달된다. 피부는 뜨겁거나 차가움을 느끼고 그에 대해 반응한다. 추울 때는 혈관이 수축되고 보다 적은 피가 피부를 통과하며 더 많은 열 에너지가 몸에 남게 된다. 피부가 더워질 때는 피부에 있는 작은 통로가 더 커진다. 때문에 더 많은 피가 흐르게 되고 더 많은 열 에너지가 외부로 발산되어 몸이 식게 된다. 이러한 피부는 많은 감각에 적응한다.

아동은 주변 세계를 이해하기 위하여 촉감을 사용한다. 다양한 질감의 물체를 수집해 놓고 아동에게 만져 보게 한 다음 느낌에 대해 적절한 어휘를 사용하여 표현해 보도록 하는 것은 촉감을 예리하게 한다. 촉감을 사용하여 물체를 변별하고 질감의 속성에 따라 물체를 분류해 적절히 표현하게 함으로써 인지발달을 촉진시킬 수 있다. 예를 들어, 뜨겁다, 차갑다, 부드럽다, 매끄럽다, 거칠다, 딱딱하다, 빳빳하다, 폭신폭신하다, 날카롭다, 따갑다, 끈끈하다, 포근하다, 까실까실하다, 젖었다, 메말랐다 등과 같은 섬세한 느낌은 사물을 만져 봄으로써 변별해 낼 수 있다. 아동이 비밀 주머니를 탐색하는 동안 물체에 대한 심상을 창조해 내고 지적인 구성을 하는 것이다. 아동은 촉감활동을 통해 다음의 목적을 달성할 수 있다.

① 피부로 느낄 수 있다.
② 우리의 피부는 느끼게 하는 신경을 가지고 있다.
③ 사물의 차이점과 같은 것을 느낌으로 알 수 있다.
④ 촉각은 누르는 것(압각), 더운 것, 차가운 것, 아픈 것(통각) 등을 알게 해 준다.

손으로 만져 보기

⑤ 촉각을 통해 사물이 어떤 느낌이 드는지 여러 가지 단어로 말할 수 있다(거칠다, 매끄럽다, 뜨겁다, 차갑다, 젖었다, 말랐다, 딱딱하다, 부드럽다, 날카롭다, 미끄럽다 등).

⑥ 위험한 물건(사물)은 절대 만지지 않는다.

⑦ 촉각은 정확하지 않은 판단을 할 수도 있다(금속과 나무 표면은 느낌이 다르다).

⑧ 같은 온도라도 금속의 열은 빨리 전도되므로 더 뜨겁게 느낀다.

4. 미각

여러 가지 과일이나 음식, 주스 등을 맛보는 동안 아동들은 겉으로 보기에는 크기나 색이 같은 두 가지 음식도 맛이 다르다는 사실을 발견하게 된다. 예를 들어, 사과와 감자를 정육면체 모양으로 썰어 각각 한 조각씩 테이블 위에 놓고 본다면 거의 같아 보일 것이다. 아동은 시각만으로는 그 두 음식의 차이를 발견할 수 없고, 반드시 맛을 보아야 알 수 있다.

아동에게는 음식을 탐색할 기회가 많이 있어야 한다. 이런 활동을 통해 음식의 맛과 질감을 탐색하게 될 것이다. 아동은 곡류를 맛보고 비교할 때에 '요리된' 곡류에 초점을 두게 되며 좋아하고 싫어하는 것을 선택할 것이다. 마른 곡류에 물과 열을 첨가함에 따라 발생하는 변화를 관찰하고, 그 결과 맛의 차이를 느낀다. 음식의 맛을 보는 아동에게 쓰다, 맵다, 달다, 짜다, 시다 등의 적절한 어휘를 사용하여 물체의 속성을 표현해 보도록 격려하고, 왜 그런 맛을 가지고 있는지 설명하게 한다. 아동은 미각 활동을 통해 다음과 같은 목적을 달성할 수 있다.

① 맛은 혀로 알 수 있다.

② 혀에는 미뢰라는 맛봉오리가 있다.

③ 맛을 보기 위해서는 수분이 필요하다.

④ 단맛, 신맛, 짠맛, 쓴맛이 있다.

⑤ 미각은 음식의 맛을 정확히 해 준다.

⑥ 입은 맛보는 것 외에 다른 일도 한다(말하기, 풍선 불기, 뽀뽀하기, 노래하기, 휘파람 불기 등).

5. 후 각

아동에게 다양한 냄새를 맡은 후 적절한 말로 표현해 보도록 하는 것은 후각을 발달시키고 냄새를 비교해 표현할 수 있게 한다. 아동은 주변에서 냄새를 인식하지만 그것을 정확하게 설명하지 못한다. 냄새에 대한 반응은 이전의 경험과 현재의 경험을 연결시킬 수 있는 좋은 기회가 된다. 아동이 외부 세계를 이해해 가는 과정을 도와주기 위해 냄새를 인식하고 냄새에 관한 어휘를 발달시켜 나가도록 격려해야 한다. 처음에는 냄새에 대한 표현을 막연하게 묘사하는 경험과 함께 점점 확장되어 차이점을 표현하면서 비유법을 쓰거나 적절한 어휘를 찾게 된다. 냄새에 대한 변별력을 길러주기 위해서는 비교적 냄새가 강한 레몬, 양파, 식초, 커피, 계피, 향료, 초콜릿, 로션, 오렌지, 참기름 등의 재료가 좋다. 아동은 후각 활동을 통해 다음과 같은 목적을 달성할 수 있다.

① 코로 냄새를 맡을 수 있다.
② 냄새는 코가 공기 입자를 탐지한 결과다.
③ 우리의 코 속에는 냄새를 알도록 도와주는 독특한 신경이 있다.
④ 우리는 냄새에 익숙해진다(오랫동안 냄새 속에 있으면 그 냄새를 알지 못한다).
⑤ 정보를 찾기 위해 냄새를 사용한다.
⑥ 냄새에는 좋은 냄새, 좋지 않은 냄새가 있다.

냄새로 물체 알아맞히기

⑦ 냄새는 어떤 음식인지 알게 해 주고, 맛도 알 수 있도록 해 준다.

⑧ 냄새는 식욕에 영향을 준다.

⑨ 후각은 위험에 대해 경계할 수 있도록 한다.

Ⅳ. 식 물

식물은 우리가 살고 있는 세상 어디에나 있다. 산꼭대기, 바다 속, 사막, 북극과 남극에도 살고 있다. 만일 식물이 없다면 지구에는 생명체가 살 수 없다. 공기 중의 산소는 식물이 만들고, 음식도 식물로 만들어지며, 동물도 식물을 먹고 산다. 그리고 다시 그 동물은 우리의 음식이 된다.

식물은 우리에게 음식과 옷, 집을 제공하고 우리가 사용하는 유용한 기계도 식물로 만들어진 것이 많다. 또한 우리를 즐겁게 해 주고 아름다운 경치도 만들어 준다. 식물은 중요한 연료가 되어 집을 따뜻하게 데워 주고 요리를 할 수 있도록 해 준다. 더욱이 식물 중에서 나무는 석탄, 석유, 천연가스를 만들어 주는데, 이런 것은 오래전에 살았던 식물들에게서 얻을 수 있다. 약품을 만들어 주는 식물도 있다. 예를 들어, 키니네는 말라리아라는 병을 치료하는 약을 만든다. 알코올을 만드는 식물도 있다.

아동이 싹을 틔우고 길러 봄으로써 식물의 한살이에 대한 법칙을 발견하게 된다. 그런데 식물의 싹 틔우기와 돌보기는 계획적인 활동으로 이루어져야 한다. 왜냐하면 몇 개의 씨를 심고 그것이 자라기를 기다리는 것보다 더 지루한 일은 없기 때문이다. 나이가 어린 아동일수록 즉각적인 결과를 좋아한다. 별다른 자극 없이 몇 주일 이상을 극적인 변화를 보이지 않는 상태에서 자라기만 기대하기는 어려운 일이다. 그렇기에 봄 학기가 시작되면 씨앗을 관찰하고, 뿌려 보고, 계속적으로 돌보도록 하여 식물이 자라나거나 시드는 변화에 대해 탐구할 기회를 갖게 한다. 그렇게 함으로써 식물이 살기 위해 무엇을 필요로 하는지 알게 하고 돌보아야 할 책임의식도 발달시킬 수 있다. 이렇게 식물을 돌보는 과정에서 아동은 다음과 같은 사항을 알게 된다.

① 살아 있는 것은 자란다. 즉, 크기가 커진다는 것은 성장의 신호다.

② 성장은 환경에 직접적으로 영향을 받는다. 어떤 식물에 적합한 재배환경이 다른 식물에는 전혀 적합하지 않을 수 있다. 기본적으로 물, 공기, 햇빛, 양분, 적합한

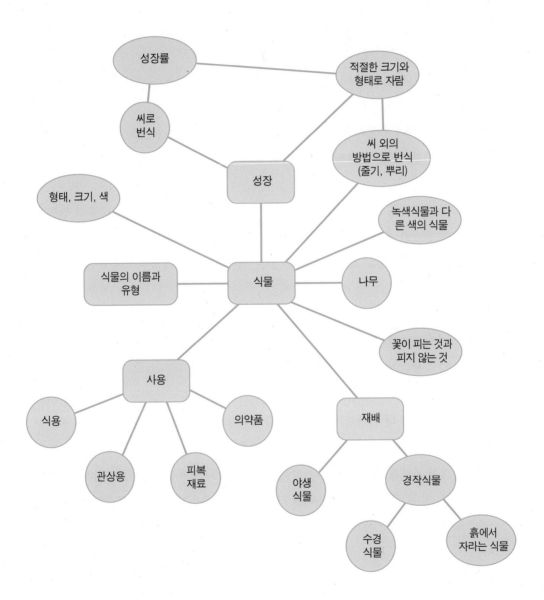

■ 그림 8-3 ■ 식물의 분류

온도가 필요하다. 즉, 물이 없으면 전혀 자라지 못한다. 또한 저온에서는 매우 느리게 자란다(온도가 너무 낮으면 전혀 자라지 못한다). 햇빛이 없는 곳에서는 가늘고 길게 그리고 누런색으로 자라다 결국 죽게 된다.

③ 녹색식물은 햇빛을 이용하여 동화작용을 한다.

④ 식물은 다양한 방법으로 분류할 수 있다.

⑤ 식물의 번식은 씨, 뿌리, 꺾꽂이 등 다양하나, 아동은 씨에 의해서만 번식한다고 생각한다.

⑥ 그 밖에 아동이 흥미를 보이는 것은 나무에 올라가기, 뿌리의 모양, 잎의 모양과 색깔, 낙엽, 빛의 방향에 따라 움직이는 식물의 운동 등 다양하다(Showell, 1984).

식물에 대하여 '알기'는 과학에서 관찰로 이끌고 또한 사물에 대하여 질문을 하게 하는 중요한 역할을 한다. 식물에 관한 주제는 특정한 기간에 한정되지 않고 일년 내내 계속될 수 있다. 식물 주제를 다루는 구체적인 학습목표는 다음과 같다.

① 식물의 종류를 안다.

② 식물의 용도를 안다.

③ 식물의 재배방법을 안다.

④ 식물의 번식방법을 안다.

⑤ 식물에 대한 관찰과 돌보기로 탐구심과 함께 생명의 존엄성을 인식한다.

식물 주제에 관한 활동은 씨앗 발아하기, 식물 재배하기, 성장 기록하기, 꽃피는 것 보기, 열매 맺는 것 보기, 열매를 다시 심어 싹 틔우기를 해 본 후 그림책을 꾸며 보기 등이다. 아울러 식물을 키우면서 잎에 대한 관찰, 묘사 및 비교의 활동을 해 보게 한다.

V. 동 물

아동이 매우 좋아하고 가까이 있고 싶어 하는 동물이 있는가 하면 싫어하는 동물도 있다. 우리 주변에는 다양한 유형의 동물이 있고 그들은 우리와 관련이 있음을 알 수 있도록 해야 한다. [그림 8-4]의 동물 개념도를 통해 동물의 종류를 한눈에 이해할 수

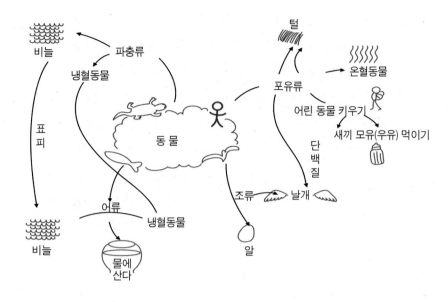

■ 그림 8-4 ■ 동물 개념도

출처: Carin et al(2001)., p. 225.

있다.

새끼 고양이, 강아지, 병아리 등은 아동에게는 대단한 매력을 가진 동물이다. 작은 이 동물은 가끔 가지고 놀기도 하고 다루기가 매우 편하다. 때때로 아동은 어린 동물을 다 자란 동물과 구별하지 못한다. 예를 들어, 새끼 고양이가 자라서 어미 고양이가 된다는 사실을 결국은 받아들이지만 전혀 다른 종으로 생각한다.

아동으로 하여금 성장과 변화는 살아 있는 것의 특성이라는 것을 알려 주어야 한다. 어떤 경우에는 어린 시기와 다 자랐을 때의 변화가 전혀 다른 모습일 수 있다. 예를 들어, 올챙이와 개구리, 유충과 나방은 전혀 다른 형태다.

또 식물이 씨앗으로부터 자라고 어린 새가 알에서 부화되듯이 모든 동물이 알에서 태어난다고 생각할 수도 있다. 즉, 개구리가 알에서 태어나고 곤충도 알에서 생긴다고 믿는다. 아동에게 특히 포유동물은 태어날 준비가 다 될 때까지 어미의 뱃속에 있다가 태어난다는 사실을 알려 주어야 한다.

동물의 성장은 아동에게 흥미 있는 주제다. 이 주제의 목적은 출생 또는 부화에서 완전히 자랄 때까지 성장과 발달이 이루어지는 과정에서 발생하는 변화를 아동에게 보여 주는 데 있다. 구체적으로 동물 주제를 다루는 동안 아동이 알아야 할 사항을 [그림 8-5]를 참고로 해서 설명하면 다음과 같다.

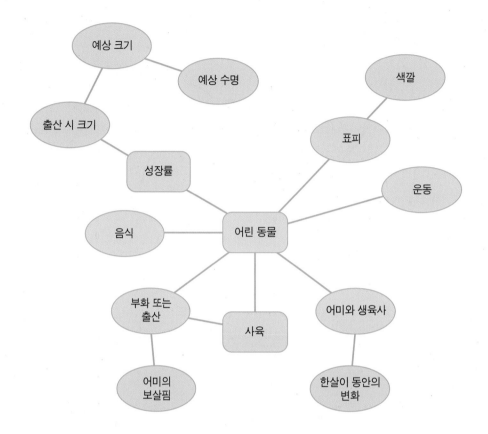

■ 그림 8-5 ■ 동물의 성장

① 모든 동물은 그 종족의 특성에 따라 정해진 크기와 모양이 될 때까지 자란다. 즉, 강아지는 절대 코끼리만큼 자라지 않고 고양이는 기린의 목을 가질 수 없다. 일단 다 자란 후에는 그 크기가 거의 변하지 않는데, 그 크기는 먹는 음식에 따라 결정되며 차이는 거의 없다. 수명에도 마찬가지 원리가 적용된다.

② 동물의 성장에도 먹이, 에너지, 조직의 교체가 필요하다.

• 플랑크톤(식물) → 작은 갑각류 → 생선 → 인간

• 밀 → 야생쥐 → 독수리

• 초목 → 토끼 → 여우

③ 어린 포유동물은 다 자란 것과 모양이 흡사하다. 성장에 따른 변화는 크기와 무게가 증가하는 것이고, 외피의 발달과 이빨의 변화가 포함된다.

④ 개구리의 한살이는 완전한 변화의 한 예다. 알 → 올챙이 → 개구리(점진적 변화)

■ 그림 8-6 ■ 먹이사슬

로 변화한다([그림 8-7] 참조). 개구리의 한살이를 알아보기 위해 교실에 올챙이
를 키워 보는 것도 좋은 학습 자료가 될 수 있다.

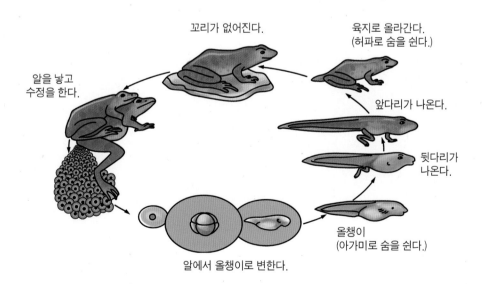

■ 그림 8-7 ■ 개구리의 한살이

⑤ 포유동물 중 개, 돼지는 태어난 지 몇 시간 안에 아동과 같이 놀 수 있다. 개와 돼지는 털이 보송보송한 채, 눈을 뜬 채 태어나기 때문에 어려움 없이 체중 증가나 먹이의 변화를 기록할 수 있다.

⑥ 아동이 동물이라는 말을 사용할 때는 대부분 포유동물을 일컫는다(Showell, 1984).

동물 주제를 통하여 아동은 동물세계를 사랑하게 되고 생명의 존귀함을 알게 되며, 살아가기 위해 필요한 것, 살아가기 위한 환경의 중요성을 이해할 수 있다. 또한 생물과 무생물의 구별은 물론 생물의 욕구(예: 사랑)도 알게 된다. 동물 주제에서 아동이 달성할 수 있는 구체적 학습목표는 다음과 같다.

① 동물의 종류를 이해한다.

② 동물의 성장을 이해한다.

③ 동물의 사육방법을 안다.

④ 동물과 식물의 차이점을 안다.

⑤ 동물의 기본적 욕구(동물과 인간의 관계)를 안다.

⑥ 동물의 이름과 생김새를 안다.

교실 내 한쪽이나 운동장 한구석에 우리나 둥지를 만들어 주어 아동으로 하여금 동물의 생활을 가까이에서 관찰하게 하는 것은 좋은 학습활동이다.

요약   summary

❶ 모든 살아 있는 것은 살기 위해 수행하는 과정 때문에 생물과 비생물로 구별된다. 살아 있는 것의 일곱 가지 특성은 성장과 생존을 위한 에너지 원천으로 음식 영양과 그로부터 에너지를 방출하는 과정으로서의 호흡, 세포에서 일어난 과정의 결과로서 생산된 폐기물을 제거하는 배설, 자극에 반응하여 행동을 수정하는 능력인 자극 반응성, 스스로의 힘으로 움직이는 운동, 식물은 본래의 모양으로 자라고 동물은 성숙하게 되는 성장, 새로운 후세대에게 유전체를 전달하는 재생 등이다.

❷ 아동은 자신의 신체 부분을 관찰하는 동안 자신과 일체감을 강하게 느끼고, 친구들과 서로 비교하면서 모든 사람은 각기 모습이 다르다는 것을 알게 되고 또 즐거워한다. '나'에 대한 주제를 다루는 목적은 아동이 스스로 자신을 독특한 존재로 인식하고, 아동 간의 다른 점을 존중하며, 아동 자신의 신체를 보호하도록 돕기 위한 것이다. 아동은 관찰하고, 수집하고, 분류하고, 측정하고, 의사소통을 하는 데 자신의 오감을 사용한다. 또한 보고, 듣고, 냄새 맡고, 맛보고, 만져 봄으로써 사물의 특성을 이해하고 자신의 주변 세계를 배우게 된다.

❸ 식물을 돌보는 과정에서 아동은 식물의 성장과 영양에 대해 이해하게 된다. 첫째, 살아 있는 것은 자란다. 둘째, 성장은 환경에 직접적으로 영향을 받는다. 셋째, 녹색식물은 햇빛을 이용하여 동화작용을 한다. 넷째, 식물은 다양한 방법으로 분류할 수 있다. 다섯째, 식물의 번식은 씨, 뿌리, 꺾꽂이 등 다양하나 아동은 씨에 의해서만 번식한다고 생각한다. 여섯째, 아동이 흥미를 보이는 것은 다양하다. 즉, 아동은 나무 올라가기, 뿌리의 모양, 잎의 모양과 색깔, 낙엽, 빛의 방향에 따라 움직이는 식물의 운동 등에 흥미를 보인다.

❹ 동물을 사육하거나 동물원을 방문함으로써 이 세상에는 다양한 동물이 있고 각각 살아가는 환경이 다름을 인식한다. 또한 어린 동물과 성장한 동물의 형태가 다름을 알게 된다. 동물을 사랑하는 마음을 통해 생명체의 존엄성을 인식하게 된다.

09 물체와 물질

● 이 장 소개하기

우리가 느끼고, 붙잡고, 무게가 나가고, 냄새도 나고, 보고, 만지고, 맛볼 수 있는 것이 물체다. 그리고 물질은 아동을 둘러싸고 있는 환경으로서, 아동은 물질과의 상호작용을 통해 주변의 물리적 환경을 이해한다. 이를 통해 자연세계에 대한 호기심과 지식을 확장해 나간다. 온종일 그리고 매일!

이 장에서는 물질의 세 가지 기본 요소인 고체, 액체, 기체에 초점을 맞춘다. 아동으로 하여금 고체, 액체, 기체에 관한 정의를 내리고 각각의 성질을 이해하도록 도와서 이러한 정의와 이해를 '물체에의 도전'에 적용하도록 한다.

또한 아동은 일상생활 주변에 있는 여러 가지 물체를 다루어 보고 분류하고 비교해 봄으로써 물체에 대한 기본적인 개념들과 과학적 기술을 발달시킨다. 여러 가지 교육 자료를 자유롭게 탐색함으로써 물체 간에 존재하는 관계를 발견할 수 있는 학습이 이루어진다. 아동이 모아온 여러 가지 물체의 속성과 용도, 모양, 크기와 색깔에 대한 개념과 우리 생활의 관계를 알아본다. '물'과 '공기'의 성질을 알아보기 위해 관찰하고 실험한다. '기계' '자석' '전기'에 관한 물리적 현상을 탐색해 보고, '빛'과 '색깔'의 성질을 알아보기 위해 여러 가지 과학현상을 탐색하고 실험해 본다.

아울러 일상생활에서 어떤 형태의 물질이 힘을 가하거나, 혼합하거나, 열을 가하는 등의 조작을 통해 원래의 모습이 바뀌는 것을 경험함으로써 변화의 개념과 그 과정을 이해하게 된다.

● 다양한 물체와 물질을 탐색하고 작용해 봄으로써 다음의 질문에 답할 수 있다.

1. 물질은 어떠한 요소로 구성되어 있을까?

2. 고체, 액체, 기체의 성질은 각각 어떻게 다를까?

3. 물질은 우리의 일상생활과 어떻게 연관되어 있을까?

4. 공기, 물, 소리, 자석, 전기, 열, 빛, 색깔은 우리의 일상생활과 어떻게 연관되어 있을까?

5. 물질은 어떠한 과학적 과정을 거쳐 변화하는가?

6. 우리는 어떻게 물체의 힘을 활용할 수 있을까?

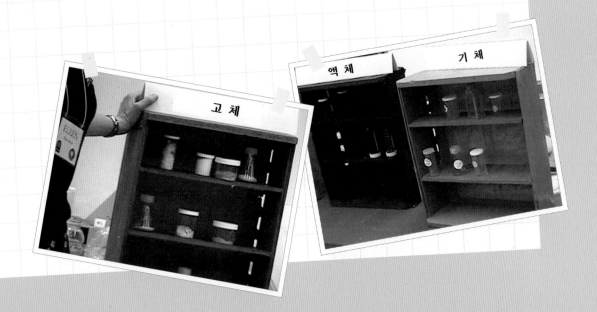

I. 물체와 물질의 성질

1. 물체의 성질

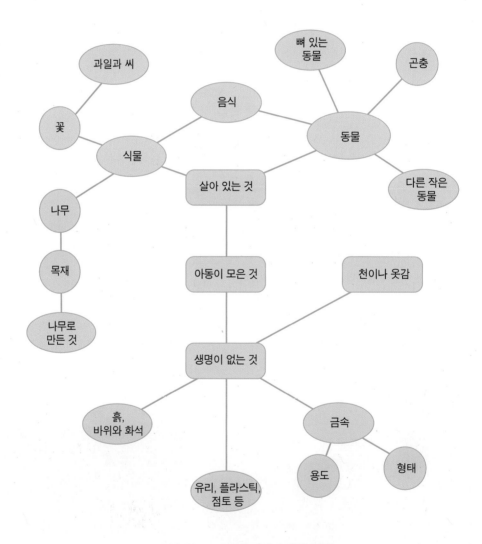

■ 그림 9-1 ■ 여러 가지 수집된 물체

우리 주변에는 아동의 흥미를 끌고 호기심을 자극하는 살아 있는 것은 물론 생명이 없는 여러 가지 것이 있다. 아동은 자갈, 조개껍데기, 유리구슬, 상자, 나뭇잎, 나무토막 등 여러 가지 물체를 모으는 것을 좋아한다. 이러한 아동의 특성이 바로 과학적 태도의 기본이며, 이런 태도가 과학적인 문제를 성공적으로 해결할 수 있게 해 준다.

아동에게 자신이 모아 온 것을 사용해 보고 자신이 정한 기준에 따라 분류해 볼 수 있는 기회를 많이 주며, 그 물체를 구별하고 어떤 방법으로든 그것을 분류해 보도록 도와주어야 한다. 물체를 평평하거나 뾰족한 것 등 모양이나 색깔별로 분류해 보고 어떤 모양을 구성해 보게 함으로써 탐구 및 조작 능력을 길러 주며, '구부러지는, 휘어지는, 매끄러운, 거친, 부드러운, 단단한' 등 물체의 성질에서 서로 비슷한 점은 무엇이고 다른 점은 무엇인지 토의해 본다(Beals & Willard, 2007).

이 주제에 관련된 활동을 통해서 아동은 감각을 사용한다. 즉, 만져 보고, 들여다보고, 소리를 들어 보는 과정을 통해 발견해 내게 된다. 이 주제의 구체적인 목표는 다음과 같다.

① 여러 가지 물체를 탐색하고 조작한다.
② 여러 가지 물체를 관찰하고, 표현하고, 비교한다.
③ 물체를 속성, 모양, 형태, 크기 등의 기준에 따라 분류한다.

교사는 아동이 언제나 자유롭게 탐구하고 발견하도록 격려하여 그들이 얻은 정보와 지식을 다른 사람들과 교환하도록 한다.

2. 물질의 성질과 변화

물질은 고체, 액체, 기체의 세 가지 기본 요소로 구성되어 있다. 물질은 질량을 가지고 있으며 공간을 차지한다. 여러 가지 물체를 탐색하고 증거를 모으는 활동을 통해 각 물체가 질량을 가지는지를 판단하고 공간을 차지하는지 알아본다(Beals & Willard, 2007).

주변의 여러 가지 물질을 이용하여 놀이하고 실험하는 동안 그것의 모양, 형태, 형질 등이 변화하는 물리적 변화와 종이가 타서 재가 되고 달걀에 열이 가해져 익게 되는 등의 화학적 변화를 관찰하고 비교해 보는 일은 아동에게 환상적인 경험이 된다.

물질이 변화할 때 어떤 일이 일어나는지 자세히 관찰하는 활동은 매우 유익하다. 일정한 한 가지 형태에서 다른 형태로 또는 새로운 물질을 만들어 내기 위해 다른 물질을 혼합시킬 때 일어나는 변화를 관찰함으로써 물질의 변화를 알게 된다. 또한 이를 통해 과학적 이론이 어떻게 발달되는지에 대한 통찰력을 얻게 되고 이러한 방법을 통해 과학 영역에서의 자신의 학습에 대해 생각할 수 있게 된다.

어떻게 한 가지 형태의 물질이 다른 물질로 변화되는지, 왜 그런 일이 일어나는지에 대한 학문이 화학이다(Devereux, 2007). 변화에 대한 학습은 대부분 화학 학문과 관련되어 있다. 현대사회에서의 생활은 많은 부분이 원재료가 다른 형태의 유용한 산물로의 전환에 의존한다. 이런 원재료가 슈퍼마켓에 있는 음식, 옷, 자동차 또는 의약품으로 되는 절차가 어떻든 간에 아동에게 변화에 대한 이해를 발달시킬 필요가 있다. 물론 원재료가 가지고 있는 성질은 그대로 존재한다. 덜 유용한 물질이 어떻게 더 유용한 물질로 변화되는지 배우기 때문에 화학은 흥미롭고 또한 현대생활과 밀접하게 관련되어 있으며, 현대생활의 중심이 된다. 다만 바람직하지 못한 변화로 인한 환경문제는 현재 우리생활에서 절박한 상황이다. 가장 나쁜 그 두 가지 예가 오존층 파괴와 산성비다.

이 주제에 관련된 활동에는 부분과 구조의 재배열(재구성)과 물질이나 성분의 변화, 즉 물체들의 혼합에 의한 변화가 포함된다. 교사는 아동이 이러한 변화의 이유를 탐색하고 발견해 내도록 여러 가지 물질을 다루어 볼 수 있게끔 활동을 준비하여 제공해야 한다. 특히 교실이 지저분해질까 봐 걱정하는 아동을 안심시킬 수 있도록 해야 한다.

3. 공 기

아동은 날마다 공기와 접촉하면서 생활한다. 그렇기에 공기에 대한 어려운 내용보다는 생활 속에서 공기를 경험하며 그 필요성과 실체를 알도록 하는 것이 중요하다. '공기'라는 주제를 다룰 때는 풍선이나 비닐주머니를 사용하는 활동이 많기 때문에 안전에 대한 주의가 필요하다.

아동은 감각을 통해서 사물을 느끼고, 보고, 냄새 맡고, 듣는다. 공기는 감각을 통해서 느끼거나 눈으로 볼 수 없는 물체이기는 하지만, 공기에 의한 어떤 자연현상 또는 인위적인 현상이 일어났을 때 아동은 공기를 인식할 수 있다. 아동은 자신의 몸에 부딪히는 바람을 느끼고, 바람이 부는 대로 이리저리 움직이는 물건을 보고, 바람 소

고체와 액체를 섞어 기체 만들기

리를 듣고, 공기가 들어 있는 놀잇감을 가지고 논다. 아동에게 공기를 인식할 수 있
도록 다양한 활동 기회를 마련해 줌으로써 생활 속에서 공기의 중요성과 그 기능을
알려 줄 수 있어야 한다. 아동은 공기에 관한 활동을 통해 다음의 목적을 달성할 수
있다.

① 공기는 우리 주변에 있다.
② 공기는 공간을 차지하고 있다.
③ 살기 위해서는 공기가 필요하다.
④ 공기는 무게가 있다.
⑤ 공기는 냄새, 맛이 없다.
⑥ 공기는 압력이 있다.
⑦ 따뜻한 공기는 위로 올라가고 팽창한다.
⑧ 공기는 가스로 되어 있다.
⑨ 볼 수 없지만 공기 중에는 물이 있다.
⑩ 날씨는 공기에 의해 변화한다.
⑪ 공기는 소리를 전한다.
⑫ 공기는 이롭기도 하고 해롭기도 하다(태풍, 회오리바람, 숨쉬기 등).

4. 물

물에 대한 학습은 물이 생명의 근본 요소일 뿐만 아니라 육지보다 세 배나 넓게 지구 표면을 둘러싸고 있을 만큼 많은 부분을 차지하고 있기에 매우 중요하다(Schmidt & Rockcastle, 1995). 식물과 동물의 조직을 구성하고 있으며, 물이 없으면 생명체는 어떤 화학적 작용도 일으키기가 어렵다.

물과의 경험은 교육과정에서 중요한 활동으로 여겨져 왔다. 아동은 물과 자주 접촉할 뿐만 아니라 물을 좋아한다. 이 시기에는 일생 중 그 어느 때보다도 물에 대해 흥미를 많이 갖는다. 놀잇감들이 물에 뜨고 가라앉는 것을 보고 물이나 물체에 대해 호기심을 갖게 된다. 생활의 일부분으로서 물놀이를 할 때마다 아동은 물에 대한 개념을 발달시킨다. 여러 가지 물놀이를 하는 동안 아동은 점차 과학적 개념을 발달시켜 나갈 수 있을 것이다.

처음 탐색 활동을 하는 동안 아동은 기본 개념을 형성하게 되고, 그것을 활용하여 좀 더 어려운 개념활동을 할 수 있게 된다. 특히 물놀이를 통하여 보존 개념의 획득이 용이해진다. 모양이 다른 용기를 갖고 물놀이를 하는 동안 그릇에 따라 물의 높이가 달라진다는 것을 알게 된다. 같은 양의 물을 납작한 컵에 담았을 때와 길쭉한 컵에 담았을 때 물의 높이가 낮거나 높아진다는 사실을 눈으로 봄으로써 측정 및 양의 보존 개념에 대한 기본적인 경험을 갖게 되는 것이다.

물에 대한 주제를 통하여 물에 대한 기본 개념은 물론, 물이 우리 생활에 필요한 것임을 알게 한다. 이러한 물에 관한 활동을 통해 아동은 다음과 같은 개념을 획득할 수 있다.

① 물은 독특한 성질을 갖는다.
② 물은 여러 가지 역할을 한다.
③ 물은 여러 가지 형태를 만든다.
④ 물은 힘을 갖는다.
⑤ 물은 용매다.
⑥ 물은 실존한다.
⑦ 물은 압력이 있다.

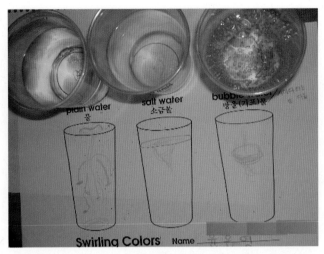

물, 소금물, 탄산수에 식용색소 한 방울을 떨어뜨리면 색깔물이 어떻게 움직일까?

5. 색 깔

이 세상에 색깔이 없다면 훨씬 재미없고 아름답지도 않을 것이다. 색은 그 자체가 색상으로 인해 구분하는 기능을 가지고 있고, 또 색 자체가 서로 다른 특성을 갖고 있기 때문에 모양의 분류활동을 하는 데 있어서도 시각적 변별력을 위하여 사용되기도 한다. 아동이 색의 이름을 알고 시각적 영상과 연관지을 수 있는 것이 색에 대한 학습이다.

영아는 발달의 가장 초기 단계부터 색을 접하게 되고(Showell, 1984), 4~6개월부터 색상을 구분하기 시작한다. 이차색보다는 기본색이나 검정, 흰색을 먼저 알게 된다. 아동은 점점 자라면서 자기 주변에서 색을 보게 되고 옷, 가구, 놀잇감, 꽃의 색을 구별하고 자신이 좋아하는 색과 싫어하는 색에 대해 토의할 수 있다. 또 집, 학교, 거리에서는 주로 어떤 색들이 많이 사용되고 있는지 알 수 있다. 색깔 주제의 목적은 아동이 색의 개념을 발견하여 자신의 환경에 대해 더 많은 것을 알 수 있게 하고, 그러한 지식을 새로운 상황에 연결시켜서 생각해 낼 수 있게 하는 데 있다.

아동은 색깔활동을 통해 색에 대한 시각적 변별력을 기를 수 있으며, 일상생활과 연관지을 수 있다. 예를 들면, 다음과 같다.

비 온 후 무지개

- 우리 자신: 피부, 머리, 눈의 색
- 식물 대부분: 녹색, 갈색, 꽃들의 색
- 동물 외피: 피부, 머리, 털, 조개껍질, 비늘
- 천이나 섬유: 옷, 가구
- 돌과 벽돌: 건물, 벽
- 실외: 바위, 바다, 하늘, 식물, 예술품, 창작품

아울러 색에 대한 표현방법을 익히고 심미성을 기를 수 있다. 이러한 색에 대한 활동을 통해 다음과 같은 목적을 달성할 수 있다.

① 색의 이름을 안다.
② 기본색과 이차색을 안다.
③ 색을 배합하여 다른 색을 만들어 낼 수 있다.
④ 자연의 여러 가지 색을 안다.
⑤ 염색을 하거나 색을 칠할 수 있다.

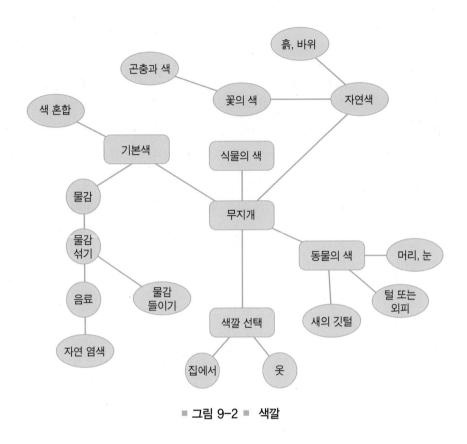

흙, 바위

곤충과 색

꽃의 색

자연색

색 혼합

기본색

식물의 색

물감

무지개

물감
섞기

동물의 색

머리, 눈

음료

물감
들이기

털 또는
외피

자연 염색

색깔 선택

새의 깃털

집에서

옷

■ 그림 9-2 ■ 색깔

II. 물리적 현상

우리 주변에 있는 물질에 대해 관찰하고 탐색하면서 물질이 아닌 것에 대한 관심과 흥미가 생긴다. 예를 들어, 열, 빛, 전기, 소리, 음악, 창의성, 진실, 사고, 아이디어, 감정, 꿈, 노래하기, 그림자, 말과 같은 물리적 현상은 우리와 상호작용을 하게 된다. 이들은 물리적인 힘에 의해 우리 생활에 영향을 미친다(Beals & Willard, 2007). 여기에서는 먼저 물리적인 힘에 대해 살펴본 후 구체적인 물리적 현상에 대해 설명한다.

1. 힘

1) 힘의 정의

다양한 활동을 통해 힘과 운동의 관계를 소개하는 것은 중요하다. 힘은 밀고 당김이다(Whithney & Sheffield, 1991). 힘이 우리 주변의 모든 것에 영향을 미치지만 밀고 당김의 근원은 대개 숨겨진다. 예를 들어, 안에 태엽을 넣은 공룡 놀잇감을 생각해 보자. 놀잇감이 작동하도록 하는 기본 기제는 완전히 숨겨져 있어서 그 놀잇감을 움직이는 기어를 미는 내부 스프링을 볼 수가 없다. 그러나 이러한 활동에서 움직이도록 하는 기제는 단순명료하다. 또 다른 예로 고무줄 새총으로 구슬을 쏠 때 아동이 고무줄과 늘어난 거리 간의 관계를 알도록 도와주어야 한다. 힘이 크면 클수록 거리가 멀어진다. 고무줄을 두 개 겹치거나 고무줄이 더 굵으면 더 무겁고 큰 블록이라도 더 멀리 쏠 수 있다. 블록을 멀리 가게 하는 것은 주어진 양의 에너지에 기인하는 것이다.

2) 마찰

마찰도 일종의 힘이다. 마찰의 개념 역시 활동을 통해 아동에게 소개할 수 있다. 모든 것의 표면은 어느 정도 거칠다. 두 개의 표면을 문지르면 서로를 붙잡기 위해 거칠어져 움직임(운동)을 방해하는 마찰 힘이 발생하게 된다. 결국 마찰은 두 표면의 거침과 물체를 같이 짓누르는 압력 간의 결합이다. 아동은 마찰이란 두 물체가 맞닿을 때 천천히 내려가는 힘이라는 것을 알게 된다. 미끄러지는 물체의 무게가 커지면 표면을 짓누르는 압력이 증가해서 마찰이 커진다. 예를 들어, '비탈길 자동차' 같은 활동을 통해 각 블록이 어떻게 내려갈 것인가를 예측해 보는 것은 마찰의 힘을 이해하기 때문이다.

마찰은 모든 표면에 존재하지만 100% 효율적인 체계는 없다. 왜냐하면 마찰 시 에

마찰 정도가 각각 다른 면

너지의 일부가 유실되기 때문이다. 그렇지만 어느 정도의 마찰은 필요하다. 예를 들어, 마찰이 없으면 수송이 불가능해질 것이고 아무것도 이동할 수 없다.

3) 중력

중력 개념은 활동을 통해 아동에게 소개될 수 있다. 중력은 과학세계에서 잘 이해되지 않는 힘의 일종이다. 그러나 중력은 우리 모두에게 영향을 미친다. 두 물체 간에는 중력이 있고 중력의 양은 물체의 크기에 따라 달라진다. 땅 위(지구상)의 모든 것은 지구 표면에 끌려온다. 두 물체 간에 작용하는 중력의 크기가 크면 클수록 끄는 힘은 커진다. 물체와 지구 간 인력작용의 측정은 무게다. 그것이 큰 사람이 작은 사람보다 몸무게가 더 많이 나가는 이유다.

이러한 활동은 우선 어떤 것을 떨어뜨리고 나서 떨어지는 것을 관찰하는 것으로 시작될 수 있다. 예컨대, 장난감 자동차를 경사진 트랙에다 굴려서 내려가도록 하면 경사도가 가파를수록 차는 더 멀리 굴러가게 된다. 이런 활동을 통해서 중력과 더불어 에너지 보존 개념을 탐색할 수 있다. 즉, 어떤 물체를 들어 올리는 데 사용되는 에너지는 유실되지 않고 그 물체가 떨어질 때까지 축적된다. 어떤 물체가 땅으로부터 멀리 이동하는 데는 에너지가 필요한데, 이것이 중력이다. 중력의 특성은 다음과 같이 요약될 수 있다.

① 중력은 힘의 일종이다.

② 중력은 느낄 수는 있지만 볼 수는 없다.

③ 중력은 일시적으로 극복할 수 있다(근육의 힘으로 높은 곳으로 뛰었다가 내려온다).

④ 사물의 무게는 중력을 극복하기 어렵다.

⑤ 중력은 지구의 중심으로 물건을 잡아당기는 것이다.

⑥ 중력은 지구의 자전에 의해 나온다.

⑦ 중력의 양은 크기와 관계가 있다.

⑧ 물체가 내려가는 것은 지구의 중심으로 향한다.

⑨ 물체가 올라가는 것은 지구의 중심에서 멀어져 간다.

⑩ 중력의 힘은 우리의 일상생활에 도움을 준다.

4) 힘과 운동

앞서 언급한 바와 같이 힘은 밀고 당김이다. 그것은 크기와 방향 두 가지 요소로 구성되어 있다. 크기는 밀거나 당김의 힘을 말하고, 방향은 밀거나 당김의 방향을 말한다. 실제로 많은 힘이 우리 주변의 물체에 작용한다. 예를 들어, 인도에 깔려 있는 블록은 몇 가지 힘을 갖는다. 블록이 인도에 위, 아래, 옆으로 고정되도록 하는 힘이 중력이다. 블록이 움직이지 않기 때문에 모든 힘이 균형이 잡혀 서로를 상쇄하는 것이다. 만일 힘의 균형이 무너진다면 블록은 움직일 것이다.

아동은 블록을 밀고 떨어뜨리거나, 한 블록으로 다른 블록을 때리는 활동을 통해 힘과 운동을 경험하게 된다. 이때 아동은 힘은 어디에서 오고 어떤 방향으로 움직일 것인가를 알게 된다. 블록의 움직임은 항상 힘이 닿는 방향에 있게 된다.

5) 힘의 방향 변경

도르래는 힘의 방향을 변경시켜 기계적으로 유익하게 해 주는 데 사용된다. 도르래는 초기 발명품 중 하나로서 오늘날까지 아주 유용하게 쓰이고 있다. 우리는 이 세상 어디서나 도르래를 볼 수 있다. 건설 현장의 큰 크레인에서부터 치과병원에서 쓰는 작은 드릴까지 다양하다. 도르래는 로프를 고정시켜 주는 홈이 있는 바퀴, 바퀴를 지탱해 주는 받침대, 받침대를 고정시켜 주는 몇 가지 장치로 구성되어 있다. 로프가 끌려오면서 바퀴가 돌고, 로프를 거의 마찰 없이 방향을 바꿔 움직이도록 해 준다.

도르래 활동을 통해 아동은 그 부품을 탐색하여 각각의 기능을 알게 된다. 또한 도르래가 어떻게 힘의 방향을 변경시켜 생활에 작용하는지를 발견하게 될 것이다. 또는 끈을 잡아당겨 도르래를 끌어내리는 것을 관찰하고, 끈이 무게를 가진 물건을 들어 올리는 효과를 갖는 움직임이 일어나게 한다는 것을 알게 될 것이다. 이러한 원인과 결과, 서열성은 아동이 깨우쳐야 할 가장 중요한 개념이다.

6) 에너지와 운동

아동은 추의 흔들림을 관찰하고 추의 운동을 조정하는 요소를 경험하게 될 것이다. 운동(kinetic) 에너지는 중력이 앞뒤로 밀고 당기면서 추가 바닥에서 위로, 앞뒤로 왔다 갔다 하는 전 과정이 계속 반복되도록 한다. 추가 똑바로 내려와 있을 때는 움직이지 않는데, 그때 가장 낮은 에너지 상태로서 머무르려는 경향이 있다. 만일 어떤 힘이 정지된 위치로부터 움직이도록 작용하면 추는 다시 돌아오려고 한다. 이런 앞뒤 반복

운동을 보통 균형운동이라 일컫는다. 만일 이때 마찰이 전혀 없으면 이 운동은 영원히 지속될 것이다. 두 가지 요소가 추의 운동에 영향을 미치는데, 하나는 진동의 빈도에 강한 영향을 미치는 실의 길이다. 줄이 길면 길수록 시간당 진동수는 적어진다. 또 다른 요소는 추가 놓이는 높이다. 추는 높은 곳에서 떨어질수록 멀리 간다. 높이는 일반적으로 빈도수에 영향을 미치지는 않는다.

2. 자석

아동은 자석을 매우 좋아한다. 자석의 힘은 느끼거나 볼 수 없어도 쇠붙이를 끌어당기는 결과를 눈으로 볼 수 있게 하기에 자석놀이는 아동에게 매우 흥미 있는 놀이가 된다. 자석놀이는 물체의 상호작용을 관찰하게 하는 데 중요한 역할을 한다. 자석놀이를 할 때에는 스스로 놀이하고, 실험하고, 확인해 봄으로써 이후 실험 관찰의 기초를 마련하게 해 주어야 한다.

자석에 붙는 물체나 붙지 않는 물체

자석에 대한 활동을 해 나가는 동안 아동은 다음과 같은 여러 가지 과학적 과정을 경험하게 될 것이다.

① 자료와의 상호작용 및 다른 아동 또는 교사와 의사소통하기
② 활동을 한 후 결과를 간단히 기록하기
③ 실험한 결과에 대해 전달하기
④ 어떤 결과를 예측하기

⑤ 물체와 직접 상호작용을 하여 그 예측을 검증해 보기

⑥ 물체를 관찰하고 분류해 보기

⑦ 주변 환경에 대한 지식의 폭을 넓히기 등

이러한 경험을 기초로 자석에 관한 주제에서 달성할 수 있는 학습목표를 요약해 보면 다음과 같다.

① 자석의 종류를 안다.

② 자석의 힘을 안다.

③ 자석의 성질을 안다.

④ 자석의 용도를 안다(전기 에너지를 발생시킨다).

⑤ 부분별 자력의 세기를 안다.

자석활동은 아동이 직접 경험하도록 할 수 있으나 경험과 실험방법 및 관찰과정에 대한 교사의 배려가 필요하다. 특히 자석에 대한 최초의 경험은 스스로 탐구하는 것이어야 한다. 직접 다루어 보고 탐구하는 동안 아동은 자석의 작용에 대해 깨닫게 된다. 자석은 다음과 같은 성질을 가지고 있다(Overton & James, 1989).

① 자석은 금속을 잡아당기고, 그 외의 것은 잡아당기지 않는다.

② 자석은 서로 끌어당긴다.

③ 자석은 같은 극은 밀고 다른 극은 잡아당긴다.

④ 나침반의 바늘은 자석으로 항상 북쪽을 가리킨다.

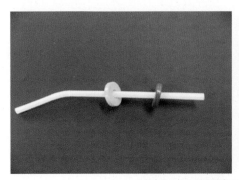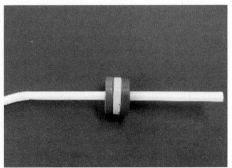

자석은 같은 극은 밀고 다른 극은 잡아당긴다.

⑤ 자석의 힘은 어떤 물건(종이, 천, 물, 모래)을 통과한다.

⑥ 자석은 다른 자석을 만들기 위해 사용된다.

⑦ 자석은 전기 에너지를 발생시킨다.

3. 빛

아동은 어둠을 두려워하고 싫어한다. '이 세상에 빛이 없다면 어떻게 될 것인가?' 를 생각해 보도록 하면 빛을 어떤 물체로 가리거나 또는 빛을 제거했을 때 볼 수 없었던 경험을 되살리게 된다.

세상에 빛이 없으면 녹색식물이 자랄 수 없다는 것은 아동이 이해하기 어려운 개념이다. 그렇기에 아동이 직접 빛을 느끼고 확인할 수 있도록 학습이 이루어져야 한다.

추운 겨울날, 양지 바른 쪽에서 햇볕을 쬐면 따뜻함을 느끼게 된다. 반대로 그늘에서 더위를 식혀 본 경험이 있는 아동은 태양에서 오는 빛은 뜨거운 열을 낸다는 것을 알게 될 것이다. 아동은 빛이 비치는 쪽은 밝고 그 반대쪽은 어둡고 그늘진다는 것을 알게 되고, 또 그림자가 생기는 경험을 하게 됨으로써 빛이 똑바로 비친다는 원리를 깨닫게 된다. 그림자는 무엇에 의해 생기는지 알도록 하기 위해 그림자 잡기 놀이나 그림자 그려 보기 놀이를 하게 한다.

손전등을 이용하여 빛의 위치, 방향 등을 변화시키며 그림자의 모양, 크기 등이 어떻게 되는지 보아 빛과 그림자의 관계를 이야기해 보도록 한다. 또한 거울로 빛을 반사해 보는 활동을 통해 반사한다는 빛의 성질을 알고 공간과 거리에 대한 기초 개념도 함께 경험하게 할 수 있다.

빛과 관련된 활동을 구성하여 직접 놀이를 하는 동안 그늘이나 어둠은 빛이 가려진 상태라는 것을 알게 되어 어둠을 두려워하는 아동에게는 좋은 학습 경험이 될 것이다. 이러한 빛의 주제를 다루는 동안 달성할 수 있는 학습목표는 다음과 같다.

① 빛의 작용을 안다.

② 빛의 성질을 안다.

유치원에서는 실내활동의 경우 슬라이드 프로젝트를 이용하고, 햇빛이 밝게 비치는 맑은 날을 선택해 그림자에 관한 활동을 한다면 효과적인 학습이 이루어질 수 있다.

4. 열

열 에너지는 이동한다. 한쪽이 뜨거운 쇠젓가락을 잡으면 다른 쪽도 뜨겁다. 금속은 열 에너지를 전달하는 전도체이기 때문이다. 여름은 덥고 겨울은 춥다. 여름날 따가운 햇볕은 대류에 의해 공기를 덥게 만든다. 온도란 어떤 물질의 분자들이 평균적으로 움직이는 정도를 측정한 것이다. 날씨가 더워지면 온도는 올라간다. 그리고 열이 관 속의 액체를 팽창시켜 위로 올라가면 온도계의 눈금이 올라간다. 이러한 열 에너지의 특성을 정리하면 다음과 같다.

① 어떤 물건은 따뜻하게 느껴진다.
② 어떤 물건은 차갑게 느껴진다.
③ 열은 사물을 녹인다.
④ 사람은 열을 발생시킨다.
⑤ 태양 빛은 열을 발생시킨다.
⑥ 물체를 서로 문지르면 열이 발생한다.
⑦ 불은 열을 발생시킨다.
⑧ 불은 탈 때 산소를 필요로 한다.
⑨ 어떤 물체는 열을 발생시키고, 어떤 물체는 발생시키지 않는다.
⑩ 열은 더운 공기가 나오도록 한다.
⑪ 불은 이롭기도 하고 해롭기도 하다.

| 뜨거운 물 | 미지근한 물 | 차가운 물 | | 뜨거운 물 | 미지근한 물 | 차가운 물 |

■ **그림 9-3** ■ 온도 느끼기

뜨거운 물과 차가운 물에 각각 한 손씩 넣었다가 동시에 미지근한 물에 두 손을 넣으면 두 손이 느끼는 미지근한 물의 온도는 다르다.

5. 소 리

아무리 조용한 장소, 조용한 날이라도 귀 기울여 들으면 여러 가지 소리를 들을 수 있다. 사람이 가지고 있는 훌륭한 청각은 나뭇잎의 바스락거리는 소리처럼 작은 소리, 냉장고가 돌아가는 소리, 멀리서 나는 사이렌 소리, 자신들의 숨소리를 지각하고 구별하게 해 준다. 소리는 의사소통을 가능하게 해 준다. 또한 우리는 소방차 소리, 현관 벨소리, 전화, 학교 종과 같은 소리 신호에 반응한다. 음악은 우리를 즐겁게 해 주고 감정을 환기시킨다.

소리는 우리를 둘러싸고 있다. 아동으로 하여금 세상의 다양한 소리에 관심을 집중하도록 도와줌으로써 도전하고 다양한 흥미를 가지도록 할 수 있다. 소리에 관한 다양한 활동을 통해 다음과 같은 개념을 획득할 수 있다.

① 소리는 어디에나 있다.
② 소리는 진동에 의해 만들어진다.
③ 소리는 여러 가지 물체에 의해 만들어지고 그것을 통해 전달된다.

달걀 모양을 흔들어 각각 다른 소리를 듣는다.

6. 전기

아동은 건전지를 이용하여 종을 울리고 전구에 불이 들어오게 하는 활동을 통해 건전지 회로를 완성시키는 방법을 배울 수 있다. 이때 아동은 전기에 양극이 있다는 것을 알게 된다. 전기기구나 전기 프라이팬을 사용하여 요리하는 과정을 봄으로써 전기의 작용을 알 수 있으며 건전지, 회로, 콘센트, 플러그, 전구, 스위치와 같은 전기 관련 어휘를 배울 수 있다.

정전기는 아동이 카펫 위를 왔다 갔다 하면서도 느낄 수 있고, 풍선을 불어 바지에 문지름으로써 만들어 낼 수 있다. 특히 책받침을 천에 문질러서 만들어 낸 정전기를 이용하여 머리카락을 세우는 등의 게임을 하는 것을 즐긴다.

전기는 다음과 같은 특성을 가지고 있다.

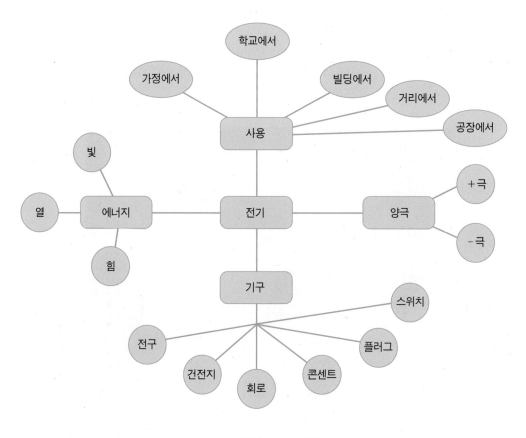

■ 그림 9-4 ■ 전기

① 전기는 위험할 수 있다.

② 전기는 자연스러운 현상이다.

③ 전기는 사람에 의해 만들어진다.

④ 전기는 입자들의 흐름이다.

⑤ 건전지는 전기의 안전한 자원이다.

⑥ 전기는 열과 빛 그리고 운동 에너지를 생산하는 데 사용된다.

⑦ 전기는 여러 가지 방법으로 사용된다.

⑧ 전기는 우리에게 도움을 주기도 하고 해를 주기도 한다.

전기에 관한 활동을 통해 다음과 같은 목적을 달성할 수 있다. 전기를 다룰 때는 특히 안전에 유의하도록 교사의 배려가 요구된다.

① 전기의 올바른 사용법을 안다.　　② 전기의 작용을 안다.

③ 전기의 구조를 안다.　　④ 정전기의 영향을 깨닫는다.

7. 기계와 도구

인간은 역사 이전부터 도구를 사용한 것으로 기록되고 있다. 시대의 변천에 따라 가축을 기르고 곡식을 가꾸는 데 도구가 필요했고, 자기 자신을 방어하기 위해 무기가 개발되었다.

아동은 도구가 그런 일을 해 준다는 것을 깨닫지 못하면서도 바퀴를 돌리고 자전거를 타면서 기계를 접하고 즐거워하게 된다. 또한 여러 가지 기계를 이용한 놀잇감을 가지고 놀거나 일상생활에서 기계를 쓰고, 어떤 특수한 직업과 연관시켜 보는 동안 기계가 일을 더 쉽게 할 수 있게 해 준다는 것을 깨닫게 된다. 나아가 어떤 일을 더 효과적으로 수행하고, 최소한의 힘을 들여 어떤 물체를 움직이고, 일상생활에서 쓰는 수많은 생활용품을 만들어 내는 데 기계가 사용된다는 것을 알게 된다. 기계에 관한 여러 가지 것을 도식화하면 [그림 9-5]와 같다.

장난감 자동차를 가지고 노는 동안 바퀴가 동그란 모양일수록, 비탈진 곳일수록 더 잘 굴러간다는 사실을 알게 된다. 이와 같은 원리를 이용하면 움직이는 엘리베이터 등 도르래를 써서 다른 용도로도 쓸 수 있다는 것을 어렴풋이 알게 된다.

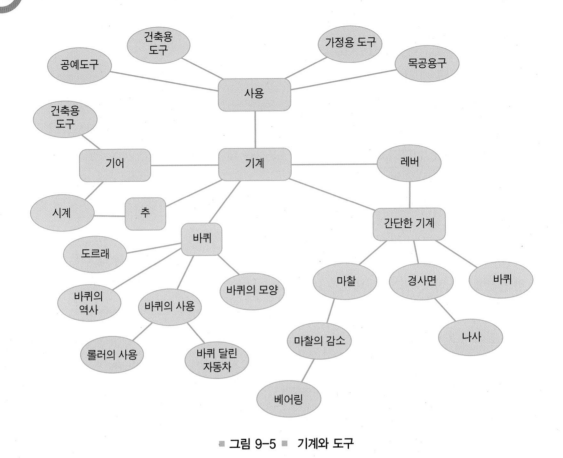

■ 그림 9-5 ■ 기계와 도구

아동은 간단한 기계의 도움으로 물건을 들어 올리거나 움직이는 방법을 배우고 싶어 한다. 이러한 흥미는 기계문명에 대해 준비하는 결과가 된다. 이러한 기계에 관한 활동을 통해서 다음과 같은 목적을 달성할 수 있다.

① 과학적 결과를 적용할 수 있다.　② 기계의 원리를 안다.

③ 기계의 용도를 안다.　④ 기계의 구조를 안다.

⑤ 도구 사용의 편리함을 안다.

기계에 관한 활동은 어려운 원리를 설명하거나 높은 수준을 다루기보다 도르래, 자동차, 바퀴 등이 굴러가는 것을 직접 관찰하고 경험함으로써 과학적 소양과 탐구 및 발견의 태도를 길러 주기 위한 것이다.

요약   summary

❶ 물질은 고체, 액체, 기체의 세 가지 기본 요소로 구성되어 있다. 물질은 질량을 가지고 있으며 공간을 차지한다. 아동은 주변의 여러 가지 물질을 가지고 놀이하고 실험하는 동안 그 모양, 형태, 형질 등이 변화하는 물리적 변화와 종이가 타서 재가 되고 달걀에 열이 가해져 익게 되는 등의 화학적 변화를 관찰하고 비교해 봄으로써 환상적인 경험을 하게 된다. 이 주제와 관련된 활동에는 부분과 구조의 재배열(재구성)과 물질이나 성분의 변화, 즉 물체들의 혼합에 의한 변화가 포함된다. 교사는 아동이 이러한 변화의 이유를 탐색하고 발견해 내도록 여러 가지 물질을 다루어 볼 수 있는 활동을 준비하여 제공하고, 특히 교실이 지저분해지는 것에 대한 두려움을 없애 주어야 한다.

❷ 우리 주변에 있는 물질을 관찰하고 탐색하면서 물질이 아닌 것에 대한 관심과 흥미가 생긴다. 예를 들어, 열, 빛, 전기, 소리, 음악, 창의성, 진실, 사고, 아이디어, 감정, 꿈, 노래하기, 그림자, 말과 같은 물리적인 현상은 우리와 상호작용을 하게 된다. 이들은 물리적인 힘에 의해 우리 생활에 영향을 미친다. 이를 통해 아동은 물질에 대한 과학적 개념을 이해할 수 있다.

⑩ 지구, 우주

● 이 장 소개하기

　자연계의 모든 현상은 일련의 규칙에 따라 변화한다. 즉, 봄에는 꽃이 피고, 여름에는 더우며, 추운 겨울에는 눈이 온다. 그리고 '해, 달, 별'이 뜨고 지며, 낮이 지나고 시간이 경과함에 따라 하루는 '낮에서 밤으로' 변화된다. 이러한 사실에 아동이 관심을 갖도록 한다. 아동은 조금씩 주나 달의 이름과 순서를 배우게 될 것이다. 교실에 있는 달력을 이용하거나 만들면서 아동이 직접 날씨나 기념일 등을 표시하도록 한다. 아동은 시간에 대해 이해하게 됨에 따라 계절의 변화, 일출과 일몰의 연속성, 하루의 일과 등을 배우게 된다.

　아동은 흙을 파고 강을 만들기를 좋아하며 자갈을 모으고 모래놀이를 한다. '땅'은 모든 식물을 자랄 수 있게 해 주므로, 그것을 비옥하게 해 주어야 한다는 것을 알게 한다. 더불어 지구는 땅뿐만 아니라 '산'과 '바다' '강'으로 이루어졌음을 알도록 한다. 더 나아가 우주의 물질을 탐색해 봄으로써 우주에 대해 흥미를 갖도록 한다.

● 우주에 대한 끊임없는 호기심에 의한 탐구로 다음의 질문에 답할 수 있다.

1. 지구의 겉모습은 어떠한가?

2. 지구를 이루고 있는 구성성분은 무엇일까?

3. 우주에 있는 물질은 어떻게 알 수 있을까?

4. 계절은 왜 생기고 계절마다 날씨는 왜 다를까?

5. 지구에는 어떠한 현상들이 있으며 우리의 일상생활과는 어떻게 연관되어 있을까?

I. 지 구

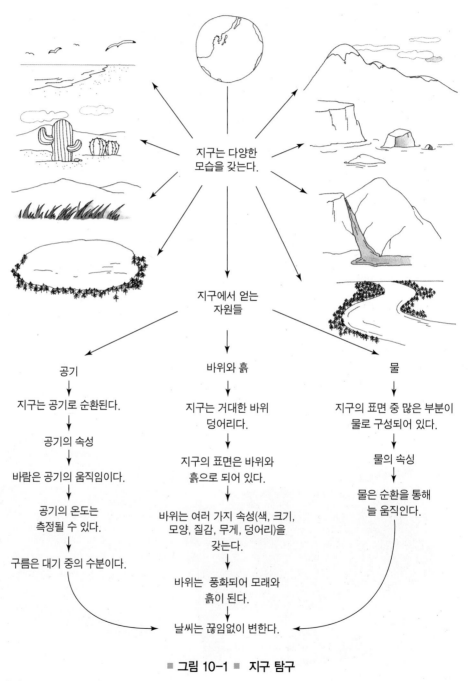

■ 그림 10-1 ■ 지구 탐구

출처: AIMS(1999), p. 6.

지구는 땅과 물로 되어 있는 커다란 구다. 지구 주위는 공기로 덮여 있고, 지구 표면의 70%는 물로 되어 있는데 대부분이 대양이라고 불리는 바다다. 또 지구는 산, 계곡, 평야, 사막, 호수, 강, 바다, 빙하로 이루어져 있다.

아동은 운동장에서 바위가 잘게 부서진 돌가루, 유기물이 섞여 만들어진 부식토, 모래, 점토, 돌 등을 발견할 수 있을 것이다. 아동은 모래, 자갈, 흙 등을 뒤섞어 만든 흙 판에 물을 흘려보냄으로써 물줄기가 서로 만나 보다 굵어져서 흐르게 되고, 나중에는 아주 낮은 곳에서 모두 모이게 되는 것을 관찰하게 된다. 이를 통해 시냇물, 강, 바다를 연상하고 그 외의 물줄기가 없는 곳은 땅으로 연상한다.

바위는 날씨의 변화과정에 따라 작은 조각으로 부서져 버린다. 바위와 흙은 지구의 표면을 이룬다. 부서진 바위는 돌, 자갈, 흙, 모래가 된다. 땅은 들과 산을 이루고, 땅 위에는 식물이나 동물이 살고 있으며, 땅속에는 식물의 뿌리나 잎, 땅속 동물들이 살고 있다. 바람은 땅의 표면을 부드럽게 만들고, 모래를 이리저리 옮겨 준다. 또 바닷물 만들기와 바닷속에 사는 것을 알아보는 활동을 통해 지구를 구성하고 있는 바다에 대해 알 수 있다. 구체적인 학습목표는 다음과 같다.

① 지구는 땅과 바다로 되어 있음을 안다.
② 땅을 이루고 있는 구성성분을 안다.
③ 지구의 겉모습을 안다.
④ 산의 영향을 안다.
⑤ 사막이 인간에게 미치는 폐해를 안다.
⑥ 평야가 주는 이로움을 안다.
⑦ 강과 호수의 차이를 알고 인간에게 미치는 영향을 안다.
⑧ 바닷물의 성질을 안다.
⑨ 바닷속에 사는 것에 대해 안다.

유치원에서는 바깥놀이 시간을 이용하여 활동해 봄으로써 효과적인 학습이 이루어질 수 있다.

1. 산

아동은 산에 관한 활동을 통해 다음의 개념을 이해한다.

① 산은 주위보다 높다.

② 산은 높이가 모두 다르다.

③ 산은 외따로 떨어져 있거나 혹은 산맥처럼 여러 개가 붙어 있다.

④ 산은 바닷속에도 있다.

⑤ 산은 복잡한 길로 되어 있다.

⑥ 산은 기후에 영향을 준다.

⑦ 산은 식물, 동물에게 영향을 준다.

⑧ 산은 자원을 제공해 준다.

⑨ 산은 사람에게 영향을 준다.

⑩ 산은 재미있는 곳이다.

2. 강과 호수

아동은 강과 호수에 관한 활동을 통해 다음의 개념을 이해한다.

① 강은 물의 커다란 흐름이다.

② 강은 비와 눈으로 이루어진다.

③ 강은 수로로 흐른다.

④ 강은 느리거나 빠르게 흐른다.

⑤ 강은 사람과 물건을 옮겨 준다.

⑥ 호수는 주위가 땅인 곳에 있는 물이다.

⑦ 호수는 주변 날씨에 영향을 준다.

⑧ 강과 호수는 자원을 제공한다.

⑨ 강과 호수는 사람에게 영향을 준다.

⑩ 강과 호수는 재미있는 곳이다.

3. 사막과 평야(들)

아동은 사막과 평야에 관한 활동을 통해 다음의 개념을 이해한다.

① 사막은 사람, 동물, 식물이 살기에는 너무 건조하다.
② 사막에는 비가 너무 적게 내린다.
③ 사막은 모래밭이다.
④ 사막에도 동물, 식물이 산다.
⑤ 사막은 자원을 제공해 준다.
⑥ 사막은 사람에게 영향을 준다.
⑦ 평야는 낮고 평평한 곳이다.
⑧ 평야는 농사 짓기에 좋다.
⑨ 평야에는 식물, 동물이 있다.
⑩ 평야는 자원을 제공한다.
⑪ 평야는 동물에게 영향을 준다.

4. 대양과 바다

아동은 대양과 바다에 관한 활동을 통해 다음의 개념을 이해한다.

① 대양과 바다는 지구의 3/4을 차지한다.
② 대양과 바다는 탐험하기가 어렵다.
③ 대양은 지도에서 볼 수 있다.
④ 대양은 매우 깊다.
⑤ 대양과 바닷물은 짜다.
⑥ 대양의 물은 온도가 다르다.
⑦ 대양은 조류를 가지고 있다.
⑧ 대양은 기후에 영향을 준다.
⑨ 대양에는 식물과 동물이 있다.
⑩ 대양은 자원을 제공한다.

⑪ 태양은 사람에게 영향을 준다.

⑫ 태양은 재미있는 곳이다.

II. 자연현상

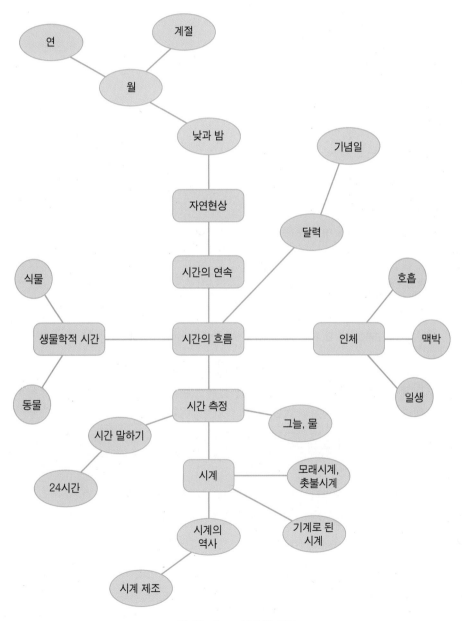

■ 그림 10-2 ■ 시간의 흐름

1. 낮과 밤

아동은 낮과 밤의 특징을 이야기하고 서로 비교하면서 다른 점을 구별할 수 있다. 또한 햇빛에 의해 생긴 막대의 그림자가 시간에 따라 움직이는 모습을 관찰하면서 하루 동안의 변화를 알 수 있다. 이런 활동은 그림을 그려 보면 좀 더 명확하게 정리될 수 있다. 스티로폼 공에 지구를 그려 전구 주위를 돌며 낮과 밤이 생기는 까닭과 계절이 왜 변화하는지 알아보도록 한다. 특히 하루 동안 자신의 일과를 그림이나 말로 표현해 보게 한다면 좋은 학습 효과를 얻을 수 있을 것이다.

태양 만들기

이러한 낮과 밤에 관한 주제의 구체적인 학습목표는 다음과 같다.

① 낮과 밤을 구별할 수 있다.
② 낮과 밤이 생기는 이유를 알 수 있다.
③ 낮과 밤에 각각 해야 할 일을 안다.

이런 주제는 아동 자신이 아침에 일어나서 매일 하는 일을 생각해 보면서 자신의 경험과 연결시키면 더 잘 알 수 있다.

2. 계절

봄, 여름, 가을, 겨울의 사계절을 경험한 대로 이야기해 보며 계절에 따라 아동의
생활에 어떤 변화가 생겼는지 예를 들어 보도록 한다. 즉, 따뜻한 봄이 지나고 무더운
여름이 왔을 때 사람들이 어떤 옷을 입고 어떤 활동을 하는지에 대해 함께 이야기하
고, 주변의 식물들은 어떻게 변화했는지에 대해 관심을 갖도록 지도한다. 이러한 계
절에 관한 활동을 통해 아동은 다음의 목적을 달성할 수 있다.

① 사계절을 알고 구별한다.
② 사계절의 변화와 생활의 변화를 안다.

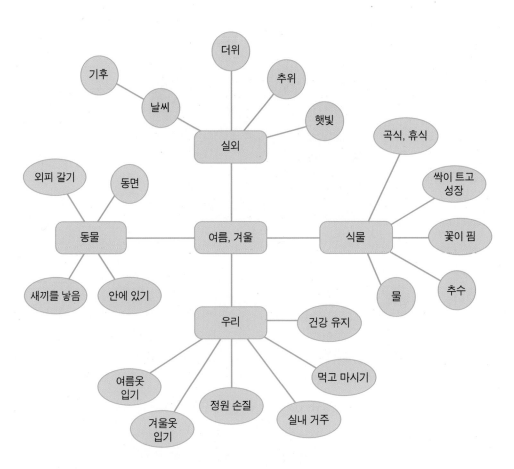

■ 그림 10-3 ■ 계절

3. 날씨

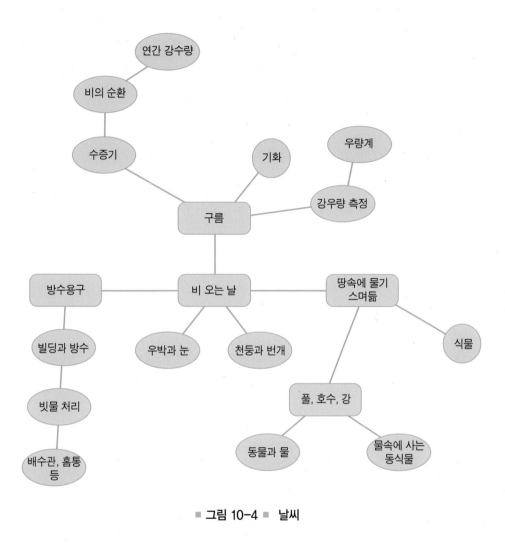

■ 그림 10-4 ■ 날씨

일상생활에서 모든 사람에게 관심 있는 과학 주제는 무엇일까? 당연히 날씨다. 일생 동안 누구나 날씨에 대한 지식을 생활에 적용하게 된다. 날씨는 아동에게도 익숙한 현상이다.

무엇이 태양의 둘레를 도는가? 바람은 어디에서 오는가? 어린 시절 아동은 날씨에 대해 경이로움을 느끼고 걱정한다. 태양, 비의 순환, 움직이는 공기에 대한 단순한 개념을 탐색함으로써 날씨에 대해 관심을 갖게 된다. 비는 어떻게 해서 오는지에 관해서는 비의 순환을 설명하여 이해시킬 수 있다. 번개의 성질에 대해 이해함으로써 폭

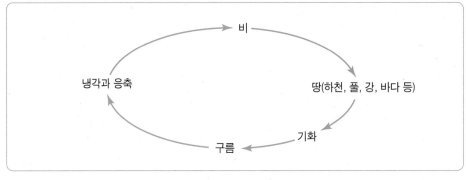

■ 그림 10-5 ■ 비의 순환

풍에 대한 두려움을 약화시킬 수 있다. 그리고 날씨 주제에서는 다음의 개념에 대해서 학습하게 된다.

① 태양은 지구를 따뜻하게 한다.
② 변화하는 기온은 바람을 만든다.
③ 냉각과 응축은 강우의 원인이다.
④ 빗방울은 태양빛을 분쇄시킬 수 있다.
⑤ 날씨는 측정할 수 있다.
⑥ 번개는 정전기다.
⑦ 방전된 전자는 튀면 섬광을 만든다.

아동은 활동을 통해 태양의 효과를 느끼고, 따뜻한 공기의 이동을 관찰하고, 컵 속에 있는 작은 구름을 관찰하고, 무지개를 만들어서 가상 실험을 해 보고, 날씨를 기록하고, 태양을 도는 지구의 운동을 흉내 내어 본다.

여러 가지 날씨와 현상

III. 우주

  낮에 볼 수 있는 것과 밤에만 볼 수 있는 것이 있다. 교사는 아동이 해, 달, 별에 관한 자연현상의 변화과정을 오랜 시간 동안 계속적으로 관찰하도록 세심한 배려를 하며, 이것이 아동의 생활과 연결되어 자연스럽게 이루어지도록 지도하는 것이 바람직하다. 예를 들어, 해가 어느 쪽에서 뜨고 어느 쪽으로 지는지 관찰하여 이야기해 보거나 해가 하는 일을 슬라이드 프로젝터를 이용하여 직접 실험해 보도록 한다.

  밤하늘에서 볼 수 있는 것을 생각해 보게 하고 달이 뜨고 지는 방향을 확인하도록 한다. 또 달의 모양이 변화하는 것을 관찰한 후 그림을 그려 보게 한다. 밤하늘의 별을 관찰한 다음 그림책에서 같은 모양을 찾아보고 그 이름을 알아볼 수도 있다. 밤에 이루어져야 하는 활동은 부모의 협조를 통해 효과적인 학습이 이루어질 수 있다. 아동과 우주여행에 대해 같이 이야기 나눠 보는 것은 우주에 대해 흥미를 갖도록 하는데 도움이 된다. 예를 들면, 다음과 같은 내용을 주제로 토론할 수 있다.

• 우주여행은 적응을 필요로 한다.
• 우주선은 바퀴가 필요 없다.

• 우주선은 안에 공기가 필요하다.

• 우주선은 독특한 방법으로 통제된다.

• 중력은 우주여행에 영향을 준다.

• 우주 거리는 광년(빛의 속도)으로 잴 수 있다.

• 우주여행에는 특별한 용어가 있다(우주선, 우주로켓, 우주비행사, 우주정거장 등).

• 우주여행의 역사는 아주 짧다.

• 우주여행에는 많은 계획이 필요하다.

로켓 발사

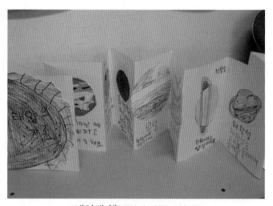

태양계 책(태양계 가족 이야기)

우주에 관한 활동을 통해 다음과 같은 목표를 달성할 수 있다.

① 해의 변화를 관찰하고 설명한다.

② 해가 하는 일을 알고 우리 생활에 어떤 영향을 주는지 안다.

③ 달의 변화를 관찰하고 설명한다.

④ 별을 관찰하고 이름을 안다.

우주에 관한 활동의 한 예로, 태양의 지름은 지구 지름의 109배임을 알도록 109개의 지구를 상징하는 동그란 스티커를 태양 그림 중앙선에 붙인다.

요약   summary

① 지구는 땅과 물로 되어 있는 커다란 구다. 지구 주위는 공기로 덮여 있고, 지구 표면의 약 70%는 물로 되어 있는데, 대부분이 대양이라고 부르는 바다다. 또 지구는 산, 계곡, 평야, 사막, 호수, 강, 빙하 등으로 이루어져 있다.

② 땅은 들과 산을 이루고, 땅 위에는 식물이나 동물이 살고 있으며, 땅속에는 식물의 뿌리나 잎, 땅속의 동물들이 살고 있다. 또 바람은 땅의 표면을 부드럽게 만들고, 모래를 이리저리 옮겨 준다.

③ 따뜻한 봄이 지나고 무더운 여름이 왔을 때 사람들이 어떤 옷을 입고 어떤 활동을 하는지 알아본다. 또한 계절에 대해 알아본다. 계절에 따라 주변의 다른 동물과 식물에게는 어떠한 변화가 생기는지에 관심을 갖도록 해 주는 것이 필요하다.

④ 낮에 볼 수 있는 것과 밤에만 볼 수 있는 것이 있다. 교사는 해, 달, 별에 관한 자연현상의 변화과정을 아동이 오랜 시간 동안 계속적으로 관찰하도록 세심한 배려를 해야 하며, 이것이 아동의 생활과 연관되어 자연스럽게 이루어지도록 지도해야 한다.

11 생태 친화적 자연환경

● 이 장 소개하기

당신은 환경에 대해 관심이 있는가? 그렇지 않은 사람이 있을까? 그렇다면 이 아름다운 우주를 잘 돌보는 학습을 할 수 있도록 도와서 아동이 미래에 대한 걱정과 두려움을 갖지 않도록 해야 한다. 교사는 적합한 활동과 경험을 통해 아동이 삶에 대한 긍정적 태도를 형성하여 환경에 대해 견고한 지식을 갖도록 도와야 할 것이다.

환경에 대한 주제는 매우 복합적이어서 아동 수준에서 어렵다고 판단되지만, 어떤 활동은 적절한 방법을 통해 성공적으로 수행될 수 있다. 교사는 언제 어떻게 환경 관련 활동을 수행할지 최선의 결정을 하도록 항상 주의를 기울여야 한다.

현재 유아교육 현장에서의 환경교육은 극히 단편적이고 개념적으로 과학 영역의 한 주제로 다루어지고 있다. 그러나 환경교육은 그 내용이 실천적이며 비판적인 사고를 바탕으로 수행되어야 하고, 현실적이며 경험적인 교육이 이루어져야 한다. 이를 위해 실제 교육과정에서 쉽게 실행될 수 있도록 교육 자료의 개발이 이루어져야 하고, 교사의 연구와 노력이 따라야 한다.

이 장에서는 환경교육의 필요성과 내용을 검토하고, 환경보전 방안을 연구하며, 환경오염의 종류와 복구방안을 강구한다.

● 환경에 대한 관심과 탐색을 통해 다음의 질문에 답할 수 있다.

1. 생태계를 보호하기 위한 환경교육의 방향은 어떻게 설정할 것인가?
2. 대기오염, 수질오염의 원인은 무엇이며 그 영향은 어떠한가?
3. 소음공해의 원인은 무엇이며 그 영향은 어떠한가?
4. 이로운 음식과 해로운 음식은 어떻게 구별할 수 있을까?
5. 어떻게 하면 생활 쓰레기를 줄일 수 있을까?
6. 멸종 위기의 동식물은 어떻게 보호할 수 있을까?
7. 에너지 절약을 위한 방법과 대책은 무엇인가?

I. 환 경

1. 생태계

생태계는 특별한 서식지 또는 집합 서식지에 사는 동물과 식물의 군집이라는 의미 이상이다. 생태계는 유기체에 영향을 미치는 물리적 요인(강우, 기후, 빛의 양, 흙의 형태 등)도 포함한다. 이 말은 살아 있는 유기체와 그 주변의 물리적 세계 간의 광범위한 상호작용을 반영한다.

일반적으로 생태계를 이야기할 때는 종, 서식지, 환경과 군집 같은 용어를 동일한 의미로 상황에 따라 혼용하고 있다. 특히 환경적 관심과 연관되어 있을 때는 이런 경향이 두드러진다(Devereux, 2007). 우선 이 세 가지 용어의 개념 정의를 하고 환경문제를 탐색해 보기로 한다.

- 종(species): 종의 일원은 겉모양이 비슷할(성은 구분) 뿐 아니라 자유로이 동종 교배된다. 그러나 때때로 두 가지 다른 종의 일원끼리도 교배될 수 있다. 예를 들어, 당나귀와 말의 잡종 새끼는 일반적으로 새끼를 낳지 못한다. 한 종 내의 개별 유전자는 다른 종의 유전 풀(pool)의 영향에 의해 없어지지도 않고 더해지지도 않는 공동 유전 풀의 부분이다.
- 서식지(habitat): 동물이나 식물의 서식지는 그들이 살고 있는 공간이다. 때로는 다른 종과 같은 서식지를 공유한다. 연못이나 숲이 그 예다. 서식지의 작은 부분은 미소 서식지라고 불린다. 연못 바닥에 쌓인 진흙 같은 서식지 또는 미소 서식지 내의 같은 종의 개별 개체는 개체군을 포함한다.
- 군집(community): 특수 서식지 내 다른 개체군을 집합적으로 군집이라 일컫는다. 예를 들어, 연못 군집은 달팽이, 곤충의 번데기, 물벌레 종류의 개체군을 포함한다. 이들 군집은 생식 면에서는 별개 개체이지만 또 다른 의미에서의 군집은 상호작용의 온상이다. 그 예로 다른 육식동물(창꼬치 같은)이 더 작은 동물을 먹이로 하는 반면, 달팽이 같은 채식동물은 식물을 먹이로 한다는 것을 생각해 볼 수 있다.

2. 환경교육의 개념

식물, 동물, 공기, 물, 날씨, 들 그리고 인간은 아동 가까이에 있는 환경의 기본 요소다. 이런 주제의 학습은 우리 각자가 참여하는 환경과 생태계에 대한 이해 구축을 위한 기초를 제공해 준다. 환경의 중요한 개념 이해를 위해서는 여러 가지 하위 개념을 탐색해야 한다(Harlan & Rivkin, 2000).

① 식물, 동물, 공기, 물, 날씨, 들, 인간 사이에는 상호 연관성이 있다.
② 환경은 우리가 있는 바로 이곳이다. 우리는 그 안에서 살 뿐만 아니라 연구할 수 있다.
③ 복구, 재사용, 수선, 재활용 등을 통해 환경을 유지하기 위해 협력할 수 있다.

이어지는 경험을 통해 아동은 여러 가지 방법으로 자신과 주변 환경 간의 연계를 탐색하고, 주의 깊게 기후를 탐구하고, 테라리움을 구성하고, 나무와의 친밀감을 개발하고, 재활용에 참여할 것이다.

아동에게 좀 더 자연 친화적인 요소를 제공하기 위해 운동장을 친환경적으로 복원시키는 등의 노력으로 환경교육과 자연과의 비형식적인 경험을 위한 장을 마련하도록 한다.

3. 환경교육의 전개 방향

구체적으로 환경교육의 전개 방향을 제시하면 다음과 같다. 첫째, 자연에 대한 새로운 인식이 필요하다. 인간은 과학의 발달로 자연을 이용하게 되었지만 잘못된 생각으로 자연을 병들게 하기도 하였다. 우리는 자연을 지배하기보다 자연에 대해 고마움을 느껴야 한다.

둘째, 환경교육은 감각교육과 과학교육을 통해 이루어져야 한다. 오염의 피해는 보고, 듣고, 냄새 맡고, 맛보는 감각을 통해 더 쉽게 이해될 수 있다. 또한 과학의 발전이 환경오염의 한 원인을 제공했다고 볼 수 있기 때문에 과학적이라는 사실적 근거로 문제를 해결할 수 있으며, 관찰이나 실험을 통해서 환경오염을 직접 접하는 것도 효과적이다.

셋째, 환경교육은 경험을 통해 이루어져야 한다. 특히 캠프, 현장학습을 통한 환경교육이 더욱 효과적이다. 아동에게 인위적인 환경과 자연적인 환경을 접할 기회를 제공하여 스스로 자연의 고마움과 아름다움을 느끼고, 아름다운 자연과 오염된 자연을 비교하면서 자연에 대한 올바른 시각을 갖게 한다. 캠프는 자연과 더불어 살아가는 방법을 깨닫고, 자연을 통한 놀이로 바람직한 환경교육이 될 수 있도록 해 주며, 현장교육 역시 사실적이고 현실적인 접근을 통해 환경오염의 심각성을 일깨워 주는 데 좋은 경험이 될 것이다.

넷째, 환경교육은 실천적이어야 한다. 환경오염의 문제는 교육이라는 단편적 지식이나 경험을 통해서 해결된다고 볼 수 없다. 가정의 연계로 부모와의 대화를 통해서 아동 스스로 환경을 보전하는 방법을 실천하게 하는 것이 중요하다.

4. 생태 친화적 교실의 운영: 녹색 교실로 가는 간단한 방법(Fetters, 2010)

교사는 아동이 주변 세상을 보고 정신(마음)을 주조하는 데에 영향을 미친다. 환경에 대한 관심은 미래 세대가 앞으로 다가올 시대에 대처해야 할 하나의 중대한 이슈다. 교사는 생태 친화적 교실로 이끌고 그런 교실을 설비(구성)함으로써 미래 세대가 우리 모두가 사는 지구의 자연자원을 보존하고 환경을 보호하도록 돕는 방법에 긍정적인 영향을 미칠 수 있다. 아동은 실례를 통해서 배운다. 실생활에서 어른들이 3R(Reduce: 덜 쓰기, Reuse: 재사용, Recycle: 재활용)을 실천하는 것을 본다면 아동도 환경에 대한 책임감을 갖게 되는 좋은 기회가 될 것이다. 녹색 교실을 구성하는 일이 마치 위압적인 과업인 것 같지만 오히려 아주 간단하다. 교실을 더 생태 친화적으로 만들기 위해서는 작고 쉬운 많은 변화가 요구된다. 보육/교육 기관을 더욱더 녹색 환경으로 만들기 위해 어떻게 교실을 생태 친화적으로 운영할 것인지에 관한 13가지 아이디어를 다음과 같이 제안한다.

① 재활용 통을 비치한다. 아동으로 하여금 플라스틱 병, 알루미늄 캔, 종이 등 가능한 모든 것을 재활용하도록 격려한다. 재활용 자료를 모으기 위해 일부러 밖으로 나가거나 비싼 통을 준비할 필요는 없고 안 쓰는 두꺼운 상자 같은 것을 사용한다.

② 교실 밖으로 나갈 때는 전등을 끈다. 밖에 나갈 때는 언제나 전등과 다른 전자제

품 전원을 끄도록 규칙을 설정한다. 당번을 정할 수도 있다. 사용하지 않을 때 전기를 끄는 것은 환경뿐만 아니라 기관의 예산에도 도움이 된다.

③ 가능할 때는 언제나 자연광을 사용한다. 맑은 날에는 전등 대신에 교실의 커튼을 열어 햇빛으로 실내를 밝게 한다. 자연광은 인조광보다 건강에 좋은 것으로 알려져 있다. 그러나 자연광이 책을 읽거나 학습할 만큼 충분히 밝은지 확인할 필요는 있다.

④ 에어컨 사용을 자제한다. 자동 환풍기를 사용하는 대신에 가능하면 창문과 문을 열어 신선한 공기가 들어오도록 하여 교실을 시원하고 깨끗하게 한다. 정상적인 양의 신선한 공기는 교실 내의 아동과 교사를 더 건강하고 행복하게 해 줄 뿐만 아니라 에너지 사용을 줄여 지구환경에도 도움이 된다.

⑤ 자연 세제를 사용한다. 비싼 화학 형광 세제로 교실을 청소하는 대신에 자연 세제로 바꾼다. 값비싼 그린 세제를 살 필요는 없고 식초, 소금, 락스, 표백제 같은 일반 가정용품으로 만든 효과적이고 환경친화적인 세제를 사용한다.

⑥ 물을 낭비하지 않는다. 손을 씻거나 청소 후에는 수도꼭지를 꼭 잠근다. 계속 물이 새는 수도꼭지가 있으면 담당직원에게 알려 가능한 한 빨리 고치도록 한다. 아무리 조금씩 떨어지는 물이라도 모이면 많은 양의 물이 된다. 이를 알도록 하기 위해 물이 새는 수도꼭지 밑에 빈 통을 두고 일정 시간이 지난 후 물이 얼마나 찼는지 보게 한다. 그리고 하루 종일(24시간) 둔다면 얼마나 많은 물이 찰지를 계산해 본다.

⑦ 종이를 아낀다. 종이를 아끼고 환경 친화적인 교실을 만들기 위해 활동지를 양면으로 쓰도록 격려한다. 교사 역시 활동용 인쇄물을 만들 때 양면으로 프린트한다. 가정에 유인물이나 알림장을 보낼 때도 일주일분을 보내지 말고 한 번에 몇 주 또는 한 달 일정이나 행사에 대한 모든 정보를 보낸다.

⑧ 각 반에 정원 만들기를 시작한다. 교실 정원을 시작하는 일은 환경에 대해 실질적으로 가르치는, 또 우리가 먹는 음식에 대해 가르치는 좋은 방법이다. 만일 바깥에 정원을 만들 공간이 없으면 창가에 상자를 놓아 만들거나 걸어 두는 화분을 이용한다.

⑨ 그린(green) 제품의 교재·교구를 사용한다. 가능하면 교실에서는 언제나 생태 친화적인 비품을 사용한다. 미술 시간에 수성물감, 생물학적으로 분해되는 녹말펜, 재활용 종이와 연필, 신문지나 재생 목재로 만든 비품을 사용한다.

⑩ 관습적으로 바깥에 있어야 한다고 생각되는 것을 교실 안에 둔다. 가능하면 녹색식물을 항상 교실 안에 두도록 한다. 천장에 걸거나 화분 또는 테라리움을 이용해서라도 교실에 녹색식물을 키운다. 만일 교실에서 애완동물을 키운다면 인조 풀 대신 생물을 옆에 두면 애완동물이 훨씬 행복해한다.

⑪ 친환경의 원인을 제공하는 주제를 활동에 적용한다. 아동과의 브레인스토밍으로 환경을 보호하고 보전하려는 동기를 유발시킨다. 숲을 교실로 적용하는 것에서부터 공원 청소 약속에 이르기까지 다양한 활동을 할 수 있다.

⑫ 일주일에 한 번씩 녹색 수업과 연계한다. 환경을 살리고 보호하는 방법을 심어 주기 위한 좋은 방법은 주별로 녹색 수업을 계획하는 일이다. 녹색 수업에 관한 웹사이트를 이용하거나 관련 프로그램을 통해 그린 환경에 초점을 맞춘 수업계획을 세울 수 있다.

⑬ 3R을 가르친다. 매일 3R, 즉 덜 쓰기(reduce), 재사용(reuse), 재활용(recycle)을 가르치는 일을 잊지 말아야 한다. 그렇게 함으로써 이 개념을 강화한다. 기관이나 가정 등 아동이 있는 곳이면 어디서나 매일 단 몇 분만이라도 실천하도록 한다.

II. 환경오염과 환경보전

1. 공기오염

깨끗한 공기는 생물이 살아가는 데 필수 조건이다. 공장이나 각 가정, 학교 등의 굴뚝에서 나오는 연기와 자동차 매연은 대기 중에 버려진다. 공장이나 다른 건물에서 나오는 연기를 보면서 또는 매연을 내뿜으며 요란하게 달리는 자동차 뒤를 따라가면서 대기를 오염시키는 원인과 물질(먼지, 연기)에 대해 알아보고 그것이 우리를 불쾌하게 하고 두통, 피로 등 여러 가지 질병의 원인이 된다는 것을 생각해 보도록 한다.

여기에서는 공기오염에 대해 알아봄으로써 오염에 대한 인식을 증진하고 환경을 아름답게 보전하려는 태도를 기르도록 한다. 구체적인 목표를 제시하면 다음과 같다.

대기오염

맑은 공기

① 대기오염을 인식한다.

② 대기오염의 원인을 안다.

③ 대기오염이 미치는 영향을 안다.

④ 대기오염을 방지하고 대처하는 방법을 안다.

오염에 대해 인식하고 그 원인을 없앰으로써 살기 좋은 환경을 만들도록 한다. 대기오염을 줄이기 위한 일로는 공장과 굴뚝에서 배출되는 가스의 양을 줄이고, 삼림을 보호하며, 자동차는 깨끗한 연료를 사용하는 것이다.

2. 수질오염

강이나 하천의 물을 떠서 맑은지 혼탁한지를 비교해 보고 혼탁하게 하는 원인은 무엇인가 생각한다. 또한 수면에 무엇이 떠 있으며, 어떤 냄새가 나는지 등에 대해 이야기해 봄으로써 수질오염에 대해 인식하도록 한다.

또한 물을 몇 방울 떨어뜨려 현미경으로 들여다보자. 물속에 어떤 유기물이 살아 있는지 알아보고 하루나 이틀 가만히 두었다가 바닥에 무엇이 가라앉았는지 관찰하도록 한다.

여기에서는 수질오염에 대한 인식과 아름다운 환경의 가치를 느끼고 보전하려는 태도를 기르도록 하는 것을 구체적 목적으로 한다.

① 수질오염을 인식한다.

② 수질오염의 원인을 안다.

수질오염

깨끗한 물

③ 수질오염이 사람이나 동식물 등에 미치는 영향을 안다.

④ 수질오염을 방지하고 이에 대처하는 방법을 안다.

⑤ 오염된 수질을 개선하는 방법을 안다.

수질오염을 인식하고 그 원인을 없애 살기 좋은 환경을 만들도록 해야 한다. 수질오염을 방지하기 위해서는 폐수, 하수 처리의 기술 개발과 정화시설의 의무화뿐만 아니라 생활하수의 무분별한 방류를 억제해야 한다. 특히 각 가정에서 각종 세제의 사용을 억제하고 물을 보호하는 습관을 갖도록 해야 한다.

3. 소음공해

소리는 우리의 생활에 많은 영향을 미치는 것으로 움직이고, 생산하고, 활동하는 데서 생긴다. 소리는 우리를 즐겁게 하기도 하고 괴롭게 하기도 한다. 어떤 사람에게

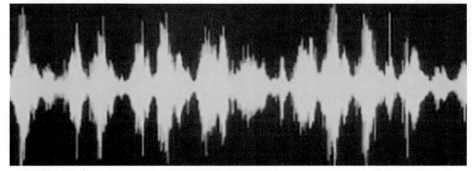
시끄러운 소리의 주파수

는 흥미 있는 소리가 다른 사람에게는 불쾌할 수도 있다.

매연을 내뿜으며 요란한 소리를 내는 자동차 뒤를 따라가면서 우리를 불쾌하게 하고 두통, 피로 등 여러 가지 질병의 원인이 되는 소음공해에 대해 생각해 보도록 한다. 소음공해의 주제를 다룸으로써 다음의 목적을 달성할 수 있다.

① 소음공해에 대해 안다.
② 소음공해의 원인을 안다.
③ 소음공해로 인한 질병 등 소음공해가 사람이나 식물, 동물 등에 미치는 영향을 안다.
④ 소음공해를 방지하고 대처하는 방법을 안다.

소음공해에 대해 알고 아름다운 소리를 만들도록 해야 한다.

4. 식품공해

아동은 건강을 유지하고 힘을 내고 자라기 위해 음식을 필요로 한다. 음식은 우리가 살아가는 데 없어서는 안 될 중요한 요소다. 그런데 어떤 음식은 유아에게 이롭고 어떤 음식은 해롭다. 유해식품을 먹고 난 후 어떤 일이 일어났는지, 유해식품을 구별할 수 있는 방법은 무엇인지, 즉 색깔, 냄새 등으로 알아볼 수 있는지에 대해 토의해 본다.

식품공해의 요인으로는 잔류 독성을 무시한 농약의 살포, 유해식품의 첨가물, 변질

우리 몸에 이로운 음식

해로운 음식

을 외면한 빈약한 시설과 저장, 비위생적인 수송과정 등을 들 수 있다. 이러한 주제를 다룸으로써 몸에 해로운 음식과 이로운 음식을 구별할 수 있고 식품공해의 폐해를 인식하도록 할 수 있다. 구체적인 목표를 제시하면 다음과 같다.

① 식품공해를 안다.
② 이로운 음식과 해로운 음식을 구별할 수 있다.
③ 식품공해의 영향을 안다.
④ 식품공해의 대처방안을 안다.

기초 활동을 통해 공해를 인식하고 우리 몸에 이로운 음식을 먹도록 한다.

5. 생활 쓰레기

생활 쓰레기는 우리 주변에 버려진다. 쓰레기는 버려질 수밖에 없다. 쓰레기 처리장을 방문하여 강이나 하천에 버려지기 전에 어떻게 처리되는지 보고 수질오염, 토양오염, 나쁜 냄새, 질병의 원인 등에 대해 토의하고 비료나 에너지원으로 사용할 수 있는 방법에 대해 이야기를 나눠 본다.

쓰레기에는 생활에서 나오는 쓰레기뿐만 아니라 산업체에서 나오는 각종 중금속과 유해 화학물질이 포함된 산업 쓰레기 그리고 핵시설에서 나오는 핵 쓰레기 등이 포함된다.

생활 쓰레기에 대한 경각심을 일깨우고 올바른 생활 습관을 갖도록 하기 위한 구체

쓰레기 공해

분리수거

적인 목표를 제시하면 다음과 같다.

① 쓰레기 공해를 인식한다.

② 쓰레기의 피해를 안다.

③ 쓰레기 피해의 대처방안을 안다.

④ 쓰레기 공해의 방지방법을 안다.

⑤ 쓰레기를 줄이는 방법을 안다.

쓰레기 공해에 관한 기초 활동을 구성함으로써 쓰레기 분리수거 및 예방법을 알도록 한다.

6. 동식물의 보호

지구상에 존재하고 있는 동식물은 해를 거듭할수록 그 수가 줄고 있다. 그 이유는 산업의 발달로 인한 대기오염, 수질오염, 토양오염, 쓰레기 등으로 생태계가 위협받고 있기 때문이다.

지구 생태계의 다양한 생물 종이 건강하게 유지되기 위해서는 생태계의 보전이 필수적인 과제다. 생태계의 보전은 우리 모두의 책임이다. 모든 환경보전에 관한 문제를 해결하기 위해서 지구 위의 모든 생명체와 함께 살아가야 하는 공동체 의식을 갖고 대책을 마련해야 한다. 다음과 같은 대책을 통해 환경문제를 해결해야 한다.

① 환경문제 해결 프로그램을 개발한다.

② 환경 캠페인, 자원봉사 활동, 각종 모니터 활동을 한다.

늪 생태공원

멸종 위기의 판다

③ 정부와 함께할 수 있도록 계획을 세운다.

④ 멸종 위기의 식물, 동물을 보호한다.

⑤ 농약의 사용을 줄인다.

⑥ 야생동물을 보호한다.

7. 에너지 절약

우리의 일상생활에 필요한 모든 물자를 생산하는 에너지는 모든 산업의 주요 원동력이 된다. 이러한 에너지가 인구 증가와 산업의 발전, 소비문화 등으로 고갈되어 가고 있을 뿐더러 현대의 기술로 해결하기 힘든 방사능 폐기물에 의한 위험에까지 직면해 있다. 게다가 지구의 온난화, 산성비 등도 에너지의 고갈에 일조하고 있다. 에너지 절약을 위해서는 다음과 같은 예방대책의 수립이 필요하다.

① 에너지의 소모를 줄인다.

② 전쟁을 줄인다.

③ 자동차 운용 횟수를 줄인다.

④ 에너지를 덜 쓰는 제품을 고른다.

⑤ 전기를 절약한다.

⑥ 물을 아낀다.

⑦ 쓰레기의 양을 줄인다.

태양열 주택   풍력 발전

❶ 생태계는 특별한 서식지 또는 집합 서식지에 사는 동물과 식물의 군집 의미 이상이다. 즉, 유기체에 영향을 미치는 물리적 요인(강우, 기후, 빛의 양, 흙의 형태 등)을 포함한다. 일반적으로 생태계를 이야기할 때는 종(species), 서식지(habitat), 환경과 군집(community) 같은 용어를 상황에 따라 혼용하고 있다.

❷ 식물, 동물, 공기, 물, 날씨, 들 그리고 우리 몸은 아동들 가까이에 있는 환경의 기본 요소다. 이 주제의 학습은 우리 각자가 참여하는 환경과 생태계에 대한 이해 구축을 위한 기초를 제공해 준다. 첫째, 식물, 동물, 공기, 물, 날씨, 들, 인간들 사이에는 상호 연관이 있다. 둘째, 환경은 우리가 있는 곳이다. 우리는 그 안에서 살 뿐만 아니라 연구할 수 있다. 셋째, 복구, 재사용, 수선, 재활용 등을 통해 환경을 유지하기 위해 협력할 수 있다.

❸ 환경교육의 전개 방향은 다음과 같다. 첫째, 환경교육은 자연에 대한 새로운 인식이 필요하다. 둘째, 환경교육은 감각교육과 과학교육을 통해 이루어져야 한다. 셋째, 환경교육은 경험을 통해 이루어져야 한다. 넷째, 환경교육은 실천적이어야 한다. 학교를 더욱더 녹색 환경으로 만들기 위해 어떻게 교실을 생태 친화적으로 운영할 것인지에 대한 조언은 다음과 같다. ① 재활용 통을 비치한다. ② 교실 밖에 나갈 때는 전등을 끈다. ③ 가능하면 자연광을 사용한다. ④ 에어컨 사용량을 줄인다. ⑤ 자연 세제를 사용한다. ⑥ 물을 낭비하지 않는다. ⑦ 종이를 아낀다. ⑧ 각 반에 정원 만들기를 시작한다. ⑨ 그린 제품의 교재·교구를 사용한다. ⑩ 녹색식물을 교실 안에 둔다. ⑪ 친환경의 원인을 알도록 하는 주제를 적용한다. ⑫ 일주일에 한 번씩 녹색 수업과 연계한다. ⑬ 3R(덜 쓰기, 재사용, 재활용)을 가르친다.

❹ 오염에 대해 인식하고 오염의 원인을 없앰으로써 살기 좋은 환경을 만들도록 해야 한다. 대기오염을 줄이기 위해 우리가 해야 할 일은 공장과 굴뚝에서 배출되는 가스의 양을 줄이고, 삼림을 보호하며, 자동차는 깨끗한 연료를 사용하는 것이다. 수질오염을 방지하기 위해서는 특히 가정에서 각종 세제의 사용을 억제하고 물을 보호하는 습관을 갖도록 한다. 소리는 우리 생활에 많은 영향을 미치는 것으로 두통, 피로 등 여러 가지 질병의 원인이 된다. 식품공해의 원인으로는 잔류 독성을 무시한 농약의 살포, 유해식품의 첨가물, 변질을 외면한 빈약한 시설과 저장, 비위생적인 수송과정 등을 들 수 있다. 쓰레기에는 생활 쓰레기뿐만 아니라 각종 중금속과 유해물질이 포함된 산업 쓰레기 그리고 핵시설에서 나오는 핵 쓰레기 등이 포함된다.

12 유아과학교육 활동

● 이 장 소개하기

　유아과학교육의 영역을 생명체, 물체와 물질, 지구와 우주, 생태 친화적 환경으로 나누어 유아교육 수준에서 다룰 수 있는 내용과 개념, 원리, 과학적 현상 등을 기술하였다. 이에 맞추어 현장에서 이러한 영역을 이해하고 적용할 수 있도록 활동을 구성하여 실제 수행해 봄으로써 '과학하기'를 할 수 있고, 유아교육 수준에서의 적절성 여부를 평가할 수 있다. 가능한 한 주변에서 쉽게 구할 수 있고 과학적 원리를 잘 설명할 수 있는 자료와 모델을 사용하여 활동을 수행하도록 한다.

　이 장에서는 생명체 개념을 이해하도록 하기 위해 살아 있는 것과 나의 몸의 특징을 이해하도록 하기 위한 활동을 구성한다. 또한 미니 서식지를 만들어 봄으로써 동식물이 어떤 관계를 유지하며 살아가고 있는지를 알도록 한다. 물체와 물질 영역에서는 물질의 3요소인 고체, 액체, 기체의 성질과 변화과정을 탐구할 수 있는 활동과 여러 가지 물리적인 현상이 우리 생활과 어떤 관계가 있는지 탐색할 수 있는 기회를 갖도록 한다. 지구와 우주 영역에서는 지구 상의 물질을 탐색하는 동안 신비스러움을 갖게 되어 우주에 대한 호기심으로 발전된다. 마지막으로 생태계의 원리를 이용한 해충 제거를 주제로 하는 활동을 통해 환경을 보전하고 생태 친화적 환경의 의미를 깨닫도록 한다.

● 직접 활동을 통해 다음의 질문에 답할 수 있다.

1. 살아 있다는 것의 의미는 무엇인가?

2. '생물'과 '비생물'은 어떻게 구별할 수 있는가?

3. '나'의 몸은 어떤 부분으로 이루어져 있고 각각의 특징은 어떠한가?

4. 우리 몸의 각 부분은 어떠한 기능을 하는가?

5. 감각기관에는 어떠한 종류가 있으며 각각은 어떠한 역할을 하는가?

6. 동물과 식물, 인간은 어떻게 상호 관련성을 맺고 있는가?

7. 생명체가 살기에 적합한 환경은 어떤 것인가?

I. 생명체와 나*

1. 살아 있는 것

● 개념
① 살아 있는 것은 성장한다.
② 살아 있는 것은 움직인다.
③ 살아 있는 것은 숨을 쉴 수 있다.

● 준비물
• 식물 성장도를 그릴 수 있는 전지
• 연필, 종이, 측정자, 식물이 있는 화분
• 그림 자료(식물), 음악(경쾌한)
• 물, 비커, 석회수(lime water)

● 사전 준비
• 아동의 수만큼 활동지를 준비한다.
• 작은 식물이 있는 화분을 준비한다.
• 식물 성장도 포스터를 준비한다.
• 아동의 수만큼 용지를 준비한다.
• 아동이 충분히 몸을 움직일 수 있도록 넓은 공간을 준비한다.
• 석회수, 비커, 활동지

● 과학과정
• 관찰하기
• 대조/비교하기
• 자료 기록하기

---

* "Sense-Alile-Science" "Primarilly Plants" by AIMS와 "Hands-on Science" by Carson-Dellosa Publishing Co.의 전체 내용을 편집 후 적용한 결과를 요약 · 정리하였음.

- 추론/예측하기
- 실험하기

활동 1 식물은 자라요

① 며칠 후에 식물의 크기는 어떻게 될까, 몇 달 후에 식물의 형태는 어떻게 될까 등
   의 질문을 통해 아동이 상호작용하면서 그려 보도록 한다.
② 눈금을 읽을 때 교사가 도와준다.
③ 교실의 벽에 도표를 붙여 놓는다.
④ 몇 종류의 식물의 성장을 날짜별로 기록한다.
⑤ 일주일에 한 번씩 잰다.
⑥ 매주 측정하여 날짜와 함께 기록한다.

식물의 성장과정

● 활동을 위한 주요 질문
- ○달 후에 이 식물은 어떻게 될까?
- 밖에 있는 식물도 자라니?
- 크기만 변하니? 식물이 어떻게 달라지고 있니?
- 식물의 어느 부분이 달라지고 있니?
- 네가 알아차릴 수는 없지만 이 식물이 어떻게 변화되어 가니?
- 살아 있는 것은 자라니?
- 살아 있지 않은 것은 자랄까?

활동 **2** 생명체와 자연환경 알아보기*

● 지도 원리

• 교사는 유아가 관심 있는 동식물의 특성과 성장 과정을 탐구하도록 한다.
  – 씨앗을 싹트게 하고 가꾸어 보며 식물 성장의 연속적인 과정을 경험해 본다.
  – 동물의 움직임과 변화 과정을 관찰, 토론, 모방해 본다.

• 교사는 유아가 출생과 성장 과정을 통해 '변화한다' 라는 사실을 인식하도록 한다.
  – 어린 시절 사진과 현재의 모습을 비교하여 변화된 부분을 논의하고, 현재의 내가 앞으로 어떻게 변화할지에 대해 이야기해 본다.
  – 주변 사람들에게 관심을 확장하여 다른 사람의 출생과 성장에 대해 알아보는 활동을 해 본다.

• 교사는 유아가 생명체의 상호관계와 소중함을 알고, 생명체가 살아가기에 좋은 환경을 생각해 보도록 한다.
  – 동식물이 우리 생활에 주는 도움에 대해 알아본다.
  – 우리가 도움이 필요한 동식물에게 무엇을 해 줄 수 있는지 알아본다.
  – 동식물을 체험하고 관찰할 수 있는 활동을 한다.

• 동식물 기르기, 나무의 변화 과정 관찰하기, 텃밭 가꾸기 등의 활동을 진행한다.
  – 자연환경을 훼손하지 않고 살아가기 위해 유아들이 실천할 수 있는 방법에 대해 알아본다.
  – 동식물을 이용한 친환경 공법의 활용에 대해 알아본다(오리 농법으로 생산된 쌀,

* 5세 누리과정 교사용 지침서(pp. 118-119) 참조

숯을 이용한 공기 정화 등).

– 생활 속에서 실천할 수 있는 자전거 타기, 걸어 다니기, 부채 사용하기, 일회용
품 사용하지 않기, 나무 심기 등의 활동을 해 본다.

● 유의점

• 교사는 일반적인 동식물보다는 유아가 관심을 가지고 있는 것을 선택하여 깊이
탐구할 수 있도록 환경을 구성한다.

• 식물 기르기 활동은 시간이 오래 걸리므로 씨앗을 싹 틔울 때 솜 위에 씨를 놓거
나 콩과 같이 싹이 빨리 트는 종자를 선택하여 관찰하게 한다.

• 교사는 출생과 성장 과정에 대해 생물학적 지식보다는 유아와 주변 사람의 변화
된 모습과 변화 과정에 관심을 가지고 활동하도록 지도한다.

• 교사는 친환경에 관한 내용이 이산화탄소 배출과 관련하여 추상적일 수 있으므
로 유아가 생활 속에서 직접 실천할 수 있는 활동으로 계획한다.

활동 3 움직이는 모습이 달라요

① 각 아동에게 한 가지 동물을 생각하도록 한다.
② 아동이 고른 동물의 움직임을 팬터마임하도록 한다.
③ 다른 아동에게 어떤 동물인지 추측하게 한다.

● 활동을 위한 주요 질문

• 동물들은 어떻게 움직일까?

• 이곳에서 저곳으로 가려면 동물이 어떤 방법으로 움직일까?

 (뛴다, 달린다, 난다, 수영한다, 긴다 등)

• 어떤 동물이 수영을 할까?

• 다리가 4개인 동물은 무엇일까? (개, 너구리, 다람쥐, 소 등)

• 다리가 2개인 동물은 무엇일까? (사람, 새 등)

• 다리가 없는 동물에는 어떤 것이 있을까? (뱀, 지렁이, 애벌레, 달팽이 등)

활동 4 살아 있는 것은 숨을 쉬어요

① 콧구멍에서 손을 5cm 정도 떨어져 놓게 한다.

② 크게 숨을 들이쉬고 내뱉게 한다.

③ 각 아동에게 1개의 빨대와 2개의 비커를 준다. 하나의 비커에는 물을 채우고 다른 하나의 비커에는 석회수를 채운다.

④ 물속에 빨대를 넣고 불어 보게 한다.

⑤ 석회수에 빨대를 넣고 숨을 쉬게 한다. 이산화탄소를 내뿜게 한다.

⑥ 아동에게 관찰하게 한다. 반복해서 숨을 쉬게 한다.

⑦ 실험하기 전에 석회수는 깨끗했다는 것을 상기시킨다.

⑧ 석회수에서 일어난 변화를 관찰하고 토의한다.

● 활동을 위한 주요 질문

• 숨을 쉴 때 코에서는 무엇이 나올까?

• 물에 대고 숨을 쉬었을 때 어떻게 되었니?

• 석회수에 숨을 쉬면 어떻게 될까? (숨을 쉬어 본다) 뿌옇게 된다.

• 왜 물이 뿌옇게 되었을까? [우리가 내쉬는 숨 속에는 이산화탄소가 있어요.]

대왕고래의 숨쉬기

● 유의할 점

• 결과에 대해 토의한다.

• 아동이 직접 측정하고 상호작용하도록 한다.

• 실험용구를 조심해서 다루도록 한다. 석회수가 목구멍에 넘어가지 않도록 한다.

활동지 1

이름 _____

식물이 자라는 순서대로 잘라서 풀로 붙이세요.

1	2	3	4

활동지 2

이름 _____

나비가 자라는 순서대로 잘라서 풀로 붙이세요.

1	2	3

✂ -

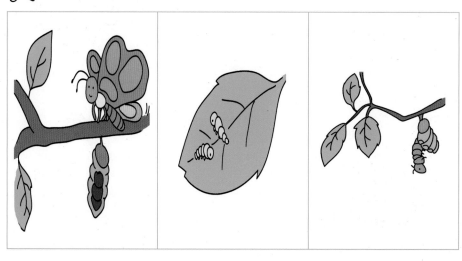

활동지 3

이름 _____

생물은 스스로 움직일 수 있어요.

같은 방법으로 움직이는 것을 잘라서 짝을 맞춰 붙이세요.

이름 _____

생물은 숨을 쉬어요.

생물에 동그라미를 하세요.

활동지 5

이름 _____

생물과 비생물의 그림을 오려 붙여 보세요.

생물	비생물

2. 나의 몸

● 개념
- 얼굴의 모양은 특징이 있다.
- 눈은 볼 수 있는 기관이다.
- 입으로 음식을 먹는다.
- 근육을 이용하여 움직인다.
- 살아가려면 영양소가 필요하다.
- 귀로 듣는다.
- 코로 냄새를 맡아 물체를 구별할 수 있다.

● 준비물
- 작은 거울, 크레용, 확대경, '나의 눈' 활동지
- 작은 손거울, 연필, 크레용이나 색연필, 종이
- 후각 차트, 필름통, 양파 조각, 오렌지 조각, 커피, 작은 조각으로 나눈 비누, 가위, 테이프, 크레용, 연필

  〈집단 준비물〉
- 꿀, 콩, 버터, 가루우유, 계량컵, 숟가락, 커다란 플라스틱 볼, 기름종이
- 손인형 2개, 두꺼운 막대기 1개, 전지 크기의 마분지
- 동전 2개, 접착 테이프, 크레용

  〈개인 준비물〉
- 헌 잡지, 가위, 풀, 종이접시, 종이 크레용이나 색연필
- 눈가리개, 토끼 그림이 있는 기록지
- 개인 기록지

● 사전 준비
- 활동지를 아동의 수만큼 준비한다.
- 위생상의 문제 때문에 개인별로 눈가리개를 만든다.
- 패턴을 이용하여 먼저 눈가리개를 만든 후 활동을 시작한다.
- 활동 순서를 보여 준 후 활동을 시작한다. 4명으로 구성된 집단별 활동을 한다.

한 아동은 방향 탐색자, 다음 아동은 추측의 맞고 틀림을 결정하는 평가자 또 한
아동은 기록자, 마지막 아동은 짝짝이 소리를 내는 사람이다.

• 소리의 출처를 알리기 위해 동전을 부딪칠 것이다. 동전 짝짝이는 테이프로 손가
락에 접착한 후 부딪치는 면을 조금 벗겨 내어 만든다. 집단별로 동전이 2개 필요
한데, 1개는 엄지에 또 1개는 검지에 붙인다.

• 각 아동마다 추측이 맞고 틀리는 것을 계수 기록지에 기록한다. 맞으면 토끼의
솟은 귀에 표시하고, 틀리면 늘어진 귀에 표시한다.

• 추측이 맞는지 틀리는지를 결정하기 위한 기준을 세운다.

• 필름통의 뚜껑에 구멍을 8~10개씩 뚫는다.

• 아동 개인 활동지를 준비시킨다.

● 과학과정

• 관찰하기

• 예측하기

• 의사소통하기

• 자료 모으기

• 기록하기

• 결론 도출하기

• 실험하기

• 비교/대조하기

• 자료 해석하기

• 추론하기

• 응용하기

활동 ① 누구의 모습일까

① 아동이 사용하기에 안전한 작은 손거울을 하나씩 준비한다.

② 자신의 눈, 코, 입을 자세히 살펴보며 그리게 한다.

③ 가능한 한 정확하고 자세히 묘사하고 색칠하게 한다.

④ 얼굴 그림을 전시한 후 그림의 주인공이 누구인지 맞히게 한다.

● 활동을 위한 주요 질문

• 얼굴에는 무엇이 있니?

• 쌍꺼풀이 있는 사람은 몇 명일까?

• 어떤 특징을 보고 맞힐 수 있었니?

• 양쪽 눈은 크기가 똑같니?

활동 ② 나의 눈

① 각 아동에게 거울을 준다. 자신의 눈을 세심하게 관찰하도록 한다.

② 나의 눈 활동지 위에 자신의 눈을 그리도록 한다.

③ 다시 거울 속의 눈을 보고 눈동자를 자세히 보도록 한다. 한 손으로 한쪽 눈을 덮게 한다. 몇 초 동안 눈을 가린 후 재빨리 손을 치우게 한다. 아동은 자신의 눈동자가 수축된 것을 볼 수 있다. 자신의 눈을 눈 그림 위에 그리도록 한다.

④ 눈의 각 부분을 확인한다. 눈의 부분을 활동지 위에서 확인하면서 거울을 보고 그 부분에 동그라미 표시를 하게 한다.

● 활동을 위한 주요 질문

• 네 눈으로 어떤 것을 볼 수 있을까?

• 네 눈에는 어떤 색깔들이 있니?

• 네 눈동자는 지금 어떻게 되었니?

• 네 눈에는 어떤 부분이 있니?

활동 ③ 입으로 먹어 보자

① 꿀 1컵, 땅콩버터 1컵, 가루우유 2컵을 커다란 플라스틱 볼에 넣어 섞은 후 잘 저어 준다.

② 조그만 공 모양으로 말아서 기름종이 위에 놓는다.

③ 맛을 본다.

● 활동을 위한 주요 질문

• 이 활동에서 입은 무엇을 하는 데 사용되었지? (먹기)

• 입을 사용하는 다른 활동으로는 어떤 것이 있을까?(휘파람 불기, 뽀뽀하기, 미소 짓기, 말하기, 노래 부르기 등)

활동 4 운동을 위해서 근육을 사용한다

① 두 개의 인형 중 하나는 막대기에 끼워 들고, 다른 하나는 교사의 손에 끼워 들어 보인다. 손에 끼운 인형을 손가락으로 움직이게 한다.

② 우리가 움직일 수 있는 것은 근육이 있기 때문임을 '인형을 움직인 손'의 예로 설명한다.

③ 헌 잡지에서 사람들이 근육을 사용하고 있는 그림을 오려 내도록 지시한다.

④ 각각의 그림에 대해서 토의하고 어떤 근육을 사용하는지 기술하게 한다.

⑤ 그림을 보고 다리 근육, 팔 근육 등으로 구분하여 모은 후 각각 다른 포스터지에 붙이게 한다.

⑥ 아동이 근육을 구분할 수 있는 만큼 얼마든지 구분하여 각각 다른 포스터지에 붙이게 한다.

⑦ 각 근육군(팔 근육, 다리 근육)은 실제로 함께 일하는 많은 소근육이라는 것을 설명해 준다.

⑧ 걷기운동에는 약 200개의 소근육이 함께 움직인다는 것을 알려 준다.

● 활동을 위한 주요 질문

• 손으로 인형을 움직였는데, 무엇이 우리 손을 움직이도록 할까? (근육)

• 사람의 몸 가운데 어디에 또 움직이게 하는 근육이 있을까? (다리 근육은 다리를, 팔 근육은 팔을 움직이게 한다 등)

• 두 손을 가만히 책상 위에 올려 놓고 손목을 바닥에서 떼지 말고 손가락을 세워 보자. 손과 팔목에 당기는 느낌이 있니?

• 단지 한 다리를 들어 올리는 데만 약 40개의 근육이 쓰인다. 다리를 들어 올려야 되는 활동으로는 어떤 것이 있을까? (점프하기, 차기, 계단 오르기, 뜀뛰기, 등산, 뛰기, 걷기 등)

활동 5 영양 만점 식사를 해요

① 아동에게 종이접시를 하나씩 나눠 준다.

② 헌 잡지에서 먹고 싶은 음식의 그림을 잘라서 자신의 접시에 담게 한다.

③ 4대 식품군(우유 및 유가공 식품, 육류 및 육류 대용식, 과일 및 야채, 곡류 및 제빵류)
에 속하는 음식을 알려 주고 골고루 담도록 유도한다.

④ 자신의 접시에 담긴 음식 그림을 보고 균형 잡힌 식사를 위해 더하거나 빼야 할
음식 종류에 대해 말하게 한다.

● 활동을 위한 주요 질문

• (아동에게 접시를 보여 주면서) 각 음식이 속한 식품군은 무엇일까?

• 음식이 어떻게 우리 몸으로 들어갈까? (입 속으로 들어가서 식도를 타고 내려가 위장
속으로 들어간다.)

활동 6 들어 보세요

① 전체 아동에게 활동을 보여 주기 위해 큰 원 모양으로 둘러앉게 하고, 한 아동을
방향 탐색자로 택하여 원 중앙의 의자에 앉힌다.

② 방향 탐색자에게 눈가리개를 하게 한다. 아동에게 동전 짝짝이를 사용하게 될
것이므로 매우 조용히 해야 한다고 주의를 준다. 방향 탐색자는 소리의 방향에
집중하려고 노력할 것이다. 방향 탐색자에게 고개를 돌리지 말라고 알려 준다.

③ 교사의 엄지와 검지에 짝짝이를 둔다. 조용히 걸어가며 동전을 두 번 부딪친다.
방향 탐색자는 교사가 서 있다고 생각하는 방향으로 향한다. 다른 방향으로 움
직이며 계속한다.

④ 이 활동에서의 계수 표시를 예시하기 위해 방향 탐색자가 맞게 추측하면 토끼의
솟은 귀에, 틀리게 추측하면 토끼의 늘어진 귀에 표시를 한다. 표시는 ∭ 와 같
이 5개를 단위로 표시한다.

⑤ 여러 번 시행한 후 방향 탐색자에게 한 귀를 손가락이나 손바닥으로 눌러 막아
서 음파가 전달되지 못하도록 지시한다.

⑥ 위의 과정을 반복한다. 여러 방향으로 움직이며 두 번 소리 내고 다른 색깔의 크

레용으로 결과를 기록한다.

⑦ 4명의 아동이 모두 방향 탐색자가 될 기회를 가질 때까지 역할을 바꾸어 활동하게 한다.

⑧ 모든 아동이 두 귀와 한 귀로 듣는 활동을 해 보게 한다.

⑨ 아동별로 개수 표시한 것을 벽에 붙이게 한다. 아동에게 맞힌 횟수와 틀린 횟수를 세어 보게 한다. 칠판에 받아쓴다.

● 활동을 위한 주요 질문

• 개수 표시를 보면 이 경험에서 무엇을 알 수 있지?

• 추측이 맞았던 경우가 더 많았니?

• 한 귀로만 들을 때 소리의 출처를 알기가 더 어려웠니? 왜 그렇다고 생각하지?

• 한 귀만 들을 수 있는 사람들은 잘 듣기 위해 어떻게 해야 한다고 생각하니? (더 잘 듣기 위해 소리가 나는 쪽으로 고개를 돌려야 한다.)

• 소리의 출처를 아는 것은 왜 중요할까? (위험의 경고: 사이렌, 짖는 개 등)

> **활동 7** 냄새가 달라요

① 각각의 필름 뚜껑에 작은 구멍을 뚫는다.

② 양파, 오렌지, 커피, 비누 조각 등을 필름통 안에 넣은 후 각각의 통에 유성매직으로 번호를 쓴다.

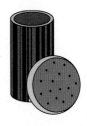

③ 아동에게 기록지, 가위, 크레용, 필름통을 제시한다.

④ '우리의 냄새' 활동지에 아동의 예측을 기록하게 한다.

⑤ '우리 집의 냄새는 좋아요' 활동지를 나누어 주고 잘라서 스테이플러로 고정시킨다.

⑥ 이 활동에는 소집단의 아동에게 필름통 안에 있는 내용물을 생각하여 도표로 만드는 활동과 유치원 또는 집까지 걷거나 차량을 타고 가면서 맡을 수 있는 다양한 냄새의 기억과 관련짓는 활동이 있다.

⑦ 밖으로 나가서 쓰레기통, 음식점, 풀밭, 주유소 등을 견학하고 돌아온 뒤 좋고,

나쁘고, 흙 냄새가 나고, 기름 냄새가 나는 것에 대하여 토의한다.

⑧ 소나무, 바닐라 향 등을 준비하여 어디서 맡을 수 있는 냄새인지 이야기한다.

⑨ 왜 나쁜 냄새인지 혹은 좋은 냄새인지를 이야기한다.

● 활동을 위한 주요 질문

• 무슨 냄새를 맡을 수 있을까?

• 집에서 맡았던 냄새일까, 아니면 특별한 때에 맡을 수 있는 냄새일까?

• 어떤 냄새가 아직 남아 있니?

• 1번/2번/3번/4번 통에서는 어떤 냄새가 나니?

• 네 활동지에 그릴 수 있겠니?

● 유의할 점

• 수업이 시작되기 전에 아동에게 활동지를 나누어 준다.

• 다른 아동의 눈에 거울로 빛을 반사시키지 않도록 한다.

• 먹을 수 없는 재료는 입에 넣지 않도록 한다.

내 얼굴

이름 _____

거울 속의 내 얼굴을 자세히 그리세요.

눈, 코, 입 그리고 머리카락도 그리세요.

이름은 쓰지 마세요.

활동지 2

이름 _____

오른쪽의 활동 그림 중에서 입을 사용해야 하는 것을 골라 자르고 풀칠하여 붙이세요.

활동지 3

이름 _____

근육을 열심히 움직이는 아이의 그림에 색칠하세요.

활동지 4

_____   이름 _____

음식이 우리 몸속으로 어떻게 들어가는지 알 수 있도록 그림을 잘라 순서대로 붙여 보세요.

✂---

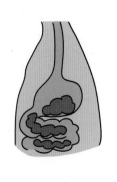

활동지 5

이름 _____

우리의 냄새

1	2	3	4

Ⅱ. 동식물

1. 사라진 동물*

활동 1 자연사박물관 견학하기

목표	4세 누리과정 관련 요소
• 자연사박물관 견학을 통하여 사라진 동식물에 대해 관심을 가진다. • 견학 시 지켜야 할 약속을 지킨다.	• 사회관계: 다른 사람과 더불어 생활하기-사회적 가치를 알고 지키기 • 자연탐구: 과학적 탐구하기-생명체와 자연환경 알아보기

창의 · 인성 관련
• 창의성: 인지적 요소-문제해결력
• 인성: 존중-생명과 환경에 대한 존중

● **활동 자료**

자연사박물관 안내 책자, 공룡에 관한 책, 자연사박물관 사이트

〈자연사박물관〉
• 태백고생대자연사박물관 http://www.paleozoic.go.kr/
• 서대문 자연사박물관 http://namu.sdm.go.kr/
• 계룡산자연사박물관 http://www.krnamu.or.kr/
• 목포자연사박물관 http://museum.mokpo.go.kr/
• 고성공룡박물관 http://museum.goseong.go.kr/
• 부산해양자연사박물관 http://sea.busan.go.kr/

● **활동 방법**

① 견학 가기 전 안내 책자나 홈페이지 접속을 통해서 자연사박물관에 대해 이야기 나눈다.
• 이곳은 어디일까?
• 자연사박물관에 가 본 적 있니?

---

*4세 누리과정 교사용 지침서(pp. 40-68) 참조

• 자연사박물관에서 볼 수 있는 것은 어떤 것일까?

② 자연사박물관을 견학할 때 지켜야 할 약속에 대해 이야기 나눈다.

• 견학할 때 어떤 약속이 필요할까?

  (전시물에 손대지 않고 눈으로만 본다.)

  (음식물은 밖에서 먹고 박물관 안으로는 들고 가지 않는다.)

  (다른 관람객들에게 방해되지 않도록 조용히 관람한다.)

  (박물관 안에서는 사뿐사뿐 걸어 다닌다.)

③ 자연사박물관에 도착하여 전시관을 둘러본다.

④ 견학 후 자연사박물관에서 찍은 사진이나 동영상을 보면서 평가한다.

• 자연사박물관을 다녀온 느낌은 어떠니?

• 자연사박물관에서 어떤 것들을 보았니?

• 지금은 볼 수 없는 동물과 식물은 무엇이었니?

• 기억에 남은 것은 무엇이니?

• 견학 가기 전에 정했던 약속들을 잘 지켰니?

⑤ 자연사박물관에서 본 공룡에 대해 좀 더 탐색한다.

● 활동의 유의점

① 방문할 자연사박물관을 사전 답사한 후 견학할 내용을 선정한다.

  (방문 일정, 관찰하거나 알아볼 내용, 견학할 때 주의해야 할 점 등)

② 방문객이 많지 않은 요일을 알아보고 견학일로 정한다.

③ 지식을 주입하려 하지 말고 사라진 동식물에 대해 관심을 가지고 탐구할 수 있는 기회를 주는 데 중점을 둔다.

④ 교통안전 등 안전사고에 철저히 대비한다.

● 활동 평가

① 사라진 동식물에 대해 관심을 가지는지 평가한다.

• 사라진 동식물에 대해 관심을 표현하는가?

• 동식물이 사라진 이유에 대해 관심을 가지는가?

② 질서를 지켜 견학활동에 참여하는지 평가한다.

• 질서를 지켜 견학활동에 참여하는가?

● 직접 활동

① 자연사박물관에서 볼 수 있었던 사라진 동식물을 소개하는 책을 만들어 본다.

② 박물관에서 자신들이 본 것 중에서 가장 흥미로운 것을 기록하여 학급 친구들과

　공유하기

　예) 허벅지 뼈 길이 비교하기

(1) 말: 4개(44cm)

(2) 사람: 10개(27.5cm)

(3) 개: 12개(16.5cm)

(4) 고양이: 17개(11.5cm)

활동 2　**공룡에게 무슨 일이 일어났을까?**

목표	4세 누리과정 관련 요소
• 공룡이 사라진 이유에 대해 관심을 가진다. • 그림을 보고 창의적으로 이야기를 짓는다.	• 의사소통: 말하기–느낌, 생각, 경험 말하기 • 자연탐구: 탐구하는 태도 기르기–호기심을 유지하고 확장하기

창의 · 인성 관련
• 창의성: 인지적 요소–사고의 확장
• 인성: 존중–생명과 환경에 대한 존중

● 활동 자료

　공룡 삽화 4장(공룡들이 평화롭게 사는 모습, 놀란 표정으로 도망치는 공룡 모습, 메마른 공룡 마을, 얼어붙은 공룡들의 모습)

● 활동 방법

① 공룡이 등장하는 여러 그림을 보면서 이야기를 나눈다.

• 그림에 무엇이 있니?

• 공룡들은 지금 무엇을 하고 있는 걸까?

• 공룡들이 지금 무슨 말을 하고 있는 것 같니?

• 공룡들에게 무슨 일이 일어난 걸까?

② 그림을 이용해서 이야기를 지어 본다.

• 2장의 그림으로 이야기를 만들어 보자.

• 3장의 그림으로 이야기를 만들어 보자.

• 그림의 순서를 바꾸어 이야기를 만들어 보자.

③ 만든 이야기에 제목을 붙여 본다.

• 너희가 지은 이야기의 제목을 무엇으로 하면 좋을까?

삽화를 보며 이야기 짓기

친구들에게 나의 이야기 들려주기

그림의 순서 바꾸어 보기

● 활동의 유의점

① 주어진 순서가 아닌 그림의 순서를 바꾸어 가며 창의적으로 꾸며 낼 수 있도록 한다.

② 유아가 만든 이야기를 모임 시간에 친구들에게 소개하도록 하면서 유아들이 관심을 갖고 참여하도록 한다.

● 활동 평가

① 공룡이 사라진 이유에 관심을 가지는지 평가한다.

• 공룡이 왜 사라졌는지에 관해 질문을 하는가?

• 공룡이 사라진 이유에 대해 언급을 하는가?

② 주어진 그림을 활용하여 창의적으로 이야기를 짓는지 평가한다.

• 2장 이상의 그림을 활용하여 이야기를 만드는가?

• 이야기를 창의적으로 만들어 내는가?

● 확장 활동

① 더 많은 상황 그림을 제시하여 이야기의 길이를 확장하고 내용을 다양화할 수 있도록 한다.

② 유아가 필요한 그림을 스스로 그려서 이야기를 이어 갈 수 있도록 하며 나아가 유아의 이야기를 그림책으로 만들어 본다.

활동 ③ 공룡 발자국 찍기

목표	4세 누리과정 관련 요소
• 공룡의 다양한 발자국 모양에 관심을 가진다. • 자기 몸을 이용하여 공룡 발자국 찍기 놀이를 한다. • 다양한 재료를 이용하여 공룡 발자국을 표현한다.	• 신체운동 · 건강: 신체 인식하기 – 신체를 인식하고 움직이기 • 예술경험: 예술적 표현하기 – 미술 활동으로 표현하기 • 자연탐구: 과학적 탐구하기 – 생명체와 자연환경 알아보기

창의 · 인성 관련
• 창의성: 인지적 요소 – 사고의 확장

● 활동 자료

점토, 공룡 모형, 초록색 물감

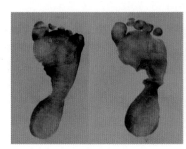
발자국

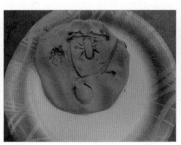
곤충 모형

공룡 발자국

● 활동 방법

① 공룡 발자국 찍기 놀이를 할 수 있는 신발을 소개한다.

• 누구의 발일까?

② 공룡 발자국 찍기 놀이를 한다.

• 이 신발을 신고 걸으면 어떻게 될까?

• 발자국을 찍으려면 어떻게 해야 할까?

• 손으로도 발자국을 찍을 수 있을까?

③ 발자국이 많이 찍힌 전지는 벽에 붙여 말린다.

● 활동의 유의점

① 교실 안에서 하기 어려운 경우에는 복도에 제시하거나 실외에서 할 수도 있다.

② 신발을 활용하기 어려우면 도장 찍기 방식으로 할 수도 있다.

● 활동 평가

① 공룡의 다양한 발자국 모양에 관심을 가지는지 평가한다.

• 찍기 놀이용 발자국을 관찰하며 공룡의 발자국과 비교하는가?

• 공룡의 발자국 사진을 보며 새로운 발자국 모양을 만들고자 하는가?

• 바깥에서 발견한 이상한 발자국에 관심을 가지며 공룡 발자국을 떠올리는가?

② 자기 몸을 이용하여 공룡 발자국 찍기 놀이를 하는지 평가한다.

• 신발을 신고 발자국 찍기 놀이에 참여하는가?

• 손을 활용하여서도 발자국 찍기 놀이를 시도하는가?

③ 다양한 재료를 이용하여 공룡 발자국을 표현하는지 평가한다.

• 모루 이외에 스펀지나 골판지 등을 이용하여 발자국 모양을 시도하는가?

● 확장 활동

① 다양한 동물의 발자국으로 확장한다.

② 발자국이 다 마른 후에 잘라서 발바닥 따라 걷기 활동으로 해 본다.

활동 4 공룡이 사라졌어요

목표	4세 누리과정 관련 요소
• 공룡이 사라진 이유에 대해 관심을 가진다. • 공룡이 사라진 이유에 관한 다른 사람의 이야기를 듣고 이해한다.	• 의사소통: 듣기 – 이야기 듣고 이해하기 • 자연탐구: 탐구하는 태도 기르기 – 호기심을 유지하고 확장하기 • 자연탐구: 과학적 탐구하기 – 생명체와 자연환경 알아보기

창의 · 인성 관련
• 창의성: 동기적 요소 – 호기심 · 흥미
• 인성: 존중 – 생명과 환경에 대한 존중

● 활동 자료

공룡 모형, 여러 가지 공룡 사진이나 그림, 공룡 관련 책, 30×25cm 상자(뚜껑 있는)

● 활동 방법

① 공룡 모형, 사진이나 그림, 책을 보면서 공룡에 대해 자유롭게 이야기 나눈다.

• 알고 있는 공룡을 말해 줄 수 있겠니?

 (티라노사우루스, 스테고사우루스, 트리케라톱스, 브론토사우루스, 알로사우루스, 메갈로사우루스, 이구아노돈, 데이노니쿠스, 프테라노돈, 바로사우루스, 브라키오사우루스 등)

• 공룡은 어떻게 생겼니?

• 공룡은 어떻게 태어날까?

• 공룡은 무엇을 먹고 살았을까?

• 공룡은 어디에서 살았을까?

② 유아가 알고 있는 것 외에 궁금한 것에 대해 함께 알아본다.

• 공룡은 이 세상에서 왜 없어졌을까?

 – 디오라마를 만들어 화산에 의해 공룡이 사라졌다는 것을 이해한다.

• 옛날에 공룡이 살았다는 것을 사람들은 어떻게 알 수 있었을까?

  (화석)

• 공룡에 대해 궁금한 것을 어떻게 알아볼 수 있을까?

  (박물관에 가서 공룡뼈를 관찰한다.)

● 활동의 유의점

① 공룡에 대한 정보를 교사가 많이 알려 주려고 하기보다는 유아가 이미 알고 있
   는 것을 이야기해 볼 수 있도록 격려한다.

② 유아가 알고 있는 정보 외에 궁금한 점에 대해서는 유아가 관심을 가지고 다양

한 방법으로 직접 알아볼 수 있도록 환경을 제공하고 지원한다(책, 영상, 인터넷 검색 등).

● 활동 평가

① 오래 전에 살았던 사라진 동물(공룡)이 있음을 아는지 평가한다.

② 공룡이 사라진 이유에 대해 관심을 가지는지 평가한다.

• 공룡이 사라진 이유에 대해 관심을 가지고 적극적으로 말하는가?

③ 주제에 적절한 이야기를 나누며 다른 사람의 이야기를 듣고 이해하는지 평가한다.

• 공룡에 대해 관심을 가지고 이야기하는가?

• 다른 사람의 이야기를 듣고 이해하며 자신의 생각을 말하는가?

● 확장 활동

① 공룡에 대해 알고 있는 것, 이야기 나누기를 통해 알게 된 것을 그림으로 그려서 벽면에 전시한다.

② 여러 가지 블록과 공룡 모형을 이용하여 공룡이 살았던 곳을 구성한다.

③ 다양한 재료(폐품, 점토 등)를 이용하여 자신이 좋아하는 공룡을 만든다.

2. 동식물 미니 서식지*

땅과 땅 밑에 존재하는 다양한 세계, 생태학, 생활 주기, 먹이사슬, 영양 사이클, 분해, 재활용, 적응, 동물의 구조와 행동에 대해 학습하는 활동이다. 땅 밑 서식지는 작은 식물과 동물, 분해체라고 일컫는 박테리아 등이 살도록 해 준다. 지렁이, 공벌레, 곰팡이 같은 분해자들은 일년생 생명체들로부터 영양분을 재생산해서 땅으로 되돌린다. 식물이 뿌리 내려 다시 새 잎과 줄기가 자라 식물이 성장할 때 이들을 다시 흡수함으로써 사이클이 형성된다. 이들 식물들은 결국 동물의 먹이가 된다.

---

* "Terrarium Habitat" by LHS의 전체 내용을 편집 후 적용한 결과를 요약 · 정리하였음.

활동 1 흙 탐색

● 준비물
• 흙 한 컵
• 지퍼백 1~2개
• 흙 관찰지 4장
• 연필 4개
• 확대경 2개
• 플라스틱 숟가락 4개
• 신문지
• 저널 또는 관찰기록을 위한 종이 4장
• 팀을 위한 준비물 담을 쟁반(선택)

● 활동 순서
① 우리의 지구에서 식물과 동물이 살도록 지원해 주는 자연자원인 흙을 탐색한다. 흙을 어디서 찾을 수 있는지, 흙 속에서 발견할 수 있는 것은 무엇인지 아동이 예측한 모든 것을 기록한다.
② 흙 속에 무엇이 있는지 예측한 것을 실험할 기회를 준다. 가져온 흙을 오감을 이용하여 관찰해 보게 한다.
③ 흰 종이 위에 숟가락으로 흙을 떠서 관찰하고 종이 위에 표현하는 그림을 그리거나 글을 쓴다. 서로 가져온 흙을 이야기해 본다.

1/12,500인치
이하

1/500인치
정도

점토

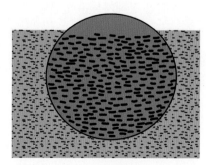

점토

1/250인치
정도

침적토

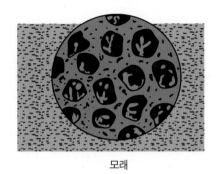

모래

1/50인치
정도

고운 모래

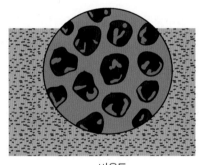

비옥토

1/12인치
정도

가장 큰 모래분자

흙을 탐색하기

① 아동이 자신이 한 활동을 이해한 후, 흙을 한 숟가락 떠서 흰 종이 위에 놓고 확대경으로 관찰한다.

② 흙에 스프레이로 물을 뿌리고 냄새를 맡는다. 손가락으로 굴려 보고, 비틀어 보고, 색깔을 관찰한다.

③ 어린 아동은 많은 것을 관찰하지만 자신의 생각을 정교화할 필요는 없다. 나이 든 아동은 '더럽다'는 이유로 관찰을 하지 않으려 할 수 있으니 관찰에 도전하게 하라!

④ 팀 구성원과 관찰한 것을 서로 나누도록 한다.

흙 관찰지

_____ 반 이름 _____

번호	알맹이 크기	촉감	냄새	색깔	흙 속에 있는 것	내가 생각한 것
1						
2						
3						
4						
5						

다시 생각해 보기: 흙은 더러운 것 이상이다!

① 5분 동안 관찰한 후 서로 결과를 나눈다. 흙 속에 무엇이 있는지 예측한 것을 칠판에 쓰고 관찰한 결과 기대하지 않은 무엇이 흙 속에 있었는지 묻는다.

② 먹이사슬을 그린다. 토끼는 무엇을 먹는가?

③ 사람과 흙의 관계를 명확히 한다. 식물, 동물, 인간의 생존을 위한 흙의 중요성에 대해 토론한다. 흙은 살기 위해 필요한 생물, 비생물, 물, 영양분을 가지고 있다. 흙은 더러운 것이 아니라 훨씬 많은 것을 가지고 있음을 강조한다. 흙이 없으면 이 지구의 모든 생물은 위협을 받는다!

④ 나이 든 아동에게는 지구 표면을 덮고 있는 흙을 묘사해 보게 한다. 농업을 위한 흙길이 빌딩으로 파괴되고 오염되고 있다. 새로운 흙은 수백, 수천 년이 지나야만 생명체가 살기에 좋은 흙이 된다. 사막이 증가하고, 흙은 인간의 생활로 인해 부식이 되고 있다.

⑤ 아동은 오염된 흙을 깨끗하게 하는 활동을 통해서 흙의 정화의 의미를 알게 된다. 손을 꼭 깨끗이 씻도록 한다.

활동 ② 테라리움 만들기

● 개념

① 숲의 바닥이나 땅을 생각하게 한다. 숲의 땅에서 볼 수 있는 것은 무엇일까? 흙,

모래, 잎, 씨앗, 열매, 식물, 물, 마른 풀, 작은 가지들 같은 흙 속에 있는 물질들을 들어 올린다. 이러한 물질들을 용기에 넣는다.

② 테라리움 만드는 시범을 보인다.

● 준비물

• 뚜껑 있는 투명 플라스틱 용기 1개
• 테라리움 뚜껑에 구멍을 뚫을 압력 핀
• 모래와 섞어서 용기의 1/3을 채울 만큼의 흙
• 흙의 1/4 정도 될 만큼의 모래
• 1/4 티스푼의 잔디 씨
• 과일, 참나무, 버찌, 단풍나무 등의 잎 또는 낙엽목의 잎 한 웅큼
• 딸기, 바이올렛, 다른 정원 식물 등 키 작은 식물
• 나뭇가지 또는 껍질 1~2개
• 흙 섞을 플라스틱 숟가락 2~3개
• 분무기 1개
• 테라리움 한 면을 막을 만한 크기의 검은 두꺼운 종이
• 검은 종이 위에 붙일 하얀 접착종이
• 테라리움에 검은 종이 붙일 때 쓸 스카치테이프
• 활동 단원을 수행하는 내내 기록할 저널지 4장 정도

● 활동 순서

테라리움 만들기

① 계획을 세우고 팀에서 아동으로 하여금 테라리움을 만들기 위한 재료를 모으게 한다.

② 팀을 다니며 협동하여 만드는 것을 본다. 용기 속에 재료를 숟가락으로 섞는다.

③ 다른 테라리움을 보고, 만드는 방법에 대한 의견을 서로 나누고, 발견하고, 디자인을 감상한다.

우리는 흙을 넣었다. 그리고 모래 놓고 식물을 심었다. 그것은 갈색이며 검정색이다.

서식지 개념 소개

① 왜 식물, 잎, 씨앗, 나뭇가지를 넣었는가? (음식, 쉬기 위해서) 테라리움을 서식지라고 부른다는 것을 알도록 한다. 서식지란 무엇인가? (동물이 사는 곳, 이웃과 같이 사는 곳이다.) 서식지가 되기 위해 제공되어야 할 것은 무엇인가? (음식, 쉴 곳, 습기, 빛, 공기, 보호) 이는 생존하기 위해 필요한 것이다. 각각의 테라리움은 상자 속의 작은(미니) 세계다.

② 이 서식지에서 살고 있는 동물은 무엇인가? (불도마뱀, 애벌레, 달팽이, 지렁이, 귀뚜라미, 나방의 유충) 테라리움에 넣을 동물을 관찰하게 한다.

테라리움 돌보기와 관찰하기

① 테라리움에서 어떤 변화를 볼 수 있는가? 식물이 자라고, 씨앗이 싹트고, 잎들이 썩고, 곰팡이가 자란다. 테라리움을 관리하기 위해서는 다음의 절차를 따라야 한다.

    a. 테라리움을 놓기 위한 장소를 결정한다. 너무 강한 직사광선은 피한다. 자연광이 들어오는 시원한 곳이 좋다.

    b. 물을 주는 계획을 세운다. 테라리움이 질척하다면 1주에 2번 물을 준다.

    c. 관찰하기 위해 위에서 바라볼 수 있는 장소에 둔다.

② 관찰과 기록에 관한 계획을 세운다. 좀 더 나이 든 아동에게 적용할 때는 그림을 그리고 저널을 쓰게 한다. 어린 아동은 매일 관찰한 것을 근거로 그림으로 표현하도록 한다.

서식지 내에 어두운 장소 만들어 주기

팀의 이름이 적힌 검정 종이를 보여 주고 테라리움의 어떤 장소에 어두운 곳을 만들도록 한다. 테라리움의 한쪽 면에 검은 종이를 넣고 종이 한쪽 끝은 위로 약간 나오도록 한다. 이는 동물들이 어두운 쪽으로 모이도록 하기 위한 것이다.

활동 ③ 테라리움에 지렁이 넣기

● 준비물

• 지렁이 2마리

- 작은 쟁반 1개
- 투명 플라스틱 컵 2개
- 연필 2개
- 확대경 1개
- 축축한 나뭇잎 한두 장 또는 5×5cm의 종이타월
- 저널 또는 기록지
- 지렁이 관찰지
- 플라스틱 숟가락 1개
- 작은 플라스틱 자 1개

● 활동 순서

지렁이 관찰

① 아동들에게 테라리움에 살아 있는 동물을 넣을 것이라고 말한다. 땅속에는 어떤 동물들이 살까? (두더지, 개미, 지렁이 등) 이제 지렁이를 가까이에서 관찰하게 될 것이라고 말한다.

② 지렁이에 대해 알고 있는 것이 무엇인가? 어떤 모양인가? 어디서 보았는가? 무엇을 하고 있었나? 지렁이에 대한 아동의 경험을 격려한다.

③ 아동은 지렁이가 역겹고, 징그럽고, 싫어하는 동물이라고 알고 있다. 아동이 지렁이에 대해 긍정적인 생각과 흥미를 갖도록 한다.

④ 깨끗한 투명 플라스틱 컵 안에 지렁이를 넣은 채 컵을 들어 올려 밑에서 지렁이의 밑을 보고, 지렁이의 내부 구조를 확대경을 통해 관찰해 보도록 한다. 지렁이의 내부, 외부 구조의 윤곽을 그려 보도록 한다.

⑤ 컵 속의 지렁이를 관찰한 후, 지렁이의 움직임을 관찰하도록 하기 위해 우유팩 위에 놓아 보도록 한다. 축축하게 젖은 잎을 주고 지렁이의 반응을 관찰한다.

⑥ 각 팀에서 1명씩 나오도록 한 다음 재료를 나누어 준다.

⑦ 지렁이를 조심스럽게 다루도록 안내한다. 습기가 있는 곳을 좋아하나 지렁이를 물속에 빠뜨리지 않도록 한다. 지렁이는 흥미롭게 움직이고 활동적이다.

⑧ 아동에게 지렁이의 머리, 꼬리를 찾아보도록 한다. 빛, 어둠, 습기, 건조함, 만졌을 때의 반응을 서로 이야기하게 한다. 지렁이의 안쪽에서 볼 수 있는 것은 무엇인가? (검은 관은 장, 붉은 관은 혈관) 지렁이를 만졌을 때의 느낌은 어떤가? (질척한, 부드러운, 울퉁불퉁한)

⑨ 지렁이의 운동과 여러 반응을 관찰지의 그림 속에 그려 넣어 보도록 격려한다.

무엇을 발견했는가?

① 토론을 끝내기 전 지렁이를 컵 속에 직접 넣으라고 한다. 나뭇잎도 넣으라고 한다.

② 팀 구성원을 각자의 자리에 돌려보내고 지렁이의 윤곽을 그려 보도록 한다.

③ 관찰한 지렁이로부터 발견한 목록을 칠판에 적는다.

④ 질척하고 원통 모양인 지렁이가 땅속에서 잘 움직이도록(구멍을 파도록) 하려면 어떻게 도움을 줄까? 지렁이의 특성을 적는다.

⑤ 토론한 목록을 이야기하고 적응의 개념을 소개한다. 적응이란 특수한 환경에서 살아가기 위해 변화하거나 맞추어 가는 것을 의미한다. 인간이 생존하기 위해 적응에 도움을 주는 것은 무엇일까? (잡고, 기어오르고, 잡아당기고, 밀고, 걷고, 달리는 손, 팔, 다리, 발의 구조 그리고 미각, 청각, 촉각, 후각, 시각)

⑥ 지렁이는 무엇을 먹을까? (흙을 먹는 것이 내장에서 보인다.) 지렁이는 죽은 식물을 먹고 식물에 영양을 주는 '재순환자'다. '부패' 개념을 소개한다.

테라리움에 지렁이 넣기

① 이제 테라리움 속에 지렁이를 넣을 준비가 되었다. 지렁이를 넣으면 테라리움 속에서 지렁이가 어떻게 할 것 같은지 예측해 보도록 한다.

② 테라리움 속에 지렁이와 나뭇잎을 넣는다. 지렁이를 관찰한다. 좀 더 나이 든 아동은 글을 써서 저널을 꾸민다.

③ 탁자와 컵을 깨끗이 치운다. 지렁이와 흙을 다룬 후에는 손을 깨끗이 씻도록 한다.

지렁이 관찰

이름 _____

1. 지렁이 그리기

   밑에서 본 모양

   바깥 쪽에서 본 모양

2. 지렁이가 하는 행동

● 준비물

• 4마리의 갑각류: 공벌레 2마리, 쥐며느리 2마리
• 우유팩 또는 작은 쟁반
• 뚜껑 있는 투명 플라스틱 컵
• 연필 2개
• 큰 돌멩이 크기의 생감자 조각
• 5×5cm의 젖은 타월 또는 축축한 낙엽(타월 크기)
• 휴지말이 속
• 관찰기록을 위한 저널 또는 빈 종이
• 갑각류 관찰지
• 플라스틱 스푼
• 플라스틱 자 또는 길이를 잴 다른 물건

● 활동 순서

갑각류 관찰하기

① 나뭇잎이나 통나무 밑에 무엇이 있는가? (개미, 지렁이, 벌레, 공벌레) 컵 속의 갑
   각류를 아동에게 보여 준다.

② 갑각류에 대해 무엇을 알고 있는지, 어디에서 보았는지, 쥐며느리, 공벌레에 대
   해 알고 있는 것을 나누도록 격려한다.
③ 아동이 무섭고, 역겹고, 싫어하는 벌레라고 말하면 갑각류에 대해 관심을 갖도
   록 하고 부드럽게 다루도록 한다.
④ 갑각류가 담긴 투명 컵을 들어 올리고 아동에게 관찰하도록 한다. 확대경으로

관찰하고 종이를 주어 그리도록 한다.

⑤ 우유팩 안에 넣고 움직임을 관찰하도록 한다. 마른 잎, 종이타월, 토마토 덩어리, 휴지 같은 물건을 넣어 주고 반응을 관찰한다.

⑥ 각 팀에서 1~2명을 나오도록 하여 재료를 나누어 준다.

⑦ 조용하고 부드럽게 갑각류를 다룬다. 이 동물은 대단히 활동적이다.

⑧ 더듬이, 눈, 다리, 마디의 수를 찾아보도록 한다. 어떻게 행동하는가? 무엇을 하고 있는가? 어떻게 느껴지는가? (딱딱하다, 매끄럽다)

⑨ 갑각류를 그림으로 표현하고, 움직임이나 다른 특이점 등 갑각류의 반응에 대해 관찰한 것을 그리거나 글로 써 보도록 한다.

어디서 찾을 수 있는가

① 토론을 끝내기 전에 아동이 직접 컵 속의 벌레를 잎과 함께 테라리움에 넣도록 하고 뚜껑을 닫는다.

② 갑각류에 대해 알아낸 것이 무엇인가? 교사나 도와주는 자원봉사자는 아동이 관찰한 것을 목록화하여 기록한다.

③ 물리적인 것이나 행동적인 특성을 토론한다. 관찰한 몸의 모양은 어떤가? (납작하다, 둥글다, 계란 모양이다 등) 더듬이가 있는가? (있다. 척추 같은 모양이 있다.) 어떻게 움직일까? (빨리, 천천히, 공처럼 굴러간다.)

④ 모든 갑각류는 같은가? (아니다. 마디, 다리의 수, 매끄러움, 딱딱함, 크기들로 나누어진다.)

⑤ 공처럼 굴러가는 공벌레의 특성을 찾는다. 공벌레는 둥근 모양, 매끈한 모서리, 후반부는 척추가 없다. 아동에게 익숙한 공벌레는 공이나 콩처럼 굴러가서 공벌레라고 알려져 있다. 쥐며느리의 특성을 찾는다. 쥐며느리는 납작하고, 몸 가장자리에 술이 달렸고, 등에는 두 개의 척추가 있다. 굴러가지 않는다.

⑥ 어두움은 갑각류를 어떻게 도와줄까? 숨도록 하고 변장을 돕는다. 특성을 기록한다.

⑦ '적응' 개념을 생각해 본다.

⑧ 공벌레와 쥐며느리의 방어기제를 비교하는 것은 흥미롭다. 새가 나타나면 어떻게 방어를 할까? (공벌레는 공처럼 굴러서 부드러운 내부를 보호하고, 쥐며느리는 황급히 달려서 바위, 통나무, 식물 밑에 납작하게 엎드려서 자신을 보호한다.)

쥐며느리 관찰

	이름 _____

1. 쥐며느리 그리기

    옆에서 본 모양

    위에서 본 모양

    밑에서 본 모양(배)

2. 쥐며느리의 행동

⑨ 갑각류는 무엇을 먹을까? 갑각류는 죽은 식물과 동물을 먹는 '거리의 청소 부'다.

테라리움에 갑각류 넣기

① 이제 아동은 갑각류를 테라리움에 넣을 준비가 되었다. 안에 넣으면 공벌레와 쥐며느리가 어떤 행동을 할까? 서로 다르게 행동할까?

② 테라리움에 갑각류, 채소잎, 토마토, 당근, 덩어리, 기어 다닐 휴지말이 속을 놓는다. 테라리움을 관찰하고 그리거나 글로 표현하도록 한다.

③ 각 팀은 청소하고 손을 깨끗이 씻는다.

활동 5 테라리움에 여러 가지 먹이와 동물 더 넣기

● 준비물

• 정원(집)달팽이, 딱정벌레, 민달팽이, 귀뚜라미, 거미, 노래기 등 아동이 모아온 작은 벌레들

• 토마토, 당근, 사과, 옥수수, 달걀껍질, 상추, 마른 콩 등 아동 이 가져온 음식물

• 자갈, 조개껍질, 모래, 작은 가지들 좀 더, 목재, 나뭇잎, 식물 (잡초도 좋음), 씨앗 등 아동이 가져온 비생물들

• 새로운 발견을 표현하고 기록할 시간

● 삼가야 할 것

• 독거미와 지네 같은 작은 독성물/나비, 파리, 나방, 무당벌레 같은 날아다니는 동물이나 이런 동물의 애벌레(이런 동물의 대부분은 테라리움에 넣을 수 없는 독특한 먹이를 먹는다. 개미는 오래 살지 못한다.)

• 파리, 개미 같은 원치 않는 동물을 유인할 우려가 있는 사탕, 바나나, 토마토/ 과일 같은 달콤한 음식물

• 작은 플라스틱 놀잇감. 아동은 테라리움을 예쁘게 만들려고 놀잇감을 넣기 원할 것이다. 교사의 생각에 달려 있지만 '에버랜드'가 되지 않도록 한다.

● 활동 순서

풍부한 상호작용

① 여러 가지 다른 유기체(달팽이, 메뚜기, 귀뚜라미 등)와 여러 가지 것(당근, 계란껍질, 감자 조각, 사과 가운데 부분, 옥수수대, 나무껍질 등)을 테라리움에 넣어 보도록 한다.

② 유기체 중에 달팽이를 넣고 관찰해 본다.

③ 귀뚜라미를 넣고 관찰한다.

④ 몇 주가 지난 뒤, 아동은 결과를 기록하고 질문하고 가설을 검증하는 등의 활동을 통해 상자 안의 세계에 대해 배우게 된다.

III. 물체와 물질

1. 물질: 고체, 액체, 기체*

활동 1 **고체, 액체, 기체 탐색**

● 개념

• 물질은 고체, 액체, 기체로 이루어져 있다.

• 고체, 액체, 기체는 각각 독특한 성질을 가지고 있다.

(1) 감각 상자: 고체

● 준비물

• 아동의 손이 들어갈 수 있도록 1~2개의 구멍을 뚫은 5~10개의 불투명한 상자

• 상자 안의 여러 가지 고체(옷감, 플라스틱 랩, 왁스, 비누, 새의 깃털, 돌멩이, 고무밴드, 알루미늄 포일, 나사, 못 등)

● 활동 순서

① 대집단으로 모여 앉아 어떤 물체인지 예측한 후 확인한다.

• 한 아동이 물체를 집은 후 느낌을 묘사한다.

• 아동이 물체 이름을 말한다.

• 물체를 꺼내서 보인다.

② 토론하도록 격려한다.

• 모든 아동이 활동 기회를 가진 후 자료를 제자리에 놓는다. 물체를 표현하는 어휘와 물체를 연결한다.

• 언어발달을 강조한다.

---

* "Matters" by LHS와 "Primarilly Phisics" by AIM의 전체 내용을 편집 후 적용한 결과를 요약 · 정리하였음.

(2) 물체와 물질 알아보기[*]

● 지도 원리

• 교사는 유아가 주변의 다양한 물체나 물질의 기본적인 특성을 파악하고 세부적인 특성에도 관심을 가질 수 있도록 한다.

  – 여러 가지 물건의 크기, 모양, 색 등을 알아보는 활동을 해 본다.

  – 여러 가지 물건의 움직임에 대해 알아보는 활동을 해 본다.

• 공, 블록, 털 뭉치, 가위 등 다양한 물체를 굴려 보면서 움직임의 차이와 그 원인을 탐색한다.

  – 비밀 상자 안에 들어 있는 물건을 만져 보고 그 느낌을 언어로 표현해 본다.

  – 무엇이 들어 있을까? 손으로 만졌을 때 느낌이 어때?

    네가 만지고 있는 물건과 느낌이 비슷한 물건은 무엇이 있을까?

• 교사는 유아가 물체나 물질의 특성과 그 변화 과정을 적극적으로 탐색해 볼 수 있도록 한다.

  – 주변의 물체를 여러 가지 방법으로 움직이는 방법을 알아본다.

• 경사로 활동, 진자 활동, 구슬치기, 도미노 놀이

  – 설탕, 각설탕, 소금, 밀가루가 물에 녹는 과정을 알아보는 활동을 해 본다.

  – 요리 활동을 통해 물질의 혼합과 변화 과정을 알아본다.

• 밀가루와 물을 혼합하여 반죽을 만드는 활동(물리적 변화), 반죽에 열을 가하여 빵을 만드는 활동(화학적 변화)을 해 본다.

● 유의점

• 교사는 유아가 실내·외 환경에서 다양한 물체와 물질을 경험하도록 자료를 미리 계획하여 환경을 구성한다.

(3) 작은 물체: 고체

● 준비물

• 옥수수 녹말가루, 베이킹소다, 밀가루, 톱밥, 고운 소금, 옥수수 가루, 굵은 소금, 모래, 분필 가루, 크레용 가루, 젤라틴 등 다양한 작은 고체
• 확대경, 현미경, 또는 컵 확대경
• 포스트잇(색인 카드)

● 활동 순서

① 카드 만드는 법과 확대경 사용법을 소개한다. 짝과 함께 물체를 관찰하여 서로 표현하고 무엇인지 예측하라고 설명한다. 성인이 글로 써 준다.
② 둥그렇게 앉아 각각의 물체에 대해 토의하고 무엇인지 예측한다. 무엇인지 또 무엇으로 만든 것인지 확인한다.

● 확장활동

상자에 있는 물체를 꺼내 부수거나 망치로 분필 가루, 크레용 가루 같은 물체 샘플을 만든다.

활동 **2** **액체 섞기**

● 준비물

• 팬케이크 시럽, 식용유, 베이비오일, 연한 색을 섞은 물(오일과 구별), 비눗물 등 다양한 액체, 액체 넣을 용기
• 투명한 플라스틱 컵과 숟가락 또는 뚜껑 있는 유리병

● 활동 순서

① 짝을 지어 준비된 어떤 액체든 섞어 본다. 어떤 일이 일어나는지 관찰한다. 성분

목록표를 만든다.

② 혼합물에 이름을 붙인다. 과학 전시 책상을 만들고 공통점과 차이점을 토론한다.

● 확장활동

다른 액체 세트를 선택하여 다시 한 번 시도해 본다. 어떤 변화가 생길까?

활동 ③ **액체로 방울 만들기: 액체, 기체 소개**

● 준비물
• 빨대 상자(공기 밀기)
• 여러 가지 액체를 담을 투명 플라스틱 컵
• 쟁반
• 액체들(시럽, 식용유, 순수한 물, 비눗물 등)
• 플라스틱 병

● 활동 순서

① 여러 가지 액체에 공기를 '밀고' 나서 무슨 일이 생기는지 보도록 한다. '공기 미는 것'(빨대)을 하나씩 가지게 되지만 그것은 빨대가 아니다(액체를 들이마시지 않아야 하기 때문에). 물속에 빨대를 사용하여 공기를 미는/부는 시범을 보인다. 방

울이 생긴다. 무엇을 봤는가? (비눗방울) 비눗방울 안에는 뭐가 있는가? (공기)

② 여러 가지 다른 액체(시럽, 식용유, 순수한 물, 비눗물 등)에 공기를 밀어 넣는다.

③ 무슨 일이 일어났는가? 어떤 것이 가장 무거운가? 그리고 가벼운가? 어떤 방울이 가장 오래 견디었는가? 어떤 것을 가장 좋아하는가? 왜 그런가? 그 밖에 어디서 방울을 보았는가? (욕조, 수영장, 어항이나 연못에서 물고기가 만드는 방울 등)

기포 안에는 무엇이 있을까

• 시범용으로 1/4컵의 식초에 1t의 베이킹소다를 섞는다(아동의 제안으로 하면 좋다). 조심스럽게 방울을 보도록 하고, '퐁' 하고 터질 때 무슨 일이 생기는지 보도록 한다.

• '부분' 적으로 기포가 생길 때 그 안에 무엇이 있는지 질문한다.

• 고체일까? [아니요] 액체? [아니요] 무엇일까? 아동은 대개 '공기' 라고 말한다. 그러면 공기는 다른 형태의 '기체' 라고 말해 준다. '기체' 사인을 든다.

• 가스 표시 사인을 바닥에 놓는다. 대개 가스는 볼 수 없으나 느낄 수 있다고 말해 준다. 모두 손등을 불어 공기를 느낀다. 숨을 깊게 들이쉬어 폐에 공기를 채우도록 한다.

• 구성성분 안에 기체가 있다!

• 기포(방울)가 펑 하고 터질 때 방울 안에 있는 기체는 어떻게 되는지 묻는다. (달아나서 교실 안의 공기와 섞인다. 기체는 퍼져서 전체 용기에 퍼진다. 용기가 교실이라도)

이산화탄소/화학 반응

식초와 베이킹소다가 혼합되면 이산화탄소(탄산가스)라고 불리는 기체를 만든다고 설명한다. 아동에게 반복시킨다. '이산화탄소' 음절에 맞춰 손뼉을 친다.

풍선 안에 이산화탄소 끌어들이기

① 풍선은 일종의 기포라고 말해 준다. 기체로 채워질 수 있다.

② 빈 풍선을 보여 준다. 풍선을 어떻게 채워 넣을 것인가에 대한 아이디어를 묻는다. 아마도 불어서 우리 몸으로부터 공기를 채워 넣거나 펌프를 사용해서 채워 넣는 것을 제안할 것이다. 파티용 풍선처럼 헬륨으로 채울 수도 있다. 물로 채우는 방법 등 다른 방법을 생각할 수도 있다. 만일 생각해 내면 그들의 반응을 입증하라.

③ 풍선을 불어서 몸속의 공기를 넣는 시범을 보인다. 펌프를 사용하여 부는 방법을 시범 보이기 위해 공 펌프를 사용한다.

④ 다음 실험에서는 몸이나 교실 안의 공기를 사용하지 않고 풍선을 채워 본다.

⑤ 풍선 안에 이산화탄소 가스를 채운다.

⑥ 재료와 도구(베이킹소다, 식초, 깔때기, 플라스틱 병, 풍선)를 보여 주고 어떤 것들인지 확인시킨다.

이런 것을 사용해서 풍선에 어떻게 이산화탄소를 넣을 것인가 생각해 보도록 한다.

활동 4 공기 불기: 기체

● 준비물
- 빈 투명 플라스틱 병(모양과 크기가 다양한)
- 솜뭉치, 스티로폼 공, 구긴 종이 조각, 클립, 땅콩 등
- 쟁반

● 활동 순서
① 공기를 이용해서 이것을 움직일 수 있다고 생각하는가? 무엇을 움직일 수 있을까? 새의 깃털? 물체를 움직일 공기를 얻을 수 있을지 해 보게 한다. 짝과 세 가지 물체를 골라 책상에 놓고, 빈 플라스틱 병(안에 공기가 꽉 찬)을 사용해서 책상

반대편에 있는 짝에게 물체를 보내게 한다.

② 어떤 것이 가장 멀리까지 갔는가? 어떤 것이 가장 빨리 움직였는가? 어떤 것이 전혀 움직이지 않았는가? 다시 해 본다. 짝과 바꿔서 해 본다.

● 확장활동

종이봉투로 연 만들기

① 종이봉투의 바닥을 잘라 내어 양쪽이 뚫리도록 한다. 색연필이나 매직으로 장식한다.

② 스카치테이프로 봉투 한쪽에 약 75cm의 끈을 맨다.

③ 봉투의 다른 쪽에는 네 가지 다른 색의 종이 50cm로 연 꼬리를 붙인다.

④ 끈을 잡아끌어서 공기 중에 쉽게 날려 보낸다.

활동 5 실험대에서 각 구성성분 섞기

● 활동 순서

교실에 4~5개의 실험대를 준비하여 아동이 팀으로 실험할 수 있도록 한다. 컵 안의 내용물을 섞고 발견한 것을 기록한다. 소량을 사용하고 손잡이 확대경을 사용할 것을 상기시킨다. 15분의 시간을 준다.

발표

① 함유물들을 같이 나눠서 여러 가지 다른 종류의 구성성분을 만들어 내도록 한다.

② 많은 구성성분이 기포를 가지고 있음을 알도록 한다. 거품이 나는 성분을 만들었으면 손을 들게 한다. 어떤 성분이 방울을 만들었는지 옆 친구에게 이야기해 주도록 한다.

③ 고체성분 하나, 액체성분 하나를 선택해서 기포를 만들 것을 제안한다. 시범을 보인다. 1t의 고체와 1/4컵의 액체를 측정한다. 고체가 다 녹을 때까지 젓는다.

④ 다른 혼합방법 2~3가지를 제안하도록 한다(고체 1t과 액체 1/4컵을 섞도록 하는 것은 중요하다. 이렇게 함으로써 실험을 표준화시킬 수 있다).

각자의 책상으로 가서 할 일

① 병의 선까지 액체, 식초를 붓는다. 끝나면 말하도록 한다.

② 어디에 고체, 베이킹소다를 넣어야 한다고 생각하는가? 아이디어를 나누도록 하고 무슨 일이 생길 것인지 예측해 보도록 한다. 방법을 생각하면서 넣도록 한다.

③ 깔때기에 풍선을 매단다.

④ 2t의 베이킹소다를 깔때기에 붓는다. 작은 막대로 티스푼의 높이를 맞춘다. 풍선에 베이킹소다를 조심스럽게 넣는다.

⑤ 다음에 무엇을 할까? 병 꼭대기에 풍선을 놓는다.

⑥ 마지막 단계에 관해 아이디어를 모으고 예측한다. 그러나 실제로 수행하지 않도록 한다. 마지막 단계를 수행할 것이라고 말해 준다. 아동이 모두 풍선을 병에 매달았어도 잠깐 기다릴 필요가 있다. 다 같이 했을 때 훨씬 더 재미있다!

풍선 부풀리기

① 재료가 준비된 책상에 아동을 보낸다. 전체 단계를 잘하도록 돕는다.

② 병에 식초를 붓기 전에 잠깐 기다린다.

③ 모두가 준비되면 실험방법을 듣기 위해 주목하도록 한다. 한 손으로 병을 잡고 다른 손으로는 풍선을 잡는 시범을 보인다. 3을 세면 풍선을 들어 올려 병에 식초를 넣는다. 실험을 기억하게 한다. 만일 잘 안 되어도 걱정하지 말고 다시 해 본다고 말해 준다.

④ 모두 모여 한 손으로 병을 잡고 다른 손으로 풍선을 잡는다. 1, 2, 3, 시작!

⑤ 풍선이 부풀어서 거품이 넘치면 풍선을 묶는다.

⑥ 유성매직으로 풍선에 아동의 이름을 쓴다.

⑦ 풍선을 교사가 쓰레기통에 모을 때까지 기다리도록 한다.

점검

① 풍선이 다 모였으면 아동과 점검한다.

② 실험에 사용한 액체는 무엇인가? (식초)

③ 실험에 사용한 고체는 무엇인가? (베이킹소다)

④ 풍선 안에 끌어들인 것은 무엇인가? (기체)

⑤ 어떤 종류의 기체가 만들어졌는가? (이산화탄소)

활동 6 물의 흡수

● 개념

• 물을 잘 흡수하는 재료와 흡수하지 않는 재료가 있다.

• 물은 다른 재료 속으로 흡수된다.

● 준비물

• 종이타월, 종이냅킨, 신문지, 색상지, 마분지

• 알루미늄 포일, 기름종이, 스펀지

• 진흙, 모래, 찰흙

• 솜으로 만든 공, 화장지, 천

• 의료용 드로퍼, 달걀 담는 통

• 물

● 활동 순서

① 실험할 재료들을 각각 달걀 담는 칸에 구분해 넣는다.

② 의료용 드로퍼를 이용하여 각 재료에 물을 천천히 떨어트려 가면서 물이 흡수되는지 튀는지를 관찰한다.

● 활동을 위한 주요 질문

• 어떤 재료가 물을 가장 잘 흡수하였니? (종이타월, 종이냅킨, 신문지, 색상지, 스펀지)

• 어떤 재료가 물을 흡수하지 않았지? (알루미늄 포일, 기름종이)

• 어떤 종류의 종이가 엎질러진 우유를 가장 잘 흡수했니? (종이타월)

• 모래, 진흙, 찰흙이 물을 흡수하는 방식에는 어떤 차이가 있었니? (모래는 덜 흡수하였다.)

• 어떤 재료가 거의 모든 물을 흡수하였지? (스펀지)

● 확장활동

교실에 있는 물건 중 물에 잘 젖는 것과 물에 잘 젖지 않는 것을 찾아보게 한다.

활동 7 물에 녹는 것과 녹지 않는 것

● 개념
• 물에 녹는 물질과 녹지 않는 물질이 있다.
• 물은 여러 재료를 녹인다.

● 준비물
• 뚜껑 있는 용기 4개(각 재료의 이름을 쓴 이름표)
• 따뜻한 물, 설탕, 소금, 모래, 식용유, 녹말가루

● 활동 순서
① 설탕, 소금, 모래, 식용유, 녹말가루를 관찰 · 탐색해 본다.
② 물에 섞었을 때 어떻게 변화할지 예측해 본다.

용해(물과 설탕)   혼합(물과 밀가루)

③ 뚜껑 달린 그릇에 따뜻한 물을 넣고 설탕, 소금, 모래, 식용유를 섞는다.
④ 4개 그릇을 흔들고 '열' 까지 센다.
⑤ 4개의 그릇을 비교해서 이야기해 본다.
⑥ 예상과 결과를 비교해 본다.

활동을 위한 주요 질문
• 물속에 설탕, 소금, 모래, 식용유, 녹말가루를 넣으면 어떻게 될까?
• 설탕을 물에 넣으면 설탕이 보일까?
• 기름을 물에 넣으면 보일까?
• 재료를 넣고 흔들면 어떻게 될까?

활동 8 물에 뜨고 가라앉는 것

● 개념

물은 물체를 떠오르게 한다.

● 준비물

• 큰 플라스틱 상자

• 유리(안전)

• 돌

• 스펀지, 공, 스티로폼

• 작은 배

• 병뚜껑(구멍이 없는)

● 활동 순서

① 준비된 자료를 뜨는 것과 뜨지 않는 것으로 예측하여 분류하여 본다.

② 실험을 통해 예측한 것과 어떻게 차이가 나는지 토의한다.

③ 뜨고 가라앉는 물건을 활동지에 기록한다.

● 활동을 위한 주요 질문

• 어떤 물건이 뜨고 어떤 물건이 가라앉을까?

• 왜 가라앉을까?

• 왜 물에 뜰까?

• 물에 직접 넣어 보니까 어떻게 다르니?

2. 물리적인 현상

활동 1 **자석의 성질**

● 개념

• 자석은 금속을 잡아당기고 그 외의 것은 잡아당기지 않는다.

• 자석은 같은 극은 밀고 다른 극은 잡아당긴다.

• 자석의 힘은 어떤 물건(종이, 천, 물, 모래 등)을 통과한다.

• 자석은 전기 에너지를 발생한다.

• 나침반의 바늘은 자석으로 항상 북쪽을 가리킨다.

• 자석은 다른 자석을 만들기 위해 사용된다.

● 준비물

• 여러 가지 자석, 나침반

• 모래, 나무, 종이

• 클립, 압핀

• 물

● 활동 순서

① 여러 가지 자석과 자료를 준비한다.

② 자석에 붙는 것과 붙지 않는 것을 예측한 후 분류하여 본다.

③ 직접 자석을 실험하여 자석에 붙는 것과 붙지 않는 것을 분류한다.

④ 자석의 힘이 통과할 수 있는 물질을 실험하고 토의한다.

● 활동을 위한 주요 질문

• 자석에는 어떤 종류가 있을까?

• 어떤 물건이 자석에 붙지?

• 자석끼리는 서로 끌어당길까? 밀까?

• 왜 같은 극은 밀고 다른 극은 끌어당길까?

• 자석으로 만들어진 물건에는 어떠한 것이

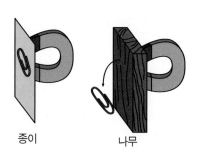

종이   나무

있니? (나침반, 병따개 등)
• 자석의 힘은 어떤 물건을 통과할까? (모래, 종이, 물)

어떤 물건이 자석에 붙을까?

(1) 자석 돛단배

① 자석으로 배를 움직여 보는 활동을 한다.

② 코르크 위에 바늘로 돛을 달아 돛단배를
만든다.

③ 물에 띄운 후 자석으로 움직여 본다.

바늘

(2) 자석 인형극

① 클립을 붙인 종이 인형을 어항에 넣은 후 자석을 대고 인형극을 해 본다.

② 이야기를 꾸민 후 이야기대로 인형을 자석으로 움직여 본다.

종이 인형에 클립을 붙인다.

클립을 편다.

(3) 자석 낚시

① 마닐라지로 여러 가지 종이 물고기를 만든 후 클립을 끼운다.

② 둥근 쟁반 속에 클립을 끼운 물고기를 놓고 자석 낚시놀이를 한다.

(4) 자석 인형

유리판이나 카드보드, 얇은 판 등에 인형(발에 자석 부착)을 놓고 자석 인형을 걸어 가게 한다.

활동 2 소리는 진동이다

● 개념

• 소리는 어디에나 있다.

• 소리는 여러 가지 물체의 진동에 의해 만들어지고, 접촉하는 것에 진동을 일으 킨다.

• 진동의 크기에 따라 소리의 크기도 달라진다.

● 준비물

• 나무 자

• 소리굽쇠

• 아이스크림 막대

• 탁구공

• 실과 테이프, 고무줄

• 연필

● 활동 순서

① 아동에게 눈을 감으라고 하며 시작한다. 주변에서 들리는 모든 소리를 듣도록
한다. 들리는 소리를 묘사하도록 격려하며, 소리가 높은지 낮은지 등을 판단하
게 한다. 커다란 종이에 관찰한 것을 기록한다. 실외로 나가 소리를 듣는다.

② 교실로 돌아와서 소리 듣기 활동지를 나누어 주고, 교실 안과 밖에서 들은 것을
기록하도록 한다.

③ 모든 소리는 음파를 만드는 진동에 의해 생긴다는 것에 대해 토론한다.

④ 진동을 만들기 위해 자를 책상의 모서리에 걸쳐 놓고 이용한다. 책상에 걸쳐진
부분을 세게 누르고, 손가락으로 자를 튕긴다.

⑤ 모서리 밖으로 나온 자의 부분을 줄인 후 다시 자를 튕긴다. 차이가 있는지 질문
한다.

● 활동을 위한 주요 질문

• 소리는 어떻게 만들까?

● 유의할 점

• 소리를 내기 위해 에너지가 사용된다. 기타 줄을 튕기거나 트럼펫을 부는 것에도
에너지가 포함된다. 에너지는 물체를 진동시키고 소리를 낸다.

• 소리가 날 때마다 물체는 진동하고 떨린다. 이런 진동이 우리가 듣는 소리의 바탕
인 것이다. 소리 진동은 바이올린 줄이 울리는 것처럼 우리가 볼 수 있는 것도 있
고, 사람의 성대의 진동처럼 느낄 수 있는 것도 있으며, 시계 초침의 움직임처럼
들을 수 있는 것도 있다. 모든 소리는 어떤 물질이 진동하는 것으로 알 수 있다.

• 소리가 들리려면 최소한 1초에 16회 이상 매질이 앞뒤로 움직여야 한다. 매질은 고체, 액체, 기체 모두가 될 수 있다.

활동 3 **엘리베이터를 만들어 봐요**

● 개념

• 도르래는 물체를 들어 올리는 것을 도와준다.
• 간단한 기계는 물건을 움직이게 한다.

● 준비물

• 옷걸이
• 줄
• 양동이
• 나무 블록
• 실패

● 활동 순서

① 양동이 속에 나무 블록을 넣는다.
② 문 위에 고리를 건 후 옷걸이를 부착시킨다.
③ 양동이의 손잡이에 줄을 맨 후 실패를 이용하여 올린다.

● 활동을 위한 주요 질문

• 양동이를 들어 올리려면 어떻게 해야 할까?
• 힘을 적게 들이면서 양동이를 올리려면 어떻게 해야 할까?

활동지 1

고체의 성질

이름 _____

성질 \ 물체	플라스틱 튜브	천 조각	세모 플라스틱	금속 못	미술 종이	목재 원기둥	전깃줄
구부러진다							
휘어지지 않는다							
매끄럽다							
거칠다							
부드럽다							
단단하다							
평평하다							
뽀족하다							

활동지 2

이름 _____

물을 흡수하나요?

예측		실험	
예	아니요	예	아니요
천	알루미늄 포일		
스펀지	돌		

활동지 3-1

이름 _____

폭풍이 어떻게 시작되는지 보여 줄 수 있도록 아래의 그림을 잘라서 붙이세요.

1	2	3

✂ -

활동지 3-2

이름 _____

뜨고 가라앉는 물건을 알아보아요.

예측		결과	
☺ 뜬다	☹ 가라앉는다	☺ 뜬다	☹ 가라앉는다

활동지 4-1

이름 _____

1. 눈을 감고 조용히 합니다.   2. 눈을 뜨고 들은
    1분간 모든 소리를   소리를 적어 보세요.
    들어 보세요.

실내에서 들은 소리

1. _____	7. _____
2. _____	8. _____
3. _____	9. _____
4. _____	10. _____
5. _____	11. _____
6. _____	12. _____

3. 밖으로 나가 조용히 앉습니다. 눈을 감고 최소한 1분 이상 소리를 듣습니다. 눈을 뜨고 들
    은 소리를 적어 보세요.

실외에서 들은 소리

1. _____	7. _____
2. _____	8. _____
3. _____	9. _____
4. _____	10. _____
5. _____	11. _____
6. _____	12. _____

소리는 어떻게 비슷한가요? _____

소리는 어떻게 다른가요? _____

소리는 진동이다

이름 _____

준비물

소리굽쇠		셀로판 테이프	
물		자	
탁구공		고무줄	
실		연필	

1. 자의 한쪽 끝을 책상에 대고 세게 누릅니다. 자의 다른 쪽 끝을 가볍게 팅깁니다. 소리를 들어 보세요. 자를 짧게 해 보세요. 자를 길게 하고 해 보세요.

2. 아이스크림 막대를 이로 뭅니다. 막대의 끝 부분을 팅기고 소리를 들으세요. 길이를 변화시키고 다시 해 보세요.

3. 신발(손)에 소리굽쇠를 부딪칩니다. 살펴보고 소리를 들어 보세요. 진동하는 소리굽쇠를 물에 놓은 후 어떻게 되는지 지켜보세요. 탁구공에 셀로판테이프로 실을 붙입니다. 탁구공에 진동하는 소리굽쇠를 댑니다. 관찰해 보세요. 진동하는 소리굽쇠를 책상에 대고 느껴 보세요.

4. 작은 우쿨렐레를 만들어 보세요. 고무줄을 자에 끼웁니다. 연필을 고무줄 밑에 밀어 넣습니다. 고무줄을 팅깁니다. 관찰하고 소리를 들어 봅니다. 연필을 돌려 보세요. 연필을 빼고 다시 해 보세요.

5. 이런 활동은 어떤 점에서 서로 비슷한가요?

IV. 지구와 우주[*]

1. 신기한 물질

활동 1 **신비의 가루**

● 개념

우주와 지구는 여러 가지 물질(고체, 액체, 기체)로 이루어져 있다.

● 준비물

4~6명으로 구성된 팀 준비물

- 대야 1개
- 신문지, 전지 4장
- 매직펜 또는 크레용
- 물
- 종이타월
- 분필, 녹말가루
- 식용색소(초록)
- 지퍼백
- 탁구공, 고무공
- 너트(금속), 나무토막
- 녹말가루(고체) 반죽(액체 첨가) 만들기

  500ml짜리 네 상자의 전분에 1,600ml의 물, 식용색소(초록)를 혼합한다. 너무 질거나 되지 않도록 각 집단에 여분의 전분을 조금씩 제공한다. 활동 시작 약 15분 전에 반죽이 잘되어 고체와 액체가 잘 배합되었는지 확인하고, 적당한 상태로 만든다. 농도가 너무 되면 실험이 어렵고 너무 질어도 안 좋다. 손가락을 비스듬히 하여 미끄러져 들어갈 수 있는 정도의 농도가 좋다.

---

[*] "Oobleck" by LHS의 전체 내용을 편집 후 적용한 결과를 요약 · 정리하였음.

● 활동 순서

① '물질의 성질'을 알아 가는 과정과 기록을 실제로 해 본다. 5분을 넘지 않는다.

　　a. 분필을 들고 관찰한 것을 말하도록 한다. 희고, 딱딱하고, 손에 묻고, 쓸 수 있다고 한다.

　　b. 분필을 가루로 만든다. 녹말가루와 분필가루를 비교 · 관찰한다.

　　c. 교사가 받아 적은 분필가루와 녹말가루의 성질 항목을 읽으면서 토의한다. 보고, 듣고, 냄새 맡는 등 감각으로 느낀다. 확대경, 온도계 등의 도구를 이용하여 물질의 성질을 탐색하게 한다. 색, 크기, 모양, 질감, 무게, 굳기, 소리, 냄새 등도 탐색하게 한다.

② 녹말가루 반죽을 탐색한 후 전지 위에 탐색한 것을 기록하게 한다. 눌렀을 때 어땠는가? 고체 같을 때는 언제인가? 액체 같을 때는 언제인가? 팀 구성원들이 동의한 성질을 기록한다. 녹말가루 반죽의 성질에 대한 실험 팀의 결과 기록을 보고 어떤 상황에서 그런 결과가 나왔는지 설명하는 것이 중요하다.

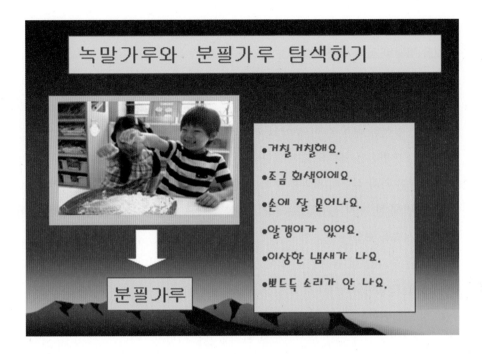

활동 2 끈적이는 어디서 왔는가

● 준비물

• 녹말가루 반죽

• 지퍼백

• 신문지

• 물

• 종이타월

• 활동 1에서 탐구한 물체의 성질 결과 기록 목록

• 화이트보드

• 매직펜

• 스카치테이프

● 준비활동

① 벽에 분필과 녹말가루 반죽의 성질 목록을 붙인다. 목록이 보이도록 테이블에
앉도록 한다.

② 녹말가루 반죽과 신문은 아동이 필요할 때 사용하도록 이전 활동 때 사용했던 것을 적당한 곳에 놓아 둔다.

● 활동 순서
① 활동에 참석한 아동은 이 분야의 전문가라고 하기로 한다. 과학자들은 실험 결과를 듣고 반론을 제기하고 비판한다.
② 벽에 붙은 과학 실험의 결과를 주의 깊게 본다. 다음의 규칙에 따라 토의를 한다.
  a. 한 번에 한 가지 성질을 토의할 것, 실험 팀은 설명 혹은 그들이 주도한 실험의 시범을 보인다.
  b. 토론 중 아동이 탐색한 성질에 동의/비동의할 수 있다. 아동은 왜 그런지 손을 들고 이유를 말한다.
  c. 성질에 대한 새로운 용어를 말하거나 용어를 바꾸는 방법을 발견한 아동을 격려한다. 거기에 모두 동의하도록 합의과정을 거친다.
  d. 녹말가루 반죽의 성질에 대해 충분히 토의한 후 진짜 성질인지 아닌지 투표한다.

③ 토론을 격려한다. 토론에서 교사의 역할은 토론의 촉진자이자 토론을 성공으로
   이끄는 비평가다.

● 과학 회의에서의 합의과정 예
T(교사), C(아동)

T: 어떤 팀(예: 별 팀)이 이 물질에서 가장 중요한 성질이 무엇인지 말해 보겠니?
C1: 치면(때리면) 단단해져요.
T: 너희 팀에서는 왜 그것이 사실이라고 생각하는지 설명해 주겠니?
C1: 처음에는 계속 흘러내렸어요. 그러다가 탁 치니까 단단해졌어요.
T: 이 말에 대해 다르게 생각하는 사람 없니?
C2: 가볍게 치면 어떨까? 보자. (쳐 보러 간다.) 내가 천천히 치니까 손이 안으로 들
     어가는데.
C1: 천천히조차도 치지 않았고 손을 대기만 했어.
C3: 손으로 표면을 문지르니까 단단해져. 치지 않았는데.

C4: 잡으려고 하면 어떻게 되니?

T: '친다'는 말 대신에 다른 좋은 말 없을까?

C5: '누르다'는 어때요?

C6: '세게 누르다' 또는 '빨리 누르다'라고 하는 게 낫겠다.

T: (C1에게) '녹말가루 반죽을 세게 그리고 빨리 치면 단단해진 것처럼 된다.'라고 바꾸어 말하면 너희 팀에게 괜찮겠니?

C1: (팀 구성원들과 상의한 후) 좋아요. '친다'는 의미라고 생각해요.

T: 모두 동의하니? 그렇지 않다고 생각하는 친구 손들어 봐. 됐니? 18명이 동의했고 2명이 반대했네. 그러면 이것을 '끈적이의 법칙'이라고 하자. (다른 팀과 또 다시 시작한다.)

2. 우주

활동 1 **우주선 설계**

● 개념
- 우주여행에는 많은 계획이 필요하다.
- 우주여행에는 특별한 것들(우주선, 우주로켓 등)이 필요하다.

● 준비물
- 전지 4장
- 매직펜
- 크레용/색연필
- 종이 테이프 한 롤

● 준비활동
화이트보드 위에 '끈적이의 법칙'을 써 놓는다.

● 활동 순서
① 모든 탑승자를 태우고 이륙해서 우주를 탐색하고 끈적이의 바다에 착륙할 우주

선을 설계할 것을 제안한다.

② 그 행성은 끈적이의 바다로 이루어졌고 색깔이 초록색인 것만 빼고는 지구와 매우 비슷한 조건으로 만들어졌다고 설명한다. 과학 회의에서 나온 '끈적이의 법칙'을 검토한다. 이 법칙을 참조해서 설계하라고 한다. 가장 중요한 것은 우주선이 안전하게 착륙하고 이륙할 수 있는지를 고려해서 설계하는 것이라고 강조한다.

③ 우주선이 끈적이의 바다에 빠지거나 끈적거림이 없이 착륙과 이륙을 할 수 있도록 부분과 외형의 이름을 써 놓게 한다.

④ 종이, 매직펜, 색연필을 나누어 주고, 색칠하고 설계한 것에 이름을 쓰게 한다. 팀별로 협동하여 하도록 한다.

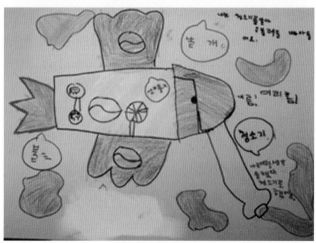

활동 2 화성 탐사

● 준비물(교사)
- 우주 탐사선 포스터
- OHP(선택)
- 자료 사진이나 슬라이드

● 준비활동
- 화이트보드에 '실험실' '회의' '우주선 설계'라고 활동 제목을 쓴다.
- 아동이 모두 우주 탐사 포스터를 볼 수 있도록 적당한 위치에 붙인다.

● 활동 순서
① 앞서 이루어진 세 가지 활동, 즉 녹말가루 반죽 탐색, 과학 회의, 우주선 설계를 아동에게 상기시킨다.
② 실험실 활동을 하는 동안에 과학자가 된 경우를 묘사해 보게 한다. 아동의 아이디어 목록을 '끈적이의 성질'이라고 쓴 화이트보드에 적는다. 아동이 보고, 만지고, 냄새 맡고, 생각을 쓰고, 녹말가루 반죽의 성질을 밝히고, 실험하고, 생각을 검증하고, 말하고, 도구를 사용하고, 알아낸 것, 비교한 것 등을 적는다.
③ 과학 회의에서 과학자가 합의한 항목들을 '회의'라고 화이트보드에 쓴다. 이야기하고, 동의하고, 논쟁하고, 실험하고, 용어를 바꾸고, 정의하고, 비평하고, 더 많은 실험을 하고, 투표하고, 사실이라고 생각한 것을 결정한 것 등을 적는다.
④ 끈적이의 바다에 착륙하기 위해 우주선을 설계한 엔지니어(기술자)처럼 행동한 목록을 '우주선 설계하기' 제목 밑에 적는다. 그림을 그리고, 끈적이의 법칙에 대한 생각을 적고, 기계를 발명하고, 우블렉 위에서 걷는 것을 상상하고, 생각을 변화시키는 것 등을 적는다.
⑤ 이러한 과학적 방법은 전문적인 과학자에 의해 사용된 것이라고 설명한다. 예를 들면, 가져온 화성의 사진 포스터를 보여 준다. 과학적 활동이 녹말가루 반죽 탐색에서 아동들의 활동과 유사하다는 것을 설명한다.

활동지 1

이름 _____

녹말가루와 분필가루를 비교해 보세요.

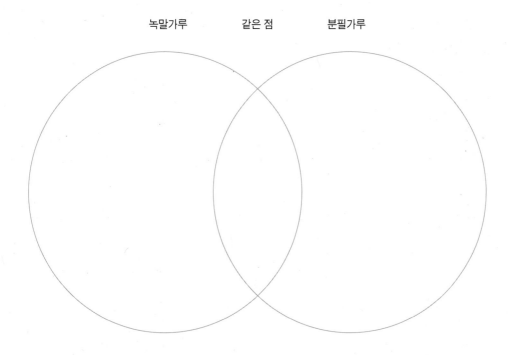

녹말가루　　　　같은 점　　　　분필가루

활동지 2

우주에 대해

이름 _____

알고 있는 것	알고 싶은 것	알게 된 것

V. 생태 친화적 자연환경[*]

● 개념

① 무당벌레는 진딧물과 딱지벌레 같은 해로운 곤충을 잡아
먹고 살기 때문에 식물의 재배를 위해 필요한 농약 사용
을 제한하게 해 주고 친환경적 유기물 생산에 도움을 주
는 이로운 곤충이다.

② 무당벌레의 몸은 6개의 다리, 2개의 더듬이, 날아갈 때
쓰는 2개의 날개, 2개의 덮개 날개로 구성되어 있다.

③ 무당벌레의 일생 주기는 '알 → 유충 → 번데기 → 성충'
의 순서로 발달한다.

● 과학과정
• 관찰하기
• 대조/비교하기
• 자료 기록하기
• 추론하기
• 예측하기
• 실험하기

● 활동 순서

무당벌레의 몸의 구조, 일생 주기, 방어행동, 먹이 등의 이해와 적용, 관찰, 탐색,
비교, 토의, 만들기, 짧은 드라마, 역할 해 보기 등의 활동을 통해 과학 개념을 학습
한다.

---

[*] "Ladybug" by LHS의 전체 내용을 편집 후 적용한 결과를 요약 · 정리하였음.

활동 1 무당벌레 알기

(1) 무당벌레 소개하기

● 준비물
- 무당벌레 포스터
- 무당벌레 사진/그림
- 빨간색 사인펜/크레파스
- 무당벌레 그릴 종이
- 플라스틱 컵
- 1명당 살아 있는 무당벌레 한 마리(무당벌레를 보호하기 위해 컵에 무당벌레를 넣고 스타킹으로 씌운 후 고무밴드로 묶어 둔다.)

● 활동 순서
① 모든 아동이 둥글게 앉은 다음 무당벌레의 포스터를 보여 주고, 아동의 경험을 이야기하도록 한다.
② 포스터에서 다리 6개, 눈 2개, 더듬이 2개를 찾아낼 때 숫자를 세도록 한다.
③ 어떤 것을 만지려고 할 때 무엇을 사용하는지 묻는다. (손가락) 냄새를 맡을 때 무엇을 사용하는지 묻는다. (코)
④ 무당벌레는 어떻게 사물을 만지고 냄새를 맡는지 묻는다. 더듬이를 사용하여 만지고 냄새를 맡는다고 이야기한다.
⑤ 날고 있는 무당벌레의 포스터를 보여 준다. 그리고 무당벌레가 무엇을 하고 있는지 생각하게 한다.
    a. 두 종류의 날개가 있음을 찾게 한다(덮개 날개는 단단하고 등을 보호하며 반점이 있다. 날 날개는 날 때 사용하는 날개다).
    b. 살아 있는 무당벌레의 날개를 본 적이 있는지 묻는다.
⑥ 덮개 날개와 날 날개의 숫자를 세어 보게 한다.
⑦ 반점이 있거나 없는 무당벌레의 그림이나 사진을 보여 준다.
⑧ 종이와 사인펜/크레파스를 주어 무당벌레를 그려 보도록 한다.
⑨ 아동에게 자신이 그린 그림을 설명하도록 한다. 처음에 그린 것과 관찰과 학습

자연에서 무당벌레를 찾아 탐색하는 아동

활동 후에 그린 것을 비교한다.

(2) 종이 무당벌레 만들기

● 준비물

• 쟁반

• 신문지

• 12×12cm 빨간 색상지

• 5×15cm 검정 색상지

• 10×10cm 하얀 종이

• 무당벌레 부분 패턴 활동지

• 풀, 가위, Y핀

• 검정과 흰색 크레용 또는 매직펜

칠성무당벌레

남생이 무당벌레

이십팔점 박이무당벌레

노랑 무당벌레

달무리 무당벌레

● 활동 순서

① 책상 위에 부분 패턴(신체 1개, 다리 6개, 더듬이 2개, 덮개 날개 2개, 날 날개 2개)을 놓는다.

② 교사가 먼저 무당벌레 만들기를 한다.

    a. 흰색 크레파스로 무당벌레의 아래쪽에 교사의 이름을 적는다.

    b. 각 부분을 풀칠하려 할 때 아동들에게 세어 보게 한다(날개를 붙일 때는 Y핀으로 움직일 수 있도록 한다).

    c. 그 밖에 무엇이 필요한지 물어본다(눈, 입, 점). 검정 크레파스로 눈, 입, 점들을 그린다.

③ 아동도 자신들의 무당벌레를 만든다. 이때 교사는 아동이 만드는 것을 돕는다.

④ 각 부분의 명칭을 정확하게 사용하도록 한다. 아동이 만든 무당벌레에 이름을 적는다.

활동 2 무당벌레의 자기방어

● 준비물

• 검정 동그라미 스티커

• 갈색, 황갈색, 녹색, 회색 담요

• (각자 만든) 종이 무당벌레

● 활동 순서

① 어떤 새들이 무당벌레를 먹이로 삼는지 물어본다. 교사의 손이 먹이를 찾는 굶

주린 새라고 가정한다(손을 새 모양처럼 모으고 검지 손의 안쪽 마디 부분에 검정 동그라미 스티커를 붙인다).

② 아동에게 새가 가까이 다가올 때 무당벌레가 어떻게 하는지 물어본다.

  a. 날아가 버린다고 한다.

  b. 바닥에 종이 무당벌레를 놓는다.

  c. 손으로 만든 새를 무당벌레 쪽으로 움직인다.

  d. 무당벌레가 날아가 버린다.

③ 무당벌레가 나무에서 떨어지거나 뒤집혀서 죽은 척한다는 것을 말해 준다. 새는 보지 못하고 다른 곳으로 간다.

④ 왜 새가 무당벌레를 잡아먹지 못했을까? (새는 나무 둥지에서 떨어져 조용히 있는 무당벌레를 보지 못한다.)

⑤ 모두 밖으로 나가게 한다. 땅에 담요를 편다. 아동들이 가지에 있는 무당벌레라고 생각하게 한다.

  a. 배고픈 새가 가지를 향해 날아온다.

  b. 새가 나뭇가지에 가까이 날아오면 무당벌레는 어떻게 할까? (땅으로 날아간다, 담요를 둘둘 만다.)

  c. 모두 등을 대고 조용히 누우라고 한다.

  d. 조용히 있으면 새가 찾지 못한다고 말한다. 아동이 움직이면 새가 무당벌레를 찾는다고 말한다.

  e. 모든 아동이 담요에서 나와 움직일 때 배고픈 새는 나뭇가지에 있는 무당벌레를 보지 못해서 다른 먹이를 찾아 날아가 버린다고 말한다.

⑥ 아동은 교사가 한 대로 자기들끼리 스스로의 역할극을 해 본다.

  a. 아동들은 검지 안쪽 마디에 검정 스티커를 붙인다.

  b. 자신이 만든 무당벌레를 활용한다(숨고, 가지에서 떨어지고, 뒤집어서 죽은 척 하고, 날아가 버리는 것 등).

활동 ③ 진딧물을 먹는 무당벌레

● 준비물
• 무당벌레가 진딧물을 먹는 포스터

- 스테이플러, 가위, 칼 1개
- 주스(오렌지 등)로 만든 아이스케이크
- 쟁반
- 살아 있는 진딧물이 붙은 나뭇잎
- 진딧물 그림, 살아 있는 무당벌레
- 손 확대경

● 활동 순서

① 오렌지 아이스케이크를 만들기 위해 종이컵에 1/3 정도의 주스를 넣고 막대를 꽂은 다음 냉장고에 넣는다(종이로 진딧물을 만들 수도 있다).

② 살아 있는 진딧물과 무당벌레를 관찰한다(만일 살아 있는 진딧물이 없으면 그림이나 사진을 보여 준다).

③ 진딧물이 나무의 수액을 빨아먹으면 나무는 갈색으로 변하고 죽는다고 말한다. 갈색 점이 있는 나뭇잎에 진딧물이 있는지, 있다면 진딧물을 없애는 방법을 생각해 보게 한다. (스프레이)

④ 진딧물은 무엇을 먹을까? (나뭇잎의 진) 무엇이 진딧물을 먹을까? (무당벌레) 무당벌레는 어떻게 나무를 도울까? (나무를 해치는 진딧물을 먹어서)

⑤ 무당벌레가 진딧물 먹는 포스터를 관찰할 시간을 충분히 준다. 사진 속에서 무슨 일이 일어나고 있다고 생각하는가? 진딧물의 가시와 더듬이 수를 세도록 한다. 진딧물은 왜 더듬이를 사용한다고 생각하는가? (냄새 맡고 접촉하려고)

⑥ 아동들을 데리고 진딧물과 무당벌레를 잡으러 간다.

⑦ 안으로 들어와 자세히 관찰하고 묘사한다.

⑧ 진딧물이 어떻게 나뭇잎의 진을 빨아 먹는지 역할극을 해 본다. 아동이 날개를 달고 날아와(무당벌레) 진딧물(오렌지주스로 만든 아이스케이크)을 먹으며 역할극을 한다.

무당벌레의 일생 주기

● 준비물

• 종이 무당벌레 1개

• 가위

• 진딧물이 그려진 종이 나뭇잎

• 노란 색종이

• 풀

• 알 패턴 또는 튀밥

• 나뭇잎(초록색 종이로 만든)

• 무당벌레 변태과정 모형 또는 변태과정 실물 포스터

● 준비 활동

아동은 새끼 무당벌레가 알로부터 부화되어 진딧물을 먹고 자란다는 사실을 학습한다. 살아 있는 무당벌레 애벌레 또는 그림을 관찰하면서 새끼 무당벌레가 부모와 매우 다르다는 것을 발견하게 된다.

● 활동 순서

① 바닥에 둥글게 앉는다. 중앙에 진딧물이 있는 종이 나뭇잎을 놓는다. 나뭇잎 아래에 알을 숨긴다. 나뭇잎에는 진딧물을, 그 가까이에 무당벌레를 놓는다.

② 어미 무당벌레가 하늘에서 나뭇잎 위에 있는 진딧물을 찾기 위해 날아다닌다. 아동에게 진딧물이 보이는지 물어본다. 아동에게 역할극을 해 보도록 한다.

③ 어미가 막 알을 낳으려고 한다. 어미는 새끼들이 알에서 기어나올 때 무엇인가 먹을 것을 주기를 원한다. 새끼 무당벌레가 무엇을 먹는지 아동에게 묻는다. (진딧물)

　a. 무당벌레는 나뭇잎에 앉아 기어가기 시작한다.

　b. 어미는 나뭇잎 아래에 가서 조용히 알을 낳는다.

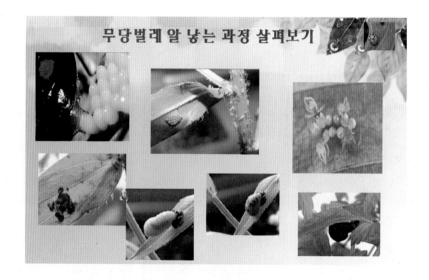

④ 아동에게 노란색 알을 보여 주고 나뭇잎에 알을 그리거나 그것을 풀로 붙이게 한다.

⑤ 아동에게 각자의 나뭇잎에 종이 무당벌레가 알을 낳고 있는 것처럼 하게 한다. 알이 있다면 아동에게 나누어 준다.

⑥ 아동의 나뭇잎에 종이 알을 붙이거나 튀밥을 붙이도록 한다.

⑦ 알에서 무엇이 부화가 될 것인지 물어본다.

⑧ 번데기를 소개한다. 이것은 무엇 같은가? (번데기)

⑨ 번데기 안에 있는 유충을 발견한다. 번데기는 새끼 무당벌레와 어떻게 다를까? (새끼 무당벌레에는 날개가 있다.)

활동 5 무당벌레 귤나무 구하기

무당벌레는 성충과 유충 모두 진딧물, 진드기, 딱지벌레(나무의 즙을 빨아먹는 해충), 잎벌레(나무의 잎을 갉아 먹는 해충)의 유충 등 해충을 잡아먹기 때문에 해충 퇴치용으로 쓰이기도 한다. 특히 칠성무당벌레의 식성은 대단하여 하루에도 수백 마리의 진딧물을 먹어 치운다. 그 애벌레도 하루에 약 50마리의 진딧물을 먹으며 자란다. 이러한 진딧물이 부족하면 잎벌레의 알과 성충, 진드기, 작은 곤충, 꽃가루와 꿀마저도 먹어 치운다. 무당벌레 중에는 감자, 가지 등 농작물의 잎을 먹어 농사를 망치는 종도 있다.

19세기 미국 정부에서는 귤나무를 해치는 이세리아 딱지벌레를 잡기 위해 무당벌레를 오스트리아에서 수입하여 이세리아 딱지벌레의 수를 줄인 적이 있다. 중세 농민들은 무당벌레를 성모 마리아의 딱정벌레라고 불렀다.

● 준비물
• 나뭇가지에 붙어 있는 비늘, 포스터
• 앞의 활동에서 사용된 자료들(종이 무당벌레, 알, 애벌레, 번데기, 일생 주기)
• 귤을 만들 노란색 용지 20×20cm 6장(팀별 1장)
• 갈색 30×45cm 용지 한 장
• 하늘색 60×75cm(전지) 용지 1장
• 흰색 스티커 5매
• 풀 한 상자
• 팀당 스카치테이프 1개
• 갈색 색연필
• 초록색 22×30cm 구성지 3장(팀당 1/2장)
• 각 아동당 한 조각의 오렌지
〈선택〉
• 뚜껑 있는 쓰레기통
• 귤, 나뭇가지
• 딱지벌레 또는 비늘이 다닥다닥 붙어 있는 생 나뭇가지
• 살아 있는 무당벌레

● 활동 순서

(1) 준비활동: 벽화 만들기

① 갈색 용지를 15×45cm로 자른다.

② 가지를 만들기 위해 끝을 연결한다.

③ 하늘색 용지에 가지를 붙인다.

④ 초록색으로 잎을 만든다.

⑤ 가지에 붙인다.

⑥ 6개의 귤을 만든다.

⑦ 가지에 잎을 붙인다.

⑧ 3개의 귤을 가지에 붙인다.

⑨ 잎과 가지에 비늘을 붙인다.

(2) 토의활동

① 아동을 둥글게 앉도록 하고 딱지벌레가 있는 나뭇가지 포스터를 보여 준다. 비늘은 작은 곤충이라고 설명한다.

② 비늘이 나무에서 무얼 하고 있다고 생각하는가? [나무에서 진액을 빨아먹고 있다.] 비늘은 나뭇잎과 줄기에 있는 모든 진액을 빨아먹을 수 있다고 말해 준다. 나무는 병이 들어 죽게 될 것이다.

③ 나뭇잎이 건강한 것처럼 보이는가? [아니요.] 왜 그럴까? [잎이 갈색이니까요.] (선택: 비늘이 있는 살아 있는 귤나무 가지 관찰)

④ 무당벌레가 어떻게 귤나무를 도왔을지 이야기 나눈다.

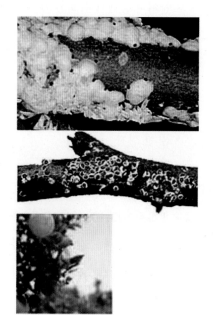

오렌지 나무와 줄기에 붙어 있는 딱지벌레

굴나무를 구한 이야기 들려주기

(교사는 이야기를 하면서 드라마를 한다.)

① 오래전에 굴나무가 마르고 있었어요. 농부는 사람들이 좋아하는 귤을 충분히 생산할 수 없을 것 같아 걱정했어요.

② 어느 날 굴나무에 아주 작고 하얀 동물들이 있는 것을 알게 되었어요. (하얀 점을 가리킨다.) 작고 하얀 동물이 뭐라고 생각하니? [비늘이요.] 비늘이 굴나무의 진액을 빨아먹으면 나무는 말라 죽어요.

③ 농부는 비늘을 없애기를 원했어요. 농부가 어떻게 하기로 결심했을까요? (만일 무당벌레를 제안하지 못하면 "어떤 동물이 비늘을 먹을까요?"라고 묻는다.)

④ 농부는 무당벌레를 많이 가져다가 비늘을 잡아먹으라고 굴나무에 놓아두었어요. (몇 마리의 종이 무당벌레를 나뭇가지 위에 놓는다.)

⑤ 무당벌레는 먹고 또 먹었어요. (나뭇가지에서 하얀 점 3개를 뗀다.)

⑥ 무당벌레는 비늘을 먹는 아기를 가졌어요. (잎 위에 애벌레를 놓고 나머지 하얀 점을 뗀다.)

⑦ 오랜 시간이 지난 후 농부는 굴나무에서 비늘을 한 마리도 볼 수가 없었어요.

⑧ 나무는 다시 건강하게 되었어요. 나무에는 많은 귤이 열려서 크고 있었어요. (나무에 귤을 많이 놓는다.)

⑨ 무당벌레가 굴나무를 구했어요. 어떤 농부들은 지금도 비늘을 없애기 위해 무당벌레를 사용하고 있는데, 그래야 나무가 건강하고 신선한 귤과 주스를 많이 먹을 수 있기 때문에 우리도 건강해요.

(3) 귤 먹기

① 귤을 나누어 주고 먹도록 한다.

② 무당벌레가 어떻게 나무를 도왔을까? [나무를 죽이는 비늘을 먹어서요.]

③ 귤을 먹을 수 있도록 해 준 무당벌레에게 감사함을 표하도록 한다.

/ 3부 / 참고문헌

교육과학기술부, 보건복지부(2012). 누리과정.

AIMS Educational Foundation. (1990, 1992, 1994). *AIMS Series*. Freseno, CA: AIMS Education Foundation.

Beals, K., & Willard, C. (2007). *Matters: Solids, Liquids, and Gases*. Berkeley, CA: Lawrence Hall of Science.

Bloom, B. S. (1964). *Stability and Change in Human Characteristics*. New York: John Wiley and Son.

Carin, A. A. & Bass, J. E. (2001). *Teaching Science & Inquiry* (9th ed.). Upper Saddle River, NJ: Merrill Prentice Hall.

Carson-Dellosa (1991). *Hands-On Science Fair. Pre-K-1*. Greensboro, NC: Carson-Dellosa Publishing Company, Inc.

Charlesworth, R. & Lind, K. K. (1995). *Math and Science for Young Children* (2nd ed.). Albany, NY: Delmar Publisbers.

Devereux, J. (2007). *Science for Primary and Early Years: Developing Subject Knowledge* (2nd ed.). UK: A SAGE Publications Ltd.

Farrow, S. (2006). *The really useful science Book: A Frame of Knowledge for Primary Teachers* (2nd ed.). London: Taylor & Francis Ltd.

Fetters, D. C. (2010). http://www.earlychildhoodeducation.com

GEMS. (1997). *Sifting through Science*. Berkeley, CA: LHS.

Harlan, J. D. & Rivkin, M. S. (2000). *Science Experiences for the early childhood years: An Integrated Approach* (7th ed.). Upper Saddle River, New Jersey Columbus, Ohil.

Harlan, W. (2001). *Primary Science: Taking the Plunge* (2nd ed.). Portsmouth, NH: Heinemann Educational.

Moore, J. E. & Evans, J. (1994). *Animal Life Cycles*. Monterey, CA: Evan-Moor CORP.

Norrisi, J. (1995). *Change*. Monterey, CA: Evan-Moor Corp.

Overton, A. K. & James, J. C. (1989). *Our World: A Planning Guide for the Kindergargten and First Grade Curriculum*. Lewisville, NC: Kaplan Press.

Schmidt, V. E. & Rockcastle, V. N. (1995). *Teaching Science with Everyday Things*. Fresno, CA: AIMS Education Foundation.

Showell, R. (1984). *Teaching Science to Infants* (5th ed). London: Topman Printing Press Ltd.

Sneider, C. (1985). *Oobleck: What do Scientists do?* Berkeley, CA: Lawrence Hall of Science.

Whithney, J. G. & Sheffield, L. J. (1991). *Adventures in Science and Math.* New Rochell, NY: Cuisenaire Co.

찾아보기

◐ 저자 소개 ◑

권영례(Kwon Youngre)

• 서울대학교 사범대학 졸업
• 중앙대학교 대학원 석 · 박사(유아교육 전공)
• Pennsylvania State University Ph.D.(교육과정 및 교수법, 유/초등과학교육 전공)
• 현 한국방송통신대학교 유아교육과 명예교수
　　　University of California, Berkeley, 과학연구소(LHS) 국제 센터 한국지부 대표

〈저서 및 역서〉
　아동중심 과학활동(양서원, 1993)
　아동중심 유아수학활동(양서원, 1993)
　아이의 성장 부모의 발달(역, 창지사, 1997)
　유아교육기관경영(한국방송통신대학교출판부, 2001)
　교과교육론(양서원, 2010)
　영유아교사론(양서원, 2011)
　유아수학교육(양서원, 2014)

3판

유아과학교육
SCIENCE EDUCATION FOR YOUNG CHILDREN, 3rd ed.

2011년 2월 28일 2판 1쇄 발행
2013년 3월 30일 2판 2쇄 발행
2015년 4월 10일 3판 1쇄 인쇄
2015년 4월 20일 3판 1쇄 발행

지은이 • 권영례
펴낸이 • 김진환
펴낸곳 • (주) **학지사**
　　　　121-838 서울특별시 마포구 양화로 15길 20 마인드월드빌딩
대표전화 • 02)330-5114　　팩스 • 02)324-2345
등록번호 • 제313-2006-000265호

홈페이지 • http://www.hakjisa.co.kr
커뮤니티 • http://cafe.naver.com/hakjisa

ISBN 978-89-997-0669-1 93370

Copyright ⓒ 2015 by Hakjisa Publisher, Inc.

정가 19,000원

인터넷 학술논문 원문 서비스 **뉴논문** www.newnonmun.com

이 도서의 국립중앙도서관 출판시도서목록(CIP)은 서지정보유통지
원시스템 홈페이지(http://seoji.nl.go.kr)와 국가자료공동목록시스템
(http://www.nl.go.kr/kolisnet)에서 이용하실 수 있습니다.
(CIP제어번호: CIP2015009304)